«Abner Chou aborda el atrevido [...]c-
tiva interpretativa de los autor[...]on
nuevos ojos. Entienda la Biblia. [...]

[...]on

Profesor de Teología Bíblica, The Southern Baptist Theological Seminary

«Este libro es una obra extraordinaria a todos los niveles. El Dr. Chou domina la ciencia santificada de la hermenéutica, donde él ha aprendido de los escritores bíblicos mismos: los profetas veterotestamentarios y los apóstoles neotestamentarios. Mediante un conocimiento exhaustivo de los detalles, que proporcionan la verdadera interpretación de los textos bíblicos, desde Génesis hasta Apocalipsis; mediante un claro entendimiento de la naturaleza progresiva de la revelación divina; mediante una visión interna magistral del flujo de la historia redentora y de la teología bíblica, Chou provee una nueva claridad respecto a la unidad y la continuidad de la hermenéutica profética y de la apostólica. De este modo, muestra con lucidez que los escritores del Nuevo Testamento usan el Antiguo Testamento de manera contextual "por la intención original de su autor".

Esta obra, sin embargo, no es tan solo un método hermenéutico establecido. Es hermenéutica aplicada. Para demostrar el poder de una hermenéutica precisa, Chou la aplica a los textos más difíciles en los que los escritores del Nuevo Testamento usan el Antiguo Testamento.

Este libro demostrará ser un tesoro singular, no solo para los teólogos, sino también para los expositores que se enfrentan a los duros retos que parecen traicionar una hermenéutica unificada. El Dr. Chou descarta las soluciones simplistas. En su opinión son inadecuadas, y conducen a la malinterpretación; por ello, presenta firmes argumentos a favor de un acercamiento más completo de intertextualidad que proporcione la verdadera interpretación al estudiante diligente de las Escrituras».

—John MacArthur
Pastor, Grace Community Church

«El uso que las Escrituras hacen de las Escrituras es un debate perpetuo entre los eruditos bíblicos, tanto el uso que el Nuevo Testamento hace del Antiguo, como el que hace el Antiguo Testamento del Antiguo Testamento. Aunque ensayos y libros presentan explicaciones que difieren y hasta rivalizan entre sí respecto a esta cuestión, se diría que empieza a emerger un cierto acercamiento entre las diversas escuelas de pensamiento. La contribución de Abner Chou a este debate así lo refleja, ya que involucra a destacados eruditos evangélicos y halla amplias franjas de acuerdo con ellos, porque ambas partes se toman las Escrituras en serio. Si las explicaciones de Chou sobre cómo usaron los escritores de la Biblia las Escrituras anteriores convencen a los lectores para que acepten su entendimiento de los textos difíciles, su tesis más fundamental debería persuadirlos. Para Chou, tomarse las Escrituras en serio incluye el ser capaces de rastrearlas y de reproducir cómo usaron los profetas veterotestamentarios, así como los apóstoles y los profetas neotestamentarios, las Escrituras que existían antes de su propia época. Nuestro uso adecuado de las Escrituras está en continuidad con la forma en que sus escritores usaron las Escrituras mismas».

—Ardel B. Caneday
Profesor de Nuevo Testamento y Griego, University of Northwestern

La
HERMENÉUTICA
de los
ESCRITORES
BÍBLICOS

▼ ▼ ▼

LOS PROFETAS Y LOS APÓSTOLES NOS ENSEÑAN
A INTERPRETAR LAS ESCRITURAS

ABNER CHOU

EDITORIAL PORTAVOZ

La misión de *Editorial Portavoz* consiste en proporcionar productos de calidad —con integridad y excelencia—, desde una perspectiva bíblica y confiable, que animen a las personas a conocer y servir a Jesucristo.

Título del original: *The Hermeneutics of the Biblical Writers: Learning to Interpret Scripture from the Prophets and Apostles,* © 2018 por Abner Chou y publicado por Kregel Publications, una división de Kregel Inc., 2450 Oak Industrial Dr. NE, Grand Rapids, MI 49505-6020. Todos los derechos reservados. Traducido con permiso.

Edición en castellano: *La hermenéutica de los escritores bíblicos* © 2019 por Editorial Portavoz, filial de Kregel Inc., Grand Rapids, Michigan 49505. Todos los derechos reservados.

Traducción: Loida Viegas
Revisión: Juan Terranova

El tipo de letra hebrea, NewJerusalemU, y el tipo de letra griega, GraecaU, están disponibles de www.linguistsoftware.com/lgku.htm, +1-425-775-1130.

EDITORIAL PORTAVOZ
2450 Oak Industrial Drive NE
Grand Rapids, MI 49505 USA
Visítenos en: www.portavoz.com

ISBN 978-0-8254-5879-8 (rústica)
ISBN 978-0-8254-6772-1 (Kindle)
ISBN 978-0-8254-7593-1 (epub)

1 2 3 4 5 edición / año 28 27 26 25 24 23 22 21 20 19

Impreso en los Estados Unidos de América
Printed in the United States of America

▼ ▼ ▼

Dedicado a dos Williams en mi vida:
William Varner
y
William Barrick

Estos dos hombres inspiraron y guiaron mi viaje
de investigación sobre cómo estudiaron la Palabra de Dios
los profetas y los apóstoles. Su instrucción ha tenido una
profunda influencia en mi vida, ya que no solo me enseñaron
las Escrituras, sino que también me mostraron cómo vivirlas.

▼ ▼ ▼

CONTENIDO

▼ ▼ ▼

PREFACIO

▼ ▼ ▼

¿Qué haría que un estudiante universitario permaneciera en su dormitorio durante todas las vacaciones de Semana Santa, alimentándose tan solo de fideos instantáneos y palomitas de maíz? En mi caso fue el descubrimiento del uso que el Nuevo Testamento hace del Antiguo, y todas las implicaciones que esto suscitaba. Estaba recibiendo clases de hermenéutica avanzada en The Master's University, cuando empecé a leer sobre las complejidades de cómo interpretaban los apóstoles el Antiguo Testamento. Conceptos como la solidaridad corporativa, la intención del autor, la historia redentora, los ecos y las alusiones me mostraron la honda profundidad y la complejidad de la Palabra de Dios. También había oído hablar de los desafíos. Se acusaba a los apóstoles de ser raros en su forma de interpretar el Antiguo Testamento. Todo esto inició una de mis misiones en la vida: investigar este asunto de manera concienzuda y (con suerte) defender a los escritores bíblicos. De modo que me quedé en mi dormitorio, y leí durante todas esas vacaciones. Esto dio comienzo a un viaje en el que acabé obteniendo maestrías y un doctorado en esta área.

Transcurrida una década desde mi época de universitario, he tenido el privilegio de volcar en un libro lo que aprendí. El resultado es un esfuerzo que me supera a mí mismo, y tiene muchas personas a las que agradecer. El profesor de la clase de hermenéutica avanzada, el Dr. Willam Varner, fue quien hizo despegar mi pensamiento en este ámbito y me fue alimentando hasta el final. Me siento profundamente agradecido al Señor por él. Otro William, el Dr. William Barrick, que continuó la labor y también moldeó mi forma de pensar. Ambos han servido como modelos de una erudición bíblica fiel, en el contexto de un ministerio fiel al Señor. Por otra parte, me siento inmensamente agradecido a Dios por la labor de amor de ellos hacia mí. Incluso antes de plasmar una sola palabra en una página, muchas personas estaban ya involucradas en mi vida, y me preparaban para este momento.

No soy el mejor escritor, y créame que al afirmar esto me estoy quedando corto. Por tanto, escribir un libro me exige tener toda una red de apoyos. El principal es mi familia. Han tenido una enorme paciencia conmigo en los buenos días… y en los malos también. Me abrazaron durante los momentos más duros, mientras escribía. Cuando nuestros hijos entienden el proceso de edición a la edad de seis años, ¡queda evidente que han soportado muchas cosas! De modo que gracias, Nehemiah, Naomi y Meital por su aliento. Hasta la más pequeña, Hannah, de solo dos meses, participó. No olvidaré esas noches cuando la tenía en mis brazos mientras corregía el manuscrito. Tal vez ella no recuerde ese tiempo, pero será un precioso recuerdo para mí. Además, está mi esposa Johanna, quien desempeñó la función más decisiva en todo esto. Me animó, me fortaleció, me cuidó, me escuchó y oró por mí. Leyó y me dio su opinión sobre mis capítulos. Su trabajo fue fundamental en tantos sentidos para este libro, que quiero honrarla también por ello. Me siento verdaderamente bendecido, y el libro que usted tiene entre sus manos es la demostración.

Asimismo, quiero dar las gracias al profesorado y al personal de The Master's University por su ayuda en este asunto. No solo me prestaron una ayuda inmensa dos ayudantes administrativas (Amy Kidder y Megan Low), sino que otros profesores tuvieron que soportar mis ponencias incansables sobre lo que estaba escribiendo. Mi agradecimiento también a Chris Williams, mi asistente de investigación, por su incalculable ayuda en el proceso de investigación y edición. Mi gratitud especial para Peter Goeman, quien también me proporcionó comentarios perspicaces y estimulantes sobre mi manuscrito. Siempre me provoca risa que hasta los medios sociales me hayan proporcionado ayuda. Como con otros proyectos de escritura, un grupo de Facebook, Nerdy Language Majors, me suministró información valiosa, confirmación y aliento. Finalmente, el Señor usó a los estudiantes de la universidad para fortalecerme. No solo tuvieron paciencia conmigo, sino que también me apoyaron. Notas, cartas, bebidas energéticas y correos electrónicos llegaban a mi oficina en una manifestación conmovedora de la comunidad tan humana que tengo en mi «lugar de trabajo». Mi labor está principalmente dirigida a estos estudiantes; deseo que conozcan profundamente la Palabra de Dios y al Dios de la Palabra, y que vivan plenamente para Él.

Por consiguiente, conforme lea este libro, si su aprecio por la Palabra de Dios crece… si está cada vez más impresionado por su unidad y su complejidad… si su hambre por conocerla aumenta… si adquiere mayor consciencia de cómo estudiarla, habré cumplido con mi trabajo. Mi oración es que Dios confirme la obra de mis manos a tal efecto (Sal. 90:17).

ABREVIATURAS

ABD	*The Anchor Bible Dictionary*, 6 vols. Editado por David Noel Freedman. Nueva York: Doubleday, 1992.
AOC	Antiguo Oriente Cercano
AOTC	Apollos Old Testament Commentary
BBR	*Bulletin for Biblical Research*
BDAG	Walter Bauer, Frederick W. Danker, W. F. Arndt y F. W. Gingrich. *Greek-English Lexicon of the New Testament and Other Early Christian Literature*. 3ª ed. Chicago: University of Chicago Press, 2000.
BECNT	Baker Exegetical Commentary on the New Testament
BibSac	*Bibliotheca Sacra*
CBQ	*Catholic Biblical Quarterly*
CBR	*Currents in Biblical Research*
EBC	*Expositor's Bible Commentary*. 12 vols. Editado por Frank Gaebelein. Grand Rapids: Zondervan, 1992.
EEC	Evangelical Exegetical Commentary
GKC	Wilhelm Gesenius, E. Kautzsch y A. Cowley. *Gesenius' Hebrew Grammar*. Oxford: Clarendon Press, 1910.
GTJ	*Grace Theological Journal*
HALOT	Ludwig Köhler, Walter Baumgartner, M. E. J. Richardson, Johann Jakob Stamm. *The Hebrew Aramaic Lexicon of the Old Testament*. 2 vols. Leiden: Brill, 2000.
heb.	Hebreo (versículo)
HTR	*Harvard Theological Review*
IBHS	Bruce K. Waltke y M. O'Connor. *An Introduction to Biblical Hebrew Syntax*. Winona Lake, IN: Eisenbrauns, 1990.
IBS	*Irish Biblical Studies*
ICC	International Critical Commentary
JBL	*Journal of Biblical Literature*
JETS	*Journal of the Evangelical Theological Society*
JPSTC	JPS Torah Commentary
JSNTSup	Journal for the Study of the New Testament Supplement
JSOT	*Journal for the Study of the Old Testament*
LXX	Septuaginta
MSJ	*Master's Seminary Journal*
NAC	New American Commentary
NICNT	New International Commentary on the New Testament
NICOT	New International Commentary on the Old Testament

NIDOTTE	*New International Dictionary of Old Testament Theology and Exegesis,* 5 *vols.* Editado por Willem VanGemeren. Grand Rapids: Zondervan, 1997.
NIGTC	New International Greek Testament Commentary
NIVAC	NIV Application Commentary
NSBT	New Studies in Biblical Theology
NTS	*New Testament Studies*
OTL	Old Testament Library
PNTC	Pillar New Testament Commentary
RB	*Revue Biblique*
SBJT	*Southern Baptist Journal of Theology*
STJ	*Scottish Journal of Theology*
TLOT	*Theological Lexicon of the Old Testament.* 3 vols. Edited by Ernst Jenni and Claus Westermann. Traducido por Mark Biddle. Peabody, MA: Hendrickson, 1997.
TM	Texto masorético
TOTC	Tyndale Old Testament Commentary
TynBul	*Tyndale Bulletin*
VT	*Vetus Testamentum*
WBC	World Biblical Commentary
WTJ	*Westminster Theological Journal*

1

▽ ▼ ▽

LA BÚSQUEDA DE LA
LÓGICA AUTORAL

Incluso cuando se usa el Antiguo Testamento, sin ningún interés aparente en el cumplimiento profético, se diría que entre bambalinas hay una lógica en funcionamiento relacionada con la historia de la redención. —G. K. Beale[1]

La hermenéutica es un tema con el que podemos encontrarnos en el seminario, en la universidad o en una clase en la iglesia. En el aula aprendemos que la hermenéutica trata los principios esenciales por los cuales entendemos las Escrituras con precisión.[2] Sin embargo, no se trata de un mero tema académico. Su importancia se extiende mucho más allá de la clase. Conocer la Palabra de Dios es fundamental para una vida santa (Sal. 1:2; 119:11; 2 Ti. 3:16-17; 2 P. 1:3). Nuestro pensamiento respecto a la hermenéutica no se limita a la esfera de lo académico, sino que, en última instancia, moldea cómo vivimos y si agradamos o no a Dios. ¿Qué está en juego cuando estudiamos la hermenéutica? En pocas palabras, toda nuestra vida y nuestro ministerio cristianos. La hermenéutica no es una cuestión negociable; es primordial para el caminar cristiano. Dios valora mucho que «entend[amos] la lectura» (Neh. 8:8; 2 Ti. 2:15), y condena a aquellos que tergiversan las Escrituras (2 P. 3:16).

¿QUÉ ES LA VERDADERA HERMENÉUTICA CRISTIANA?

¿En qué consiste, pues, una «buena hermenéutica?». Es posible que estemos familiarizados con el término hermenéutica «gramático-histórico-literal» o con la noción de buscar «la intención autoral» en lugar de entender algo a nuestra manera. Las Escrituras enseñan que el Espíritu Santo movió a unos hombres para que escribieran su Palabra, de manera que sus propias palabras son el mensaje mismo de Dios (2 P. 1:20-21). Tradicionalmente, creemos que deberíamos entender las ideas que el autor (doble) pretendía transmitir, por medio de las reglas normales del lenguaje y de los hechos de la historia.[3] Esto formula la base por la cual evaluamos el entendimiento correcto o incorrecto de las Escrituras. La precisión se produce cuando

---

1.   Beale, «Jesus and His Followers», 398.
2.   Osborne, *Hermeneutical Spiral,* 21.
3.   Osborne, *Hermeneutical Spiral,* 21: Thomas, «The Hermeneutical Landscape», 20-21.

nuestra lectura del texto coincide con las ideas del autor (doble), y se malinterpreta cuando se presenta erróneamente esa intención. Esto exige que se investiguen los antecedentes históricos, el contexto, la gramática y las palabras individuales.[4]

Por el contrario, ¿cómo sabemos que nuestras definiciones tradicionales son correctas? Varias obras importantes han defendido filosóficamente los principios de la hermenéutica gramático-histórico-literal. Las mismas demuestran que estamos moralmente obligados a entender las Escrituras a la luz de la intención de Dios.[5] Establecen su argumento con base en la lingüística, la naturaleza de la comunicación y la teoría del acto del habla.[6] Esos libros rebaten las estructuras postmodernas de la hermenéutica centrada en el texto o la respuesta de los lectores, las cuales declaran que cualquier noción posible dentro del pasaje o lo que sea que el lector entienda constituye el significado legítimo.[7]

El acercamiento filosófico es útil para comprender estas ideas. No obstante, la filosofía hermenéutica sigue apoyándose en nuestra teología, que se basa en nuestro entendimiento de las Escrituras.[8] Así, al final, la Biblia se vuelve fundamental para nuestra hermenéutica. Esto es adecuado, porque las Escrituras hablan al sujeto. Dios exige una interpretación precisa de su Palabra (p. ej., Hch. 17:11; 1 Ti. 4:13-15; 2 Ti. 2:15; 1 P. 2:2). A la Biblia le preocupa la hermenéutica.

Por tanto, en última instancia, deberíamos volver a la Biblia para aprender cómo estudiarla.[9] Este tipo de enfoque no es una novedad. En realidad,

---

4. Zuck, *Basic Bible Interpretation: A Practical Guide to Discovering Biblical Truth* 14-16.
5. Hirsch, *Validity in Interpretation*; Vanhoozer, *Is There a Meaning?*
6. Vanhoozer, *Is There a Meaning?*, 198-263; Stein, «Benefits of an Author-Oriented Approach», 451-66. La teoría del hablar y hacer se refiere a caracterizar el discurso como acción. Por consiguiente, el discurso posee tres componentes principales: la locución (lo que se dice), la ilocución (lo que se quiere decir) y la perlocución (la reacción prevista). En términos generales, esto corresponde a una acción física: locución (lo que uno hizo); ilocución (lo que eso comunica al receptor), y perlocución (forma en que se supone que se responderá al acto). Un puñetazo es un acto físico que puede transmitir enojo, y las respuestas podrían incluir eludirlo. De la misma manera, los textos tienen los mismos mecanismos relacionados con la intención autoral.
7. Barthes, *The pleasure of the Text*; Payne, *The Fallacy of Equating Meaning with the Human Author's Intention*; Gadamer, *Truth and Method*; Fish, *Is There a Text in This Class?*
8. Vanhoozer, *Is There a Meaning?*, 204-6.
9. Un problema importante de este acercamiento es, para empezar, cómo podemos derivar principios y doctrinas de las Escrituras para el propósito de la hermenéutica. Si todavía estamos determinando nuestra hermenéutica para las Escrituras, ¿cómo podemos interpretar que sea para este menester? Aunque esta pregunta está fuera del alcance de este libro, puedo remitir al lector a las defensas filosóficas de la hermenéutica para resolver sus preguntas. En resumen, Dios creó el lenguaje, y su funcionamiento está incorporado en nuestra forma de comunicarnos. Por ello, podemos entender textos y hasta buscar en ellos la intención autoral. Cuando leemos el texto de las Escrituras, la Biblia explica *por qué* siempre podríamos hacer esto. Solidifica la naturaleza de la comunicación y la realidad de la intención autoral. Además las Escrituras refuerzan la necesidad moral absoluta de buscar la intención autoral de la Biblia. Véanse Vanhoozer, *Is There a Meaning?*; Hirsch, *Validity in Interpretation*.

los evangélicos han usado tradicionalmente las doctrinas de la inspiración, de la inerrancia y de la iluminación para basar su entendimiento de la hermenéutica. Reymond declara que «la doctrina de las Escrituras respecto a las Escrituras, que defiende su propio carácter revelador e inspirado, nos vincula al método gramático-histórico de la exégesis».[10] De manera similar, Zuck comenta que, a la luz del aspecto humano de la inspiración, «cada escrito bíblico —es decir, cada palabra, oración y libro— fue recopilado en un lenguaje escrito y seguía los significados gramaticales normales, incluido el lenguaje figurativo».[11] La lista de este tipo de argumentación continúa.[12] Los evangélicos han recalcado, con razón, que la hermenéutica bíblica procede a fin de cuentas de la Biblia. Dios establece las normas de cómo debería entenderse su Palabra, y esto debería consistir en una «hermenéutica cristiana».

Sin embargo, en el proceso de formular nuestra hermenéutica a partir de las Escrituras, nos topamos con un problema significativo. Empieza con la pregunta de cómo funciona exactamente nuestra «hermenéutica cristiana». Es posible que conozcamos los principios y las convicciones, pero ¿cómo se lleva esto a cabo cuando nos acercamos a un texto? Podemos reunir todos los estudios de palabras, los antecedentes históricos y la gramática, pero ¿cómo nos muestra esto, en realidad, la intención o el sentido del autor? Además, ¿cómo relacionamos nuestra interpretación del texto con la teología? ¿Cómo sabemos qué principio extraer de un texto? ¿Cómo sabemos si un autor pretendía comunicar una cierta idea teológica o no? ¿Qué deberíamos aprender de las historias de las Escrituras? ¿Acaso la idea de David y Goliat consiste en que podemos matar a nuestros propios gigantes? Si no es así, ¿cuál es la verdadera idea de ese texto y cómo lo sabemos? Nos topamos con un dilema similar cuando preguntamos cómo predicar o enseñar sobre Cristo a partir del Antiguo Testamento. ¿Deberíamos leer entre líneas a Cristo en cada texto, aunque no esté a la vista en el texto original? Una vez más, ¿cuál es el puente entre lo que el texto afirma y la teología que transmite? Estas preguntas muestran que no solo buscamos aprender de los principios hermenéuticos de las Escrituras, sino también de la práctica hermenéutica (es decir, cómo aplicar esos principios en nuestro estudio de las Escrituras).

La Biblia también proporciona una respuesta a estas preguntas. Sin embargo, aquí es donde surge el problema. La forma en que los autores bíblicos usaron las Escrituras puede resultar un poco más «preocupante», en particular cuando consideramos el uso que el Nuevo Testamento hace del Antiguo. Los apóstoles parecen interpretar el Antiguo Testamento «de forma creativa». Por ejemplo, Pablo parece creer que la roca en el desierto cuando los israelitas deambulaban era Cristo, cuando en el pasaje veterotestamentario

---

10. Reymond, *Systematic Theology,* 49.
11. Zuck, *Basic Bible Interpretation,* 61-62.
12. Ramm, *Protestant Biblical Interpretation,* 123; Couch, *Classical Evangelical Hermeneutics,* 25-28.

no se hace mención alguna de esto (1 Co. 10:4).[13] Mateo aplica un texto del
Antiguo Testamento al Mesías, aun cuando originalmente hablaba de Israel
(Os. 11:1 en Mt. 2:15).[14] Ese mismo Evangelio afirma más adelante que Jeremías profetizó sobre Judas, cuando la cita pertenece a Zacarías (Zac. 11:13,
en Mt. 27:9).[15] Pablo usa un texto veterotestamentario que afirma que las
personas son malditas por *no cumplir* la ley, para condenar a aquellos que
en realidad *observan* la ley (Gá. 3:10; cp. Dt. 27:26). Pedro cita Salmos 109:8
para argumentar que la iglesia debería elegir a un nuevo apóstol que ocupe
el lugar de Judas, cuando ese salmo no alude a Judas en absoluto (Hch. 1:20).
En cada uno de estos casos, los apóstoles parecen ignorar el contexto original del Antiguo Testamento. Estos ejemplos no son más que una minúscula
muestra de los problemas existentes en el uso que el Nuevo Testamento hace
del Antiguo.[16] ¿Indica eso, acaso, que existe algo más que una hermenéutica
gramático-histórico-literal para que nuestra hermenéutica sea realmente
«cristiana»?

FORMULAR LA PREGUNTA ADECUADA

Por tanto, nuestro deseo de obtener una hermenéutica bíblica nos enfrenta a
un gran dilema. Curiosamente, mediante el estudio de la Biblia para aprender cómo evitar una interpretación errónea, se diría que nos topamos más
bien con ella. ¿Deberíamos actuar como afirman los apóstoles, pero no
como ellos obran?[17]

    No somos los primeros en recorrer este camino. Los eruditos han
luchado con esta pregunta y han salido con toda una variedad de soluciones. Algunos argumentan que dado que los apóstoles poseían inspiración
nosotros no tenemos la capacidad de repetir sus métodos hermenéuticos.[18]
Otros mantienen que los apóstoles tenían una hermenéutica nueva que
garantizaba un cierto grado de libertad para reinterpretar la Biblia.[19] Alegan
que los escritores neotestamentarios ilustran que es necesario interpretar

---

13. Thiselton, *1 Corinthians,* 727-30.
14. France, «Formula-Quotations of Matthew 2», 233-51; Hagner, *Matthew 1–13,* 36.
15. Morris, *The Gospel According to Matthew,* 696.
16. Véanse Thomas, «The New Testament Use of the Old Testament», 247-51; Enns,
     Inspiration and Incarnation, 113-65.
17. Véase Enns, *Inspiration and Incarnation,* 165. Los comentarios de Enns (aunque estoy en
     desacuerdo con sus conclusiones finales) sobre este asunto están llenos de un profundo
     conocimiento. «Si seguimos a los apóstoles, podemos acabar manejando el Antiguo Tes-
     tamento de un modo que viola algunos de nuestros instintos interpretativos… si no
     los seguimos, estaremos admitiendo que los autores del Nuevo Testamento también se
     equivocaron al mostrarnos cómo está relacionado Jesús con el Antiguo Testamento, o
     que su hermenéutica es solo suya y no se puede reproducir hoy».
18. Moo, «The Problem of Sensus Plenior», 206, 210.
19. Riddlebarger, *Case for Amillennialism,* 38-39. Riddlebarger argumenta que el uso que el
     NT hace del AT da lugar a reinterpretar las profecías veterotestamentarias. De manera
     similar, véase Longman, «Messiah», 33. Longman argumenta que la resurrección nos
     proporciona una nueva lente para leer el AT tal como es en realidad.

las Escrituras en nuevas formas, y que tal espiritualización y alegorización es, en verdad, una «hermenéutica cristiana». Hay quienes sostienen que los apóstoles defendían el contexto veterotestamentario. Afirman que, si examinamos más a fondo el Antiguo Testamento, esto nos quedaría claro.[20] Aunque existe diversidad de opiniones, todo el mundo concuerda en que las explicaciones hermenéuticas llegan, inevitablemente, al uso que el Nuevo Testamento hace del Antiguo.[21] La forma en que los escritores bíblicos usaron la Biblia es el *crux interpretum* en plena respuesta de cómo tenemos una hermenéutica cristiana/bíblica. Es una cuestión que no podemos ignorar.[22] ¿Cómo podemos afirmar genuinamente que tenemos una hermenéutica basada en las Escrituras que ignora las Escrituras donde los escritores bíblicos interpretaron la revelación anterior? Una hermenéutica que no tiene en cuenta la totalidad de las Escrituras no es bíblica.

Silva destaca peligros aún mayores cuando se hace caso omiso a este asunto:

> Si nos negamos a ajustar nuestra exégesis al patrón seguido por los apóstoles, estamos negando en la práctica el carácter autoritativo de su interpretación bíblica, y actuar así es atacar el mismo núcleo central de la fe cristiana.[23]

En consecuencia, si de verdad queremos una hermenéutica basada en toda la Palabra de Dios, tenemos que ocuparnos de esta cuestión. El asunto del uso que hace el Nuevo Testamento del Antiguo no es tan solo un debate académico de eruditos. Más bien, es la esencia de quiénes somos como intérpretes de las Escrituras. ¿Aprendemos de sus escritores a entender las Escrituras, o existe alguna razón por la que su hermenéutica es distinta a la nuestra?

Es más fácil responder a esta cuestión de palabra que de hecho. Supone numerosos otros asuntos, incluida la crítica textual (aunque no se limita a ella), la teoría literaria (p. ej., intertextualidad, ecos),[24] y la traducción griega del Antiguo Testamento.[25] Incluye, asimismo, trasfondos históricos, en particular la metodología hermenéutica de los contemporáneos de los apóstoles y la literatura judía del segundo templo.[26] Con todo esto en mente, se puede proceder a efectuar un análisis exegético de los textos tanto

---

20. Beale, «Hosea 11:1 in Matthew», 699; Kaiser, «Single Meaning, Unified Referents», 88-89.
21. Enns, *Inspiration and Incarnation,* 156. Enns describe el problema, de nuevo con profundo conocimiento. «¿Qué hacemos con toda esta información? No basta sencillamente con tomar nota de la hermenéutica apostólica y, a continuación, apartarla. Debemos preguntar qué podemos aprender de esto sobre la naturaleza de la Biblia y qué significa interpretarla hoy».
22. *Ibíd.*
23. Silva, «Text Form and Authority», 164.
24. Hays, *Echoes of Scripture,* 14-21.
25. Nicole, «The New Testament Use of the Old Testament», 18-19; McLay, «Biblical Texts and the Scriptures», 38.
26. Fitzmyer, «Old Testament Quotations in Qumran», 297-333.

veterotestamentarios como neotestamentarios. El intérprete debe entender los contextos de ambos textos, y dilucidar cómo interactúan exactamente. Además de esto, el exégeta debe pensar con detenimiento en un amplio abanico de opciones interpretativas,[27] de implicaciones bíblico-teológicas,[28] así como de preocupaciones de la teología sistemática.[29] Ocuparse de todas estas cuestiones resulta vertiginoso. El uso que el Nuevo Testamento hace del Antiguo es, sin lugar a duda, un complejo rompecabezas,

Sin embargo, aunque todos los asuntos citados más arriba revisten gran importancia, pueden despistarnos de lo que tenemos entre manos. Más información no siempre aporta mayor claridad (cp. Ec. 12:12). En su lugar, es necesario que formulemos la pregunta adecuada para obtener una respuesta útil. La cita de Beale al principio de este capítulo nos señala, en retrospectiva, tan fundamental pregunta: *¿En qué estaba pensando el autor? ¿Cómo llegó a su conclusión?*[30] Esta es la pregunta que necesitamos hacer. Todos los factores indicados giran en torno a ese asunto. Más aún, este es el núcleo central del tema del *«uso* que hace el Nuevo Testamento del Antiguo». El término *uso* se refiere a cómo pensaban los apóstoles respecto al Antiguo Testamento y cómo lo aplicaban.[31] Así, la lógica del autor es el asunto fundamental.

Una diversidad de eruditos ha confirmado esta aseveración.[32] Hamilton, que explica este tema desde el punto de ventaja de la teología bíblica, declara:

---

27. Estas incluyen *sensus plenior* o que los apóstoles revelaron el sentido más completo del texto del AT. Véanse Moo, «The Problem of Sensus Plenior», 354; Thomas, «The New Testament Use of the Old Testament», 242. Otra posibilidad es que ellos usaban el método de sus contemporáneos. Véase Longenecker, *Biblical Exegesis in the Apostolic Period,* 190-92. Hay otros que argumentan que usaban el AT en contexto. Véanse Beale, «Jesus and His Followers», 398; Weir, «Analogous Fulfillment», 72-76. Otros más sostienen que sencillamente utilizaron mal el AT. Véanse McCasland, «Matthew Twists the Scripture», 146-48; Enns, *Inspiration and Incarnation,* 156-58. Para una lista de diversas posibilidades, véanse Thomas, «The New Testament Use of the Old Testament», 254-64; Bock, «Evangelicals and the Use of the Old Testament, Part 1», 220.
28. Esto incluye cuestiones como la tipología y la solidaridad corporativa. Véase Beale, «Jesus and His Followers», 391. También abarca el asunto de la naturaleza del cumplimiento de la profecía. ¿Existe un solo cumplimiento de una predicción o múltiples, o se trata de una actualización genérica del mensaje del profeta? Véanse Kaiser, *The Messiah in the Old Testament,* 30-31; Beecher, *The Prophets and the Promise,* 383.
29. Enns, *Inspiration and Incarnation,* 156-58; Beale, «Jesus and His Followers», 399-404.
30. Beale y Carson, «Introduction», xxv.
31. *Ibíd.* Beale y Carson pidieron a los escritores del libro que respondieran a la pregunta de «¿para qué uso teológico utiliza el escritor del NT la cita del AT o la alusión al mismo?». A esto, ellos también comentan: «En un sentido, esta pregunta está envuelta en todas las demás» (xxv).
32. Schreiner, *Pauline Theology,* 15. «La tarea no consiste meramente en reproducir el pensamiento de Pablo sobre diversos temas, sino en estimar correctamente aquello que es más importante en su pensamiento y presentar las relaciones internas entre los temas varios». Véase también Beale, «Jesus and His Followers», 391. «La respuesta que mayor sentido le da a los datos es que Jesús y los apóstoles tenían una perspectiva histórico-redentora sin igual sobre el Antiguo Testamento en relación con su propia situación».

Los autores bíblicos usaron la teología bíblica para interpretar las Escrituras que tenían a su disposición, y los acontecimientos que experimentaron. Para la comunidad creyente, el objetivo de la teología bíblica consiste sencillamente en aprender la práctica de la interpretación de los autores bíblicos, para que podamos interpretar la Biblia y la vida en este mundo de la forma en que ellos lo hicieron.[33]

A nivel literario, Hays también reconoce que la lógica del autor es la cuestión clave. Reconoce, asimismo, que se ha hecho muy poco para dilucidar esta idea:

Incluso los estudios que se ocupan de las cuestiones teológicas tienen poco que decir sobre Pablo como intérprete de las Escrituras. Es una situación lamentable, porque la pregunta de cómo interpretaba él las Escrituras es de gran importancia para comprender la lógica y el propósito de sus argumentos. ¿Existe algún método o hermenéutica que pueda justificar la exégesis de Pablo?[34]

La cita de Hays apela a que nosotros preguntemos y respondamos al asunto de la lógica del autor, algo que, según él observa, no hemos hecho a menudo. Antes de que podamos tildar a los apóstoles de raros, rechazar o aceptar su hermenéutica, es necesario que entendamos lo que hicieron en realidad. Solo entonces podremos ver si deberíamos hacer las cosas como ellos las hicieron, como dijeron o, como argumentaré, ambas cosas.

LA BÚSQUEDA DE LA LÓGICA AUTORAL

Formular la pregunta de la lógica del autor nos conduce a lo que me gustaría denominar «la búsqueda de la lógica autoral». La cita de Beale al principio del capítulo desvela esto ante nosotros. Al tratar lo que los apóstoles pensaban, él observa una «lógica histórico-redentora» que funciona en un segundo plano. La búsqueda de la lógica autoral consiste en traer a un primer plano la razón fundamental de los escritores bíblicos, que se halla en el fondo. A nosotros nos corresponde procurar entender la metodología y el razonamiento subyacentes que guían su interpretación de las Escrituras. Esta búsqueda está lejos de ser nueva o revolucionaria.[35] Aun así, resulta útil crear un claro hueco para este tipo de estudio, que se halla en el núcleo central del uso que hace el Nuevo Testamento del Antiguo.

Además, deberíamos articular la naturaleza de esta tarea. Se podría empezar a explicar la lógica del autor mediante la descripción de *aquello* que pensaban los apóstoles. Unos han descrito lo que estos opinaban sobre una

---

33. Hamilton, *God's Glory in Salvation through Judgment*, 42.
34. Hays, *Echoes of Scripture*, 10.
35. Véanse las citas de arriba en la nota 31; véase también, Moyise, *Paul and Scripture*, 1. Al explicar la propia hermenéutica de Pablo, declara: «Sin embargo, potencialmente más útil que limitarse a citar las respuestas de Pablo a las preguntas del siglo I es estudiar *cómo* interpretó Pablo las Escrituras».

diversidad de pasajes veterotestamentarios o sobre una variedad de temas teológicos.[36] Otros hablan de lo que ellos consideraban relativo a sus presuposiciones interpretativas.[37] Estas observaciones son importantes y todos los *qué* son vitales. Resulta difícil evaluar la lógica de la hermenéutica apostólica si no hemos determinado lo que pensaban, o cuáles eran las presuposiciones claves implicadas en sus conclusiones.

Sin embargo, la búsqueda de la lógica autoral se ocupa de mucho más que esto. Los eruditos quieren saber *cómo* obtuvieron los escritores bíblicos sus presuposiciones, cómo escogieron usarlas en un pasaje concreto, y hasta cómo eligieron usar un texto en particular en su argumento.[38] Por ejemplo, ¿por qué usó Mateo Oseas 11:1 para demostrar su idea, cuando podría haber citado del mismo modo Éxodo 4:23, que tiene un lenguaje similar? ¿Qué convierte Oseas 11:1 en mejor elección que otro pasaje para el propósito de Mateo? Estas preguntas son importantes, y no hacerles caso equivaldría a admitir de forma tácita que los apóstoles son caprichosos. Es perentorio que reflexionemos en estos asuntos.

Por lo tanto, esto demuestra que la búsqueda de la lógica del autor no debería ser tan solo una respuesta a la pregunta del «qué», sino también del «cómo». Es una búsqueda para saber cómo, o el proceso mediante el cual interpretaron un texto los autores bíblicos, obtuvieron las presuposiciones, las asociaron con ciertos textos, y salieron con estas afirmaciones. Este libro pretende empezar por responder a la «pregunta del cómo» con respecto al uso que el Nuevo Testamento hace del Antiguo.

UNA SUGERENCIA INICIAL: LA EXISTENCIA DE LA HERMENÉUTICA PROFÉTICA

Aunque pueda parecer del todo contraintuitivo, sugiero que la investigación del uso que los apóstoles hicieron del Antiguo Testamento empieza en el mismo Antiguo Testamento. Se puede ver, sin lugar a duda, por qué deberíamos comenzar por el Nuevo Testamento cuando tratamos el uso que este hace del Antiguo. Ya que estamos dilucidando cómo usaron los apóstoles la revelación precedente, resulta lógico prestar atención a sus afirmaciones, métodos y presuposiciones. No obstante, acabaremos inevitablemente en el Antiguo Testamento, porque los apóstoles nos señalan en esa dirección. Ellos tratan con la revelación anterior y, por tanto, para entender lo que querían decir y lo que pensaban, es necesario que entendamos la fuente. Sugiero que adjudicarle más atención al Antiguo Testamento puede ayudarnos a desentrañar los pensamientos de los apóstoles.

---

36. Schreiner, *Pauline Theology*, 15; Moyise, *Paul and Scripture*, 1, 15-30; Hofius, «Fourth Servant Song», 185-8.
37. Beale, «Jesus and His Followers», 392; Kaiser, «Eschatological Hermeneutics», 92-96; Robinson, *Corporate Personality in Ancient Israel*, 10; Wright, *Climax of the Covenant*, 140-41.
38. Moyise, «Reply to Greg Beale», 55-58; Barclay, «The Paradox of the Cross in the Thought of St. Paul», 428.

Esta idea no deja de resultar interesante. La metodología aceptada exige una investigación del Antiguo Testamento.[39] Los eruditos nos aconsejan que prestemos atención a la interconexión y la complejidad de esa parte de la Biblia.[40] Apelan, con frecuencia, a la idea observada por C. H. Dodd respecto a que las citas que hacen los escritores del Nuevo Testamento apuntan, en realidad, a contextos enteros del Antiguo Testamento.[41] Basándose en esto, los que investigan el uso que hace el Nuevo Testamento del Antiguo prestan atención en cómo la referencia al Antiguo Testamento proporciona una ventana a ideas y temas teológicos mayores. Estos conceptos —que incluyen la solidaridad colectiva, el exilio y el plan de Dios— pueden ayudar, con frecuencia, a explicar cómo pensaban los apóstoles.[42] Los eruditos reconocen que el Antiguo Testamento contribuye a que comprendamos a los apóstoles.

Podemos llevar estas observaciones un paso más allá en nuestra explicación de la lógica autoral. Sugiero que la interconexión y la complejidad del Antiguo Testamento revelan algo más profundo sobre los profetas mismos: tenían su propia hermenéutica. Los que están familiarizados con el uso que el Nuevo Testamento hace del Antiguo suelen referirse a la «hermenéutica apostólica», término que explica la metodología interpretativa de los escritores del Nuevo Testamento. Tal vez exista una contrapartida veterotestamentaria. Un factor que apoya esta idea es la forma en que los eruditos han reconocido la realidad de la *intertextualidad* en el Antiguo Testamento. Este término es clave en este libro y, para mis propósitos, explica cómo los escritores bíblicos aluden a otras partes de las Escrituras. Se refiere específicamente a cómo los autores inspirados expusieron la revelación anterior en sus propios escritos.[43] Semejante actividad en el Antiguo Testamento

---

39. Nicole, «The New Testament Use of the Old Testament», 25-26.
40. *Ibíd.*: Beale, «Jesus and His Followers», 390; Wright, «Justification: Yesterday, Today y Forever», 51-53.
41. Dodd, *According to the Scriptures,* 110, 126-27. Véanse también Nicole, «The New Testament Use of the Old Testament», 25-26; Beale, «Jesus and His Followers», 390, n.10. La nota de Beale provee una lista de otros eruditos que defienden la tesis de Dodd.
42. Beale, «Rejoinder to Steve Moyise», 166.
43. Fishbane, *Biblical Interpretation,* 7-14; Broyles, «Traditions, Intertextuality, and Canon», 167. Véase también Huizenga, *New Isaac,* 43-58. Como debería quedar claro en este capítulo, y más claro aún en el siguiente, uso el término sencillamente como un texto que alude a otro sin ningún bagaje postmoderno anexo. Algunos argumentan que semejante uso de la intertextualidad es incorrecto, porque se originó y fue propuesto para explicar las ideas deconstructivas. Así, el término debería desecharse, a menos que uno analice esas perspectivas. Véase Meek, «Intertextuality», 280-91. Curiosamente, los que niegan la intención autoral insisten en usar un término tal como el autor supuestamente pretendía. Además, como indica Huizenga, esta crítica no es válida en este caso por dos razones. Primero, la crítica suele ser contra los eruditos bíblicos que usan el término de forma ilegítima para debatir las cuestiones de la crítica y las fuentes históricas. Mi uso en esta obra argumenta en contra de esto y, en un sentido, desmonta la escuela de la alta crítica. En segundo lugar, Huizenga observa que incluso Kristeva, el fundador de la intertextualidad engarza los textos y la intertextualidad de la manera en que los eruditos bíblicos lo han manejado. Observa, con razón, que no se trata de qué es la intertextualidad como una propiedad de los textos, sino más bien si el propósito y el fundamento que originalmente rodearon al término son ciertos. ¿Es legítimo el deconstruccionismo? Como

argumenta en favor de la existencia de una «hermenéutica profética». Los mismos escritores veterotestamentarios eran exégetas y teólogos que entendían y correlacionaban sus textos con la revelación previa. Esto formó «redes de textos» intencionales en el primer canon.

A la luz de estas correlaciones, la observación de Dodd gana incluso mayor impulso. Los textos veterotestamentarios individuales son ventanas a contextos más amplios, porque son una parte *intencionada* de una serie de pasajes que los profetas han entretejido.[44] Los apóstoles estudiaron detenidamente algunos pasajes con ciertas ideas bíblico-teológicas, porque los profetas ya habían establecido estas asociaciones. Los escritores del Antiguo Testamento derivaron ciertos conceptos de su cuidadosa exégesis de la revelación previa, y los integraron en sus propios escritos. Esto se convierte en las presuposiciones y el pilar de la lógica apostólica.

Por consiguiente, los apóstoles no son arbitrarios; sus pensamientos y suposiciones están directamente vinculados a los textos veterotestamentarios interconectados y entretejidos por los profetas. *Sin embargo, si esto es verdad, los apóstoles siguen la hermenéutica y la lógica profética.* La continuidad entre la hermenéutica profética y la apostólica proporciona el *modus operandi* de la lógica apostólica. Aunque podemos sentirnos tentados a considerar la hermenéutica apostólica, la clave de la lógica autoral del Nuevo Testamento puede muy bien hallarse en la hermenéutica profética.

TESIS: CONTINUIDAD DE LA HERMENÉUTICA PROFÉTICA, APOSTÓLICA Y CRISTIANA

No perdamos de vista el asunto original. He argumentado que la hermenéutica es importante para nuestra vida cristiana. Esto nos lleva a preguntar qué es una hermenéutica verdaderamente cristiana. Es necesario descifrar las convicciones que la Biblia nos exige a la hora de acercarnos a ella, y cómo aplicar esos principios para tender un puente entre la exégesis y la teología. Dentro de estos parámetros tenemos que entender cómo piensan los apóstoles y los profetas, y cómo resuelve esto la tensión entre lo que la Biblia prescribe hermenéuticamente y lo que sus escritores practican.

Sostengo que la respuesta a estos asuntos gira en torno a la siguiente declaración: La hermenéutica profética tiene su continuación en la hermenéutica apostólica, que es la hermenéutica cristiana. Podemos aprender a

---

explicaremos más tarde, mi respuesta es que no. Al mismo tiempo, la característica de la intertextualidad, la interconexión de los textos, sigue siendo verdad al margen de ese bagaje. En realidad, el modo en que los eruditos bíblicos como Hays usan el término encaja legítimamente en la intención del autor de ese término. La exégesis bíblica interna y la alusión también son descriptores adecuados; sin embargo, se quedan un tanto cortos ya que con frecuencia implican una correlación textual de uno con otro, en oposición a que un texto pudiera entretejerse con una red de textos. De ahí que la intertextualidad, con los requisitos proporcionados, siga siendo un término útil.

44. Broyles, «Traditions, Intertextuality, and Canon», 167-75; House, *Old Testament Theology*, 57; Kaiser, *Toward an Old Testament Theology*, 24.

estudiar el texto sagrado a partir de las instrucciones que los escritores bíblicos nos dieron, y de cómo usaron ellos las Escrituras, siempre y cuando entendamos lo que ellos hacían.

Aquí es donde la búsqueda de la lógica autoral desempeña un papel fundamental en la discusión. Comprender la lógica de los escritores bíblicos nos ayuda a ver que no eran unos hipócritas hermenéuticos. En su lugar, practicaban lo que predicaban con una precisión inmensa y, de este modo, establecieron para nosotros cómo entender mejor las Escrituras. Su forma de interpretar es su forma de escribir, y la forma en que nosotros deberíamos leerlos. De esta forma, su hermenéutica es la nuestra.

El resto del libro establece las bases para que podamos y debamos aprender de los intérpretes expertos de las Escrituras, los mismos escritores. Por consiguiente, cada capítulo indicará cómo interpretaban y razonaban los autores bíblicos, así como la forma en que esto moldea nuestra práctica hermenéutica. (Aun así, responderé a esta última cuestión de forma más minuciosa al final del libro).

Con esto en mente, el siguiente capítulo inicia nuestra búsqueda de la lógica autoral estableciendo importantes cuestiones fundamentales al acercarnos a esta labor. Sobre esta base, el tercer capítulo explicará la hermenéutica profética, y observaremos que los escritores del Antiguo Testamento eran exégetas y teólogos por derecho propio. Interpretaban cuidadosamente las Escrituras y, a través de una nueva revelación, exponían largo y tendido sus temas teológicos y sus implicaciones. Como resultado, en vez de escribir «mejor de lo que sabían», los profetas escribieron mejor de lo que les reconocemos. El cuarto capítulo muestra que los profetas escribieron intencionalmente con una trayectoria que se movía hacia —y establecía las bases para— el Nuevo Testamento.

En el quinto capítulo observaremos que los apóstoles seguían la lógica desarrollada en el Antiguo Testamento. No cambiaron el sentido de la revelación anterior, sino que bajo la superintendencia del Espíritu Santo desarrollaron sus implicaciones en el tiempo que les tocó vivir. En realidad, como señala el capítulo sexto, este enfoque interpretativo es dominante en el Nuevo Testamento. Los apóstoles siguieron la lógica de los escritores veterotestamentarios y, como resultado, son uniformes en la forma de manejar los mismos textos. Ese tipo de consistencia hermenéutica forma parte del entramado de la teología neotestamentaria.

El capítulo séptimo muestra cómo la continuidad hermenéutica entre los profetas y los apóstoles se traslada hasta nosotros. La hermenéutica cristiana no es distinta de aquello en lo que participaron los escritores bíblicos. Su práctica hermenéutica confirma el método exegético tradicional. Su lógica intertextual demuestra también cómo desarrollaron la teología. Los escritores bíblicos ampliaron con frecuencia temas bíblico-teológicos retomando la revelación previa, y desarrollaron ciertas ideas al respecto. Esto nos proporciona la estrategia para tender un puente entre la exégesis y la teología. Al ver cómo exponían sus escritos las ideas y las implicaciones de la revelación pasada, podremos ver los temas teológicos que explicaban y desarrollaban.

En consecuencia, al reflexionar en los pensamientos de los escritores bíblicos tal como ellos los concibieron, nos sumergimos en su lógica, interpretamos el texto como ellos lo hicieron y su razón hermenéutica fundamental se convierte en la nuestra. La hermenéutica profética y la apostólica es, efectivamente, la hermenéutica cristiana.

Los que están versados en el uso que el Nuevo Testamento hace del Antiguo verán que mi tesis se identifica con la de Beale, Kaiser, Carson, Hamilton, Caneday y Bock.[45] Esto es cierto. Estos individuos (y otros más) han moldeado inmensamente mi pensamiento sobre el tema. Aunque todos nosotros nos desviaremos unos de otros en algunos puntos, los mismos son variaciones sobre un tema: Los apóstoles usaron el Antiguo Testamento de forma contextual. Esto se ubica en el centro de la forma en que todos explicamos el uso del Antiguo Testamento en el Nuevo, y mi intención es argumentar sistemáticamente en este libro por qué eso está justificado. Sin embargo, mi objetivo en esto no consiste en la mera verificación de un cierto punto de vista del uso que el Nuevo Testamento hace del Antiguo, sino de demostrar efectivamente que la forma en que interpretamos las Escrituras está por completo justificada.

Por lo tanto, este libro utiliza el uso que el Nuevo Testamento hace del Antiguo para enseñarnos la naturaleza de la hermenéutica y de la interpretación. Mi misión consiste en vindicar a los profetas y los apóstoles, y servirnos de ellos para que nos ayuden a moldear nuestro propio entendimiento de la Palabra de Dios. Ellos no son unos ignorantes hermenéuticos que han hecho un mal uso de las Escrituras. No sabemos más que ellos, al contrario; ellos fueron brillantes porque el Espíritu Santo los movió, y nosotros deberíamos seguirlos con humildad. Su fiel hermenéutica nos proporciona la certeza de que su manera tradicional de enseñarnos a interpretar la Biblia es el método que ella misma respalda. La hermenéutica gramático-histórico-literal no es una formulación moderna, sino el modo en que los escritores bíblicos interpretaban las Escrituras. La hermenéutica cristiana sigue a los profetas y los apóstoles y es, por tanto, una hermenéutica de obediencia.

---

45. Bock, «Evangelicals and the Use of the Old Testament in the New, Part 2», 315-19; Carson, *Collected Writings on Scripture,* 280-83; Beale, *Handbook,* 2-13; Kaiser, «Single Meaning», Unified Referents», 88-89; Hamilton, «The Skull Crushing Seed of the Woman», 30-31; Caneday, «Curse of the Law», 185-209.

2

▽ ▼ ▽

TRABAJO PRELIMINAR
PARA LA BÚSQUEDA

PRESUPOSICIONES Y MÉTODO

¿HIZO JESÚS UN MAL USO DE LAS ESCRITURAS?:
EL PODER DE LAS PRESUPOSICIONES

Algunos podrían preguntarse para qué necesitamos este capítulo. Después de todo, ¿por qué no podemos saltar directamente al análisis de la hermenéutica profética y apostólica? Tal vez pueda ilustrar el valor de la discusión siguiente al contemplar la pregunta: «¿Hizo Jesús un mal uso de las Escrituras?». Sospecho que la mayoría de nosotros reaccionaríamos con energía contra semejante afirmación. Sin embargo, hay un erudito que sugiere algo en esta misma línea. Explica cómo responde Jesús a los saduceos en Lucas 20:34-38. En ese texto, Jesús apela a Éxodo 3:6, con el fin de respaldar la resurrección. Este erudito cuestiona cómo puede la declaración «el Dios de Abraham, el Dios de Isaac y el Dios de Jacob» significar que existe una resurrección.[1] A la luz de esto, concluye:

> El uso que Jesús hace de Éxodo 3:6 en Lucas 20:34-38 no es, cuando menos, un ejemplo de exégesis gramático-histórica. Los evangélicos tienden a proteger a Jesús y a los apóstoles de la acusación de involucrarse en una exégesis así de incontrolada. Se argumenta que los autores neotestamentarios emplean el Antiguo Testamento con propósitos apologéticos. De ahí que, según este razonamiento, podamos afirmar sin temor a equivocarnos que Jesús y los autores del Nuevo Testamento *jamás* habrían hecho cosas tan descabelladas con el Antiguo Testamento si su propósito consistía en convencer a otros del evangelio. Esta lógica es por completo desacertada.[2]

Para ser claro, esta opinión es extrema, y este erudito individual no representa desde luego la erudición evangélica. Por el contrario, la inmensa mayoría de los evangélicos no sostienen estas ideas. No obstante, sus declaraciones ayudan a que empecemos a ver el valor de las presuposiciones. Al fin y al cabo, al manejar esta afirmación tenemos que admitir que la lógica

---

1. Enns, *Inspiration and Incarnation*, 114.
2. *Ibíd.*, 132.

contenida en el argumento es bastante sólida. ¿Estaba Dios hablando realmente sobre la resurrección cuando pronunció las palabras de Éxodo 3:6?
A este respecto, este erudito parece tener razón. ¿Qué hay de erróneo en la
idea expresada más arriba? El problema no radica en la lógica interna de su
argumento, sino más bien en las presuposiciones en las que este se basa. El
ejemplo anterior ha hecho que (consciente o inconscientemente) aceptemos
una serie de suposiciones que llevan, de forma inevitable, a la conclusión de
que Jesús malinterpretó la intención original de las Escrituras.[3] Esto ilustra
el poder de las presuposiciones. Ciertas ideas preconcebidas pueden favore-
cer o entorpecer toda la búsqueda de la lógica autoral.

Si usted se está preguntando cuáles son esas presuposiciones, habrá
empezado a entender por qué necesitamos este capítulo.[4] Aquí discutire-
mos ciertas cuestiones fundamentales en el uso del Antiguo Testamento en
el Nuevo, y afirmaremos presuposiciones claves sostenidas por la inmensa
mayoría de los eruditos evangélicos. Mi objetivo consiste en articular estas
ideas cruciales, mostrar por qué son bíblicas y defenderlas contra las objeciones suscitadas por otros eruditos. Al hacerlo, aclararemos que no solo
podemos tener el enfoque adecuado de la búsqueda de la lógica autoral,
sino también el acercamiento adecuado a la hora de estudiar la Biblia en
general.

PRIMERA PRESUPOSICIÓN: LA INTENCIÓN AUTORAL

El primer problema fundamental de la búsqueda es la cuestión de la intención autoral. A fin de cuentas, la búsqueda de la lógica *autoral* no puede
existir (o no tendría sentido) si lo que el autor pretendiera no fuera la sustancia del verdadero significado de la Biblia. Por su alta consideración de las
Escrituras, los evangélicos se han aferrado tradicionalmente a la intención
autoral. Esto se refleja en los escritos de eruditos evangélicos como Ramm
y Stein, pasando por Köstenberger, Duvall y Hays, así como Vanhoozer.[5]
Ellos expresan con claridad cómo la intención autoral define la hermenéutica evangélica.[6] Asimismo, muestran cómo el uso que el Nuevo Testamento
hace del Antiguo distingue los acercamientos evangélicos de los enfoques

---

3.   Para ser claro, el erudito que afirma estas cosas no esconde este hecho con malicia. Más
      bien, declara sus presuposiciones con bastante claridad; todo su libro trata de estas pre-
      suposiciones. Véase *Ibíd.,* 23-70, 113-65.
4.   No somos los únicos en pensar de este modo. Los eruditos han debatido esto
      extensamente. Véanse Beale, «A Surrejoinder to Peter Enns»; Beale, «Review Article
      of Inspiration and Incarnation»; Enns, «Response to Greg Beale»; Beale, «Rejoinder to
      Steve Moyise»; Moyise, «Misappropriate the Scriptures?».
5.   Ramm, *Protestant Biblical Interpretation,* 1-2; Stein, *A Basic Guide to Interpreting the
      Bible,* 18-21; Köstenberger y Patterson, *Invitation to Biblical Interpretation,* 58-59; Duvall
      y Hays, *Grasping God's Word,* 36-44; Vanhoozer, *Is There a Meaning?,* 261-62. Incluso a
      nivel popular, los eruditos evangélicos reconocen esto. Véanse DeYoung, *Taking God at
      His Word,* 62-68; Hendricks, *Living by the Book,* 201.
6.   Stein, *A Basic Guide to Interpreting the Bible,* 18-21; Duvall y Hays, *Grasping God's Word,*
      36-44.

postmodernos.[7] Así, la intención autoral es una presuposición crítica y definitoria para la hermenéutica evangélica y para la búsqueda de la lógica autoral.

Aunque algunos podrían opinar que la idea es obvia y elemental, se ha ido cuestionando cada vez más recientemente, y esto ha fomentado la necesidad de una explicación. Y añadiría que, aunque podríamos presuponer la centralidad de la intención autoral, también es necesario que nos aseguremos de que nuestro método es consistente con dicha convicción. De no ser así, dejamos de buscar la lógica del autor y fracasamos en la búsqueda. Por tanto, esta discusión es importante para nuestra hermenéutica en general, así como para el enfoque de nuestra búsqueda.

Como acabo de mencionar, algunos han cuestionado si la intención autoral es válida. Los que están en el campo del deconstructivismo postmoderno apuntan a los problemas filosóficos y pragmáticos de hacer que el lector acceda a la intención del autor a través de un texto. En esencia, se produce una ruptura de la comunicación entre el autor, el texto y el lector. El autor no puede permanecer en control del texto una vez que lo ha escrito. Después de todo, él no viaja con sus textos para clarificar o reforzar sus ideas ante los lectores. Más bien, el texto se desconecta de él y, como resultado, deja de comunicar exclusivamente las ideas de quien lo escribió.[8] El fracaso continúa cuando el lector no puede en realidad conectarse con el texto.[9] Tiene sus propias presuposiciones y sus ideas preconcebidas que, de manera inevitable, se imponen al pasaje. Así, el lector no puede nunca «interpretar» de verdad un texto, y mucho menos entender la intención del autor. Solo ve lo que quiere.[10]

Si lo anterior es verdad, la búsqueda de la lógica autoral es irracional por dos motivos. En primer lugar, la búsqueda es imposible ya que no podemos determinar la intención ni la lógica del autor. En segundo lugar, es inútil. Queríamos conocer la lógica de los escritores, porque nos preocupaba la interpretación «correcta» de las Escrituras. Por el contrario, si solo podemos ver lo que queremos ver, entonces nuestra inquietud por la hermenéutica no tiene sentido. Aunque dilucidáramos la lógica de los autores, no cambiaría nada. De todos modos, seguiríamos interpretando las Escrituras a nuestro antojo.

Tal escepticismo hace que lo más importante sea confirmar la presuposición fundamental de la intención autoral. Tratar este tema de manera exhaustiva queda fuera del alcance de este libro. Otras obras ya se han

---

7. Moyise, «Misappropriate the Scriptures?», 21; Beale, «Rejoinder to Steve Moyise», 152-80; Moyise, «Reply to Greg Beale», 54-58. En el debate entre Beale y Moyise surgen dos cuestiones principales: la intención autoral y las nociones de significados y trascendencia. En esta sección tratamos lo primero, y lo segundo lo veremos en la siguiente. El debate entre ellos ilustra que estas presuposiciones son críticas en la explicación general del uso que el NT hace del AT.

8. Gadamer, *Truth and Method,* 388; Barthes, *The Pleasure of the Text,* 27.

9. Derrida, *Of Grammatology,* 206-7.

10. *Ibíd.,* 204-7.

ocupado de ello.[11]A estas alturas, podemos resumir sus descubrimientos mostrando cómo definen las Escrituras las funciones hermenéuticas del autor, del texto y del lector.

Las doctrinas de la revelación y la inspiración demuestran que la autoría dual de las Escrituras determina el significado legítimo de estas. Segunda de Pedro 1:21 nos recuerda que Dios inspiró a ciertos hombres para que hablaran, de manera que su mensaje procede realmente de Él.[12] Las palabras del hombre comunican, con precisión, las propias ideas de Dios. La forma en que los apóstoles citaron las Escrituras confirma que solo este es el sentido del texto. Debaten de manera indistinta lo que el «profeta» declaró (Ro. 10:16) con lo que «habló el Espíritu Santo por medio del profeta» (Hch. 28:25), con lo que «la Escritura [habló]» (Gá 3:8).[13] Esto confirma que la intención humana es la de Dios, y que esta intención unificada es el significado legítimo de las Escrituras.

La Biblia también habla de la naturaleza del texto de las Escrituras. Los títulos, como los oráculos de Dios (Ro. 3:2, LBLA; He. 5:12, LBLA), la Palabra de Dios (Lc. 8:11; Jn. 10:35; Hch. 4:31) y el consejo de Dios (Sal. 107:11; Pr. 19:21) establecen que el texto está inextricablemente vinculado a su autor divino. Por esta razón, Pablo declara que todas las Escrituras son la mismísima comunicación de Dios (2 Ti. 3:16). El texto no es una serie de posibilidades interpretativas ni las ideas del lector, sino la intención del Señor. Este significado no puede quebrantarse (Jn. 10:35).[14] El texto no es una pizarra en blanco sobre la que uno puede imponer sus ideas, sino que está fijado a la intención del autor.

Desde esta perspectiva, las Escrituras tienen mucho que decir sobre el lector. Dios condena cualquier distorsión o tergiversación de su Palabra (Dt. 4:2; 2 P. 3:16). Le pide al lector que interprete correctamente las Escrituras (2 Ti. 2:15). Los lectores no tienen libertad hermenéutica, sino responsabilidad hermenéutica. Además, Dios empodera a su pueblo para que entienda la Palabra de Dios como es debido. El Espíritu Santo, que inspiró a los hombres para que escribieran la Palabra de Dios, también mora en el corazón de los creyentes (2 P. 1:21; 1 Jn. 2:20). El Autor no está desconectado del lector, sino que habita en él, y lo ilumina con sabiduría para que comprenda el texto (cp. 1 Co. 2:11-16; Ef. 1:15-18). Además, los creyentes desean conocer la Palabra de Dios, porque está en sus corazones (Jer. 31:33).[15] Por lo tanto, los cristianos no están perdidos irremediablemente en sus propias ideas preconcebidas, sino que son por completo capaces de entender la Palabra de Dios con acierto, y es lo que se espera de ellos. Dios les encarga que comprendan adecuadamente la intención del autor en la Biblia.

---

11. Véanse Hirsch, *Validity in Interpretation;* Vanhoozer, *Is There a Meaning?;* Stein, «Benefits of an Author-Oriented Approach».

12. Bauckham, *2 Peter, Jude,* 234; Schreiner, *1, 2 Peter,* 324; Davids, *The Letters of 2 Peter and Jude,* 215.

13. Witherington, *Grace in Galatia,* 227-28.

14. Carson, *The Gospel According to John,* 399; Köstenberger, *John,* 315.

15. Thompson, *The Book of Jeremiah,* 581; Huey, *Jeremiah, Lamentations,* 284.

Contrariamente al escepticismo postmoderno, las Escrituras muestran que la intención autoral es fundamental. Esta breve explicación nos ha proporcionado el respaldo para afirmar que Dios ha hablado por medio del hombre en su Palabra, y la interpretación que honra a Dios se produce cuando comprendemos dicha intención. No hacerlo es el resultado del pecado, y puede conducir a la grave condenación por parte del Señor (cp. 2 P. 3:16). La Palabra de Dios justifica la convicción evangélica de la intención autoral. Es, de hecho, fundamental para la hermenéutica bíblica.

En consecuencia, cuando tratamos con la forma de interpretar las Escrituras, nuestro deseo no consiste en descubrir nuevos significados, sino la intención del autor dual. Cada vez que nos acerquemos al texto bíblico, nuestro objetivo no debe ser ante todo «¿qué gano yo con eso?», «¿qué podría significar?» o «¿qué significa para mí?», sino más bien «¿qué quería expresar el autor?». Además, esto resalta nuestra dependencia del Espíritu y la necesidad de santificación a la hora de estudiar las Escrituras. El escepticismo postmoderno encierra cierta verdad. Podemos distraernos cuando estudiamos la Biblia, y el pecado puede ahogar la intención del autor dual. La solución no consiste en abandonar la intención autoral, sino más bien en vivir vidas santas y descansar en el poder iluminador y santificador del Espíritu (cp. Stg. 1:21; 1 P. 2:1-2). Precisamente por esta razón se requiere oración y preparación espiritual antes de acercarse al texto.

Al mismo tiempo, si la intención autoral es nuestra convicción hermenéutica, nuestro enfoque de la búsqueda de la lógica autoral debería ser consistente con esto; a saber, el autor debería ser el punto de partida y el centro de la discusión. Esto puede parecer obvio, pero es importante ya que las metodologías modernas difieren de cómo funciona esta presuposición. Por ejemplo, algunos sugerirían que el lugar por el cual empezar deberían ser las prácticas hermenéuticas de los contemporáneos de los autores bíblicos.[16] Después de todo, los escritores de la Biblia están influenciados por su cultura; por consiguiente, para entenderlos mejor deberíamos estudiar los métodos interpretativos de sus colegas. Al hacer esto, algunos eruditos destacan cómo el judaísmo de la época de los apóstoles interpretaba el texto veterotestamentario de forma no contextual. Esto los llevó a concluir que los apóstoles hicieron lo mismo.[17]

Aunque esto pueda parecer razonable, el enfoque es inconsistente con nuestra inquietud por la intención autoral. Si nuestra investigación fundamental estudia el trasfondo del autor como opuesto al autor mismo, podríamos haber transigido en nuestra preocupación de escuchar lo que tiene que decir. Beale y Carson nos advierten, y con razón, contra la suposición de una clase de determinismo histórico por el cual los autores bíblicos son un subproducto indefenso de su sociedad.[18] Al fin y al cabo, los escritores

---

16. Enns, *Inspiration and Incarnation,* 116.
17. *Ibíd.,* 116-142; Fitzmyer, «Old Testament Quotations in Qumran», 297-33.
18. Beale, «A Surrejoinder to Peter Enns», 14-20; Carson, *Collected Writings on Scripture,* 283.

de la Biblia afirmaron poder discernir sus normas culturales, y hasta resistirse a ellas (cp. Dt. 4:18-21; 18:9; Ro. 12:2; 1 Ti. 1:4; Tit. 1:14; 1 P. 4:1-5). Solo porque el resto de la sociedad interprete un texto de una cierta forma no significa que dichos autores siguieran el ejemplo.

De manera similar, nosotros podemos caer en la misma trampa con los diversos paradigmas o modelos. Por ejemplo, algunas personas apelan a la «tipología» (o a que ciertas realidades veterotestamentarias prefiguran las contrapartes neotestamentarias intensificadas) como paradigma para demostrar cómo usaron los apóstoles el Antiguo Testamento.[19] Ese modelo podría ser el marco válido y útil a la hora de tratar con el uso que el Nuevo Testamento hace del Antiguo. Sin embargo, ¿significa esto que cada vez que las Escrituras vuelven a usar la revelación anterior se produce una relación tipológica? ¿Exige esto también que cada conexión tipológica funcione con exactitud del mismo modo? ¿Cómo lo sabemos? El peligro de los modelos es que pueden determinar la intención del autor en lugar de observar lo que este afirma con precisión. Köstenberger y Patterson nos previenen, con acierto, que no forcemos un modelo en cada caso del uso del Antiguo Testamento en el Nuevo.[20]

A la larga, esos errores giran en torno a nuestra tendencia de saltar a las conclusiones. Podríamos ver algunas correlaciones iniciales con los contemporáneos de los escritores o una estructura particular, y que esto nos lleve a suponer que el autor también pensaba así. Basándonos en esto, podríamos condenar su hermenéutica o verificar nuestra propia postura teológica. Sin embargo, tal vez no hayamos tenido en cuenta todos los detalles de lo escrito por el profeta o el apóstol. Aquí, la idea errónea es que creemos haber encontrado la lógica del autor cuando, en realidad, hemos sustituido su intención por un sistema o una teoría sin asegurarnos de que él estuviera razonando de esa manera.

Con esto no queremos afirmar que los modelos sean malos o que no debiéramos estudiar la hermenéutica de los contemporáneos de un escritor bíblico. Por el contrario, todas esas cosas son útiles. Yo también tengo un paradigma de la continuidad de la hermenéutica profética, apostólica y cristiana. Apelaré también brevemente a la hermenéutica de los colegas de los escritores bíblicos. No obstante, sostengo que la intención autoral debería ser nuestro punto de partida metodológico en vez de empezar con esas estructuras. Como nos recuerdan Köstenberger y Patterson, la intención autoral es el factor determinante en el estudio del uso que hace el Nuevo Testamento del Antiguo.[21] Por tanto, si estamos convencidos de ella, deberíamos escuchar al autor con imparcialidad como individuo en sus propios términos. Como veremos, a lo largo de la discusión de este capítulo, así como en la totalidad del libro, volveremos a la pregunta de «¿qué quiere decir el autor?»,

19. Gentry, *Kingdom through Covenant*, 102-8; Hamilton, *What Is Biblical Theology?*, 77-85; Beale, *Handbook*, 13-27.
20. Köstenberger y Patterson, *Invitation to Biblical Interpretation*, 704-5
21. *Ibíd.*, 705.

y esto es precisamente lo que debemos hacer. En lugar de comenzar nuestra investigación desde un paradigma preestablecido (p. ej., la tipología o la hermenéutica contemporáneas), es necesario que descubramos en realidad lo que cada autor afirmó en las diversas situaciones en las que apelaron a las Escrituras. Esto significa observar los detalles de lo que expresan y, así, refrenar el juicio hasta poseer tantos hechos como sea posible. El compromiso con la intención autoral exige que nuestro método sea sólidamente inductivo. A partir de aquí podemos formular ciertas conclusiones y modelos.

SEGUNDA PRESUPOSICIÓN:
SIGNIFICADO Y TRASCENDENCIA

La siguiente presuposición se ocupa de la distinción entre el significado y la trascendencia. Esta cuestión surge al tratar con el *uso* que el Nuevo Testamento hace del Antiguo. ¿Qué significa el término «uso»? Por ejemplo, Enns afirma que «uso» se refiere a la cuestión de la interpretación o a cómo entendía un autor lo que significaba el texto.[22] Del mismo modo supone que, cuando un pasaje de las Escrituras usa la revelación anterior, provee explícitamente la interpretación de ese texto.[23] Por lo tanto, argumentaría que la cita que Mateo hace de Oseas 11:1 *es* su opinión del significado del texto veterotestamentario. Como tal, Mateo creía que Oseas 11:1 era una especie de profecía que predecía la salida de Cristo de Egipto, incluso cuando el contexto original no encierra una idea así. Basándose en esto, concluye que Mateo malinterpretó a Oseas al interpretar que el texto hablaba de Cristo, en lugar de ver lo que quería decir el autor original.[24]

Al tratar con la aseveración de Enns es necesario que abordemos la presuposición subyacente a su conclusión. ¿El escritor bíblico da siempre su interpretación cada vez que usa un texto? Nuestro propio «uso» de los textos ilustra que no es tan sencillo. Por ejemplo, podemos «usar» las Epístolas Pastorales para demostrar que la iglesia debería dirigir sus asuntos. Sin embargo, técnicamente, Pablo está hablando a Timoteo y Tito. Y lo indica con claridad (1 Ti. 1:2; Tit. 1:4). Si «usamos» estos textos en nuestras propias iglesias, ¿estaremos afirmando un significado que Pablo no pretendía explícitamente? ¿Estaremos añadiendo a su sentido?

No creo que los predicadores y maestros que «usan» textos de este modo malinterpreten burdamente la Palabra de Dios. Saben que Pablo escribió esas cartas a Timoteo y Tito. Sin embargo, también son conscientes de que el apóstol pretendía que estas palabras conllevaran implicaciones más allá de la situación inmediata. Esta es la naturaleza de las Escrituras (2 Ti. 3:16; Ro. 15:4), y el apóstol mismo es consciente de ello (Col. 4:16; 1 Ts. 5:27; 2 Ti. 2:2). De ahí que se justifique el «uso» de las Epístolas Pastorales para nuestras iglesias, aunque fueran dirigidas originalmente a Timoteo y Tito. Nuestro

---

22. Enns, *Inspiration and Incarnation*, 115-16.
23. *Ibíd.* La idea de la interpretación es la derivación del significado de un texto.
24. *Ibíd.*, 133-34.

«uso» de estos tipos de textos no anula la intención original, sino que más bien ve que sus ramificaciones pretenden ser para todos los tiempos. En realidad, si queremos identificar de la manera correcta esas implicaciones universales, es necesario entender las ideas originales del autor.

Esta explicación ilustra la distinción entre significado y trascendencia.[25] Es una presuposición crítica en la erudición evangélica. Los expertos en este ámbito de estudio, como Beale, Carson, Kaiser, Stein y Bock, debaten la necesidad de incluir la distinción entre significado y trascendencia.[26] De hecho, tanto Beale como Kaiser declaran que estas definiciones son críticas para ser cuidadosos, y están matizadas por el modo en que los apóstoles usan el Antiguo Testamento.[27] Estas observaciones prueban la importancia de esta presuposición. Para evaluar adecuada y justamente la hermenéutica de los escritores bíblicos, es imprescindible entender el significado y la trascendencia.

Con esto en mente, deberíamos definir las ideas del significado y la trascendencia. Lo primero alude a las ideas particulares del autor original en el texto (p. ej., Pablo escribió a Timoteo o Tito). Lo segundo denota las diversas repercusiones válidas, las inferencias o las implicaciones que surgen del significado del autor. La trascendencia puede incluir (aunque no se limita a ello) las ramificaciones del significado de un texto en nuestras vidas hoy o su influencia en un tema teológico. La trascendencia deriva de lo que el autor afirmó, las deducciones lógicas de esas ideas y las suposiciones necesarias para que esas ideas funcionen.[28]

Stein nos ayuda a comprender mejor las ideas del significado y la trascendencia. Declara que se puede hablar de trascendencia o relevancia en términos de un «patrón deliberado de significado» en el cual las ideas del autor establecen una estructura para implicaciones mayores. Así, la ley de tráfico puede ocuparse de los «autos», pero el «patrón deliberado de significado» no solo considera a los autos, sino a cualquier vehículo a motor.[29]

---

25. Hirsch, *Validity in Interpretation,* 8; Beale, «Rejoinder to Steve Moyise», 153-58; Vanhoozer, *Is There a Meaning?,* 261-62; Duvall y Hays, *Grasping God's Word,* 12.

26. Beale, «Rejoinder to Steve Moyise», 153-58; Beale y Carson, *Commentary on the New Testament Use of the Old Testament,* xxci-xxvii; Kaiser, «Single Meaning, Unified Referents», 51-52; Stein, *A Basic Guide to Interpreting the Bible,* 44; Bock, «Evangelicals and the Use of the Old Testament in the New, Part 2», 310, 317.

27. Beale, «Rejoinder to Steve Moyise», 153-58; Kaiser, «Single Meaning, Unified Referents», 51-52.

28. Hirsch, *Validity in Interpretation,* 8; Beale, «Rejoinder to Steve Moyise», 153-58; Vanhoozer, *Is There a Meaning?,* 261-62.

29. Stein, *A Basic Guide to Interpreting the Bible,* 44. Stein se ocupa de cómo este principio de significado y trascendencia trata el caso de «no pondrás bozal al buey que trilla» en 1 Corintios 9:9. La ley en Deuteronomio sobre no poner bozal al buey tiene que ver, en última instancia, con la justicia en el salario de los trabajadores (Dt. 25:4), de modo que está justificado que Pablo aplique esa ley para hablar de pagar a un pastor (1 Co 9:9). Christensen, *Deuteronomy 21:10–34:12,* 602; Merrill, *Deuteronomy,* 325; McConville, *Deuteronomy,* 367. El análisis de McConville es útil. «Según la organización de las leyes de acuerdo al orden del Decálogo, vv. 1-3 (Braulik 1992a: 186), o vv. 1-4 (Kaufman 1978-9: 141; véase «Forma y estructura» en Dt. 24) siguen bajo la influencia del noveno

Esto se podría explicar, asimismo, en términos de la «letra» de la ley frente al «espíritu» de la ley. La letra habla de lo que la ley estipula técnicamente, pero al hacerlo proyecta una idea más amplia (el «espíritu»), que tiene ramificaciones y aplicaciones más extensas. También es posible hablar de la idea específica de un texto frente al principio implicado en él. Otra forma de reflexionar en esto es la noción de que las ideas (significado) tienen consecuencias (trascendencia). Los eruditos hablan de manera clásica del significado y de la trascendencia en términos de una única intención del autor, pero de múltiples aplicaciones de la misma.[30] Todo esto ilustra las ideas de significado y trascendencia.

En la explicación que Vanhoozer hace del acto de hablar se encuentra un modelo particularmente útil. Como en otros casos, este reconoce la distinción entre significado (ilocución) y trascendencia (perlocución). Sin embargo, nos recuerda cómo la intención del autor controla ambas cosas. Desde luego, una acción puede provocar una variedad de respuestas. Tras un puñetazo, uno puede retraerse o encorvarse de muchas maneras. Así, un mismo texto podría tener una relevancia legítima sobre una variedad de cuestiones morales o teológicas. No obstante, la intención del autor sirve de control sobre estas respuestas. Aquel que propinó el golpe previó ciertas reacciones. Del mismo modo, el autor escribió el significado con el fin de prepararse para ciertos tipos de ramificaciones e implicaciones. Su intención gobierna los parámetros de estas repercusiones. Por tanto, el significado y la trascendencia forman parte de la intención del autor. En conjunto, todas las expresiones indicadas más arriba ilustran cómo existen el significado y la trascendencia a nivel teórico.

Sin embargo, el significado y la trascendencia no son tan solo ideas de la teoría hermenéutica. Las Escrituras mismas establecen estas categorías. Los escritores bíblicos reconocen que entender las ideas dentro del texto no es lo mismo que vivir de verdad sus implicaciones. Por lo tanto, escuchar la palabra (significado) se distingue de ponerla en práctica (trascendencia, cp. Stg. 1:21-22).[31] Por esta razón, los autores bíblicos abogan por interpretar las Escrituras con sabiduría (cp. Pr. 1:2-7; Col. 1:9; Stg. 1:22; 3:17-18).[32] Desean que leamos y entendamos lo que afirman las Escrituras (significado),

---

mandamiento... La prohibición de los falsos testimonios, interpretado como «justicia para con el prójimo en lo que respecta tanto a su sustancia como a su dignidad», se aplica hasta al delincuente convicto (1-3) y al animal doméstico (4)».

30. Thomas, «The Principle of Single Meaning», 141-42; Ramm, *Protestant Biblical Interpretation*, 113; Terry, *Biblical Hermeneutics: A Treatise on the Interpretation of the Old and New Testament*, 205.

31. Moo, *The Letter of James,* 88-89. Es probable que escuchar esté relacionado con lo que significa un texto (locución e ilocución), mientras que hacer tiene que ver con la perlocución. Santiago 1:21 provee este contexto cuando habla de recibir la Palabra de Dios.

32. Véase la explicación anterior sobre Deuteronomio 4:1-2. Véanse también, Moo, *The Letters to the Colossians and to Philemon*, 94; Moo, *The Letter of James*, 88-89; Varner, *The Book of James: A New Perspective; A Linguistic Commentary Applying Discourse Analysis*, 28–32; Waltke, *The Book of Proverbs, Chapters 1–15*, 175-76. Cp. Wilson, «חכם», 2:130-33.

y también cómo se aplica a la vida cotidiana (trascendencia). De manera similar, ciertas palabras en las Escrituras parecen referirse a nociones de significado y trascendencia. Por ejemplo, en hebreo, ciertas expresiones denotan mandamientos o juicios específicos (מִצְוָה) de Dios, mientras que otros comunican las ideas de principios o edictos (חֹק) fundamentales para esas exigencias en particular.[33] Lo primero parece indicar las ideas particulares de la ley (significado). Lo segundo parece señalar los principios o valores universales que muestran las ramificaciones más amplias de una ley (trascendencia). Los ejemplos precedentes revelan que significado y trascendencia son nociones del pensamiento bíblico y de la hermenéutica. Estas ideas son importantes, y serán relevantes (nunca mejor dicho) para el resto del libro.

Esto nos lleva de regreso al punto principal de esta discusión. La realidad del significado y de la trascendencia moldea nuestra forma de entender el término «uso». ¿Se limita el escritor bíblico a proveer directamente tan solo su interpretación del significado del texto cada vez que «usa» las Escrituras? Nuestra discusión anterior demuestra que este no es el caso. «Uso» puede referirse a cómo interpreta un autor el significado de un texto, así como a su forma de aplicar su relevancia en una diversidad de formas.

De este modo, solo porque un autor bíblico cite otro pasaje no significa que proporcione abiertamente su comprensión del significado del texto, aunque ese podría ser el caso. También sería posible que su escrito reflejara la implicación particular (trascendencia) de un texto previo, que suponga una cierta interpretación de dicho pasaje.[34] Más aún, en la idea de la trascendencia el autor podría estar apelando a una variedad de implicaciones. Las personas podrían dar por sentado que la única «aplicación» de un texto del Antiguo Testamento en el Nuevo es una profecía y su cumplimiento. Aunque esto puede suceder, el autor podría apelar al Antiguo Testamento como una analogía (cp. Jn. 3:14), un ejemplo (1 Co. 10:1-4; He. 3:8-19), un argumento autoritativo de apoyo (cp. Hch. 15:15) o como la fuente de una cierta idea teológica (Gá. 3:16).[35] El término «uso» podría abarcar cualquiera de estas ideas (y más). Sin embargo, dado que este es el caso, deberíamos evitar el concepto hermenéutico erróneo de que cada vez que cita las Escrituras, un escritor está proveyendo explícitamente su interpretación o está explicando el cumplimiento de una profecía. Actuar así somete al autor a nuestras propias suposiciones en lugar de escuchar lo que él afirma. Esto va en contra de la búsqueda para hallar la lógica de los escritores bíblicos y, de forma potencial, nos hace culpables de sacarlos de contexto, el mismo fallo del que los hemos acusado.

Al mismo tiempo, cuando nos preguntamos si un escritor bíblico usa un texto de acuerdo con la intención del autor, deberíamos matizar esto

---

33. Véanse *HALOT*, 1:346, 622-23. Enns, «חֹק» 2:250-51; Liedke, «חקק», 1:470. חֹק transmite, con frecuencia, la idea de una ley de límites o apodíctica. La ley apodíctica suele ser el fundamento para una ley casuística o jurisprudencia. En otras palabras, la ley apodíctica proporciona los principios legales fundamentales que se aplican a ciertos casos.
34. Cp. Popkes, «James and Scripture», 216.
35. Köstenberger y Patterson, *Invitation to Biblical Interpretation*, 704-5.

en términos de significado y trascendencia. Podemos inquirir si el autor bíblico apeló a una idea de la revelación anterior en el argumento principal. También podemos cuestionar si el autor bíblico realizó una inferencia válida de un texto anterior. Si la respuesta a cualquiera de estas preguntas es "sí", entonces el uso del texto está dentro de la intención del autor original, porque permanece en el seno del significado original del texto o en su pretendido abanico de trascendencia. Entender esto será esencial para comprender cómo sienta las bases el Antiguo Testamento para el Nuevo, y cómo el segundo usa legítimamente el primero.

En cualquier caso, a estas alturas uno podría preguntarse qué debemos hacer con tantas posibilidades hermenéuticas. Unos cuantos eruditos han categorizado la diversidad de «usos» del Antiguo Testamento en el Nuevo para ayudar a cuantificar la lógica del autor.[36] Estos esfuerzos son útiles, desde luego. Sin embargo, también suponen un peligro. Como explicamos más arriba, podemos acabar fácilmente obligando a un autor a un «uso» específico cuando su lógica no combina, con exactitud, con la idea. Después de todo, los autores no tenían en mente ni escribieron con las categorías que se nos ocurrieron a nosotros, miles de años después. Ellos no tienen por qué encajar en nuestras clasificaciones. Más bien, es necesario que comuniquemos con exactitud su razonamiento. Esto nos lleva de vuelta a nuestra convicción sobre la intención autoral y la pregunta central de la búsqueda de la lógica autoral. ¿Qué afirmaba el autor? ¿Cómo pensaba? Esta sección nos recuerda que existe una variedad de posibilidades respecto a cómo «usó» un autor un texto. Precisamos escuchar lo que ellos afirman y explicar su lógica en términos de significado y trascendencia.

TERCERA PRESUPOSICIÓN:
LA REALIDAD DE LA INTERTEXTUALIDAD

A la luz de todos los distintos «usos» de un texto, es necesario que podamos identificar el patrón de pensamiento del autor. ¿Qué indicios nos deja un escritor en el texto que pueda darnos una pista de su lógica? Esto nos lleva a otra importante presuposición sobre la búsqueda: la interrelación de las Escrituras.

Al responder a estas preguntas, una fórmula introductoria (p. ej., «como está escrito») o el argumento en contexto podrían ayudarnos a entender inicialmente cómo pensaba el autor.[37] Examinar el contexto del pasaje aludido también ayudaría en esta empresa. Sin embargo, los críticos señalan, con acierto, que una información así no siempre es suficiente para que consolidemos la lógica del autor.[38] Es demasiado limitada, y sigue dejando abiertas

---

36. Thomas, «The New Testament Use of the Old Testament»; Beale, *Handbook,* 55-94; Kaiser, *The Use of the Old Testament in the New.*
37. Véase el capítulo 5 para una explicación adicional de esto.
38. Moyise, «Misappropriate the Scriptures?», 15-20; Enns, *Inspiration and Incarnation,* 133-35.

un sinfín de posibilidades respecto a cómo puede usar el escritor la revelación anterior.

Este tipo de crítica supone, pues, que cuando un escritor usa las Escrituras, los únicos factores textuales involucrados son el texto que ha escrito y aquel al que alude. Podríamos dar por sentado que estos «dos textos» son lo único que tenemos para esforzarnos en dilucidar la lógica del escritor. Sin embargo, una multitud de eruditos nos recuerdan que esto no siempre es cierto. La realidad de la intertextualidad entra en escena en este punto.[39] Ningún texto es una isla. Nicole calcula que, aproximadamente, de veinte versículos del Nuevo Testamento uno es una cita del Antiguo. Si no se incluyen solo las citas, sino también las alusiones (donde un pasaje del Nuevo Testamento suena similar al Antiguo), la ratio puede subir hasta un versículo de cada diez.[40] Eruditos como Fishbane, House, Broyles, Kaiser y Waltke hacen observaciones similares acerca del Antiguo Testamento.[41] Es más que probable que el autor no haya hecho solo una alusión en el contexto, sino otras alusiones a otros textos. De ahí que esas otras referencias en contexto podrían proporcionar datos textuales que nos ayuden a entender la lógica del autor. Además, Beale, Carson y Bateman nos recuerdan que el texto específico al que el autor hace referencia podría estar interrelacionado con otros que, a su vez, están relacionados con otros pasajes.[42] Así, los eruditos nos recuerdan que tanto los diversos textos a los que el autor alude en el contexto como la forma en que esos pasajes están interrelacionados con otros puede generar una red de textos. Como lo expresa uno de mis estudiantes, «todo está relacionado».

Así, a diferencia de tener tan solo «dos textos» con los que trabajar, podríamos tener muchos más para entender la lógica del escritor. Además, todos estos textos interrelacionados pueden establecer un patrón o paradigma de cómo pensaba el autor a lo largo de un texto. Tal vez siguió el camino utilizado por sus predecesores, y expuso largo y tendido sobre la revelación previa. Si este es el caso, descifrar la lógica del autor está lejos de ser algo subjetivo. *Más bien se expresa textualmente mediante la intertextualidad de las Escrituras.*

¿Tenían los autores de las Escrituras esta idea de la intertextualidad en mente?[43] Varios elementos de pruebas demuestran que esto era así. En

---

39.   Véase la explicación anterior en el capítulo 1 (n. 43) sobre la naturaleza y la legitimidad de usar el término «intertextualidad».

40.   Nicole, «New Testament Use of the Old Testament», 13-14.

41.   Broyles, «Traditions, Intertextuality, and Canon», 167; Fishbane, «Types of Biblical Intertextuality», 39-44; Waltke, *Old Testament Theology,* 125-26; House, *Old Testament Theology,* 55-57; Kaiser, *Towards an Old Testament Theology,* 13-19.

42.   Bateman IV, «Introduction», 26; Carson, *Collected Writings on Scripture,* 281-82; Beale, «Hosea 11:1 in Matthew», 697-703.

43.   Podemos argumentar fundamentalmente que Dios es el autor supremo de las Escrituras y, así, ellas reciben su unidad en Él. Véase Pickup, «New Testament Interpretation of the Old Testament,» 361. Esto debería proporcionar la razón teológica esencial subyacente a la interpretación de las Escrituras de manera intertextual. No obstante, esto no es meramente una realidad teórica, sino una que (como muestra el resto de la explicación) se desarrolla en la intención del autor y en el texto.

primer lugar, las prácticas antiguas de hermenéutica prueban que los lectores combinaron desde hace mucho tiempo los textos. Por ejemplo, el principio de *gezerah shavá* establece que «donde se aplican las mismas palabras a dos casos separados, resulta que las mismas consideraciones se emplean para ambos».[44] La idea es que si dos textos distintos comparten la misma redacción, quizá estén vinculados. Este principio, existente hacia el siglo I d.C., implica que algunos de los primeros intérpretes de las Escrituras asociaban los textos.[45] Formaba parte de su metodología.

En segundo lugar, los escritos judíos de la época del Nuevo Testamento ilustran que los antiguos lectores no vinculaban meramente «dos textos», sino que más bien entretejían múltiples textos. Por ejemplo, en 1 *Enoc,* las visiones de Isaías, Ezequiel y Daniel se funden al describir una escena en la sala de justicia celestial (cp. *1 Enoc* 14; 24-25; 46-48; 71).[46] Los documentos de Qumrán también manifiestan la misma tendencia a combinar los textos. El documento11QMelquisedec combina una referencia al año del jubileo (Lv. 25) con varios pasajes mesiánicos, incluidos Isaías 52:7, 61:2-3, Daniel 9:25 y los Salmos 82 y 110.[47] 4QpIsaᵃ interpreta juntos Jeremías 23:5, Zacarías 3:8 e Isaías 11:1, porque todos se refieren al término el «renuevo».[48] Existen más ejemplos de cómo los lectores del período intertestamentario interpretaban los textos juntos.[49] Apelando a tales ejemplos no estoy afirmando que la forma en que los lectores correlacionaban las Escrituras fuera correcta. Más bien estoy señalando simplemente que algunas personas de la época de Jesús consideraban las Escrituras como una entidad entrelazada.

En tercer lugar, la evidencia no es tan solo externa a los escritores bíblicos, sino también interna. Sus escritos demuestran que entretejían los

---

44. Longenecker, *Biblical Exegesis in the Apostolic Period,* 34.
45. *Ibíd.*
46. Véanse Nickelsburg, *1 Enoch 37-82,* 155; Nickelsburg, «Apocalyptic and Myth in 1 Enoch 6-11», 390-91; Collins y Collins, *King and Messiah.*
47. Collins y Collins, *King and Messiah,* 84-86; Knibb, «Messianism in the Pseudepigrapha», 173.
48. Knibb, «Messianism in the Pseudepigrapha», 166.
49. Pickup, «New Testament Interpretation of the Old Testament», 361. Pickup afirma esto cuando explica la mentalidad de la exégesis judía. «Los exégetas judíos tenían presente algo que nosotros podríamos tender a pasar por alto: el hecho de que, desde la perspectiva de Dios en la eternidad, las Escrituras son en realidad una «unidad atemporal en la que todos y cada uno de los versículos es simultáneo a cualquier otro, temporal y semánticamente». Como resultado, los diversos contextos desde Génesis a Malaquías están, en el fondo, todos relacionados. Por tanto, si se considera un versículo en concreto desde esa perspectiva más amplia, las palabras del versículo suelen recordar a menudo una verdad adicional cuando se interpretan a la luz de otros contextos que Dios ha revelado. Las palabras son vehículos de pensamiento, y el contexto es, en gran medida, lo que les da sentido. De modo que, cuando un lector judío veía que las palabras de un pasaje expresaban otra verdad si se interpretaban en un contexto diferente y divinamente revelado, llegaba a la conclusión de que tal fenómeno no podía ser una coincidencia; todas esas relaciones intertextuales —y, por tanto, los significados más plenos o múltiples del texto que esas conexiones traían a la mente— debieron de estar en el pensamiento de Dios cuando inspiró al autor humano para que declarase esas palabras en primer lugar».

textos. Como acabo de decir, no deberíamos concluir de forma automática que lo hicieron de la misma manera que sus contemporáneos; no obstante, podemos afirmar que sí fue algo similar. Por ejemplo, cuando los eruditos consideran Esdras 1:1, observan cómo alude el versículo a varios textos. La redacción de Esdras 1:1 coincide en su formulación con la de 2 Crónicas 36:21.[50] Además, Esdras 1:1 menciona de forma explícita cómo se ha cumplido la profecía de Jeremías (cp. Jer. 25:11-12). De ahí que ese versículo también enlace con el libro de Jeremías. Finalmente, Esdras 1:1 menciona cómo YHWH «despertó... el espíritu de Ciro», una frase que aparece muchas veces en Isaías (cp. Is. 41:2, 25; 44:28; 45:1). Esdras parece referirse también a ese texto.[51] Por tanto, Esdras alude a 2 Crónicas, Jeremías e Isaías en un solo versículo. Esto ilustra cómo un escritor del Antiguo Testamento puede aludir a múltiples textos en un pequeño pasaje.

De manera similar, el libro de Nehemías también parece recopilar múltiples textos bíblicos juntos. En Nehemías 9:1-37, los levitas narran toda la historia de Israel, que está expresada como Moisés, Salomón y los profetas la describieron (cp. Gn. 12:1; 17:5; Éx. 5:2; 34:6; Dt. 1:26-33; 1 R. 8:47-48; 2 R. 17:13-18).[52] El pacto davídico (2 S. 7:5-9) es otro ejemplo de esto. El pasaje parece aludir a una diversidad de textos que incluyen el éxodo y las deambulaciones por el desierto (2 S. 7:5-7), el libro de Jueces (2 S. 7:10-11) y el pacto abrahámico (compárese 2 S. 7:9 con Gn. 12:2).[53] Esto también ilustra cómo correlacionaron los escritores del Antiguo Testamento múltiples textos en sus propios escritos.

Esto también sucede en el Nuevo Testamento. Podemos apuntar al famoso ejemplo del uso que Mateo hace de Oseas 11:1. El uso que Mateo hace de Oseas 11:1 está en el contexto de otros usos de la revelación anterior, incluidos Miqueas 5:2 y Jeremías 31:15. Además, los comentaristas observan que Oseas 11:1 mismo hace referencia en retrospectiva a Éxodo 4:22.[54] Mateo entreteje una diversidad de textos en su argumento para revelar su perspectiva al lector.[55]

Un patrón similar aparece en Pablo. Por ejemplo, en Romanos 9, el apóstol hace múltiples alusiones a varios textos veterotestamentarios en su discusión de la obra de Dios entre judíos y gentiles. En el corto espacio de seis versículos cita dos pasajes de Oseas (2:1, 23; cp. Ro. 9:24-26), tres textos de Isaías (Is. 1:9; 10:22; 28:22; cp. Ro. 9:27-29), y tal vez haga referencia también a Daniel (Dn. 5:28; cp. Ro. 9:28). Hay otro ejemplo más en Romanos 9:27-28. Allí, Pablo combina alusiones de Isaías 10:22; 28:22, con las palabras de Oseas 1:10 (Os. 2:1 [heb. 2:3]). Agrupó estos textos, porque todos comparten el mismo lenguaje de un remanente en Israel.[56] Todo esto prueba que

---

50. Fensham, *The Books of Ezra and Nehemiah*, 42.

51. *Ibíd.*

52. House, «Old Testament Narrative».

53. Grisanti, «The Davidic Covenant», 237; Kaiser, *The Messiah in the Old Testament*, 78-79.

54. Garrett, *Hosea*, 700-3.

55. *Ibíd.*, 700-8; Beale, «Hosea 11:1 in Matthew», 697-705; Sailhamer, «Hosea 11:1 and Matthew 2:15».

56. Moo, *The Epistle to the Romans*, 614; Schreiner, *Romans*, 528.

Pablo hizo alusión a múltiples textos, porque pensó que estaban interconectados de forma intertextual.

Hebreos nos proporciona un ejemplo final de cómo los escritores bíblicos entretejieron numerosos textos bíblicos. El autor de Hebreos cita del Salmo 95 al explicar la naturaleza del «reposo» (He. 4:1-7). Al actuar así, el autor vincula dicho salmo con Génesis 2:2 y el concepto del descanso del Sabbat (He. 4:4). Lo enlaza, asimismo, con los libros de Números y Josué, porque los tres pasajes hablan de las deambulaciones por el desierto y la conquista.[57] Por tanto, cuando el autor de Hebreos contempla el Salmo 95, no piensa meramente en ese texto, sino también en Génesis, Números y Josué.[58] Piensa de manera multitextual.

Lo que antecede proporciona alguna indicación de que los lectores y los escritores antiguos consideraban los textos con una mayor idea del contexto de lo que podríamos haber pensado en un principio. Aportaré ejemplos adicionales de esto a medida que el libro avance; no obstante, esta explicación señala el concepto erróneo de limitarnos a la mentalidad de los «dos textos». El autor podría tener esto en mente (su propio texto y el pasaje al que alude). Sin embargo, también podría tener muchos más textos en vista mientras escribía.

Para la erudición evangélica, esta noción de la interrelación de las Escrituras no es nada nuevo. Los evangélicos tienen a la Biblia en alta estima, y creen que es consistente y, por consiguiente, que está interrelacionada y que es compleja.[59] En consecuencia, como mencioné en el capítulo anterior, los evangélicos han citado correctamente la observación de Dodd respecto a que los textos del Antiguo Testamento son una ventana a ideas teológicas bíblicas más amplias.[60] Carson y Bateman nos recuerdan cómo numerosos pasajes establecen la trayectoria histórica hacia el Nuevo Testamento.[61] En su manual sobre el uso que el Nuevo Testamento hace del Antiguo, Beale cita la necesidad de investigar cómo un pasaje veterotestamentario está interrelacionado con otros a medida que investigamos la forma en que los apóstoles usaron la revelación previa.[62] Su énfasis sobre la forma en que las Escrituras están relacionadas refuerza la claridad de la intertextualidad de las mismas. Más aún, recuerda lo vital que es esta presuposición cuando se trata con el uso que se hace del Antiguo Testamento en el Nuevo. Por tanto, es necesario estar abierto a la posibilidad de que hay más de «dos textos» involucrados en la discusión.

UNA NOTA SOBRE LA METODOLOGÍA

A la luz de la exposición anterior, ¿cómo detectamos la intertextualidad? Esto no es tanto una presuposición, sino una pregunta sobre el método; no

---

57. Tate, *Psalms, 51-100*, 502.
58. Lane, *Hebrews 1-8*, 98-101.
59. Mohler, «Inerrancy and Hermeneutics», 203.
60. Dodd, *According to the Scriptures*, 110, 126-27. Véanse también, Nicole, «The New Testament Use of the Old Testament», 25-26; Beale, «Jesus and His Followers», 390 n. 10.
61. Bateman IV, «Introduction», 26; D. A. Carson, *Collected Writings on Scripture*, 281-82.
62. Beale, *Handbook*, 44.

obstante, es fundamental que esto forme parte de nuestro fundamento. Una forma útil de responder a esta interrogante es mediante la ilustración de conectar los puntos. Cuando enseño en la escuela dominical para niños, me encuentro con tres tipos principales de estudiantes. Un grupo siempre sigue las instrucciones y establece las relaciones correctas entre todos los puntos. Esta clase de estudiantes realiza una imagen impecable (p. ej., la de Abraham que casi sacrifica a Isaac). Otro grupo se salta, en ocasiones, los puntos y/o no los relaciona correctamente entre sí. Así, la imagen se distorsiona (p. ej., a Abraham le falta una mano). El último conjunto de niños conecta los puntos que desean a su manera y, por tanto, la imagen creada es a su gusto (p. ej., un avión en lugar de Abraham e Isaac).

Esto ilustra la esencia de responder a cómo rastreamos la lógica inter-textual del autor. Es necesario que nos aseguremos de tener todos los textos (puntos) a los que el escritor bíblico podría haber estado aludiendo. Asimismo, precisamos estar seguros de cómo se relacionan esos textos. Lo siguiente propone un método para gestionar ambas cuestiones.

¿Cómo nos aseguramos de tener todos los «puntos» (textos) implicados? Es cuestión de detectar la intertextualidad. El criterio de Hays para la intertextualidad se considera estándar entre la erudición.[63] Su lista incluye la disponibilidad del texto fuente, del volumen del eco (claridad lingüística de la alusión), de la recurrencia (¿repitió el autor la alusión en otro lugar?), la coherencia temática (¿encaja contextualmente con el argumento del autor?), la plausibilidad histórica (¿lo habrían entendido los lectores de esta manera?), la historia de la interpretación (¿concuerdan otros eruditos?), y la satisfacción (¿contribuye esto bien a los propósitos del escritor?).[64]

De un modo específico, podemos implementar el criterio de Hays tal como sigue. Sugiero que el autor habría dejado alguna palabra, frase o contexto que desencadenara una alusión que se remontara al texto previo. Se debería demostrar que esa palabra o frase es un activador legítimo. Yo lo denomino «especificidad lingüística» o cómo un término es lo bastante único como para apuntar a (un conjunto de) textos, pero al mismo tiempo no señalar a otros textos. Por encima de todo, estamos demostrando que «el activador» es lo suficientemente conmovedor como para provocar que el lector recuerde cierto(s) texto(s). A criterio de Hays, esto se denomina «volumen».

Si uno puede demostrar la especificidad lingüística, entonces debe demostrar que el activador es intencionado. El lector podría recordar un texto anterior, ¿pero es eso lo que deseaba el autor? Al tratar esto, la lógica es similar al «mentiroso, lunático o Señor» de C. S. Lewis. Su declaración se refiere a cómo las aseveraciones de Jesús son falsas (mentiroso), involuntarias (lunático) o verdaderas (Señor). Del mismo modo, el activador puede ser patentemente falso, porque el autor *ignore* el texto aludido, tan solo *incidental,*

63. Hays, *Echoes of Scripture,* 29-32; Beale, *Handbook,* 32-34; Waltke, *Old Testament Theology,* 126.
64. Hays, *Echoes of Scripture,* 29-32.

porque la alusión no sea intencionada aunque el autor conozca el texto, o *intencionada,* porque el autor así lo quisiera. Demostrar la intencionalidad se remonta a las cuestiones de si el autor conocía el texto (disponibilidad), y si el contexto así lo sugiere (coherencia temática, recurrencia, satisfacción). En última instancia, uno debe hacer el argumento de la especificidad lingüística y de la intencionalidad para demostrar una conexión entre los textos. Por expresarlo en términos de metáfora, debemos recopilar *todos* los puntos cotejando todos los pasajes implicados en una situación concreta.

Con recopilar los puntos (textos) no basta. Sigue siendo necesario que los *conectemos.* Esto nos lleva al segundo problema planteado más arriba. A estas alturas, nos topamos con la cuestión de cómo «usó» el autor la revelación anterior. En esto, no deberíamos caer en la falacia hermenéutica de confundir el significado y la trascendencia. Un autor podría proveer una interpretación correcta o incorrecta de un pasaje anterior. También podría proporcionar una aplicación acertada o desacertada de un texto. Es necesario recorrer estas posibilidades, y expresar la relación exacta que establece entre su texto y el pasaje aludido.[65]

Precisamos, asimismo, entender la relación exacta entre cada texto al que se refiere, y conectar cada punto (texto) entre sí. En el caso de que un autor aludiera a múltiples textos, entonces necesitamos evaluar su uso de cada texto y cómo su «uso» de esos textos colaboran en su argumento. Si un autor apeló a un texto, que a la vez alude a otros textos, nuestra tarea consiste en rastrear cómo cada uno de ellos se relaciona con el otro. Podemos ver, entonces, cómo esa progresión contribuye en la intención del autor. En este proceso, yo sugeriría que empezáramos a ver cómo se convierte la hermenéutica profética en hermenéutica apostólica y, así, acaba siendo la nuestra. No obstante, llegados a este punto, será preciso que nos aseguremos de examinar cada interacción intertextual a la luz del significado y de la trascendencia.

En resumen, existe un método práctico para identificar e interpretar las conexiones intertextuales en las Escrituras. Esta necesidad surge de la realidad de que la Biblia está interrelacionada con minuciosidad. A nosotros nos toca identificar e interpretar todos los puntos de la forma correcta. Sin embargo, esto no es meramente para que podamos estudiar sobre hermenéutica. Más bien, dado que nos preocupa el contexto a la hora de estudiar la Biblia, este es un método que nos ayuda a asegurarnos de que tenemos el contexto literario completo que el autor desea que tengamos. «Conectar los puntos» es lo que hacemos en nuestro estudio de cada pasaje bíblico.

VOLVAMOS AL USO QUE JESÚS HIZO DE LAS ESCRITURAS: ¿CÓMO PREDISPONEN LAS PRESUPOSICIONES?

Con toda la explicación anterior en mente, podemos regresar al examen del uso que Jesús hizo de las Escrituras. ¿Utilizó Él de forma inadecuada Éxodo

---

65. Beale, «Rejoinder to Steve Moyise», 158-61.

3:6 para demostrar la resurrección? Una vez que hayamos reflexionado en ciertas presuposiciones claves involucradas en la búsqueda de la lógica autoral, podemos incluirlas en este ejemplo específico.

Cuando afirmamos que Jesús usó Éxodo 3:6 de la manera incorrecta, una presuposición clave implicada es que Él «usó» el texto para proporcionar una proclamación directa de la resurrección. Los eruditos antes mencionados cuestionan cómo las palabras «Dios de Abraham, Isaac y Jacob» podrían *significar* una resurrección. Después de todo, la resurrección no era el «tema de conversación» en ese texto.[66] Sin embargo, como hemos visto, esta no es la única opción. El «uso» puede abarcar no solo el significado, sino también la trascendencia. ¿Acaso estaba Jesús extrayendo una conclusión importante del texto veterotestamentario?

Es una posibilidad digna de considerar por dos razones. En primer lugar, la fórmula introductoria no afirma que Jesús esté proveyendo el significado de Éxodo 3:6. Lo que Él asevera es que Moisés mostró (ἐμήνυσεν) la existencia de la resurrección por medio de un pasaje de Éxodo (Lc. 20:37). La frase recalca la autoridad mosaica, pero no especifica necesariamente si la resurrección fue el significado principal de Moisés en Éxodo 3:6.[67] En segundo lugar, la explicación de Jesús no afirma que dicho pasaje signifique la resurrección de manera explícita. Él señala que la declaración de Dios, «el Dios de Abraham, Isaac y Jacob» no sería genuina a menos que Él fuera el Dios de los vivos. No es una interpretación directa, sino una implicación. De ahí que Jesús trate con la trascendencia y no con el significado.

Si Jesús apeló a una implicación de Éxodo 3:6, ¿era válida esa apelación? Esto conduce a tratar con otra presuposición defectuosa. El erudito nos hace aceptar que «el Dios de Abraham, Isaac y Jacob» es una frase que tan solo expresa la autoidentificación que Dios hace ante Moisés.[68] Actuando así, este erudito nos convence de que solo hay «dos textos» involucrados: los pasajes de Lucas y Éxodo. Sin embargo, semejante interpretación podría simplificar en exceso lo que la frase significa en su contexto. Las afirmaciones de Jesús involucran más de los dos textos sugeridos más arriba. La mención misma de «Dios de Abraham, Isaac y Jacob» indica que uno debe remontarse a Génesis, ya que el libro habla originalmente de los patriarcas. Además, Jesús se refiere a cómo estos murieron, algo que se expone en Génesis (cp. Lc. 20:38). De ahí que no solo se deba examinar Lucas y Éxodo, sino también Génesis.

En consecuencia, cuando consideramos Génesis, descubrimos que la frase «el Dios de» es una declaración de pacto. Sarna observa, con acierto, que la frase no describe meramente la autoidentificación de Dios, sino que trata de manera sistemática sobre cómo Él cumplirá sus promesas de pacto

---

66. Enns, *Inspiration and Incarnation*, 114.
67. Pao y Schnabel, «Luke», 369. La siguiente frase, «como Él dice» (ὡς λέγει) asevera una comparación entre la afirmación de Jesús y lo que el pasaje declara. De nuevo, este tipo de lenguaje no establece una interpretación de manera explícita, sino que más bien saca una conclusión mediante la comparación.
68. Enns, *Inspiration and Incarnation*, 132.

(cp. Gn. 24:12, 48; 26:24; 28:13).[69] De forma más específica, el uso que se le da a la frase transmite la lealtad divina en el cumplimiento de las promesas que les hizo *a los mismos patriarcas*. Dios no solo prometió que les daría tierra, semilla y bendición a los descendientes de Abraham, sino que le prometió esas cosas al mismo patriarca (Gn. 12:1-3; 13:15). De ahí que cuando Dios le declara a Isaac que Él es «el Dios de Abraham», está confirmando que proseguirá con sus promesas a Isaac, por lo que le había prometido a *Abraham* (Gn. 26:24). En contexto, ser «el Dios de Abraham» denota su fidelidad personal a ese patriarca.[70] Por tanto, la fraseología denota cómo cumplirá Dios sus promesas a los patriarcas mismos y, así, por qué Él obra en las generaciones posteriores.

Consistentemente, Moisés describe la muerte de los patriarcas de un modo que proporciona esperanza respecto a que todavía experimentarían esas bendiciones. Moisés describe la muerte de Abraham como que «fue unido a su pueblo» (Gn. 25:8). Algunos han sugerido que esto alude a la práctica de la sepultura.[71] Esto puede ser así, en parte, pero desde luego no en su totalidad. Por ejemplo, José deja constancia de que dormirá con sus padres, y que más adelante sería sepultado (47:30).[72] En ese texto, la idea de ser reunido con los padres es un evento separado de la sepultura. Así, los comentaristas toman el lenguaje como una referencia a cómo los «difuntos se reúnen con sus antepasados en el reino de los muertos».[73] Con esto, Moisés implica que los patriarcas no están muertos y han desaparecido, sino que están vivos y aguardan la promesa futura (cp. He. 11:13).[74]

Todo esto prueba que Dios estaba comprometido a que los patriarcas experimentaran el cumplimiento de sus promesas. Ser «el Dios de Abraham, Isaac y Jacob», expresaba tal determinación. Esto sienta las bases para el uso que se le da a esta frase en Éxodo. En contexto, la declaración no identifica meramente quién es Dios, sino que establece su lealtad al pacto. Dios recuerda su pacto con los patriarcas (Éx. 2:24-25) y, por tanto, inició una relación con la generación de aquella época.[75] La fidelidad de Dios hacia los antepasados de Israel conduce a su liberación para cumplir las promesas de su pacto.

Si esto forma parte de la idea de Éxodo 3:6, el uso que Jesús hizo de este texto no está desacertado. ¿Cómo puede Dios afirmar ser fiel a los patriarcas —para que experimenten personalmente el cumplimiento de sus promesas— si están muertos y han desaparecido para siempre?[76] Más bien, para que Dios cumpla las promesas hechas ha de haber una resurrección, porque de no ser

---

69. Sarna, *Genesis*, 187.

70. Matthews, *Genesis 11:27–50:26*, 411.

71. Hamilton, *The Book of Genesis Chapters 18–50*, 168.

72. Kidner, *Genesis*, 150; Bock, *Luke 9:51–24:53*, 1629; Wenham, *Genesis 16–50*, 160.

73. Matthew, *Genesis 1–11:26*, 356.

74. Bruce, *Hebrews*, 298; Lane, *Hebrew 9–13*, 356.

75. Sarna, *Exodus*, 13; Durham, *Exodus*, 26; Stuart, *Exodus*, 103-4.

76. Incluso con una vida en el más allá, ¿cómo podrían participar personalmente en bendecir al mundo y experimentar la tierra prometida, si ellos están en el más allá? Esto también demanda una resurrección.

así la fidelidad del pacto de Dios queda anulada. Así, para que Dios afirme con legitimidad ser «el Dios de Abraham, Isaac y Jacob», y todo lo que esto entraña, Él debe ser el Dios de los vivos, no de los muertos (Lc. 20:38). Además, Jesús manifiesta que «para Dios todos viven», algo que coincide con la forma en que Moisés describió la muerte de los patriarcas.[77] Siguen viviendo, y aguardan el momento en que Dios cumpla todo lo que les prometió. Jesús ha seguido con cuidado la lógica de Moisés, y ha extraído la implicación legítima de Éxodo 3:6. Se sirve de esto para demostrar cómo quienes niegan la resurrección niegan la fidelidad de Dios a su pacto. Curiosamente, en la época de Jesús, los autores razonaban en este sentido, como se ha demostrado en una diversidad de sus escritos.[78] La audiencia de nuestro Señor era muy consciente de cómo pensaba Él, y su opinión fue: «bien has dicho» (Lc. 20:39).

De ahí que la lógica de Jesús sea muy sólida. Este tipo de ejemplo ilustra la importancia de las presuposiciones. Si aceptamos ciertas nociones (p. ej., «dos textos» o una falta de distinción entre significado y trascendencia), eso nos obliga a ciertas conclusiones. Sin embargo, si dichas suposiciones no son válidas, entonces existen más factores que considerar, que nos conducen a una conclusión totalmente distinta.

Todo esto se relaciona con la explicación anterior del capítulo respecto a considerar la intención autoral por inducción. Como hemos mencionado antes, la cuestión fundamental es escuchar al autor con imparcialidad, y procurar ver todas las pruebas antes de llegar a una conclusión.[79] La pregunta es si por culpa de nuestras suposiciones no nos habremos bloqueado artificialmente para no hacerlo. En el caso de Jesús y Éxodo 3:6, eliminando las ideas falsas preconcebidas y las restricciones que provocan, nos permite alcanzar *la conclusión opuesta* de aquello que se afirmó con anterioridad. En esto radica el poder de las presuposiciones y la razón de que toda esta explicación sea importante. Las decisiones que se tomen a este nivel moldean la totalidad de nuestro análisis. Cabe esperar que hemos empezado a formular convicciones que nos permitirán ser equitativos. Al actuar así, incluso en este ejemplo empezamos a ver cómo desarrolló Moisés dentro de su contexto el compromiso de Dios con los patriarcas, y cómo prepara esto el camino para que nuestro Señor use más tarde este texto. La hermenéutica del Antiguo Testamento conduce al Nuevo Testamento.

SÍNTESIS: PRESUPOSICIONES, HERMENÉUTICA Y LA BÚSQUEDA

Este capítulo ha tratado la importancia de las presuposiciones. Aunque parezcan insignificantes, nuestras ideas preconcebidas pueden influir enormemente

---

77. Pao y Schnabel, «Luke», 370.
78. Como la explicación de Génesis, la literatura intertestamentaria indica conciencia de la vida eterna. Véanse 2 Mac. 7:9; Jub. 23:31; 1 Enoc 91:10; 92:3; 103:3-4. Véanse Bock, *Luke 9:51–24:53*, 1629; Marshall, *Luke*, 743.
79. En este caso, Jesús representa sin duda la perspectiva de Lucas en la narrativa, o el evangelista alinea su narración con la perspectiva de nuestro Señor.

en nuestras conclusiones. Ante todo, analizamos tres ideas preconcebidas importantes en este sentido. En primer lugar, reforzamos nuestra convicción respecto a la centralidad de la intención del autor. En segundo lugar, destacamos la distinción entre significado y trascendencia. En tercer lugar, recordamos la realidad de la intertextualidad.

Como indicamos con anterioridad, nuestro objetivo en esta explicación consiste en ver cómo moldea esto nuestro entendimiento de la búsqueda de la lógica autoral, y nuestra propia hermenéutica. En cuanto a lo segundo, estas ideas preconcebidas no solo son presuposiciones para descifrar la forma en que el Nuevo Testamento usa el Antiguo, sino cómo enfocamos las Escrituras en general. De manera fundamental, si afirmamos creer en la centralidad de la intención autoral, nuestro método debe estar deliberadamente comprometido con ese objetivo. Por lo tanto, cuando nos acercamos a las Escrituras, nuestra meta no debe consistir en hallar la teología que deseamos ni en lograr cierta experiencia positiva de la lectura del texto. No deberíamos ser egoístas en nuestra interpretación de ellas. En su lugar, nuestro objetivo fundamental es escuchar lo que Él tiene que decir por medio del autor humano. El estímulo y la teología vendrán de esto, con toda seguridad, pero solo de aquello que Dios declaró, si de verdad prestamos oído a su Palabra y no a nuestros propios deseos impuestos sobre el pasaje. La convicción sobre la intención autoral nos convierte en los descubridores de la intención del texto, a diferencia de aquellos que imponen exigencias sobre este.

De manera similar, deberíamos incluir también la distinción entre significado y trascendencia. Por una parte, es necesario que identifiquemos lo que quería decir el autor; por otra parte, precisamos identificar las ramificaciones que eso tiene en nuestras vidas. La exégesis es necesaria, pero sin aplicación resulta deficiente. Cada texto exige una respuesta y, por tanto, cada texto es aplicable de algún modo. Solo hemos de asegurarnos de que las implicaciones que saquemos de un texto sean coherentes con el significado original del mismo. Dicho de otro modo, ¿estaría de acuerdo el autor con que nuestra aplicación del texto surge realmente de su intención? La explicación del significado y la trascendencia nos ayuda a ser oyentes y hacedores más conscientes de la Palabra.

La presuposición de la intertextualidad nos recuerda lo lejos que llega el contexto. «El contexto es rey».[80] La pregunta con la que nos hemos encontrado en este capítulo es si nuestro entendimiento del contexto es lo suficientemente riguroso. ¿Hemos creído en el concepto erróneo de que cada texto es una isla? ¿Hemos examinado la intertextualidad potencial del texto de forma rigurosa? ¿Hemos conectado de verdad todos los puntos con acierto? Si el contexto es tan fundamental, en nuestro estudio diario de las Escrituras es necesario que nos aseguremos de reconocer cada capa del contexto que el autor ha entretejido para nosotros. De esta manera, espero que las presuposiciones enumeradas más arriba nos conviertan en estudiantes más fieles de la Palabra de Dios en nuestro estudio cotidiano de la Biblia.

---

80. Cp. Stein, *A Basic Guide to Interpreting the Bible,* 158.

Sin embargo, este libro trata tanto de la búsqueda de la lógica autoral como de la hermenéutica en general. No estoy sugiriendo en este capítulo que el autor siempre razone de un modo multitextual ni que cada vez que «use» un texto apele a su trascendencia en vez de a su significado. Más bien, mi objetivo consiste en defender las presuposiciones evangélicas claves que evitan que le impongamos restricciones ilegítimas al autor. Hemos visto cómo las suposiciones pueden, en realidad, llevarnos a conclusiones opuestas. De ahí que, tener el fundamento, el método y la terminología adecuados prepara el camino para que podamos examinar a conciencia cómo razonaban los autores de las Escrituras, hermenéuticamente hablando. Nuestra tarea consiste en «conectar todos los puntos como es debido», de modo que a través de ese proceso podamos ver cómo pensaba el autor a lo largo de las Escrituras. Como hemos observado, un método así ya indica la legitimidad de la relación entre la hermenéutica profética y la hermenéutica apostólica. Con esto en mente, ¡que empiece la búsqueda!

3

▽ ▼ ▽

LA HERMENÉUTICA PROFÉTICA

EL PROFETA COMO EXÉGETA Y TEÓLOGO

Cuando empezamos a «conectar los puntos», la búsqueda de la lógica autoral va virando hacia las prácticas de hermenéuticas de los profetas. En este sentido, encontramos una diversidad de perspectivas respecto a quiénes eran los escritores del Antiguo Testamento, cómo pensaban y cómo escribían. Desde el punto de vista de la erudición liberal, los profetas eran personas que componían fragmentos de las tradiciones religiosas de Israel.[1] Otros piensan que se limitaron a recopilar la Palabra de Dios conforme Él se la dictó.[2] Para otros, eran una especie de historiadores.[3] Tal vez para algunos de nosotros los escritores del Antiguo Testamento fueron personas que escribieron algunas historias interesantes, buenos poemas y profecías confusas que están llenas de lecciones morales.

¿Quiénes son, pues, los profetas? Esta pregunta nos lleva de nuevo a la cuestión central de la búsqueda: la intención autoral. Cuando consideramos los factores mencionados en el último capítulo, yo argumentaría que surge una imagen distinta de las enumeradas más arriba. Hamilton, Rydelnik y Beale han identificado esta «imagen diferente» de los profetas en sus propios estudios de la intertextualidad del Antiguo Testamento. En esencia sostienen que los profetas eran eruditos de las Escrituras.[4] El objetivo de este capítulo es respaldar esta tesis general. En mis propias palabras, la intertextualidad del Antiguo Testamento demuestra que los profetas son exégetas y teólogos.

Hay que reconocer que estos autores componen un «equipo variopinto», desde un pastor de ganado (p. ej., Amós) hasta personas de la corte real (p. ej., Isaías). A pesar de tal diversidad, estas personas estaban unidas en su forma de pensar respecto a la Palabra de Dios. Sabían lo que Dios había revelado y mostraron cuidado en el manejo de los textos bíblicos. Eran buenos exégetas. Además, eran conscientes de las implicaciones teológicas de la revelación pasada, y desarrollaron esos conceptos a través de la nueva

---

1. Para un estudio comprensible de esto, véase Merrill,«The Development of the Historical Critical Method».
2. Es la presunta «teoría del dictado». Para una explicación de esto, véase Reymond, *Systematic Theology,* 40.
3. Para una refutación de esto, véase Long, *The Art of Biblical History,* 17-57.
4. Hamilton, «The Skull Crushing Seed of the Woman», 44; Rydelnik, *Messianic Hope,* 7; Beale, *New Testament Biblical Theology,* 4-5.

revelación, de manera consistente con la intención original. Por lo tanto, los escritores veterotestamentarios también eran teólogos. Así, los profetas no eran simplistas en su pensamiento ni en sus escritos. Más bien, siendo guiados por el Espíritu Santo, fueron precisos y sofisticados. Este capítulo pretende establecer este concepto de «exégeta y teólogo» como núcleo central de la lógica del profeta.

UNA PALABRA SOBRE LA NATURALEZA DE LA INTERTEXTUALIDAD DEL ANTIGUO TESTAMENTO

Antes de examinar las interacciones intertextuales dentro del primer canon, es preciso hacer una observación sobre la naturaleza de la intertextualidad en el Antiguo Testamento. El capítulo anterior ya ha discutido la existencia de la intertextualidad en el Antiguo Testamento. Dicho esto, añadiremos que es algo que en algunos momentos puede funcionar de un modo diferente a lo que podríamos estar familiarizados, distinto a como la hemos visto aparecer en el Nuevo Testamento. Los apóstoles proporcionan, a menudo, una fórmula introductoria al citar el Antiguo (p. ej., Mt. 2:15; Hch. 15:15; Ro. 3:10-18; 10:16). Incluso sin una cláusula introductoria, ellos a veces citan claros segmentos de textos (Ro. 3:20; 1 Co. 2:16; 1 P. 3:10-12). Esos son los casos más seguros de intertextualidad. Sin embargo, no son las únicas maneras en que se produce la intertextualidad. Incluso, en el Nuevo Testamento, los apóstoles hacen alusiones sin el uso de una fórmula introductoria o de una cita.[5] Es posible que inicialmente no estemos tan familiarizados con esto, pero sin embargo está presente.

Estar conscientes de esto nos ayuda a comprender la intertextualidad del Antiguo Testamento. No cabe duda de que los profetas pueden emplear citas sustanciales o fórmulas introductorias (p. ej., Jer. 26:18; Jl. 2:32). No obstante, en el Antiguo Testamento también se produce una intertextualidad menos explícita. Por ejemplo, Proverbios ordena a sus lectores que aten la sabiduría a su cuello (3:3; 6:21). Aunque esos versículos no tienen una fórmula introductoria, la mayoría reconoce que los versículos aluden a donde Moisés mandó a Israel que llevaran la ley atada a sus cuerpos (Dt. 6:8).[6] De manera similar, el autor de Reyes describe cómo Elías va hacia el monte Sinaí durante cuarenta días y cuarenta noches, y experimenta la presencia de Dios (1 R. 19:8-13). Aunque el escritor no compara de forma patente la experiencia de Elías con el tiempo que pasó Moisés en el mismo lugar, los eruditos reconocen que era una asociación intencionada.[7] Las referencias a la misericordia de Dios (חֶסֶד) en ciertos contextos nos hacen recordar la revelación de Dios respecto a su nombre en Éxodo 34:6-8.[8] En los siguientes pasajes, (Sal. 86:16; 103:8; 136:1; 145:8), el salmista no provee una cita formal, pero el vínculo sigue estando presente.

5. Beale y Carson, «Introduction», xxvii-xxv; Hays, *Echoes of Scripture*, 28-33.
6. Garret, *Proverbs, Ecclesiastes, Song og Songs*, 14:80.
7. Broyles, «Traditions, Intertextuality, and Canon», 169-70.
8. Allen, *Psalms 101–150*, 31.

En consecuencia, los profetas usan palabras, frases, motivos, conceptos, lugares y acontecimientos únicos para generar alusiones. Estas llamadas menos manifiestas siguen siendo parte de cómo se comunicaban los profetas con la revelación pasada. Así, los eruditos están en lo cierto cuando afirman que la intertextualidad domina el Antiguo Testamento; solo es necesario que sepamos cómo funciona.[9] Los profetas no siempre nos declaran abiertamente que están aludiendo a un texto. En ocasiones solo integran la alusión en sus escritos, y dan por sentado que las distinguiremos. Esto se remonta a nuestra explicación en el capítulo anterior respecto a cómo encontrar esas similitudes lingüísticas y contextuales para construir el caso de que el escritor aludió a la revelación previa.

Además, la cronología es una consideración importante cuando se trata con la intertextualidad del Antiguo Testamento. Esto se remonta a la idea central de la intención autoral y al criterio de Hays de la disponibilidad. El autor humano no tendría acceso a la revelación que llegó después de él. De ahí que entender la datación de los libros bíblicos sea importante, pues asegura de que observemos cómo el autor desarrolla la revelación que le precede en lugar de lo que viene a continuación. Esto es, en parte, lo que nos recuerda Kaiser en su principio de la teología antecedente.[10] Dado que una explicación completa de la datación convertiría este capítulo en algo difícil de manejar, he relegado esos detalles a las notas al pie.[11]

Habría que hacer una aclaración final respecto al uso que el profeta hace de las Escrituras. ¿Quién es el profeta en la «hermenéutica profética? El segundo capítulo enfatiza que la intertextualidad procede del autor. Esto dicta que analicemos la intención del autor o de aquellos que él ha seleccionado para que reflejen su perspectiva (p. ej., un cierto individuo en una narrativa), para determinar la hermenéutica profética. Un personaje dentro de una histo-

---

9. Véase el capítulo anterior para la forma de montar un caso para una alusión. Deberíamos guardar en mente que podemos ver alusiones inexistentes, o tergiversar la naturaleza de la relación. Véanse Fishbane, «Types of Biblical Intertextuality», 329-44; Fishbane, *Biblical Interpretation.*

10. Kaiser, *Toward an Exegetical Theology,* 79-83.

11. Uno de los principales problemas de la cronología tiene que ver con la forma en que un autor puede citar ciertos libros históricos si los mismos fueron escritos después de su época. Por ejemplo, si 2 Samuel se escribió después del tiempo de David, ¿cómo podría referirse a la revelación hallada en dicho libro? La respuesta a esto es triple. Primero, como mínimo los escritores bíblicos podrían haber tenido acceso a una tradición precisa que se convirtió en parte de los libros bíblicos citados con posterioridad. De este modo, podemos afirmar que citaban de ese «libro» (aunque se estuviese utilizando una forma más temprana). En segundo lugar, se podría argumentar también que, junto con la idea anterior, Dios le recordó y le reveló la información necesaria a ese escritor. En tercer lugar, lo más probable (y que, de hecho, convierte las dos primeras ideas en algo discutible) es que los libros históricos estuvieran ya escritos cerca de la época de los acontecimientos que describen. Como tal, los escritores bíblicos podrían aludir a esos libros, porque estaban (hasta cierto punto) presentes en su época. Para esta idea, véase Rooker, «The Book of Judges», 288-94. Para mi estudio doy por sentada la autoría mosaica y temprana del Pentateuco, las fechas tempranas de los libros históricos y el fechado conservador estándar para Isaías y Daniel.

ria puede hacer un mal uso de la revelación (cp. Gn. 3:1, 4); sin embargo, esto
no significa necesariamente que el autor no entendiera la Palabra de Dios. Esta
distinción refleja las clasificaciones «prescriptivas» frente a las «descriptivas»
halladas en otras explicaciones hermenéuticas.[12] Este es un factor importante
a tener en cuenta cuando buscamos identificar la hermenéutica profética.

EL CONOCIMIENTO DEL PROFETA RESPECTO A LAS ESCRITURAS

El primer paso para entender a los profetas y su hermenéutica es establecer
que conocían realmente bien las Escrituras. Después de todo, si cada autor
veterotestamentario escribió sin conocimiento alguno de la Biblia, sería
necio hablar de cualquier tipo de «hermenéutica» o complejidad teológica.
Sin embargo, la prueba deductiva e inductiva apunta a la realidad de que los
profetas lidiaron con la revelación anterior, y saturaron sus propios escritos
con su pensamiento sobre la revelación pasada.

A nivel deductivo, los profetas proclaman la autoridad de las Escrituras, así como su deleite en ellas. Moisés exige una cuidadosa atención para
conservar las verdades de la ley (cp. Dt. 4:1-2).[13] Les recuerda a las personas
que se sometan a los decretos de Dios. Asimismo, proclama los resultados
devastadores de la desobediencia (Dt. 27:11-26). Exige que lean la Ley con
regularidad, algo que en definitiva los haría conocedores de la Palabra de
Dios (p. ej., Dt. 17:18-20; 31:10-13). De este modo, el autor del Pentateuco
retiene una visión elevada de la revelación divina.

El resto del Antiguo Testamento mantiene esta postura. Josué se hace eco
de este mismo sentimiento. Israel debe meditar en la Palabra de Dios día y
noche (Jos. 1:8). Los Salmos escritos por David y Asaf dan testimonio de que
para ellos los escritos sagrados son gloriosos, y que los contemplan como la
Palabra de Dios (Sal. 19:7-14; 78:1-5). Isaías registra que el fiel la consultará
y temblará ante ella (Is. 8:16-20; 66:2). Muchos otros profetas exhiben su
elevada opinión de las Escrituras cuando se lamentan por la desobediencia
de Israel a la ley de Dios (Ez. 16:1-58; Lm. 4:13; Am. 1:1–2:16; Hab. 1:3-4).
El escritor de Crónicas ve con buenos ojos a los individuos como Josías, que
deseaban que las personas obedecieran la ley (2 Cr. 34:33; 35:1-25). En el
exilio, Daniel reflexiona sobre el libro de Jeremías (Dn. 9:1-3). Después de
que los judíos regresaran a su tierra, el autor de Esdras narra positivamente
su determinación de estudiar, vivir y enseñar la ley de Dios (Esd. 7:10).
Del mismo modo, el escritor de Nehemías aplaude los esfuerzos de Israel
por entender y obedecer la ley (cp. Neh. 8:13-18). Asimismo, condena a la
nación por no hacerlo del todo (Neh. 13:14-31). Desde el tiempo de Moisés
hasta el final de la historia del Antiguo Testamento, los profetas mantuvieron una elevada opinión de las Escrituras, afirmaron que reflexionaban en
ellas profundamente, y aplaudieron a quienes seguían sus pisadas.

---

12. Osborne, *Hermeneutical Spiral*, 163.
13. Merril, *Deuteronomy*, 114; Craigie, *Deuteronomy*, 130.

Basándonos en estas pruebas, resulta un tanto extraño que los profetas (o los apóstoles que, en realidad, comparten las mismas convicciones) tuvieran esta visión, y después cambiaran de punto de vista, que no fueran conscientes del Antiguo Testamento, que escribieran sin percepción bíblico-teológica alguna y tergiversaran lo poco que sabían. ¿De verdad ignoraban aquello que defendían y que ordenaban saber a los demás? ¿Acaso su comprensión de aquello en lo que meditaban en profundidad era superficial? ¿Tergiversaban aquello por cuya desobediencia condenaban a otros? Si sugiriéramos algo de lo que antecede, la incoherencia de nuestra propia lógica sería masiva.

En su lugar, la discusión anterior debería inclinarnos a considerar a los profetas como personas que se preocupaban de cómo se trataba la Palabra de Dios. Los ejemplos precedentes muestran que eran unos apasionados de ella (cp. Esd. 9:5-15). Por consiguiente, su celo por las Escrituras debería inclinarnos a nosotros también a ver que cuando los profetas explican acontecimientos o conceptos que se hacen eco de la revelación previa, eran conscientes de dicho pasaje y estaban apelando a él.[14] Meditaban profundamente sobre las Escrituras y, de forma inevitable, ellas influían en sus escritos.

Este razonamiento deductivo se confirma cuando examinamos el Antiguo Testamento. Los profetas conocían las Escrituras. Lo siguiente es tan solo un breve estudio de esto. No pretendo ser ni por asomo exhaustivo. Esto superaría un solo capítulo y serían necesarios varios tomos. Otras obras intentan rastrear, de forma más amplia, las conexiones en el seno del Antiguo Testamento, y prefiero remitir a ellas.[15] Más bien, mi objetivo es introducir la realidad de que cada libro veterotestamentario alude a otra revelación. Esta breve presentación, junto con el trabajo de otros eruditos, debería indicarnos que los profetas eran mucho más entendidos de lo que nosotros podríamos reconocer.

El Pentateuco contiene numerosas conexiones dentro de sí mismo. Esto incluye alusiones al Sabbat (Éx. 20:8; cp. Gn. 2:1-2), las promesas a los patriarcas (Éx. 2:24; cp. Gn. 12:1-3), la creación (Éx. 20:11; cp. Gn. 1:1-31),

---

14. Contra Broyles, «Traditions, Intertextuality, and Canon», 158-59. Algunos eruditos argumentarán que Israel no apeló al texto bíblico mismo, sino a las tradiciones sobre ciertos acontecimientos, prácticas y personas. No se refieren al texto, sino a las tradiciones dentro de Israel. Aunque deberíamos ser sensibles a esta preocupación, surgen varios elementos. En primer lugar, las similitudes lingüísticas entre los pasajes bíblicos hacen que sea improbable que un autor bíblico apelara a una tradición aparte y no al texto en sí. En segundo lugar, si los autores bíblicos afirmaran meditar sobre las Escrituras, ¿cómo no íbamos a esperar que las citaran en lugar de una tradición externa? En tercer lugar, este modelo supone que las Escrituras (al contrario que la propia afirmación de los profetas) no estuvieron disponibles hasta mucho después, en la historia de Israel. Este no es el caso. De ahí que, aunque los escritores del Antiguo Testamento pueden aludir a sucesos o prácticas aparte de un texto, existe una razón para creer que en realidad apelarían al registro escrito.
15. Fishbane, *Biblical Interpretation;* Broyles, «Traditions, Intertextuality, and Canon»; Tull, «Intertextuality and the Hebrew Scriptures», 88-119; Bellis, «Habakkuk 2:4b: Intertextuality and Hermeneutics», 369-85; Boyarin, «Daniel 7 and Intertextuality», 139-62; Pickup, «New Testament Interpretation of the Old Testament», 353-81.

el Edén (Lv. 26:12; cp. Gn. 3:8), y el dominio de Dios (Gn. 1:26-28; cp. Nm. 24:19). Josué se refiere a la ley de Dios (Jos. 1:8), así como a las promesas divinas a los patriarcas del pasado (cp. Jos. 24:1-4). Jueces desarrolla la naturaleza de la desobediencia al pacto y el castigo hallado en Levítico 26:19-25 y Deuteronomio 28:23-25. Rut extiende las genealogías de Génesis en busca del Mesías (Rt. 4:17-22; cp. Gn. 5:1; 38:29-30). Se enfrenta, asimismo, al libro de Jueces (cp. Rt. 1:1) y alude al juicio de Dios escrito en el pacto mosaico (Rt. 1:1-2, 6; cp. Lv. 26:19-25; Dt. 28:23-25).[16]

Samuel (2 S. 7:1-11), Reyes (2 R. 13:23) y Crónicas (1 Cr. 16:16) se refieren al pacto abrahámico que se encuentra en Génesis. En este contexto, el autor de Samuel demuestra cómo el pacto davídico se inspira en las promesas de los pactos abrahámico y mosaico (2 S. 7:9-11; cp. Gn. 12:1-2; Dt. 25:19) y, a la vez, contrarresta la época de los Jueces (2 S. 7:11). El mismo autor también establece conexiones entre David y José (1 S. 17:17-18; cp. Gn. 37:12-13), así como entre Saúl y Acán (1 S. 14:29; cp. Jos. 7:25-26).[17] El autor de Reyes establece paralelos entre Elías y Moisés (1 R. 19:8; cp. Dt. 4:10). Asimismo, revela cómo el pacto davídico se desarrolla en la historia de Israel (1 R. 4:20-25 [heb. 5:5]; cp. 2 S. 7:9-11). El cronista vincula la construcción del templo con el pacto davídico (2 Cr. 6:15-18; cp. 2 S. 7:9-11; 1 Cr. 17:11-13), que cumple promesas hechas a los antepasados de Israel (2 Cr. 6:31-35; Gn. 12:1-3). El libro de Ester alude a Éxodo y Samuel (Est. 3:1; cp. Éx. 17:8; 1 S. 15:8).[18] El libro de Esdras alude al final de 2 Crónicas (Esd. 1:1; cp. 2 Cr. 36:21-23). Asimismo, se refiere al ministerio profético de Hageo y Zacarías (Esd. 5:1), y analiza la ley de Moisés (Esd. 9:1-11; cp. Dt. 7:3). De manera similar, Nehemías alude a la revelación previa. De hecho, el libro resume todo el alcance de la historia veterotestamentaria que conduce al período postexílico (Neh. 9:2-37). Este pasaje contiene la redacción y la perspectiva de otros textos que narran el pasado de Israel (cp. Sal. 78:1-72). Estas conexiones indican que la literatura histórica del Antiguo Testamento no es sencillamente historia ni una colección de historias, sino más bien una expresión de cómo funciona la revelación pasada en el mundo.

La literatura de sabiduría también está repleta de alusiones veterotestamentarias. Salmos hace frecuentes referencias a la ley de Dios (Sal. 81:3; cp. Lv. 23:24) así como a las promesas de Dios a su pueblo (Sal. 67:1; cp. Nm. 6:25). Ciertos poemas citan el éxodo y el momento cuando cruzaron el Mar Rojo (Sal. 74:13; 77:16; 114:1-8). Los Salmos tratan en gran medida el pacto davídico (Sal. 72:1-20; 78:70; 89:1-52). Proverbios también alude a la ley de Moisés (Pr. 6:21; 20:10; cp. Dt. 6:8; 25:13, respectivamente), como ocurre con Eclesiastés (Ec. 5:4; cp. Dt. 23:22).[19] El Cantar de los Cantares contiene una imaginería edénica que mostraría que está verdaderamente relacionado

---

16. Algunos podrían argumentar que Rut 1:1 solo está registrando la historia. Sin embargo, el narrador inspirado comenta más adelante que Dios tenía que visitar la tierra para que produjera alimento (v. 6). Esto indica que el autor opera desde la perspectiva del pacto.
17. Hamilton, «Was Joseph a Type?», 52-77.
18. Berlin, *Esther,* 33-34.
19. Longman III, *The Book of Ecclesiastes,* 153.

con Génesis.[20] Otros han señalado conexiones entre Salmos y Job (Job 7:17; cp. Sal. 8:4). En consecuencia, la literatura de sabiduría es intertextual. Del mismo modo, los profetas mayores y menores se refieren a la revelación pasada. La mayoría de la literatura profética hace referencia de forma explícita a diversas leyes del Pentateuco (Is. 1:17; Jer. 3:1; Ez. 8:9-10; cp. Éx. 22:22; Dt. 24:1-4; Lv. 11:29-31, respectivamente). Encima de esto, Isaías se refiere al primer éxodo a la luz de la presentación de uno nuevo y final que iba a venir (Is. 43:18-19; cp. Éx. 14:1-31). Jeremías alude a la descripción del rey definitivo que hace Isaías (Jer. 23:5; cp. Is. 4:2), a la vez que desarrolla el entendimiento de Moisés respecto a un nuevo pacto venidero (Jer. 31:31-33; cp. Dt. 30:1-6). Ezequiel hace alusión a esta misma expectativa (Ez. 36:26-28; cp. Dt. 30:1-6) así como al creciente concepto de Dios como Pastor a lo largo del Antiguo Testamento (Ez. 34:11-16; cp. Gn. 48:15; Sal. 23:1).[21]

Daniel alude a varios profetas, incluidos Isaías (Dn. 9:24; cp. Is. 52:13–53:12), Jeremías (Dn. 9:2; cp. Jer. 25:11; 29:10) y Ezequiel (Dn. 9:24; cp. Ez. 40–48). Joel apela a Abdías (Jl. 2:32 [heb. 3:5]; cp. Abd. 1:17), y alude al nombre de Dios revelado en Éxodo (Jl. 2:13: cp. Éx. 34:6-8). Jonás se hace eco de Joel y de Éxodo en esta misma línea (Jon. 4:2; cp. Éx. 34:6:8; Jl. 2:13).[22] Nahúm se hace eco de Jonás (Nah. 1:3; cp. Jon. 4:2), y alude a las «buenas nuevas» de Isaías (Nah. 1:15; cp. Is. 40:9). Miqueas (4:1-5) y Amós (9:11-15) hacen referencia al pacto davídico (2 S. 7:11-14) para mostrar su cumplimiento final. En el proceso, algunos de estos profetas incluso recuerdan descripciones claves del reino de Salomón (cp. 1 R. 4:25–5:4; Am. 9:11-15; Mi. 4:1-5). Habacuc hace alusión a Deuteronomio y Salmos (Hab. 3:1-8; cp. Dt. 32:2-3; Sal. 18:12; 114:3), así como a la fe de Abraham, mencionada en Gn. 15:6 (cp. Hab. 2:4).[23] Sofonías se refiere a otros textos proféticos de juicio (Sof. 1:3; cp. Is. 6:10; Jer. 4:25; 9:10; Ez. 7:19). Hageo alude a maldiciones específicas del pacto (Hag. 1:6; cp. Dt. 28:38-40), así como a las promesas mesiánicas (Hag. 2:21-23; cp. Is. 42:1; 43:10). Zacarías, el libro recordatorio de Dios, está repleto de intertextualidad que incluye alusiones a Daniel (Zac. 1:17; cp. Dn. 7:1-8; 8:1-12), Isaías (Zac. 6:12; cp. Is. 4:2; 11:1) y Ezequiel (Zac. 2:2; cp. Ez. 40:3). Oseas y Malaquías recuerdan los orígenes de Israel desde Génesis (Os. 12:12; Mal. 1:2; cp. Gn. 28:5; 25:23, respectivamente), y el último libro recuerda la obra de Moisés y Elías con vistas al mensajero futuro (Mal. 4:4-5; cp. Dt. 18:15; 34:10-12; 1 R. 19:8-13).

Una vez más, esta no es de modo alguno una lista completa de toda la intertextualidad que existe en el Antiguo Testamento (más bien, *lejos* de ello). Sin embargo, sí ilustra que cada libro veterotestamentario está relacionado

---

20. Hamilton, «The Messianic Music of the Song of Songs», 331-45.
21. Alexander, «Ezequiel», 913-14.
22. Mitchell, Smith y Bewer, *Haggai, Zachariah, Malachi, and Jonah,* 273; Allen, *The Books of Joel, Obadiah, Jonah, and Micah,* 228. La alusión de Joel a Éxodo 34:6-8 adapta la redacción de forma única. La forma en que se expresa Jonás es idéntica a la adaptación de Joel. Quizá Jonás protesta que la gracia y misericordia prometidas a Israel en Joel fueran compartidas por los gentiles.
23. Robertson, *The Books of Nahum, Habakkuk and Zephaniah,* 178.

con la revelación previa, y con frecuencia en múltiples formas. Esto debería empezar a reformular nuestra percepción de los autores del Antiguo Testamento. Las pruebas anteriores muestran que los profetas no eran personas faltas de inteligencia ni bíblicamente ignorantes. Eran hombres cuya mente estaba saturada de las Escrituras que fluían en sus textos bajo la superintendencia del Espíritu.

La realidad de que los profetas se refieren con frecuencia a la revelación anterior establece el fundamento para que nosotros abordemos la lógica de los profetas. En el capítulo anterior sugerí que ellos no pensaban meramente en un único pasaje, sino que reflexionaban a menudo en múltiples textos. El análisis de más arriba respalda esta idea. No solo ilustra que los profetas eran conscientes de numerosos textos, y aludían a ellos, sino que tal mentalidad no se limita a unos cuantos escritores.[24] En su lugar, la lista anterior indica de manera preliminar que la inmensa mayoría de los autores del Antiguo Testamento estaban inmersos en las Escrituras y estaban cien por cien influenciados por ellas. Por consiguiente, su comprensión de la revelación previa podría no ser tan superficial ni sus escritos tan sencillos, como algunos podrían creer.[25] Entre ellos había quizá un pastor de ganado (p. ej., Amós) o pastores (p. ej., David), pero esto no significa que fueran ignorantes y bobos.[26] Las observaciones anteriores empiezan a mostrar que la hermenéutica profética no solo es dominante a lo largo del Antiguo Testamento, sino que también contiene mucha más erudición de lo que uno podría haber imaginado en un principio.

EL PROFETA COMO EXÉGETA

Una vez observadas varias alusiones a la revelación previa, podemos preguntar cómo la «usaron» los profetas. Como mencionamos en el capítulo anterior, esto gira en torno a las cuestiones de significado y trascendencia. La primera categoría es el enfoque de esta sección. Aquí, mi objetivo consiste en mostrar que los profetas no cambiaron el significado de la revelación previa cuando la discutieron. Así como la exégesis se empeña fundamentalmente en expresar la intención del autor, los profetas muestran preocupación por cómo interpretan y comunican las Escrituras. Como veremos, sus escritos reflejan esta exactitud en múltiples niveles.

---

24. Además, esto indica que si los escritores bíblicos usaban la verborrea de la literatura bíblica, lo más probable es que aludan a este pasaje en vez de al evento aparte del texto o a la tradición al margen del texto. Como sus mentes estaban saturadas de las Escrituras, para ellos tiene sentido aludir al texto y no a algo externo a él.

25. La erudición crítica ha argumentado, de forma particular, que los profetas eran más políticos que teológicos. Esto se basa en una comprensión evolutiva del desarrollo de la religión y de la teología en Israel. Para un resumen y un estudio útiles de las fuentes, véase Rydelnik, *Messianic Hope*, 13-21.

26. A la hora de supervisar qué pensaban los autores sobre la revelación anterior, deberíamos incluir también la obra del Espíritu Santo en este asunto. Véase el siguiente capítulo para una interacción adicional de cómo los profetas hablaban mejor de lo que nosotros imaginamos.

Ideas principales

Los profetas no solo hacen alusiones a los versículos, las frases o incluso las palabras individuales, sino también a las ideas principales de extensas secciones de textos. Cuando lo hacen, nuestra interrogante se limita a si expresan o no correctamente estos conceptos. ¿Defienden el significado original de un texto, o alteran las ideas de la revelación previa?

Un ejemplo que demuestra la precisión hermenéutica de los profetas se refiere a cómo gestionan las promesas del pacto divino. Tres promesas centrales en el pacto abrahámico son la tierra, la simiente y la bendición (Gn. 12:1-3; 13:13-18; 18:18; 22:16-18).[27] Israel heredaría una cierta región de territorio (Gn. 15:18-21), se volvería numeroso y hasta sería el progenitor del último rey (Gn. 17:6) y, de este modo, sería el vehículo de bendición a todas las naciones (Gn. 22:16-18).[28] ¿Los profetas pintan el mismo cuadro u otro distinto?

Moisés describe esta imagen. Basa la conquista del territorio por parte de Israel en la promesa de la tierra (Dt. 9:5) y reconoce que Dios ha mantenido su promesa de convertirlo en una gran nación por el pacto establecido con Abraham (Dt. 1:10-11; cp. Gn. 15:5).[29] Josué mantiene ese paradigma. Afirma que la conquista de la tierra formaba parte del esfuerzo de Dios por cumplir sus promesas del pacto (Jos. 24:1-14). Los escritores proféticos de Samuel y Reyes también defienden las promesas abrahámicas. Describen a Israel tan numeroso como la arena (1 R. 4:20; cp. Gn. 22:17), en alusión a la promesa de la simiente. Observan cómo en la época de David y Salomón, las fronteras territoriales de Israel coinciden fundamentalmente con lo que le fue especificado a Abraham en Génesis (2 S. 8:3; cp. Gn. 13:14-18). Hacen también hincapié en cómo las naciones vienen a bendecir a Dios (1 R. 10:9), algo que formaba parte del propósito del pacto abrahámico (Gn. 12:2-3). Los escritores de Samuel y Reyes entendían las promesas del pacto abrahámico de un modo consistente con lo que se había articulado originalmente.

Los profetas posteriores también explicaron las promesas pactales con exactitud hermenéutica. Isaías proclama que los gentiles vendrán a la tierra de Israel y Jerusalén para aprender la ley de Dios (Is. 2:2-4). El mundo será bendecido cuando la maldición se elimine y la creación retorne a su estado original bendecido (11:1-10). De manera similar, Miqueas describe cuando las naciones son bendecidas e Israel se convierte en la gran nación que sería según la promesa (Mi. 4:1-5). Curiosamente, incluso utiliza la imaginería de 1 Reyes que detalla cómo florecieron las promesas de Dios en el reinado de Salomón (Mi. 4:4; cp. 1 R. 4:25). Así, Miqueas no solo mantiene la misma idea de Génesis, sino también lo que se había desarrollado a lo largo del canon. Del mismo modo, Ezequiel visualiza un período (Ez. 36–48) cuando los gentiles serán bendecidos (cp. 39:21), y cuando Israel morará en su tierra

---

27. House, *Old Testament Theology*, 72.
28. *Ibíd.*, 72-75; Dempster, *Dominion and Dynasty*, 78-85.
29. Craigie, *Deuteronomy*, 96.

(47:13–48:35; cp. Gn. 15:18-21).[30] Jeremías y Amós confirman que Israel se establecerá en ese territorio para no volver a ser desarraigado jamás (Jer. 32:41; Am. 9:14). Diversos escritores bíblicos imaginan a un rey último que reina incuestionable en esa época, con el fin de que las naciones fueran bendecidas (Sal. 72:3-17; cp. Gn. 12:1-3). Esto confirma el matiz específico de la promesa de la simiente respecto a que los reyes proceden del linaje de Abraham (cp. Gn. 17:6). En todos estos casos podemos observar que, cuando los profetas aluden a las promesas abrahámicas, no se apartan de las ideas originales de aquellas garantías, sino que tan solo proporcionan una descripción adicional de cómo será cuando se cumplan. Esto ya insinúa la capacidad del profeta para desarrollar la teología (véase más abajo para una exposición adicional); no obstante, para esta exposición, estos ejemplos muestran que los escritores veterotestamentarios eran conscientes y entendían las promesas del pacto tal como se presentaron originalmente.

Sin embargo, los profetas no fueron meramente consistentes y exactos en su comprensión del pacto abrahámico, sino también de la ley y de la maldición del pacto. Varios pasajes del Pentateuco condenan la idolatría (Éx. 20:4; Lv. 19:4; 26:1; Dt. 4:25). Moisés refuerza esto en el Pentateuco mismo, cuando Israel adora a un becerro de oro (Éx. 32:7-35) o se involucra en prácticas sincretistas en Baal-peor (Nm. 25:1-11). Los profetas mantienen esta perspectiva sobre la idolatría a lo largo de todo el canon. Josué advierte al pueblo contra volverse a otros dioses, porque el Señor es un Dios celoso (Jos. 24:19-20). En el período de los jueces, la idolatría de Israel llevó al castigo exactamente como Dios había advertido (Jue. 2:12-15). En el retrato que los profetas hacen de Saúl, David y Salomón, se condenaba la idolatría y, en realidad, fue parte de la razón por la que se dividió la nación (1 R. 11:1-13). Además, los reyes de Israel y Judá tuvieron la culpa de su adhesión a la adoración de los ídolos (1 R. 16:13; 2 R. 17:2), y de que no se eliminaran los lugares altos (1 R. 15:14; 22:43; 2 R. 12:3; 15:4). Los profetas, «mayores» y «menores» confrontaron a la nación en este sentido (cp. Is. 44:1-20; Ez. 5:11; Os. 4:12; Sof. 1:4-5). Durante el exilio, Daniel confiesa el pecado de Israel en estos ámbitos (Dn. 9:4-6). Incluso antes del exilio, libros como Nehemías y Esdras también reconocían el mal obrar de la nación en este asunto, y advierten contra caer de nuevo en la desobediencia (cp. Esd. 9:8; Neh. 9:16-29). Los profetas no cambian el significado de la ley cuando la aplican. Mantienen su intención original.

Además, los profetas consideran la historia en el paradigma establecido por Levítico 26:1-46 y Deuteronomio 28:1-68. Estos pasajes explican cómo la desobediencia al pacto conduce a la maldición del pacto. Los profetas describen sistemáticamente sus circunstancias, y la historia global de Israel desde este punto de vista. En el libro de Jueces, el que Israel no honre a Dios resulta en que fuera oprimido por las naciones (Jue. 2:12-13), tal como advirtió Moisés (Dt. 28:25). A lo largo del libro de Reyes podemos observar la implementación de las maldiciones del pacto, ya sea en ejemplos

---

30.   Alexander, «Ezequiel», 992; Allen, *Ezequiel 20-48,* 280; Zimmerli, *Ezekiel,* 528-29.

específicos de sequía (1 R. 17:1; cp. Lv. 26:19), de hambruna (Rt. 1:1-6; cp. Dt. 28:23-24), de asedio (2 R. 6:24-25; cp. Dt. 28:52), o incluso de comerse a sus propios hijos (2 R. 6:28-29; cp. Dt. 28:56-57). Estas descripciones no son meras coincidencias, ni solo un registro de la historia. Más bien, el narrador de Reyes declara de forma explícita en 2 Reyes 17:7-18 que todo esto formaba parte del juicio de Dios contra su pueblo por su desobediencia (2 R. 17:6, 20). Además, declara que su impiedad llevó, en última instancia, al exilio del reino del norte, la maldición final mencionada en el pacto mosaico (2 R. 17:23; cp. Dt. 28:64-65). Por tanto, el autor de Reyes contempla la historia de Israel a través del paradigma de Levítico y Deuteronomio. Además, Isaías y Joel apelan a Deuteronomio 28 cuando discuten la desaparición de la nación (Is. 1:5-8; Jl. 1:1-20). Daniel (9:4-13), Asaf (Sal. 78:1-72), otros salmistas (Sal. 105:1–106:48) y el escritor de Nehemías (Neh. 9:11-21) adoptan esta lógica. La forma en que Moisés describe cómo funcionará la historia en Levítico y Deuteronomio es exactamente la misma perspectiva de los profetas. Esto demuestra que los diversos profetas entendieron Levítico 26 y Deuteronomio 28 con toda precisión.

Esta última idea es relevante. Todo el flujo de la historia de la idolatría de Israel, de su condenación, maldición y exilio se declara con base en una interpretación consistente de la ley. Los eruditos reconocen esta subyacente coherencia hermenéutica. En realidad, consideran la sección de Josué a Reyes como historia deuteronómica, que en parte implica cómo funciona la teología de Deuteronomio en la historia de Israel.[31] Por definición, esto da por sentado que los autores de Josué a Reyes consideraron la historia de Israel con la misma interpretación de Deuteronomio.[32] El hecho mismo de que no tengamos otras interpretaciones de la historia de Israel en el Antiguo Testamento testifica del entendimiento idéntico de los profetas respecto al pacto mosaico. Por consiguiente, la unidad de la historia redentora también supone la unidad hermenéutica. En gran medida, el ejemplo anterior ilustra cómo la cohesión del Antiguo Testamento *depende* de la exactitud hermenéutica de los profetas.

Otros ejemplos muestran cómo los profetas mantienen la misma idea general de un amplio pasaje de las Escrituras. El uso que ellos hacen del motivo de la creación, a partir de Génesis 1:1–2:3, es una buena ilustración. En el Pentateuco mismo, Moisés es consistente con lo que escribió con anterioridad.[33] Registra que Dios creó al hombre (Dt. 4:32) a su imagen (Gn. 9:6) tal como lo había escrito (Gn. 1:26-28). El cuarto mandamiento también usa la historia de la creación mostrando que, así como la obra creadora de Dios

---

31. Rooker, «The Book of Judges», 289. Con esto no quiero decir que defendería al autor deuteronómico o que aceptaría la teoría composicional de la historia deuteronómica. Más bien, la teología de ese libro comunica a los libros posteriores, sin implicación alguna sobre su composición, como señala Rooker.
32. *Ibíd.*; Austel, «United Monarchy», 160-78.
33. Técnicamente, esto no es una forma de «intertextualidad», sino más bien de «textualidad interna» o cómo usa un autor sus propios escritos. No obstante, sigue siendo una forma de exégesis sobre los propios escritos.

duró seis días y después Dios descansó, los israelitas también deberían reposar al final de su semana de trabajo (cp. Éx. 20:8-11; Gn. 2:2-3). Tal uso de la revelación anterior no efectúa cambio alguno a lo establecido originalmente. Aparte de Moisés, otros profetas también mantienen la perspectiva del Pentateuco sobre la creación. David discute cómo hizo Dios al hombre para gobernar sobre los animales (cp. Sal. 8:4-9), precisamente de la forma en que lo describe Génesis 1:26-28. De hecho, parte de la misma terminología se usa en ambos textos (compárese Sal. 8:8; con Gn. 1:28). El Salmo 33 describe cómo creó Dios, por su Palabra (Sal. 33:6), que es exactamente como Moisés lo describe en Génesis 1:3.[34] El Salmo 104 también trata la noción de la creación. De manera estructural, el poema sigue de cerca el flujo de la semana de la creación. El poeta discute el control de Dios sobre el agua (104:3), la tierra o los montes (v. 18), la luna (v. 19), las criaturas de la tierra (vv. 20-21) y después la humanidad (v. 23). Esa progresión es paralela al orden de la creación hallado en Génesis 1.[35] Hasta aquí, los autores del Antiguo Testamento repiten las mismas ideas que encontramos en los primeros capítulos de Génesis.

Hasta la literatura profética confirma los motivos de la creación. La visión de Ezequiel de un carro-trono, en el primer capítulo, parece inspirarse en Génesis 1.[36] Ezequiel describe primero a las criaturas vivientes (Ez. 1:4-10), que evocan a los animales creados en Génesis 1:20-25. A continuación describe el firmamento, por encima del carro-trono (Ez. 1:22), un término distintivo de Génesis 1:7. Finalmente, el profeta describe a Dios como «una semejanza que parecía de hombre» (Ez. 1:26), una alusión potencial a la *imago dei*.[37] La visión de Ezequiel refleja la imagen del orden creado en Génesis 1 de la tierra a los cielos. Se hace eco, asimismo, de cómo el hombre fue creado a imagen de Dios para gobernar sobre la tierra (Gn. 1:26-28).[38] El retrato que Ezequiel hace de su visión implica una cuidadosa lectura de Génesis 1.

Además, la visión de Daniel, en Daniel 7:1-13, mantiene el patrón de Génesis. Daniel 7:3 puede aludir al mar en Génesis 1:2-10. Las diversas bestias, que representan a reyes y reinos, surgen para gobernar la tierra y, en parte, podrían seguir el ejemplo de las diversas criaturas de Génesis 1:20-25.

---

34. Craigie, *Psalms 1–50*, 274.
35. Allen, *Psalms 101–150*, 43. Con esto no pretendo afirmar que toda la presentación del Salmo 104 sea tan lógica o directa como Génesis 1. El Salmo 104 sigue siendo poesía y hace gala de la diversidad y hermosura de la creación. No obstante, como observa Allen, la similitud entre ambos pasajes es extraordinaria.
36. Wacholder, «Creation in Ezekiel's Merkabah», 14-32. Algunos pueden objetar que la visión de Ezequiel sea intertextual, ya que estaba describiendo lo que vio. Sin embargo, en el proceso de describir lo que vio, elaboró la redacción para hacer alusiones a la revelación precedente. Por ejemplo, su elección de la fraseología y el orden de presentación eran formas de contar con fidelidad lo que presenció, aunque también efectúa relaciones intertextuales con la teología que conocía. Así, solo porque alguien registre un acontecimiento no excluye la actividad intertextual. El cuidadoso retrato de ese suceso (visión e historia) podría ser intencionalmente intertextual por naturaleza.
37. *Ibíd.*
38. *Ibíd.*, 30-32.

Estas «bestias» o «reinos» están sujetos a aquel que es como un hijo de hombre (Dn. 7:13-14), así como Dios sujetó al principio a toda la creación al hombre (Gn. 1:26-28).[39] Teológicamente hablando, la alusión parece señalar que el reino de Dios acabará prevaleciendo sobre la historia y hará volver a la creación al orden original establecido en Génesis 1–2.[40] Ese desarrollo teológico es relevante; después de todo, demuestra que los profetas son teólogos por derecho propio (véase más abajo). No obstante, el enfoque de esta explicación consiste sencillamente en demostrar la consistencia hermenéutica de Daniel. El orden de su visión es la prueba de una correlación muy estrecha con el relato de la creación. Más aún, si sus alusiones retratan cómo iba Dios a restaurar la creación original según Génesis 1–2, entonces Daniel defiende de forma inherente la intención original de ese texto del Antiguo Testamento. Así, desde el Pentateuco a los profetas y a la literatura de sabiduría, los escritores del Antiguo Testamento mantienen las mismas ideas sobre la creación adquiridas de Génesis 1–2.

Podemos apelar a Nehemías 8:8 como ejemplo final de fidelidad hermenéutica. En ese texto, Esdras lee de la ley de Dios a fin de proporcionarle al pueblo el sentido correcto de la ley. Esdras y los levitas no consideraron que su tarea consistía en inventar nuevos significados, sino más bien en ayudar a las personas a comprender lo que quería decir el texto.[41] La respuesta del pueblo refuerza la noción de la precisión hermenéutica. Ellos lloraron (Neh. 8:9) presumiblemente porque sabían que habían desobedecido la ley.[42] Además, observaron la fiesta de los tabernáculos «según la letra de la ley». Esto no solo indica su cambio de corazón, sino también la precisión de sus maestros (cp. Neh. 8:14-18).[43] Eso refleja la preocupación por respetar el significado del Antiguo Testamento.

Los ejemplos anteriores son casos en los que el profeta alude a conceptos o ideas que abarcan una amplia sección de texto o múltiples textos. Las alusiones de los profetas pueden referirse a versículos particulares o frases de la revelación anterior. Estos ejemplos demuestran que los profetas no cambian ni anulan las ideas globales de esos textos. En su lugar, son consistentes con el significado originalmente establecido. No son incidentes aislados, sino que muchos de los ejemplos mencionados abarcan todo el canon. El muestreo colectivo refleja que, en su conjunto, los profetas comparten la preocupación por la precisión exegética. Además, en ocasiones, el Antiguo Testamento depende de este tipo de consistencia hermenéutica para demostrar el progreso de la historia redentora. El flujo de la historia de Israel da por sentado que los profetas no cambian el significado del texto, sino que más bien se adhieren a él. De esta forma, los profetas son exégetas que han reflexionado en las Escrituras con el fin de confirmarla y no de alterarla.

---

39. Lacocque, «Allusions to Creation in Daniel 7», 114-31.
40. Goldingay, *Daniel*, 162-64.
41. Breneman, *Ezra, Nehemiah*, 225.
42. *Ibíd.*, 227.
43. *Ibíd.*

Detalles

Los profetas no se limitan a entender y mantener las ideas generales de los textos, sino que también prestan atención a los detalles particulares de dichos pasajes. Los ejemplos anteriores ya empiezan a demostrar su precisión hermenéutica a la hora de tratar con los detalles. Por ejemplo, la forma en que Israel observó la fiesta de los tabernáculos en Nehemías 8:14-18 indica cómo cumplieron con los detalles de esa ley. El pueblo celebró la fiesta en los días correctos (Neh. 8:14; cp. Lv. 23:34), con el procedimiento adecuado (Neh. 8:15; cp. Lv. 23:40), y hasta con la actitud correcta (Neh. 8:10; cp. Dt. 16:13-15). De ahí que Nehemías 8 no solo proporcione una prueba de su forma de entender la ley de Dios a nivel general, sino también sus pormenores. Del mismo modo, la forma en que las maldiciones específicas se implementaron en la historia de Israel son la prueba de que los profetas reconocieron cómo actuó Dios para llevar a cabo sus advertencias hasta el grado más preciso (2 R. 6:24-29; cp. Dt. 28:23-52).[44] Hasta los ejemplos de la creación muestran una atención al detalle en cómo incluso los escritos posteriores reflejan el orden o la estructura del relato de Génesis (Dn. 7:1-13; cp. Gn. 1:1-28). Dicho de otro modo: La exactitud de los profetas al tratar las ideas generales de un pasaje entraña, con frecuencia, que también fueron precisos al manejar los detalles. Esto aún demuestra que los profetas no solo mantuvieron la precisión en las ideas globales de la revelación pasada, sino también en las palabras y las frases involucradas.

Podemos proveer ejemplos adicionales para demostrar que los profetas prestaron atención a los detalles de la revelación anterior. El escritor de Josué refleja que la conquista ilustra la fidelidad de Dios. En lugar de que cualquiera de sus promesas fallara, «no faltó palabra de todas las buenas promesas» (Jos. 21:45). Los comentaristas observan esta declaración resumen que abarca cómo Dios ha mantenido los detalles individuales de cada una de sus promesas. Estas incluyen cómo estableció las ciudades levíticas y las de refugio (20:1–21:45; cp. Nm. 35:1-8; Dt. 19:1-14). La herencia de Caleb (Jos. 14:6-15; cp. Nm. 14:30), la tierra para las hijas de Zelofehad (Jos. 17:1-3; cp. Nm. 27:1-23), así como la lucha por darle a su pueblo descanso en el territorio (Jos. 22:4; cp. Dt. 12:10; 25:19).[45] En contexto, Josué 21:45 resume lo que Josué ha mostrado de principio a fin: Las promesas hechas por Dios se mantienen exactamente del modo en que Él lo declaró originalmente. En consecuencia, el autor conocía las anteriores promesas en todo su detalle.

El libro de Josué saca realmente a relucir otro ejemplo de la precisión hermenéutica. Esto pertenece a la ley del rey, que en Deuteronomio estipulaba que el rey no debía multiplicar esposas, oro ni caballos (Dt. 17:14-20). La intención en el contexto tiene que ver con la confianza en Dios, en contraste con una gran dinastía, una riqueza increíble o un ejército poderoso. Con toda probabilidad, el mandamiento de Josué de desjarretar los caballos

---

44. Recuerde la explicación anterior sobre 2 Reyes 17. El pasaje muestra que el autor de Reyes estaba estudiando detenidamente la historia de Israel a través de la lente del pacto.
45. Howard, *Joshua*, 399.

es en obediencia a la intención de esta norma (Jos. 11:6).[46] La consideración de esta orden prosigue en el punto de vista que el profeta tiene de la historia de Israel. David le recuerda a Israel que no deberían confiar en caballos, sino en Dios, quien pelea por ellos (Sal. 20:7). En la discusión del reinado de Salomón, en 1 Reyes, podemos observar cómo, aunque este fue glorioso, estaba condenado al fracaso cuando poco a poco violaba la ley. Acumuló oro (1 R. 9:11-14), caballos (1 R. 4:26), y después el golpe final: tuvo numerosas mujeres (1 R. 11:1). Después de que Salomón quebrantara la ley del rey, su reino se derrumbó (1 R. 11:11-13). Más adelante, en Reyes, Josafat intenta multiplicar oro, pero el narrador revela cómo Dios frustró sus planes (1 R. 22:48). Estos ejemplos muestran la forma en que el narrador inspirado confirma implícitamente la ley del rey. Esto ilustra que los profetas no solo entendieron con exactitud la esencia general de la ley, sino también el significado de sus requisitos particulares.

La ley del rey no es el único ejemplo de cómo los profetas prestaron una estrecha atención a los detalles de la ley. David exige una restitución cuádruple cuando Natán le cuenta la parábola de la oveja robada (2 S. 12:6). Esto se basa, con toda la razón, en Éxodo 22:1. Salomón aconseja con sabiduría a su hijo que se ate la sabiduría y la ley al cuello, tal como Moisés prescribe en Deuteronomio (Pr. 3:3; 6:21; cp. Dt. 6:8).[47] El autor de Crónicas afirma cómo Amasías ejecutó a los que traicionaron a su padre, pero, basándose en Deuteronomio 24:16 (2 Cr. 25:4), no mató a sus hijos. Ezequiel reacciona con firmeza contra contaminarse, porque entendía las leyes levíticas sobre la limpieza ceremonial (Ez. 4:14; cp. Lv. 22:8; Dt. 14:3).[48] Isaías pone al cielo y a la tierra por testigos contra Israel, como declaró Moisés (Is. 1:2; cp. Dt. 30:19; 32:1).[49] La lista podría seguir.[50] Una vez más, todo esto ilustra que los escritores veterotestamentarios eran conscientes de los detalles de las leyes pasadas y los mantienen en su pensamiento y sus escritos.

Los profetas no se limitan a manejar la ley con precisión, sino que también muestran la misma exactitud con otras partes del Pentateuco y el resto del Antiguo Testamento. El uso que Isaías hace de la terminología de la simiente en Isaías 6:13 muestra su preocupación con promesas halladas en el Pentateuco. Isaías manifiesta que aunque la gran devastación se producirá, Dios promete que una simiente santa permanecerá. Esto parece aludir al remanente justo de Israel que será purificado como lo fue Isaías.[51] Los eruditos

---

46. Butler, *Joshua*, 7:128; Woudstra, *The Book of Joshua*, 191.
47. Garrett, *Proverbs, Ecclesiastes, Song of Songs*, 14:80.
48. Block, *Ezekiel 1-24*, 186. Nótese que Dios se aplaca en su exigencia y es probable que, originalmente, la estipulara para que a través de Ezequiel comunicara la vergüenza a la que se enfrentaba Israel en el exilio.
49. Oswalt, *Isaiah 1-39*, 85.
50. Fishbane, *Biblical Interpretation*; Broyles, «Traditions, Intertextuality, and Canon», 157-76; John Sailhamer, *The Pentateuch as Narrative*; Dempster, *Dominion and Dynasty*; Kaiser, *Old Testament Theology*.
51. Bartelt, «Centrality of Isaiah 6», 346; Motyer, *Isaiah*, 79-80; Watts, *Isaiah 1-33*, 110; Oswalt, *Isaiah 1-39*, 190.

observan que la elección que hace el profeta del término «simiente» no solo es adecuada porque en el contexto está usando la metáfora de un «árbol» (cp. Is. 6:13a), sino también porque se refiere a las promesas hechas en los pactos mosaico y abrahámico (cp. Gn. 22:16-18; Dt. 30:1-8).[52] Moisés declara que, después del exilio, la descendencia de Israel —su simiente (Dt. 30:6)— será purificada con un corazón circuncidado, poseerá la tierra y morará allí en cumplimiento del pacto abrahámico (Dt. 30:8-10). El uso del profeta de la simiente en Isaías 6:13, así como a lo largo de todo su libro afirma esa imagen exacta (Is. 41:8; 43:5; 53:10; 59:21). Tendrá dominio como fue prometido (Is. 54:13), heredará la tierra (65:9), recibirá y dará bendición (61:9), y será transformada (59:21).[53] Usar así la simiente es difícilmente incidental, porque Isaías usa el término así casi de manera exclusiva.[54] Esto demuestra una idea deliberada en la mente del profeta respecto a lo que representa la simiente y aquello a lo que se la asocia. En este caso, la forma en que Isaías usa una palabra mantiene una teología asociada a un término preciso. Esto sugiere que el profeta es consciente de lo que declaró la revelación previa, incluso al nivel de cómo los profetas anteriores usaron ciertos vocablos.

Salomón muestra cuidado en su manejo de los pactos revelados en la literatura histórica del Antiguo Testamento. Identifica la terminación del templo como parte de lo que Dios prometió en el pacto davídico (2 S. 7:11-12). En realidad, emplea una redacción inspirada en 2 Samuel 7:12-15 para exponer su idea (1 R. 8:25).[55] Salomón (y el narrador inspirado) entendieron correctamente los detalles contenidos en el pacto davídico.

Los autores del Antiguo Testamento también aluden a los profetas mayores y menores con precisión. El uso que Joel hace de Abdías es un gran ejemplo de esto (Jl. 2:32 [heb. 3:5]; cp. Abd. 17). Abdías promete que en el día de YHWH, aunque estallará un juicio masivo, «en el monte de Sion habrá un remanente» que escapará (Abd. 1:17). Joel también habla de que «en el monte de Sion… habrá salvación… el remanente» (Jl. 2:32).[56] Joel está pensando en la revelación anterior (es decir, Abdías), porque afirma que este pronunciamiento es «como ha dicho YHWH» (כַּאֲשֶׁר אָמַר יְהוָה).[57]

---

52. Oswalt, *Isaiah 1–39*, 191. Véase también Oswalt, *Isaiah 40-66*, 573, 646.
53. Motyer, *Isaiah*, 80; Gignilliat, «Theological Exegesis as Exegetical Showing», 228.
54. Excepto los casos en los que «simiente» alude a la semilla de las plantas, el término solo se refiere dos veces a Israel de forma negativa (cp. Is. 57:3, 4). El resto es una alusión a Israel en su estado escatológico en cumplimiento de las promesas abrahámicas. Los dos casos atípicos pueden ser retóricos, para mostrar su transformación en la verdadera simiente justa de Israel (cp. Is. 57:19).
55. House, *1, 2 Kings*, 143. Véase n. 11 respecto a la cuestión de la cronología. Sin duda, Salomón se inspiró al menos en la tradición de lo que sería 2 Samuel 7, si no del libro en sí.
56. Garrett, *Hosea, Joel*, 376; Feinberg, *The Minor Prophets*, 342. La diferencia principal es que Joel añade «y en Jerusalén» al texto de Abdías.
57. Garrett, *Hosea, Joel*, 376; Feinberg, *The Minor Prophets*, 342. Garrett argumenta que podría ser, quizá, tan solo una frase que denote la declaración verbal de Dios en la tradición de Israel. Sin embargo, véase Allen, *The Books of Joel, Obadiah, Jonah, and Micah*, 102. La explicación de Allen es más sensible en contexto. No obstante, respecto

En contexto, Joel apela a lo que declaró Abdías sin modificación alguna. La existencia de un remanente muestra que cualquiera que invoque el nombre del Señor será salvo (Jl. 2:32). Joel confirma lo que Abdías quería decir.

Jeremías utiliza a Miqueas en su escrito. Registra cómo salvaron los ancianos la vida del profeta al citar correctamente de Miqueas 3:12. Jeremías proclamó que Jerusalén sería destruida (Jer. 26:1-19), y los líderes de Judá señalaron que Miqueas indicó lo mismo. Esto también señala que los profetas (y, en ocasiones, hasta el pueblo de Israel) conocían la obra de otros profetas, incluidos los versículos individuales y las frases involucradas.[58]

Mi último ejemplo de precisión exegética es el símbolo del águila en el Antiguo Testamento, que demuestra el cuidado de los autores bíblicos con el material del Pentateuco, la literatura de sabiduría y los profetas. Antes, Dios compara cómo liberó a Israel en el éxodo con cómo tomó a la nación sobre «alas de águilas» y la sacó de Egipto (עַל־כַּנְפֵי נְשָׁרִים; cp. Éx. 19:4). Esto destaca el rescate protector, definitivo y rápido de Dios respecto a su pueblo.[59] El Salmo 103 usa más tarde la misma metáfora: el pueblo de Dios es rejuvenecido como el águila (Sal. 103:5).[60] El salmista retiene en este texto los antecedentes del éxodo. Habla de Moisés (Sal. 103:7) y del nombre del pacto de Dios revelado en Éxodo 34:6-8 (Sal. 103:8-10). Esto sugiere que David piensa en el símbolo del águila en términos del éxodo tal como se expresa en Éxodo 19:4. Esto continúa en Isaías 40:31. Allí, Isaías declara que aquellos que confían en el Señor renovarán su fuerza como las águilas.[61] Esto se corresponde con la forma en que el Salmo 103 usa la metáfora. Además, Isaías describe esta liberación como un nuevo éxodo; uno que es paralelo y que supera al de Egipto, de tal manera que Israel no recordaría el primero (Is. 43:18-20). Por consiguiente, Isaías también usa el símbolo del águila en el contexto del éxodo.

La ilustración de la metáfora del águila demuestra que incluso cuando recuerdan una palabra, los profetas conocen su contexto original y lo reflejan en sus propios escritos. Además, también indica que los profetas son consistentes los unos con los otros, hasta en su aplicación. El uso que Isaías hace de Éxodo 19:4 se corresponde con el énfasis de David en el Salmo 103. Finalmente, esto demuestra una creciente teología en el Antiguo Testamento. La liberación de Dios en el éxodo se convierte en la base para la obra del Señor en la vida del pueblo y, en última instancia, en la liberación de un éxodo final para cumplir sus promesas a su pueblo. Ese tipo de desarrollo teológico empieza a resaltar la naturaleza de la hermenéutica profética: la sólida exégesis de los textos fluye con naturalidad en la progresión teológica.

---

al fechado, aunque la fecha de Abdías no es segura, Allen y Feinberg atribuirían a Abdías una fecha anterior que a Joel.

58. Thompson, *The Book of Jeremiah*, 586; Huey, *Jeremiah, Lamentations*, 238. Nótese que Jeremías registra todo este acontecimiento que implica su comprensión de Miqueas, además de las personas que mantienen este debate.

59. Stuart, *Exodus*, 422; Durham, *Exodus*, 262.

60. Kraus, *A Continental Commentary: Psalms 60–150*, 291; Allen, *Psalms 101-150*, 30.

61. Watts, *Isaiah 34–66*, 623; Oswalt, *Isaiah 40-66*, 71-75.

En términos generales, esta subsección ha proporcionado ejemplos para demostrar que los profetas no prestan solo atención a las ideas generales de los textos bíblicos, sino también a los versículos, las frases y hasta a las palabras precisas. Una vez más, esta precisión no solo se encuentra en ciertos profetas, sino que más bien se extiende por todo el canon. Tal precisión tampoco se circunscribe al mero uso de la ley, sino que también incluye la literatura de sabiduría, así como a los profetas mayores y menores. Los eruditos han resaltado más ejemplos de alusiones matizadas como estas.[62] Así, existen amplias pruebas de que parte de la hermenéutica profética es precisión exegética, no solo en el tenor general de un texto, sino también de sus detalles.

Síntesis

La explicación anterior manifiesta cómo mantuvieron los profetas con precisión tanto las ideas principales de las Escrituras como sus detalles. Puedo citar un comentario de Waltke para un mayor respaldo de lo que hemos observado más arriba. En su discusión de la intertextualidad del Antiguo Testamento, indica que «en ningún caso, sin embargo, los escritores posteriores del Antiguo Testamento invierten la enseñanza de Moisés (cp. Dt. 13; 18)».[63] Su propia referencia a Deuteronomio 13 y 18 —capítulos que exigen la pena de muerte para cualquier falso profeta u otro individuo que incite a Israel a la idolatría— es bastante significativa para esta explicación. Estas mismas estipulaciones proveen una evidencia deductiva de que la tarea del profeta consistía en respetar la ley, y no en contradecirla ni cambiarla. Los profetas tenían que declarar lo que afirmaban las Escrituras, que les exigían ser buenos intérpretes y exégetas de la Palabra. Como se ha demostrado más arriba, vivían según ese llamado.

ALGUNOS CONTRAEJEMPLOS DEL PROFETA COMO EXÉGETA

Podríamos seguir examinando más ejemplos de interpretación correcta. En realidad, el resto de este capítulo y el siguiente presentan evidencia adicional de la precisión exegética de los profetas. No obstante, una de las formas más eficaces de demostrar la validez de la hermenéutica profética es eliminar las objeciones en contra de su validez. Los ejemplos de más abajo contienen los pasajes más sustanciales que ponen en duda la exactitud de la hermenéutica profética.[64] Al resolver los contraejemplos más relevantes, podemos sugerir que el peso de la evidencia se inclina a la conclusión de que los profetas usaron correctamente las Escrituras. Esta debería ser la postura por defecto.

62. Véanse Broyles, «Traditions, Intertextuality, and Canon»; Fishbane, *Biblical Interpretation*; Sailhamer, *Introduction to Old Testament Theology: A Canonical Approach*; Beale, «Intertextuality»; Tull, «Intertextuality and the Hebrew Scriptures».
63. Waltke, *Old Testament Theology*, 126.
64. Estos son los pasajes más citados en dichos debates. Cf. Fishbane, *Biblical Interpretation*; Enns, *Inspiration and Incarnation*; Enns, «Response to Greg Beale».

El uso que Jeremías y Ezequiel hacen de Deuteronomio

Jeremías 31:28-29 y Ezequiel 18:2-3 proporcionan un contraejemplo potencial a la discusión de más arriba. Estos dos pasajes citan una máxima popular en Israel que declaraba que «los padres comieron las uvas amargas y los dientes de los hijos tienen la dentera». En esencia, Israel afirmaba que recibieron el castigo que sus padres deberían haber recibido. El juicio inminente no era culpa suya, sino de sus padres. El dicho se basa en Éxodo 20:5 y Deuteronomio 5:9, donde Dios afirmó que el castigo por los pecados de los padres recaería en los hijos. El proverbio de Israel interpreta esos versículos para enseñar que Dios castiga a los hijos en lugar de sus padres. Por lo tanto, Él puede declarar culpable a los hijos por el pecado de sus padres. Dios contrarresta estas alegaciones al afirmar que todo individuo es responsable por su pecado de ahora en adelante (cp. Jer. 31:30; Ez. 18:4). Sin embargo, esto parece contradecir lo que se declaró en Éxodo 20:5 y Deuteronomio 5:9. ¿Es este un caso en el que Dios cambia o contradice el significado de la revelación previa?[65]

Al tratar esto, la clave está en determinar lo que enseñaban Éxodo 20:5 y Deuteronomio 5:9. ¿Esos pasajes dicen que Dios condenará a los hijos en vez de a sus padres? ¿Afirman acaso esos pasajes que Dios no tiene por responsable al individuo? Una cuidadosa consideración de los mismos demuestra que este no es el caso. Estos dos pasajes reflejan cómo *las consecuencias del castigo* («Dios visita la maldad») puede salpicar a otras personas. Por ejemplo, una hambruna afectaría a las generaciones posteriores. El exilio también tendría efecto sobre los hijos. Merrill resume este versículo de la forma siguiente: «Si siguen odiando a Dios, las repercusiones son tan grandes que afectan incluso a las generaciones aún por nacer».[66] Así, Éxodo 20:5 y Deuteronomio 5:9 advierten que el pecado propio tiene efectos de largo alcance. No obstante, todo esto dista de afirmar que Dios culpó a los hijos en lugar de sus padres. Estos versículos no aseveran lo que Israel afirmaba.

En realidad, la redacción indica específicamente lo contrario de lo que Israel mantenía. Los textos declaran que Dios continuará las consecuencias del pecado contra *los que le aborrecen* (לְשֹׂנְאָי, Éx. 20:5; Dt. 5:9). Tigay observa que esto indica que Dios prolonga los efectos de su juicio solo si las generaciones futuras también demuestran ser desobedientes.[67] Por ello, estos versículos enseñan que Dios responsabiliza a los individuos por sus propias acciones.

Si este es el caso, entonces Dios no estaba reinterpretando Éxodo 20:5 y Deuteronomio 5:9. Estos textos afirman su énfasis sobre la responsabilidad individual. La explicación muestra, más bien, que los israelitas

---

65. Sarna, *Exodus*, 110.
66. Merrill, *Deuteronomy*, 148.
67. Véase la excelente explicación de Tigay. Tigay, *Deuteronomy*, 436-37. Las expresiones «al que le aborrece», así como «los que le aman y guardan», pueden aludir a los padres o a los descendientes. Sin embargo, Deuteronomio 7:9-10 parece indicar que estas palabras se aplican a los hijos, ya que «los que le aman y guardan» aparece primero y «mil generaciones» viene a continuación. Esto demuestra que son aposicionales por naturaleza. Véase también Sarna, *Exodus*, 111.

malinterpretaron por completo estos pasajes. Creían que Dios los culpaba por pecados que no habían cometido, una idea que esos textos jamás transmitieron. Como concuerdan los eruditos, los israelitas no entendían el pasaje correctamente.[68]

Así, en contexto, Dios no está reinterpretando su Palabra, sino más bien confrontando a Israel por su interpretación incorrecta. Tanto en Jeremías como en Ezequiel, el Señor rectifica el error de Israel citando una forma de Deuteronomio 24:16, que declara que aquel que peque morirá (cp. Jer. 31:30; Ez. 18:4).[69] Dios ha confirmado la responsabilidad individual. Así, mientras que el castigo contra los padres puede incidentalmente herir a las generaciones futuras, Israel no puede apelar a esos versículos para culpar a sus padres (o a la soberanía de Dios) por sus problemas, mientras que se absuelven a sí mismos de la culpa (Ez. 18:19). Como observan Cooper y Block, la intención original de Éxodo 20:5 y Deuteronomio 5:9 debería haberles recordado que, si sufrían el juicio de Dios, era por ser también de «los que [le] aborrecen».[70] Por consiguiente, estos pasajes no justifican el traslado de la culpa, sino que Israel debería entender que Dios siempre prestará atención y responderá al arrepentimiento (Ez. 18:21). El Señor dejará esto claro tanto en la era presente como en la nueva época por venir. Israel dejaría de usar el refrán (Ez. 18:3), porque tergiversa burdamente las declaraciones de Dios.[71]

En lo que a hermenéutica se refiere, este ejemplo saca a la luz varias ideas importantes. En primer lugar, Israel podría malinterpretar o aplicar de un modo incorrecto la revelación anterior. Ellos creían que Éxodo 20:5 y Deuteronomio 5:9 implican que Dios culpaba a los hijos por los pecados de sus padres, justo lo contrario de lo que estos textos afirman. Sin embargo, esta no es la hermenéutica profética. Jeremías y Ezequiel son los profetas, no los israelitas a los que describen. En segundo lugar, ilustra que cada uno puede sacar una falsa implicación de un texto. No todo entra en los parámetros de la relevancia que el autor pretendía. En tercer lugar, por medio de los profetas, Dios confronta este uso erróneo de las Escrituras. Esto ilustra que la Biblia se preocupa de que se entiendan las Escrituras y la teología de un modo exacto. En cuarto lugar, resulta curioso que, en la discusión, los profetas apelan a una interpretación precisa de otro pasaje para contrarrestar el pensamiento falso (Dt. 24:16). Esto demuestra su repetida y fiel exégesis. Finalmente, este pasaje no indica que Dios revise el significado de la revelación pasada. Más bien, el significado de los pasajes se confirma y se aclara para silenciar la mala interpretación.[72] El contraejemplo demuestra, además,

68. Cooper, *Ezekiel*, 189; Block, *Ezekiel 1–24*, 561.
69. Fishbane, *Biblical Interpretation*, 337-39.
70. Cooper, *Ezekiel*, 189; Block, *Ezekiel 1–24*, 561.
71. Block, *Ezekiel 1–24*, 561
72. Véanse Sarna, *Exodus*, 111; Tigay, *Deuteronomy*, 436-37; Fishbane, *Biblical Interpretation*, 337-39. Sarna, Tigay y Fishbane apelan a redacciones o correcciones posteriores realizadas en Éxodo 20:5 y Deuteronomio 5:9, que calificarían la noción o diferirían la responsabilidad, y la harían más concordante con la responsabilidad individual. Argumentan que esto surge de presiones posteriores del exilio. Sin embargo,

mi idea. Los profetas fueron hermenéuticamente precisos con la revelación pasada. No tergiversaron las Escrituras ni Dios los movió a hacerlo.

El uso que Daniel hace de Jeremías

Otro contraejemplo sugerido está relacionado con la forma en que Daniel usó a Jeremías en la famosa «profecía de las setenta semanas». Jeremías había profetizado que Israel debería regresar a su territorio transcurridos setenta años (Jer. 29:10-12). Al pensar en esta profecía (Dn. 9:1-2; cp. Jer. 29:10-12), Daniel comprende que ese tiempo había llegado, y ora a Dios para que perdone sus pecados. En respuesta, Dios le envía a Daniel un importante mensaje. La completa restauración de Jerusalén, cuando se perdona el pecado y se restaura el santo lugar, no se producirá en setenta años, sino más bien en «setenta semanas» o en «setenta conjuntos de siete años» (Dn. 9:24-26).[73] Algunos eruditos consideran estas «setenta semanas» como interpretación simbólica de los setenta años profetizados por Jeremías. Si este es el caso, entonces Daniel reinterpreta los números de Jeremías de un modo que este no pretendía originalmente.[74]

En respuesta podríamos observar, inicialmente, que Daniel interpretó a Jeremías correctamente. Daniel ora porque reconoció que los setenta años que Jeremías especificó se habían cumplido ya (Dn. 9:1-2).[75] Esto significa que comprendió a los setenta años como un período de setenta años. En realidad, un comentarista cita esto como ejemplo de tomar la profecía «de manera literal» o según las reglas normales del lenguaje y la gramática.[76] Así, Daniel interpreta el significado de Jeremías de un modo bastante preciso.

¿Qué está ocurriendo, pues, en Daniel 9? La respuesta viene de entender que el profeta no solo está pensando en los setenta años del exilio. La profecía de Jeremías no es el único texto que tiene en mente. Daniel mismo lo afirma. Declara que no solo estaba leyendo un libro, sino «libros» (בַּסְּפָרִים; 9:2, obsérvese el plural). De manera similar, explica lo que estaba escrito en el «libro de Moisés» (9:11, 13). A la luz de esto, es relevante que la intercesión de Daniel comparte una redacción casi idéntica con la de Deuteronomio 30:1-6 y 1 Reyes 8:30.[77] Sugiere que estaba reflexionando en esos textos junto con el de Jeremías.

Lo curioso es que el contexto que rodea a la profecía de Jeremías respecto a los setenta años de cautiverio también alude a estos mismos pasajes

---

un reconocimiento así admite que la redacción actual de esos pasajes facilita la noción de la responsabilidad individual. Por tanto, si la redacción es original (como este escritor argumentaría), entonces esa fue siempre la idea en la intención de Moisés, y Ezequiel y Jeremías la respaldaron.

73. Enns, *Inspiration and Incarnation*, 118
74. Ibíd., 118-19; Montgomery, *The Book of Daniel*, 378, 391-92.
75. Miller, *Daniel*, 240.
76. Ibíd., 242.
77. Goldingay, *Daniel*, 242. Compárese la redacción en 1 Reyes 8:30 de «oye» (וְשָׁמַעְתָּ), «perdona» (וְסָלַחְתָּ), «tu pueblo» (עַמְּךָ), y una referencia a Jerusalén (הַמָּקוֹם הַזֶּה) con la redacción en Daniel (שְׁמָעָה אֲדֹנָי סְלָחָה אֲדֹנָי הַקְשִׁיבָה וַעֲשֵׂה אַל־תְּאַחַר לְמַעֲנְךָ אֱלֹהַי כִּי־שִׁמְךָ נִקְרָא עַל־עִירְךָ וְעַל־עַמֶּךָ; énfasis mío).

(cp. Jer. 29:10-14). Jeremías repite el lenguaje de Deuteronomio y Reyes al explicar la necesidad del arrepentimiento, de buscar a Dios de todo corazón, además de describir la restauración completa del exilio (Jer. 29:10, 13; cp. Dt. 30:1-4; 1 R. 8:48-50). Estas conexiones en Jeremías explican por qué Daniel alude a Deuteronomio y Reyes (con Jeremías) en primer lugar. Es posible que Daniel leyera Jeremías y supiera de los demás pasajes involucrados. Esto dirigió su propia oración para que reflejara el lenguaje de Jeremías, Reyes y Deuteronomio.

La intertextualidad de Jeremías con Reyes y Deuteronomio aclara lo que Daniel se está preguntando en Daniel 9. Primera de Reyes 8:30 y Deuteronomio 30:1-6 se enfocan en la finalidad última del exilio. Por el contrario, Jeremías 29 predice el regreso desde Babilonia transcurridos setenta años, pero no asocia directamente los setenta años con esa restauración plena. Dicho de otro modo, la gramática de Jeremías 29 describe cómo Dios garantiza que Israel regresará a su tierra pasados setenta años (Jer. 29:10) *y* cómo será restaurado en última instancia según Deuteronomio y Reyes (Jer. 29:12). Sin embargo, el Señor no garantiza en Jeremías que serán finalmente restaurados *cuando* regresen a su tierra, pasados setenta años. En consecuencia, Daniel se pregunta cómo funciona la profecía de Jeremías 29 con lo que se declaró en Deuteronomio y Reyes. La oración de Daniel aboga para que Dios haga que todas esas profecías coincidan.

A partir de esto podemos observar que la pregunta clave que tiene Daniel no es la interpretación de Jeremías 29:10-12, y los setenta años. El profeta tiene esto muy claro. En su lugar, Daniel trata con múltiples textos entrelazados y con cómo encajan todos ellos entre sí. Se pregunta cómo se relaciona la profecía de los setenta años en el plan más amplio de Dios respecto a la reincorporación completa de Israel. Como tal, hemos pasado de tratar el sentido de un texto a la relevancia o la implicación. Daniel no se está preguntando sobre *qué* sucede en la profecía de Jeremías, o *qué* se describe en Reyes o Deuteronomio. Está interesado en *cómo* armonizan todos juntos. Esto es lo que no tiene claro y aquello por lo que ora.[78] Como observa Gentry, Daniel ora para que ese tiempo sea el momento del segundo éxodo.[79] Miller declara que Daniel ruega que el cumplimiento de Jeremías 29:10-12 coincida con la restauración final de Israel por parte de Dios.[80]

Dios responde a la petición de Daniel enviando a un ángel para ofrecerle sabiduría y entendimiento (Dn. 9:20-22).[81] En esencia, Dios presenta un juego de palabras para ayudar a que Daniel comprenda cómo la conclusión de los setenta años de cautiverio encaja en el plan más amplio de Dios para poner fin al exilio. Como observa Gentry, en lugar de que los setenta años de Jeremías fueran la conclusión completa del exilio, en realidad serán setenta

---

78. Miller, *Daniel*, 248.
79. Gentry, «Daniel's Seventy Weeks», 29.
80. Miller, *Daniel*, 248
81. *Ibíd.*, 251.

veces siete conjuntos de años (semanas) hasta el final del exilio, un tiempo mucho más largo (Dn. 9:24).[82] Israel regresaría para reconstruir la ciudad (cp. Dn. 9:24-25). Sin embargo, esto no señala la terminación del exilio. La historia redentora solo se cumplirá después de que muera el Mesías y se produzca una tribulación adicional. A través de esto, Daniel sabe cómo encaja la profecía de Jeremías de los setenta años en las declaraciones escatológicas de Deuteronomio y Reyes.[83]

Con todo esto en mente, volvemos a si Daniel malinterpretó a Jeremías. Básicamente, la profecía de las setenta semanas no es una interpretación simbólica del significado de la profecía de Jeremías. Más bien, el contexto indica que la profecía explica cómo el regreso del exilio, tras setenta años, encaja en el plan más amplio descrito por otros textos, intertextualmente vinculados con Jeremías. Por consiguiente, estamos tratando con las implicaciones de estas profecías (*cómo* encajan juntas), a diferencia de su interpretación (*qué* describen). Todo esto manifiesta la interpretación fiel de Daniel respecto a Jeremías. Comprendió que los setenta años aludían a setenta años, una marca del método gramático-histórico. Entendió, asimismo, que la profecía de Jeremías estaba de algún modo vinculada a Deuteronomio y Reyes. Fue preciso con los detalles del texto, así como con su contexto intertextual. Es un caso donde la exégesis exacta de la revelación pasada crea la oportunidad de un desarrollo bíblico-teológico. La obra de Daniel reúne varios pasajes, y agudiza nuestra comprensión de la historia redentora y de la teología. Por lo tanto, los profetas son teólogos, como pronto explicaremos.

El uso que Isaías hace de Deuteronomio

El último supuesto problema del mal uso del Antiguo Testamento concierne a la forma en que Isaías usó Deuteronomio 23:1 en Isaías 56:4-5. El profeta declara que el eunuco será aceptado en la comunidad, y que Dios admitirá sus ofrendas (Is. 56:4-5).[84] De ahí que los eunucos no tengan que considerarse más «árboles secos» o improductivos. Sin embargo, Deuteronomio 23:1 declara que los eunucos están excluidos de la asamblea de Dios, y que las normas levíticas prohíben que los eunucos ofrezcan sacrificios (cp. Lv. 21:16-23).[85] Se diría que Dios, por medio de Isaías, proclama una contradicción directa de lo que se establecía en la ley mosaica. Los eruditos etiquetan esto como una transformación de la ley.[86] No es el único ejemplo de tal transformación (cp. Ez. 44:9-16).[87] Por tanto, la respuesta en esta sección es paradigmática en todos los casos similares. A estas alturas, podemos preguntar si Isaías reinterpretó en realidad la naturaleza de la ley mosaica.

---

82. Gentry, «Daniel's Seventy Weeks», 52.
83. Podemos observar, asimismo, una alusión a Levítico 26:40-45, que explica cómo la nación debe confesar su iniquidad. Es precisamente lo que hace Daniel (Dn. 9:4-5).
84. Waltke, *Old Testament Theology*, 135.
85. *Ibíd.*
86. *Ibíd.*, 134–35; Fishbane, *Biblical Interpretation*, 259-60.
87. Waltke, *Old Testament Theology*, 126-42; Fishbane, *Biblical Interpretation*, 261-379.

Podemos hacer dos observaciones respecto a esta cuestión. En primer lugar, la razón por la cual los eunucos decían que eran un «árbol seco» o cortado del pueblo de Dios se debe a las leyes del pacto mosaico. En otras palabras, toda la discusión de Isaías da por sentado que entendía la ley. Si el profeta (o incluso su audiencia) no comprendía la ley, el impacto del ejemplo pierde todo sentido. De modo que Isaías discernía la ley.

En segundo lugar, considerar esto como una contradicción de la ley supone un par de realidades respecto a esta. Sugiere que a Dios solo le preocupaba la letra de la ley y, más aún, que esta tenía que ser a propósito un elemento fijo y permanente en la sociedad israelita. Sin embargo, no se trata de ninguna de estas cosas exactamente. La ley no siempre define valores morales absolutos. Waltke observa que la castración no es de por sí un pecado.[88] En su lugar, la ley ordena que estas cosas ilustren la naturaleza de la pureza. Dios exige que los adoradores sean puros. Sin embargo, si el eunuco puede ser purificado mediante la obra expiatoria del Siervo (cp. Is. 53:1-12), entonces es en realidad perfectamente limpio, y puede unirse de forma legítima a la comunidad para tener comunión con Dios.[89] El propósito de la ley queda satisfecho. Además, el pacto mosaico mismo anticipaba un tiempo cuando se produciría semejante transformación espiritual (Dt. 30:1-6). Esto entraña un nuevo pacto que establece nuevas normas, sin contradecir las anteriores, sino que cumplen su intención.[90] Isaías declara que el Siervo lleva a cabo lo que la ley mosaica anticipaba. Esto demuestra que el profeta no solo entiende el significado de la ley, sino también su relevancia relativa a la historia redentora.

Curiosamente, Oswalt observa esta misma dinámica en Isaías y declara: «La práctica de Jesús es aquí instructiva, y podemos preguntarnos si su método interpretativo no estaba moldeado por su estudio de este libro del AT junto con otros».[91] Este supuesto pasaje problemático acaba ilustrando lo contrario. Isaías no solo muestra un entendimiento adecuado de la ley, sino que su lógica también se convierte en una estructura de la lógica propia de Cristo respecto a la ley. La hermenéutica profética fundamenta la hermenéutica de Cristo en el Nuevo Testamento.

En cualquier caso, un cambio en los pactos de la historia redentora no significa que los profetas contradigan la revelación anterior. En su lugar, demuestra cómo entendían los profetas la ley en su significado y su trascendencia en el plan de Dios. Basándose en esto, los profetas como Isaías expresaron cómo alcanza este pacto su pretendido apogeo. Como el ejemplo anterior de Jeremías en Daniel, esto también empieza a demostrar cómo los profetas destacaron el desarrollo teológico en el plan y en la revelación de Dios.

---

88. Waltke, *Old Testament Theology*, 135.
89. *Ibíd.*
90. Cp. Merrill, *Deuteronomy*, 388-89; Smith, *Isaiah 40–66*, 533; Oswalt, *Isaiah 40–66*, 458-59.
91. Oswalt, *Isaiah 40–66*, 458.

Síntesis

Los ejemplos de arriba son las principales objeciones (o, al menos, tipos de objeciones) contra la precisión hermenéutica de los profetas. Al examinarlos hemos descubierto que, en lugar de un revisionismo hermenéutico, los profetas sabían lo que los textos significaban. También eran conscientes de los contextos intertextuales que rodeaban a esos textos. Por tanto, los profetas conocían y mantenían las ideas de la revelación antecedente.

De modo que, en vez de considerar ejemplos de errores hermenéuticos, esta sección muestra la complejidad y la precisión hermenéuticas discutidas a lo largo de este capítulo. Además, al establecer estas relaciones, los profetas manifiestan un desarrollo teológico que tiene lugar en el canon. La nueva revelación de Daniel sobre las «setenta semanas» aclara cómo funcionan las conexiones entre Jeremías, Deuteronomio y Reyes a la hora de retratar el final del exilio. Su obra agudiza nuestro entendimiento del plan histórico redentor de Dios. De manera similar, Isaías muestra cómo las expectativas del pacto mosaico de un pacto nuevo se actualizan por medio del Siervo. Este tipo de intertextualidad vincula la nueva revelación con la antigua de maneras que no comprometen el significado ni la trascendencia del antiguo, sino que más bien completa y refina las ramificaciones de la revelación anterior. Los autores del Antiguo Testamento estaban desarrollando ideas teológicas mayores en sus escritos. Esto empieza a exhibir a los profetas como teólogos, y ahora pasamos a ese tema.

EL PROFETA COMO TEÓLOGO

Como hemos visto, los profetas no se limitan a repetir la revelación antigua, sino que exponen sobre sus ideas teológicas. Los profetas esgrimen la ley y los pactos de Dios para condenar a Israel a lo largo de su historia y, por medio de ellos, muestran la fidelidad de Dios en juzgar. Daniel desarrolla la teología del exilio y la escatología hallada en Jeremías, Deuteronomio y Reyes. Isaías muestra con mayor precisión cómo el nuevo pacto anticipado por Moisés traería una nueva época. Los profetas muestran cómo las promesas abrahámicas ayudarán a restaurar el mundo. Ezequiel y Daniel emplean el motivo de la creación de Génesis 1 para mostrar cómo el paraíso no está perdido para siempre. Los ejemplos discutidos hasta ahora empiezan a ilustrar cómo una buena exégesis conduce a una teología profunda.

Por consiguiente, es natural pasar de la discusión del profeta como exégeta al profeta como teólogo, para contemplar no solo cómo interpretaban con acierto el significado de las Escrituras, sino también ver que se ocupaban de su transcendencia. Un buen modelo de significado y trascendencia para esta discusión es el adagio «las ideas tienen consecuencias». Lo que hemos visto en los ejemplos anteriores es cómo los profetas defendían las ideas originales de un texto (significado) y mostraban las consecuencias o las ramificaciones que estas tienen en diversos asuntos y temas teológicos, así como en la historia redentora (trascendencia). En esto, los profetas solían concentrarse en ciertas implicaciones de un texto discutido por sus antecesores. Aportaban mayores detalles sobre cómo se desarrollarían exactamente estas repercusiones, y preparaban el camino para que los profetas posteriores prosiguieran con el desarrollo de dichas ramificaciones particulares.

Como resultado, el escritor profético participa, en ocasiones, en una cadena de textos que proporcionan más información sobre la trascendencia particular que un pasaje tiene sobre la teología y el plan de Dios. Cada texto amplía lo que los predecesores del profeta han hecho y han dispuesto para que los profetas ulteriores se centraran más en alguna idea. Ese es el corazón de la naturaleza de la revelación progresiva.

Conforme los profetas proporcionan detalles y siguen definiendo las consecuencias teológicas de la revelación anterior, escriben la verdad teológica y hacen teología. Por consiguiente, son teólogos. Esta sección analizará esta realidad en mayor profundidad.

Una observación sobre la teología sistemática

Lamentablemente, no podré hablar tanto de la teología sistemática debido a las restricciones de espacio, y porque la cuestión del uso que el Nuevo Testamento hace del Antiguo gira principalmente en torno a la teología bíblica. No obstante, los profetas son simultáneamente teólogos bíblicos y quienes reflexionan en los temas de la teología sistemática. No solo piensan en cómo se desarrolla la historia redentora o en cómo progresan los diversos motivos, conceptos o temas; también contemplan la naturaleza del carácter de Dios (Sal. 74:12-23; 77:12-20; 103:8), el pecado (1 R. 8:46) y la naturaleza del hombre (Sal. 8:1-8; 103:14; cp. Gn. 1:26-28; 2:7) mediante el uso de la revelación pasada, para demostrar o respaldar su idea. Muchas veces, su lógica a la hora de aplicar las Escrituras gira alrededor de ciertas verdades universales, fundamentales e inmutables, el material mismo de la teología sistemática.[92]

El uso de la ley a lo largo del Antiguo Testamento manifiesta esta realidad. El uso que los profetas hacen de ella se basa, a menudo, en la inmutable santidad de Dios. Él no tolera el pecado y juzga la impiedad, exactamente tal como lo estipula (Is. 5:16; 6:1-3; Ez. 36:23; Am. 4:1-2). Tal uso del Antiguo Testamento saca a flote el carácter de Dios, un tema de la teología sistemática. De forma similar, los escritores veterotestamentarios apelan a la misericordia de Dios, lo que recuerda a Éxodo 34:6-8. En ese texto, el Señor demostró la gracia al tratar con Israel y el becerro de oro.[93] Los profetas

---

92. Podemos contrastar esto con la teología bíblica, que rastrea, de manera esencial, la progresión de los temas y de las ideas en las Escrituras. Véase Grudem, *Teología sistemática: Una introducción a la doctrina bíblica*, 21-22. Básicamente, Grudem está definiendo la sistemática como la recopilación y el resumen de todo lo que la Biblia afirma sobre un tema. Véase Klink III y Lockett, *Understanding Biblical Theology*, 59-124. Al resumir los pensamientos de Carson sobre el asunto, Klink y Lockett explican cómo la teología bíblica no es atemporal como la sistemática, sino que más bien interpreta las Escrituras en su desarrollo y en su propósito histórico.

93. Véanse Allen, *Psalms 101–150*, 31; Garrett, *Hosea, Joel*, 346. El comentario de Garrett es particularmente útil en esto. «El Antiguo Testamento repite con frecuencia la confesión

meditan en esa realidad y aplican la misericordia de Dios a las nuevas situaciones. Al actuar así, dan por sentada la inmutabilidad de Dios y reflexionan, una vez más, en su carácter (cp. Sal. 86:15: 103:8; Jl. 2:13). Otro ejemplo concierne al pacto abrahámico. Al desarrollar esas promesas, los profetas no muestran meramente cómo progresará la historia redentora, sino también la naturaleza de la escatología, una categoría sistemática. Su obra, al no aludir solamente a Génesis, sino también uno al otro, forma una imagen compuesta de la esperanza escatológica de Israel (Is. 2:2-4; 11:1-9; Am. 9:11-15; Jl. 3:18-21). Como tal, están reflexionando sobre construir una teología de la culminación de la historia. Una unidad y una cohesión así forman la base de la sistemática.[94]

El desarrollo de la metáfora del águila también es bastante relevante para esta explicación. Como se ha declarado con anterioridad, el motivo alude sistemáticamente al éxodo y refleja el poder salvador de Dios (cp. Éx. 19:4; Sal. 103:7-8; Is. 43:16-19). David usa la metáfora para mostrar cómo obra Dios en la vida de los individuos (Sal. 103:5), e Isaías especifica la demostración suprema del carácter salvador divino: una liberación que excede la original (Is. 43:1-21). Este uso de Éxodo 19:4 refleja tanto el razonamiento teológico sistemático como el bíblico en funcionamiento. Por una parte, los profetas aplican la metáfora del águila a los individuos y a las nuevas situaciones, con base en el poder omnipotente de Dios y su compromiso inmutable de salvar, tal como se manifiesta en el éxodo. Todo el pueblo de Dios puede depender de su poderoso Dios. Esta lógica manifiesta la dinámica de la naturaleza de Dios, algo que pertenece a la teología propia y, por tanto, a la sistemática. Por otra parte, la lógica respecto al carácter de Dios prepara el camino para la discusión de un nuevo éxodo, una demostración nueva y final del poder liberador de Dios a todos los niveles.[95] Es un desarrollo bíblico teológico que se centra en una implicación importante de la obra de Dios en el éxodo. De ahí que la metáfora del águila manifieste cómo entendían los profetas la trascendencia de los textos en línea con la teología sistemática y la bíblica.

Así, los profetas no solo interpretaban el Antiguo Testamento en vista a los temas relativos a la teología bíblica, sino también a la sistemática. Como demuestra el ejemplo anterior, no son mutuamente exclusivos. Más bien, reflexionar en la naturaleza de Dios mostrada en el éxodo (sistemática) conduce a un nuevo desarrollo en la historia redentora (teología bíblica).[96] Todo esto demuestra que los profetas eran pensadores sofisticados que conocían la importancia teológica de los escritos del pasado.

---

de que Yahvé es «clemente y misericordioso» (2 Cr. 30:9; Neh. 9:17, 31; Sal. 86:15; 103:8; Jon. 4:2). Este era el lenguaje que Yahvé mismo usó cuando le dio una segunda copia de los Diez Mandamientos a Moisés en Éxodo 34:6-7. La segunda emisión de las tablas de la ley fue, en sí misma, una segunda oportunidad para que Israel cumpliera el pacto. En efecto, Joel le recordó a su pueblo que Yahvé era el Dios de las segundas oportunidades».

94. Grudem, *Teología sistemática: Una introducción a la doctrina bíblica*, 31-32.
95. Smith, *Isaiah 40–66*, 194; Oswalt, *Isaiah 40-66*, 154-55.
96. Watts, «How Do You Read», 199-222.

La intertextualidad del pacto davídico y el segundo David

Una vez hechas estas observaciones podemos pasar a una explicación más en profundidad respecto al profeta como teólogo. El pacto davídico es nuestro primer ejemplo importante de esto. El impacto intertextual del pacto sobre el Antiguo Testamento exige, al menos, una monografía completa. Esta exposición no será exhaustiva. No obstante, puedo señalar a otros como Johnston y Grisanti, que han escrito de forma más amplia sobre el pacto davídico y el Antiguo Testamento.[97] Muestran cómo se desarrolla el primero en el segundo, de formas muy similares a lo que estoy a punto de afirmar más abajo. Por consiguiente, la explicación siguiente no es nueva, sino que ilustra cómo los profetas son teólogos.

Dado que no puedo ser exhaustivo, mi estrategia consiste en centrarme en la intertextualidad en el pacto mismo y su uso por parte de los profetas, conforme empiezan a desarrollar el concepto de un segundo David. En esto podemos ver que los profetas conocían correctamente las Escrituras y que entendían sus implicaciones teológicas. Semejante entendimiento sirvió de plataforma para la formulación de la teología.

El pacto davídico es, en sí mismo, altamente intertextual. En 2 Samuel 7:9-14 se encuentran alusiones a una diversidad de ideas halladas en los textos anteriores del pacto. Por ejemplo, el Señor incorpora las garantías abrahámicas en el pacto davídico. Dios promete engrandecer el nombre de David (וְעָשִׂ֛תִי לְךָ֥ שֵׁ֖ם גָּד֑וֹל, 2 S. 7:9), así como prometió primeramente a Abram (Gn. 12:2).[98] Dios promete que establecerá a Israel en su territorio y que los plantará allí (2 S. 7:10). Un lenguaje así alude en retrospectiva al pacto abrahámico y a las promesas mosaicas (Gn. 15:18-21; Éx. 15:17; cp. Dt. 28:6-11). Además, Dios garantiza un tiempo de paz y seguridad, a diferencia del tiempo de los jueces, una época que se caracterizó por la impiedad de Israel y la maldición del pacto (2 S. 7:11). El pacto davídico resolverá las tensiones halladas en el pacto mosaico. En línea general, los pactos abrahámico y mosaico están entrelazados en el pacto davídico.[99]

Además, con la promesa del reposo para el pueblo de Dios (2 S. 7:11), el pacto davídico incorpora ciertos ideales relacionados con el pacto noético. Tres factores respaldan esta asociación. En primer lugar, el término «reposo» en 2 Samuel 7:11 comparte la misma raíz del nombre «Noé», lo que le da pistas al lector para que establezca una asociación con ese pacto (הֲנִיחֹ֥תִי לְךָ֖, 2 S. 7:11).[100]

97. Johnston, «Messianic Trajectories in God's Covenant Promise to David», 59-74; Grisanti, «The Davidic Covenant», 233-50.
98. Grisanti, «The Davidic Covenant», 237
99. Si alguien se pregunta si este es un uso legítimo de la revelación anterior, la respuesta es sí. Después de todo, el pacto con Abraham está vinculado a la simiente de Abraham (cp. Gn. 22:16-17). Como demostrará la explicación posterior sobre Génesis 3:15, esto se refiere al Mesías. Por tanto, el pacto abrahámico (y el pacto mosaico, que está relacionado con el pacto abrahámico) tiene influencia sobre el pacto davídico.
100. Véase Matthews, *Genesis 1–11:26*, 393. Se tiene en cuenta cómo se usa repetidas veces el nombre de Noé como un juego de palabras para señalar la naturaleza del pacto noético.

En segundo lugar, en las Escrituras, el término «reposo» puede ser un término asociado con el concepto teológico mayor del descanso creacional. La obra de Oswalt en este ámbito es relevante.[101] Como él observa, el término «reposo» en 2 Samuel 7:11 puede parecer una mera descripción del estado de paz de Israel. Esto encaja con la forma en que Moisés usó el término en Deuteronomio (cp. Dt. 25:19). Sin embargo, Oswalt también observa que el Pentateuco establece este tipo de «reposo» en un contexto mayor. Por ejemplo, Dios no solo describe el reposo en términos políticos, sino también con un componente espiritual y relacional. Declara que el reposo de Israel incluye su presencia en comunión con ellos (Éx. 33:14).[102] De manera similar, Josué, quien afirma que el reposo de Israel no solo es en el contexto de la seguridad militar, sino también en el cumplimiento de *todas* las promesas de Dios (Jos. 23:14). Estas descripciones más amplias del descanso tienen sentido, dado que Dios ya ha correlacionado el reposo de Israel con el descanso del Sabbat y con la creación (Éx. 20:8-11). Este es el fundamento para todas las descripciones que Dios hace del reposo de Israel. Todo esto sugiere que el descanso de Israel está relacionado con el cumplimiento de sus promesas, incluso con una creación restaurada.[103] Una idea tan escatológica o elevada del reposo se encuentra incluso en el contexto de 2 Samuel 7. Antes en ese capítulo, el narrador registra cómo Israel y David tuvieron reposo (2 S. 7:1). Si Dios estaba considerando meramente la seguridad militar, entonces no necesitaría prometerle esto a David dado que ya existía. En su lugar, como observa Grisanti, esta promesa contempla algo que va más allá de las circunstancias de David en aquel momento. Considera un descanso escatológico futuro.[104] En consecuencia, la promesa de Dios respecto a un descanso para David se sitúa en algo mayor que la mera estabilidad nacional. Con base en esto, el pacto davídico se relaciona conceptualmente como mínimo al pacto noético con su propia promesa de reposo (cp. Gn. 5:29; 8:21-22).

En tercer lugar, el pacto noético y su contexto muestran que la conexión no es meramente conceptual, sino algo mucho más directo. Este pacto participa de una teología de reposo creacional que sienta las bases para el pacto davídico. El pacto noético garantiza un descanso limitado en la

---

Su padre le puso ese nombre con la esperanza de que Dios proveyera reposo (Gn. 5:29). Matthews observa otros juegos de palabras en Génesis 8:21 que proporciona solidez a la asociación. «Aquí se reúnen varios juegos de sonidos con el nombre de «Noé». Por medio de la suavización del término (*niḥōaḥ*), «Noé» (*nōaḥ*) lleva a Dios al «reposo» (*nuaḥ*). Por tanto, por medio de «Noé» (*nōaḥ*), el «dolor/pesar divino» (*nḥm*) por la creación divina (6:6), y su decisión de «barrer» (*mḥh*; 6:7), toda la humanidad es transformada en su «compasión» (*nḥm*) para la humanidad postdiluviana. Como resultado de la ofrenda de Noé, Dios determina en «su corazón» («en su interior») suspender cualquier maldición y destrucción futuras». Ver este juego de palabras establecido asocia, con toda probabilidad, el lenguaje de 2 Samuel 7 con las promesas de Noé.

101. Oswalt, «Rest», 4:1134.
102. *Ibíd.*
103. *Ibíd.*, 4:1132-35.
104. Grisanti, «The Davidic Covenant», 238.

creación (Gn. 5:29; 8:21-22).[105] La experiencia posterior al diluvio de Noé demuestra esa realidad. Planta una viña y crece (Gn. 9:20-21), contrariamente al duro trabajo y las malas hierbas prometidas en Génesis 3:17-19 (cp. Gn. 5:29). Por consiguiente, Dios ha restringido de algún modo los efectos de la caída, para llevar a la creación de regreso a su descanso original del Sabbat. De ahí que el pacto noético refuerce el paradigma del descanso de la creación que hemos observado. Además, este concepto del reposo se concentra en el rey de Israel. Más adelante, en Génesis, Dios promete que del linaje de Judá vendrá un rey supremo cuyo nombre es Siloh (Gn. 49:10). Su presencia está en el contexto del dominio militar (Gn. 49:10b). Su presencia también está relacionada con una abundancia de vides productivas lo suficientemente fuertes como para atar un asno a ellas (Gn. 49:11). La vid ya ha sido un indicador de la creación restaurada en la época de Noé. Vuelve a aparecer con el rey para mostrar que su función está asociada a una nueva creación.[106] De este modo, las promesas noéticas del reposo están relacionadas con un rey. Este tipo de descanso incorpora la paz militar dentro de una paz creacional. Esto encaja muy bien con lo que vemos en el pacto davídico.[107]

El pacto davídico incorpora la teología que rodea al pacto noético. El juego de palabras indica, inicialmente, una alusión. El concepto del término «reposo» y su uso a lo largo de las Escrituras conduce a esta conexión. Dentro de ese marco, el desarrollo del pacto noético establece que el reposo creacional se asocia a un rey futuro. Con tales expectativas, no es de sorprender que el pacto davídico retome estas ideas.[108] Una vez incorporadas las promesas de los pactos abrahámico, mosaico y noético, Dios ha hecho que el peso de la historia redentora recaiga sobre la dinastía davídica. Él edificará una casa para David con el fin de cumplir su plan (2 S. 7:11b).

A estas alturas, podemos observar que el uso que el autor de Samuel hace de las Escrituras es bastante complejo. En el espacio de unos cuantos ver-

---

105. Algunos podrían argumentar que la promesa del pacto noético es de no destruir el mundo otra vez. Esta es la expresión negativa de lo que se expresa positivamente en el contexto: la restricción de una creación destructiva. Existe un reposo temporal uniforme prometido a la creación. Véase Matthews, *Genesis 1–11:26*, 393.

106. Matthews, *Genesis 11:27–50:26*, 896; Wenham, *Genesis 16–50*, 479. Algunos argumentan que la viña es una mera metáfora cultural de la productividad, en especial dada la cultura agrícola que rodea a Israel. No discuto que esto forme parte de la razón subyacente al motivo. Al mismo tiempo, eso no puede ser todo, como aclara Génesis 49. El texto describe a vides tan fuertes como árboles, ya que se puede atar un asno a ellas. No se trata de una mera productividad, sino de tal nivel que lo excede todo en esa época. Tiene que ver con una fertilidad creacional escatológica y nueva. De ahí que la metáfora cultural o el modismo representado por la vid se fusionen con el uso teológico de la idea.

107. Los comentaristas posteriores observan cómo cuando aparece la promesa del reposo, lo hace en el contexto más amplio del reposo, la paz y la justicia creacionales. Véase Bergen, *2 Samuel*, 339. Pasajes como Isaías 9:7, 11:1-10 y Jeremías 33:15-16 muestran cómo ambos van juntos.

108. Esto ilustra de nuevo la naturaleza de la relevancia. La implicación legítima de la teología que rodea al pacto noético es que está relacionada con un rey. El pacto davídico se concentra en esta implicación.

sículos, él alude a una variedad de pactos y textos. Muestra que los pactos convergen en este pacto, de manera que quien cumple el pacto davídico cumple las promesas pactales de Dios.[109] El capítulo 7 del Segundo libro de Samuel no es una simple historia en la que Dios habla con David. Es una teología bastante densa que moldeará el resto de la Biblia, incluido nuestro concepto de Cristo.[110] Los profetas no son tan solo historiadores, sino teólogos.

La cuestión es si la lectura sugerida arriba tiene algún mérito. ¿Pretende el autor de Samuel describir el pacto davídico como la convergencia de diversas promesas del pacto? Inicialmente, podría argumentar que no estoy solo en esta presentación. Varios eruditos han afirmado esta realidad.[111] No obstante, una forma más convincente de confirmar este complejo entendimiento de 2 Samuel 7 es considerar el reinado de Salomón en 1 Reyes.

La imagen del reinado de Salomón en Reyes confirma todas estas conexiones. En 1 Reyes 4:20–5:6 (heb., v. 20), el autor revela que Israel es tan numeroso como la arena a orillas del mar. Esto corresponde a la promesa abrahámica (cp. Gn. 22:17). El dominio que Salomón tenía del territorio, desde el río Éufrates hasta la frontera de Egipto, se hace eco de las promesas territoriales del pacto abrahámico (cp. Gn. 15:18). El escritor de 1 Reyes también narra que hay paz (4:24 [heb. 5:4]) en la tierra, lo que indica que la maldición pactal del pacto mosaico queda mitigada (cp. 2 S. 7:11). Finalmente, el narrador declara que también hay reposo (5:4 [heb. 5:18]), de tal manera que cada uno se sienta debajo de su parra y debajo de su higuera (4:25). Como ya hemos explicado, la viña (o parra) era símbolo de reposo, como vemos en el caso de Noé (Gn. 9:20), y más tarde en la profecía sobre Siloh (Gn. 49:11). El autor de Reyes muestra así la teología del reposo incorporada al pacto davídico.[112] Después de que Dios hubiera establecido el reposo, Salomón apela a Hiram para que le ayude a edificar una casa para Dios (1 R. 5:4-5 [heb. 5:18-19]), que también forma parte de lo que Dios prometió hacer en el pacto davídico (2 S. 7:11b). El Primer Libro de Reyes retrata a Salomón como un candidato potencial de quien podría cumplir el pacto davídico y traer orden y paz al mundo entero.[113]

Los paralelos entre Reyes y 2 Samuel 7:9-11 son relevantes de dos formas importantes. Primero, aunque 1 Reyes 4:20–5:6 (heb., v. 20) confirma nuestra interpretación de 2 Samuel 7:9-11, el texto sirve en realidad para mostrar que el autor de Reyes interpretó y entendió el pacto de manera precisa. Com-

109. Kaiser, *The Messiah in the Old Testament*, 79.

110. Satterthwaite, «David in the Books of Samuel», 64-65, 142-43; Kaiser, *The Messiah in the Old Testament*, 78-83.

111. Kaiser, *The Messiah in the Old Testament*, 79; Grisanti, «The Davidic Covenant», 239-46; House, *Old Testament Theology*, 241-43; Hamilton, *God's Glory in Salvation through Judgment*, 171-73.

112. Dempster, *Dominion and Dynasty*, 147-48. «Todo Israel y Judá vivieron seguros bajo sus propias parras e higueras… Esto encarna la seguridad y la prosperidad nacionales similares a lo predicho para el reinado del gobernante mesiánico de los últimos días (Gn. 49:11-12; cp. Mi. 4:4)». Véase n. 106, explicación sobre la naturaleza de la viña como símbolo cultural y teológico a la vez.

113. *Ibíd.*; House, *1, 2 Kings,* 118.

prendió que los pactos abrahámico, mosaico y noético convergen en el pacto davídico. Incluso adapta pequeños detalles como el motivo de la viña introducido con anterioridad en la revelación.[114] Esto lo convierte en un exégeta del texto. En segundo lugar, el autor de Reyes también reconoció y actuó de manera acertada respecto a las ramificaciones del pacto davídico. Entendió que no era un mero suceso aislado de la historia, sino algo que tiene consecuencias teológicas durante el resto de la historia. El autor de Reyes entendió el pasado de Israel a través de esta cuadrícula. Esto sugiere que el libro de Reyes es un documento considerablemente teológico. No es un mero registro histórico de las hazañas de Salomón. Más bien, recoge cómo elabora Dios las promesas del pacto davídico, y cómo todo está relacionado con su plan para combatir la maldición y restaurar el reposo creacional. Una vez más, los profetas no son meros historiadores, sino profundos teólogos que muestran cómo se desarrolla el plan de Dios para lograr sus promesas y objetivos.

Por consiguiente, esto nos lleva a la siguiente parte de la explicación. No solo deseo exponer la intertextualidad del pacto davídico con la revelación anterior, sino también cómo usan esto los profetas para definir al segundo David. Con el lenguaje de «dominio eterno» y «simiente» (זֶרַע, un término que veremos más tarde en alusión a textos mesiánicos como Génesis 3:15), el pacto davídico mira al futuro y al individuo mesiánico. ¿Recogen esto los profetas y lo desarrollan?

Para el resto de esta discusión, nos centraremos en la obra de Amós, Oseas y Miqueas, ya que se interconectan entre sí, y con Samuel y Reyes, en la interpretación del pacto davídico. En Amós 9:11, el profeta habla del «tabernáculo caído de David» (סֻכַּת דָּוִיד). La descripción contrasta con la casa perdurable de David (בֵּית דָּוִד), que Dios prometió en 2 Samuel 7:11b.[115] Amós hace referencia a 2 Samuel para mostrar dónde se encuentra en ese momento la dinastía davídica con respecto a esas promesas. Se ha derrumbado. Su crítica coincide con la que el autor de Reyes proporciona más adelante sobre la casa davídica (cp. 2 R. 25:1-26).

Sin embargo, Amós no deja al lector con el colapso de la dinastía davídica. Afirma que las promesas a David se cumplirán y, al hacerlo, desarrolla las implicaciones teológicas de diversos textos. Proclama que Dios plantará a Israel en la tierra (9:15), tal como Dios describió en el pacto davídico (2 S. 7:10). La nación sembrará viñas (Am. 9:14), y evocará el simbolismo de la viña y su asociación con el reposo en Génesis 9:20; 49:11 y 1 Reyes 4:25 (cp. 2 S. 7:10). En consecuencia, Dios restaura a Israel al «tiempo pasado» (Am. 9:11). Por estos factores intertextuales, la mayoría de los eruditos argumentan que el «tiempo pasado» se refiere a la época de David y Salomón, la era cuando el pacto davídico estaba cerca de cumplirse.[116] Amós no solo

---

114. Dempster, *Dominion and Dynasty*, 147-48. Véase cita en n. 112.

115. Mitchell, Smith y Bewer, *Haggai, Zechariah, Malachi, and Jonah*, 165-66; Paul y Cross, *Amos: A Commentary on the Book of Amos*, 290; Johnston, «Messianic Trajectories in God's Covenant Promise to David», 73-74.

116. Stuart, *Hosea-Jonah*, 398; Paul y Cross, *Amos: A Commentary on the Book of Amos*, 290.

afirma muchas de las promesas entretejidas en el pacto davídico, sino también describe adicionalmente cómo se cumplirán por completo un día.

Oseas construye sobre esta estructura.[117] Este escritor veterotestamentario reflejó lo anunciado por sus predecesores. Habla de la restauración de Israel en términos de vino nuevo (2:22 [heb., 24]) y una cosecha abundante (2:23 [heb., v. 25]), expresiones indicativas de una creación restaurada que también se encuentran en Amós, respecto a la restauración del tabernáculo de David (Am. 9:13-14). En este sentido, Oseas también reitera el motivo de las viñas (Os. 2:15 [heb., v. 17]) hallado en textos anteriores (cp. Gn. 9:20; 49:11; 1 R. 4:25; Am. 9:14). Los motivos, los temas y el lenguaje preciso comunes indican que Oseas alude a la revelación previa y la incorpora en su propia profecía.[118] El profeta no solo repite a sus predecesores, sino que también construye sobre lo que han dicho. Añade un importante detalle a toda la explicación del cumplimiento del pacto davídico: en los últimos días, la nación regresará a *David su rey, un segundo David* (3:5).[119] El rey que cumpla el pacto davídico será el nuevo David. Oseas muestra cómo otro componente del pacto davídico, la promesa de la Simiente, juega con el cumplimiento de dicho pacto.

Miqueas le añade a esto una capa de detalles. Relaciona, asimismo, su obra con sus predecesores. Habla del «tiempo pasado» (5:2b [heb., 5:1b]), una frase única que hasta ahora solo se encontraba en Amós 9:11.[120] Al explicar la restauración de Israel, Miqueas emplea el mismo lenguaje de Oseas y Amós (Mi. 5:2 [heb., 5:1]; 7:14, 15, 20; cp. Os. 2:15; Am. 9:11). Incluso usa la imaginería de la viña, de manera idéntica a 1 Reyes 4:25 (cp. Mi. 4:4). Miqueas está arraigado por completo en la revelación anterior.

---

117. Véase explicación en Garrett, *Hosea, Joel*, 24. Lo más probable es que Oseas ministrara durante las tres últimas décadas del reino del norte, mientras que Amós lo hiciera posiblemente desde el 783 al 746 a.C. Véase Mitchell, Smith y Bewer, *Haggai, Zechariah, Malachi, and Jonah*, 23. Es muy probable, pues, que la mayor parte del ministerio de Amós se produjera antes de Oseas.

118. Stuart, *Hosea-Jonah*, 400. «La respuesta depende de (1) una apreciación de cómo esta clase de promesa-oráculo se relaciona con las demás dentro de su contexto, es decir, las promesas de la restauración del pacto; y (2) una apreciación de cómo las promesas del antiguo pacto llegan al verdadero cumplimiento en el nuevo. En primer lugar, las promesas de restauración del pacto dan invariablemente por supuesto su cumplimiento en una era nueva y distinta. La grandeza de dicha época se sugiere en el lenguaje exagerado que con frecuencia se sobrepasa (p. ej., Mi. 4:1; Os. 14:5-7), pero siempre equivale al menos al lenguaje exagerado de las promesas originales respecto a la ocupación del territorio por parte de Israel». El comentario de Stuart observa que este motivo es generalizado. De ahí que la intertextualidad es más amplia que una mera relación entre Amós y Oseas. No obstante, la conexión entre ambos libros forma parte de dicha tradición interrelacionada.

119. *Ibíd.*, 67; Garrett, *Hosea, Joel*, 104.

120. Véase la explicación en Barker y Bailey, *Micah, Nahum, Habakkuk*, 98. Véase también, Smith, *Micah–Malachi*, 44. Smith declara: «Tenga Miqueas o no en mente la imagen del hombre primitivo, la idea de un nuevo David sí que lo estaba. Se habla de los días de David como בִּימֵי עוֹלָם el «tiempo pasado» en Amós 9:11, de modo que un lenguaje así no estaría fuera de lugar en Miqueas» (44).

Como sus predecesores, Miqueas no se limita a reiterar lo que ellos afirman, sino que añade detalles a sus ideas. Así como Amós explica el derrumbe de la dinastía davídica, Miqueas expone sobre ello e indica que la casa de David regresa a Adulam, la ubicación donde David empezó a evitar a Saúl estando en el desierto (Mi. 1:15; cp. 1 S. 22:1).[121] La dinastía davídica se había desplomado hasta el punto en que tenía que empezar de nuevo. Era necesario que se iniciara donde David comenzó. Por consiguiente, así como Oseas había imaginado a un nuevo David, Miqueas proclama que quien renueve la dinastía davídica debe ser de Belén, el lugar de nacimiento de David.[122] El Mesías será un nuevo David, procedente incluso del mismo lugar de nacimiento con el fin de empezar de nuevo y completar la dinastía. Finalmente, Miqueas continúa con la imagen explicada por los profetas sobre el cumplimiento escatológico del pacto davídico. Demuestra que esta época es una como los días de Salomón (Mi. 5:2b [heb. 5:1b], como fue anticipada en Reyes, y un reposo edénico (Mi. 4:4), como fue anticipado por los profetas. Además, revela que es una culminante época dorada de paz mundial, centrada toda ella en el nuevo David (4:1-4; 5:2b [heb., 5:1b]; 7:14, 15, 20).[123] Con esto, Miqueas proporciona una imagen más completa de cómo moldeará el pacto davídico el apogeo del plan de Dios.

El escritor de Reyes y los profetas Amós, Oseas y Miqueas interactúan con el pacto davídico y unos con otros para revelar cómo se desarrollará el pacto davídico en la historia redentora.[124] Se puede observar su uniformidad en entender la revelación previa. Los profetas han mantenido la misma línea argumental, y han explicado los mismos temas sirviéndose de los mismos motivos y redacción para señalar la continuidad entre sí. Estas similitudes demuestran la interrelación de sus escritos y la consistencia de los unos con los otros.

Al mismo tiempo, sigue habiendo un desarrollo. Los escritos de los profetas no reiteran meramente las promesas integradas en ese pacto, sino que

---

121. Barker y Bailey, *Micah, Nahum, Habakkuk*, 61; Allen, *The Books of Joel, Obadiah, Jonah, and Micah*, 282.
122. *Ibíd.*, 96; *Ibíd.*, 343.
123. Véase n. 112. En Miqueas 4:1-4, la paz militar va unida a la viña del reposo creacional. Esto corresponde precisamente con lo que observamos en Génesis 49:10-11 y lo que está implícito en el pacto davídico.
124. Además de los comentarios anteriores, el propio estudio de Johnson sobre el pacto davídico es muy útil. Véase Johnston, «Messianic Trajectories in God's Covenant Promise to David», 73-74. No solo confirma las observaciones exegéticas de más arriba, sino que también ayuda a expresar el modelo hermenéutico. «Dios les reveló a los profetas que un día restauraría el trono de David e inauguraría un reino eterno. Dado que los profetas individuales solo recibieron una o dos piezas del rompecabezas, cada uno de ellos visualizó un aspecto de esta restauración futura. En lugar de proporcionar un perfil único y unificado, los profetas pintan retratos complementarios del futuro, cada uno con su propia contribución a la imagen completa. Sus descripciones de la restauración parecían un caleidoscopio de imágenes en proceso de convertirse en un cuadro refinado y fresco a medida que la revelación progresaba» (73-74).

también proporcionan más detalles. De este modo, los profetas extienden la cadena de pensamiento comenzada en 2 Samuel 7, a través del canon. La presentación inicial del pacto en dicho capítulo declara las realidades generales del pacto davídico y del plan de Dios con miras al Mesías. Los profetas posteriores no alteran estas ideas, sino que más bien especifican y se centran en cómo funcionarán en la historia redentora. Muestran las consecuencias de los conceptos y las promesas. Reyes demuestra que hasta la fecha ningún rey puede cumplir esas promesas. Amós aclara que, aunque la casa davídica se haya derrumbado, Dios cumplirá todavía sus promesas con meticulosidad. Proporciona detalles adicionales de cómo se verá esto en el futuro. Oseas confirma esta descripción de cómo se cumplen las promesas divinas. En ese contexto desarrolla detalles adicionales sobre otra parte del pacto davídico, la promesa de la Simiente. Oseas describe la necesidad de que ese individuo sea un nuevo David, con el fin de cumplir el pacto. Miqueas afina la imagen descrita por sus predecesores. Expresa que, al ser este rey un nuevo David, nacerá en Belén y entrará al desierto para cumplir la función de David y resucitará la casa real. A estas alturas de la revelación progresiva, tenemos un entendimiento más claro del impacto que el pacto davídico tiene en el plan de Dios y en la naturaleza del rey davídico que lo cumplirá por completo. Al explicar las consecuencias particulares de las ideas pasadas, los profetas nos proporcionan una rica teología sobre las promesas davídicas, un nuevo David y hasta una creación restaurada.

Esta progresión lógica es una preparación para la revelación adicional. Amós, Oseas y Miqueas no acaban la explicación del nuevo David, sino que más bien la inician. Otros profetas retoman, a continuación, este mismo hilo que ellos establecieron (Is. 55:3; Jer. 33:17-21; Ez. 34:24).[125] En realidad, esto llega hasta el Nuevo Testamento. La explicación anterior arroja cierta luz sobre la importancia de que Jesús naciera en Belén y, después, fuera al desierto para ser tentado, igual que David permaneció en el desierto de Adulam (cp. Mt. 4:1-11). Tal vez Mateo retoma el argumento establecido con anterioridad por los profetas para demostrar cómo Cristo es el verdadero David que resucitará el linaje davídico y establecerá el reposo edénico. De este modo, la sofisticación teológica de los profetas predispone para la llegada de los apóstoles. La hermenéutica profética prosigue en la hermenéutica apostólica.

Desarrollo de la metáfora de la viña

El tema de la viña es otro gran ejemplo del desarrollo teológico. Aunque en la explicación previa era un símbolo de reposo, este símbolo que aquí se explica retrata el estatus y la salud espiritual de Israel.[126] Salmos 80:9-17

---

125. Smith, *Isaiah 40–66*, 498–502; Huey, *Jeremiah, Lamentations*, 301; Block, *Ezekiel 25–48*, 298; Cooper, *Ezekiel*, 302; Oswalt, *Isaiah 40–66*, 438-39.

126. Esto demuestra que una palabra o un tema puede usarse de distintos modos. No obstante, los profetas eran capaces de distinguir entre estas líneas distintas de pensamiento y también eran capaces de desarrollarlas. Esto confirma también que los profetas conocían bien sus Escrituras.

provee el primer ejemplo de esta particular metáfora.[127] Asaf describe cómo Dios planta la viña para que sus raíces lleguen al río Éufrates (v. 11). La referencia histórica cubre el tiempo desde el Éxodo hasta la época de David (cp. 2 S. 7:9–8:3). Sin embargo, en la actualidad, Israel está en aflicción y Dios ha eliminado, por tanto, el seto de protección de la viña, y ha permitido que los animales la asolen (v. 13). No obstante, el salmista espera una restauración futura de la viña (vv. 14-15). De ahí que Asaf use la viña como metáfora del Israel pasado, presente y futuro.

Los profetas siguen con el simbolismo de la viña para Israel. Isaías retoma la metáfora particular de Asaf. Tanto Isaías como él declaran que el Señor despedrega la tierra (Is. 5:2; cp. Sal. 80:9). Dios también derriba el cerco de protección en ambos pasajes (Is. 5:5; Sal. 80:3). El profeta incorpora la metáfora de Asaf sin modificarla y, al mismo tiempo, no solo relata su tema de la viña, sino que lo amplía. A estas alturas, Israel no solo está asolado por los enemigos, sino que también es espiritualmente impío. De ahí que Isaías lo describe como una viña que da uvas silvestres (Is. 5:2b).[128] Este desarrollo respeta el contexto original. Asaf buscaba que la metáfora describiera la condición de Israel durante su pasado, su presente y su futuro. Isaías usa el simbolismo con el propósito prescrito por Asaf. Muestra las implicaciones de la metáfora en una etapa particular de la historia israelita. De esta forma, no viola el significado original, sino que logra entender la relevancia del texto.

Oseas mantiene esta línea de pensamiento (10:1).[129] La primera parte del versículo sostiene la metáfora original de Asaf (10:1a). Recuerda cómo Israel era una viña espléndida. ¿De qué está hablando? Esto no describe el estado actual de Israel, ya que en esa época la nación no era exuberante, sino caótica.[130] En cambio, Stuart argumenta que el hecho de elegir Oseas el término «Israel», en vez de usar Efraín, indica que habla de un tiempo cuando la nación estaba unida, el momento de su fundación y de la conquista,[131] lo que se corresponde exactamente con la metáfora de Asaf, que también se refería a la misma época. Además, la segunda parte del versículo respalda el desarrollo que Isaías hace de la metáfora (Os. 10:1b). El esplendor de la

---

127. Como se ha mencionado anteriormente, la progresión cronológica parece necesariamente lo más sensato para rastrear la progresión de la revelación. Cp. Klink III y Lockett, *Understanding Biblical Theology*, 87. Aunque algunos fecharían este salmo más tarde, parece haber sido anterior debido a su asociación con Asaf. Contra Tate, *Psalms 51–100*, 309.

128. Smith, *Isaiah 1–39*, 166; Oswalt, *Isaiah 1–39*, 154; Watts, *Isaiah 1–33*, 85.

129. Stuart, *Hosea-Jonah*, 159.

130. *Ibíd.*, 9. Stuart argumenta a partir del contexto del capítulo 10 que Oseas pronunció estas palabras cuando el pueblo fue sumido en el caos por la inestabilidad política e internacional que se produjo después de Jeroboam II. Por esta razón, también, el pasaje se sitúa cronológicamente después del cántico de Isaías de la viña. Este parece haberse producido al principio de su ministerio, aunque el pasaje que estamos tratando habría sucedido al final del ministerio de Oseas.

131. *Ibíd.*, 159. «Israel» es el tema y no «Efraín», porque la historia de la prosperidad comienza con la conquista de la tierra prometida por parte del pueblo unido».

viña no es positivo, porque produce el fruto malo de la idolatría.[132] Como observan Stuart y Garrett, Oseas refleja lo que Isaías también explicó (cp. Is. 5:2b).[133] Así, Oseas sigue la lógica de la metáfora original de Asaf y también de su adaptación en Isaías.

Jeremías continúa con esta cadena de aplicación (2:21). El profeta habla del pasado de Israel en términos de la viña, exactamente como lo hizo Asaf (cp. Sal. 80:9). El profeta también explica cómo Dios plantó una viña escogida (נְטַעְתִּיךְ שֹׂרֵק), un lenguaje que procede directamente de Isaías (וַיִּטָּעֵהוּ שֹׂרֵק, Is. 5:2). Jeremías sigue la forma de pensar de sus predecesores a través del simbolismo de la viña. Como ellos, él también desarrolla la metáfora para tratar con la situación presente de Israel. Craigie observa que lejos de ocuparse de la productividad, como hacen Isaías y Oseas, Jeremías asemeja a Israel a una viña extraña y degenerada (הַגֶּפֶן נָכְרִיָּה).[134] No solo es improductiva, sino pagana. Al apelar a un patrón del pasado y, a continuación, fomentarlo, el profeta aprovecha una poderosa herramienta retórica contra su audiencia. Su pecado estaba a un nivel totalmente diferente del de sus padres, y de una naturaleza completamente diferente. En contexto, la provocativa descripción de Jeremías ayuda a que todos entiendan por qué se avecina el juicio del exilio. Una vez más, Jeremías no viola la intención de Asaf. El salmista siempre pretendió que la metáfora describiera la condición espiritual de Israel. Esto es exactamente lo que hace Jeremías y, al hacerlo, desarrolla una teología bíblica de la espiral descendente de Israel en el pecado.

Ezequiel es el último profeta que usa la imagen de la viña (Ez. 15:1-8; 17:8; 19:10). Las personas de su época preguntaron cómo podía Dios exiliar a los que moraban en Jerusalén. ¿Cómo podía el Señor hacerle esto a su pueblo escogido?[135] El profeta declara que Israel es como la madera de una vid y, por tanto, solo sirve para ser quemada (Ez. 15:6).[136] La escueta respuesta puede desconcertar al lector. ¿Cómo responde la pregunta la contestación de Ezequiel? La lógica de la viña ayuda a explicar su réplica.[137] Los profetas usaron sistemáticamente la vid para descubrir cómo escogió y trató Dios durante la historia a Israel de una forma única. De ahí que resulte una metáfora adecuada para responder la pregunta de Israel. El desarrollo que Ezequiel hace de la metáfora resalta lo malo que se había vuelto Israel. No solo es improductivo en lo espiritual, o incluso una vid extraña, sino que es tan inútil como su madera (Ez. 15:3). Consecuentemente, si Israel es tan decrépito, para lo único que sirve es para arder y para el juicio. En respuesta a la pregunta de Israel, el uso de la metáfora de Ezequiel inquiere: «¿Cómo

---

132. Garrett, *Oseas*, 207. Garrett observa que בקק alude principalmente a destrucción en hebreo, y no al esplendor. Conforme se extiende, la viña es destructiva. Esto no niega la observación de Stuart respecto al referente histórico, sino meramente a la situación impía de Israel.

133. *Ibíd.*; Stuart, *Hosea-Jonah*, 159.

134. Craigie, *Jeremiah 1-25*, 37.

135. Alexander, «Ezekiel», 808-9.

136. Cooper, *Ezekiel*, 167; Block, *Ezekiel 1-24*, 457.

137. Block, *Ezekiel 1-24*, 455; Alexander, «Ezekiel», 808-9.

podría Dios no juzgar a la vid?», y «¿Qué otra cosa puede hacer Dios con la vid/Israel?». Los antecedentes de la lógica profética de la vid llena la breve declaración de Ezequiel y le da sentido. En realidad, tanto Block como Alexander observan que, para comprender la respuesta del profeta, debe tenerse en mente toda la lógica de la vid. Las afirmaciones de Ezequiel dan por sentado aquello que los profetas que le antecedieron explicaron sobre la viña.[138]

La metáfora de la vid muestra al profeta como exégeta y teólogo. Los profetas mantienen la alegoría original de Asaf tanto en la redacción como en su forma de describir los comienzos de Israel. Los profetas también siguen la manera en que sus predecesores desarrollaron la metáfora. Así, los escritores del Antiguo Testamento fueron cuidadosos exégetas de la revelación precedente. Al mismo tiempo, eran teólogos. Eso se refiere a cómo manejaron la trascendencia o las ramificaciones de la metáfora de Asaf, quien la estableció como símbolo del estatus de Israel a lo largo de todo el tiempo. En consecuencia, los profetas posteriores señalan cómo funciona. Se mantuvieron en el modo en que Asaf quiso que operara la metáfora. Continuaron la tradición que Asaf inició. En esto no se contradicen entre sí, sino que amplían cada uno lo afirmado por el otro, para formular una teología bíblica del declive espiritual de Israel. Que el Nuevo Testamento use poderosamente el simbolismo de la vid (Mt. 21:33-41; Jn. 15:1) refleja el peso teológico de lo que estos profetas han hecho. Son teólogos por pleno derecho.

La intertextualidad de Génesis 3:15

Este es, quizá, el *locus classicus* de la intertextualidad del Antiguo Testamento, y con razón.[139] Demuestra que los profetas, empezando por Moisés, eran profundos pensadores que defendieron el significado de la revelación anterior y, sin embargo, tuvieron una sofisticación increíble en el modo en que desarrollaron la relevancia teológica de un texto.

El contexto de Génesis 3:15 trata la caída en el pecado de los primeros padres de la humanidad. La desobediencia de Adán conduce a todo tipo de consecuencias en el orden creado (Gn. 3:14-19). Sin embargo, en medio de esta catástrofe, Dios hace una importante promesa: No permitirá que gane la serpiente. Contrariamente al deseo de la serpiente de manipular a la mujer, Dios establece un conflicto perpetuo, o enemistad, entre ambos, y también entre su descendencia (Gn. 3:15a). Un individuo de entre la prole

---

138. Block, *Ezekiel 1–24*, 455; Alexander, «Ezekiel», 808–9. Block declara: «La imagen especial de Israel como vid escogida y trasplantada por Yahvé con su mano derecha resulta familiar de Salmos 80:9-20 (Eng. 8-19). Isaías 5:1-7 retoma el tema del cuidado especial de Yahvé respecto a la viña, aunque la planta responde produciendo solo uvas podridas; es una ilustración de la apostasía de Israel. Sin embargo, Ezequiel sigue un paso más adelante. Aquí no hay indicación alguna de que la viña hubiera sido jamás el objeto del afecto de Yahvé, y mucho menos que llevara fruto. Por el contrario, la vid es inherentemente inútil, y solo sirve para alimentar el fuego» (455).

139. Véanse Hamilton, *God's Glory in Salvation through Judgment*, 77; Kaiser, *The Messiah in the Old Testament*, 37–38; Hamilton, *The Book of Genesis Chapters 1–17*, 197.

de la mujer surgirá y aplastará la cabeza de la serpiente, mientras que esta solo le herirá en el talón (Gn. 3:15b).[140]

La mayoría de los eruditos aceptan que Génesis 3:15 contiene la idea general del bien que triunfa finalmente sobre el mal.[141] Sin embargo, algunos cuestionan si existe un elemento mesiánico en este versículo.[142] Se preguntan si Adán o Eva habrían sido realmente capaces de comprender una idea tan avanzada.[143] Esto nos lleva de regreso a la pregunta de «¿quiénes eran los profetas?». ¿Cuán sofisticados eran?

En este caso, deberíamos preguntar si *Moisés,* el autor del Pentateuco, entendía que Génesis 3:15 implicaba una especie de componente mesiánico.[144] Una diversidad de factores sugiere esto:

1. La gramática de Génesis 3:15 indica que hay un individuo involucrado. La idea de la «descendencia» o la «simiente» (זֶרַע) parece referirse, de manera corporativa, a las generaciones continuas. No obstante, la línea paralela («te herirá en la cabeza») yuxtapone esta noción corporativa con un pronombre distintivamente singular (הוּא). Los estudios sintácticos han establecido que, cuando «simiente» adopta un pronombre singular, no se refiere a algo plural sino a un individuo.[145] Por consiguiente, Génesis 3:15 no habla de un mero grupo de personas, sino de una sola, específicamente una que representará al grupo. Esto es consistente con un entendimiento mesiánico del versículo.

2. El paralelismo en Génesis 3:15 indica que este individuo es el representante defensor de su pueblo. La descendencia de la mujer no aplasta a la prole de la serpiente, sino a esta misma. El conflicto cuerpo a cuerpo refuerza la idea de una participación individual. Asimismo, describe a esa persona como líder del pueblo. Así como la serpiente es el paladín de un grupo, la Simiente es el verdadero líder de su linaje. Él es su representante supremo. Esta es la noción de

140. Hamilton, *The Book of Genesis Chapters 1-17,* 199; Wenham, *Genesis 1-15,* 80; Matthews, *Genesis 1-11:26,* 247. Dios asegura este resultado al humillar a la serpiente a comer polvo y arrastrarse por la tierra, de manera que el talón de la Simiente aplaste su cabeza (Gn. 3:14). En el fluir del contexto, el cambio de la forma de la serpiente es una señal inicial de que Dios juzgará y vencerá al mal de manera definitiva.

141. Wenham, *Genesis 1-15,* 80.

142. *Ibíd.*; Hamilton, *The Book of Genesis Chapters 1-17,* 199; Walton, *Genesis,* 234.

143. Walton, *Genesis,* 234; Westermann, *Genesis,* 258-59.

144. Aunque yo argumentaría que Adán también entendió esta promesa, por cuanto le dio a su esposa el nombre de Eva, la hermenéutica profética concierne principalmente al escritor y no a una persona dentro de la historia. Dicho esto, el acto de Adán podría haber sido una forma para que Moisés comunicara que tanto Adán como él entienden Génesis 3:15 como una poderosa promesa de esperanza. Técnicamente, eso se podría añadir a la lista de razones que proporcioné para respaldar una comprensión mesiánica de Génesis 3:15.

145. Collins, «A Syntactical Note», 139-48; Alexander, «Further Observations», 363-67.

la solidaridad corporativa.[146] Tal paralelismo no describe una mera lucha generacional genérica entre el bien y el mal. Más bien describe una lucha generacional que culmina con un enfrentamiento final entre los dirigentes respectivos de cada grupo. El ganador será la Simiente, aunque experimentará cierto sufrimiento durante el proceso, ya que su talón será herido. Estas nociones de un campeón individual, supremo, apuntan a una figura mesiánica.

3. Al pasar de Génesis 3:15 al resto del libro, el enfoque de Moisés en las genealogías argumenta que era consciente de la promesa de la simiente en Génesis 3:15. Moisés estructura Génesis con una serie de genealogías (p. ej., 5:1; 6:9; 10:1; 11:27; 25:19). Alexander y Dempster sostienen, con acierto, que esto manifiesta la preocupación del autor con el nacimiento y las generaciones, una inquietud que parece surgir de todo el tema de que la mujer teniendo descendencia, en Génesis 3:15-16.[147]

4. El uso que Moisés hace de la «simiente» a lo largo de Génesis también indica que entendió que Génesis 3:15 tiene un componente mesiánico. En dicho libro, Dios asocia la bendición con la simiente de Abraham (Gn. 22:18). Esta bendición alude a la reversión de la maldición de la Caída y a la restauración de las bendiciones de la creación, ya que es la única forma en que se ha usado la bendición hasta ese momento (cp. Gn. 1:22, 28; 2:3; 5:2; 9:1).[148] Esta reversión combina, en concepto, con la que se prometió en Génesis 3:15. Por lo tanto, Moisés, a lo largo de Génesis, al menos asocia a la «simiente» con ideas consistentes con Génesis 3:15. Aun más, Moisés usa a «simiente» para referirse a un individuo que acarrea esa victoria y ese cambio. Génesis 22:17b-18 y 24:60 proclaman que la «simiente» poseerá las puertas de sus enemigos. Esto se halla en el contexto del pacto abrahámico y la bendición a todas las naciones (cp. 22:17a). Se podría caer en la tentación de pensar que en estos versículos la «simiente» se refiere a una nación o grupo de personas.[149] Sin embargo, los verbos (y el pronombre) que rodean al término «simiente» están en singular. Como se explica más arriba, esto indica que aquí «simiente» es singular y no plural. Moisés refuerza que entiende que ese término se refiere a un campeón singular. Curiosamente, estos textos comparten la misma gramática, la misma terminología («simiente») y el mismo símbolo de vencer a los enemigos que Génesis 3:15. Por esta

---

146. Kaiser, *The Messiah in the Old Testament*, 25; Robinson, *Corporate Personality in Ancient Israel*, 10.
147. Dempster, *Dominion and Dynasty*, 68–77; Alexander, «Genealogies, Seed».
148. Ross, *Creation and Blessing*, 67.
149. Sin duda, en Génesis 22:17a la simiente sí se refiere a muchas naciones. Sin embargo, estamos hablando de la segunda parte del versículo, donde la simiente posee la puerta de sus enemigos. Esa «simiente» es singular.

razón, Alexander sugiere que Génesis 22:17-18 y 24:60 desarrollan esta promesa.[150] Por tanto, los usos posteriores de «simiente» confirman un entendimiento mesiánico del versículo.

5. El enfoque de Moisés sobre los individuos y la realeza a lo largo de Génesis también respalda una idea mesiánica de Génesis 3:15. El profeta se concentra en individuos como Noé, Abraham, Isaac, Jacob y Judá. Si Génesis 3:15 era de naturaleza meramente corporativa, ¿por qué presta tanta atención a los individuos? Además, pone a algunos bajo la luz adámica. Por ejemplo, Dios le da a Noé el mismo mandamiento que a Adán: fructificar y multiplicarse (Gn. 9:1; cp. Gn. 1:26-28). De manera similar, a Abraham se le asigna la tarea de acarrear bendición a un mundo semejante a Adán (Gn. 12:1-3; cp. Gn. 1:26-28). Este énfasis señala que Dios no solo está obrando con grupos corporativos, sino con individuos para cumplir la función de Adán.[151] Por esta razón, Moisés también denomina a ciertos individuos como realeza. Adán estaba destinado a gobernar (Gn. 1:26-28) y, así, a Abraham se lo presenta como rey (Gn. 14:1-4, 17-24), y se le promete ser padre de reyes (Gn. 17:6).[152] La cuestión de la monarquía se suscita cuando los hermanos de José se preguntaron si él reinaría sobre ellos (cp. Gn. 37:8). Moisés responde a esta pregunta proclamando que Judá es la tribu real y que alguien de su descendencia sería el gobernante supremo que trae orden y una nueva creación a este mundo (Gn. 49:10-11).[153] Con esto, la narrativa de Moisés confirma el conocimiento de un individuo real, adámico, que vencerá el mal con el bien. Esta es la misma idea explicada en Génesis 3:15. Todo esto argumenta que Moisés estaba al tanto de la idea mesiánica de Génesis 3:15 y que moldea la narrativa de Génesis en torno a ella.

La evidencia de más arriba sugiere que Génesis 3:15 contiene un componente mesiánico. Entender esto no solo proporciona un fundamento

---

150. Alexander, «Further Observations», 363-67.
151. Esto podría estar latente en Génesis 3:15 mismo. Allí, el género del pronombre también lo sugiere. «Él» no solo es singular, sino también masculino. Se podría argumentar que el género se debe al referente «simiente». Sin embargo, si estamos pensando de forma gramatical, ¿no tendría más sentido en el paralelismo que el pronombre fuera femenino? Después de todo, hasta aquí la mujer se ha equiparado a la serpiente (su simiente frente a la de esta). De ahí que, si seguimos el paralelismo, *ella* debería aplastar su cabeza, no un «él». La desviación en el paralelismo *podría* insinuar que «él» es la elección deliberada de Moisés por equiparar a ese individuo con Adán, no con Eva. Esto podría abrir levemente la posibilidad de la noción de un segundo Adán, y es propicio para vincular a la figura mesiánica con Adán.
152. Dempster, *Dominion and Dynasty*, 79; Alexander, «Royal Expectations», 191-212.
153. Dempster, *Dominion and Dynasty*, 91; Wenham, *Genesis 16–50*, 478; Hamilton, *The Book of Genesis Chapters 18–50*, 662. Véase la explicación anterior sobre la vid en Génesis 49:11 como símbolo de productividad escatológica y, por tanto, de nueva creación.

importante para analizar cómo usaron este texto los profetas posteriores, sino que también demuestra algo importante sobre Moisés: él sabía lo que estaba haciendo. No registró Génesis 3:15 en ignorancia teológica, sino siendo teológicamente consciente. Formula todo el conjunto de su narrativa para explayarse sobre ello. Hay que reconocer que otros añadirán más detalles sobre estas ideas; no obstante, completan lo que está presente desde el inicio en la intención de Moisés en Génesis 3:15. Esto se convierte en la base por la que los profetas podrán proveer mayor detalle respecto a esa profecía.

En realidad, a lo largo del resto del Pentateuco, Moisés sigue explicando Génesis 3:15. Esto solidifica lo que afirmó en Génesis y, además, sienta las bases para lo que declararán los profetas siguientes. Por ejemplo, Balaam profetiza sobre una estrella que surge de Jacob, y que aplastará las sienes de Moab (Nm. 24:17). Como sugiere Hamilton, la profecía de Balaam reafirma a alguien que aplastará al enemigo exactamente como dice Génesis 3:15.[154] Además, la profecía de Balaam predice que esta persona tendrá un dominio completo. En el Pentateuco, el término «dominio» (רדה) no se ha usado en el sentido de un gobierno real.[155] De hecho, el uso paralelo más cercano de la palabra se encuentra en Génesis 1:26-28, cuando explica el dominio de Adán sobre la creación. En Génesis observamos una asociación entre Génesis 3:15, y las personas que participaron en la función real de Adán. La profecía de Balaam reúne estos elementos de forma explícita. Con ello, Moisés confirma y expone sobre lo que se insinuó con anterioridad. La simiente es una especie de nuevo Adán.

Al final del Pentateuco, Moisés habla de un rey venidero y establece una legislación que gobierna el reinado de dicho monarca (Dt. 17:14-20).[156] Luego, Moisés orienta dichos libros para anticipar una persona así.[157] Moisés desea que Israel y el resto de la historia prosigan en la búsqueda de la simiente de Génesis 3:15 con todas sus implicaciones teológicas que él ha desarrollado en sus propios escritos.

Lo que se escribió más tarde retoma esto. El libro de Rut también tiene una genealogía que concuerda con las que se encuentran en Génesis (Gn. 5:1; 38:28-30; cp. Rt. 4:18-22). En consecuencia, así como las genealogías en Génesis mostraban cómo progresaba el linaje de la simiente, también la de Rut prosigue con esa discusión y demuestra que la estirpe de la simiente suprema se reduce a la familia de David. El autor de 2 Samuel confirma esta conexión. En el pacto davídico, Dios le promete a David una simiente (זרע, 2 S. 7:12). El término hebreo en 2 Samuel 7:12 es el mismo que el que se utilizó en Génesis 3:15 y, subsecuentemente, a lo largo de todo ese libro (22:17-18; 24:60). Más aún, 2 Samuel 7:12 comparte el mismo tipo de gramática de estos pasajes anteriores. Todos ellos tienen la simiente en un

---

154. Hamilton, «The Skull Crushing Seed of the Woman,» 34.
155. Génesis 1:26, 28; Levítico 25:43, 46, 53; 26:17 y Números 24:19 son los únicos lugares en que esto ocurre en el Pentateuco. Las referencias en Levítico no aluden a gobernar en el sentido formal.
156. McConville, *Deuteronomy*, 293-96.
157. Alexander, «Royal Expectations», 207-12.

contexto corporativo, pero claramente con verbos y sustantivos en singular. Estas características ponen estos pasajes en paralelo. Encima de esto, ya hemos explicado las diversas alusiones en el pacto davídico con las promesas pasadas. En 2 Samuel 7 se encuentra un contexto altamente intertextual. Dados todos estos factores, es probable que el autor desee que relacionemos Génesis 3:15 con el pacto davídico. En consecuencia, 2 Samuel 7:12 continúa con la línea de pensamiento de estos pasajes, y la estirpe de David se convierte ahora en la portadora de la promesa de Génesis 3:15.

El mismo David reconoce esto. Se proyecta como un paralelo con Adán en Salmos 8:6, así como Balaam vinculó a la figura real con Adán en su profecía. David también sabía que uno de sus descendientes poseería ambos oficios, el de rey y el de profeta, como Melquisedec (Sal. 110:4). Este aplastará la cabeza de los reyes y de las naciones enemigas (Sal. 110:6). Las traducciones pueden verter la expresión hebrea como «aplastará a los jefes», pero el vocablo «jefes» es en realidad «cabeza». El lenguaje es bastante distintivo, porque cuando se combina el verbo מחץ (aplastar) con ראש (cabeza), se utiliza sistemáticamente en el simbolismo como aplastar a un enemigo supremo (Sal. 68:21; Hab. 3:13; véase también Nm. 24:17).[158] Como observa con acierto Hamilton, el concepto y el lenguaje de Salmos 110:6 concuerda con lo que se discute en Génesis 3:15.[159] Además, David emplea el mismo lenguaje y simbolismo en Salmos 68:21, que también expone cómo Dios derrotará de forma escatológica a todos los enemigos aplastando sus cabezas.[160] Así, David sabe que su linaje asume la responsabilidad de Génesis 3:15 y la función del segundo Adán.

También podemos ver esto en el Salmo 72. En ese pasaje, el rey proporciona un retrato del rey davídico supremo. En este contexto, el salmista describe el dominio del rey ideal a nivel mundial (v. 8). El término «dominio» (רדה) es el mismo término hallado en la profecía de Balaam sobre el Mesías, en Números 24:19, así como para el gobierno de Adán en Génesis 1:26-28. El escritor profético parece identificar al rey davídico supremo como un segundo o verdadero Adán. Este parece ser especialmente el caso, dado que su dominio no es tan solo sobre Israel, sino «hasta los confines de la tierra» (עד־אפסי־ארץ, 72:8), así como el gobierno de Adán debía ser sobre el orden creado (cp. Gn. 1:26-28). Además, el versículo siguiente del Salmo 72 explica cómo se postrarán todos sus enemigos delante del rey supremo y lamerán el polvo como una serpiente. Esto se hace eco de lo descrito en Génesis 3:15. El Salmo 72 parece ver el gobierno davídico en términos de Génesis 3:15, y ayuda al lector a ver la hermosura y la amplitud de su cumplimiento.

Más adelante, Miqueas describe el dominio supremo del segundo David

---

158. Hossfeld y Zenger, *A Commentary on Psalms 101–150*, 150; Hamilton, *God's Glory in Salvation through Judgment*, 77. Hamilton observa otras relaciones intertextuales de este salmo que respaldarán aún más la afirmación de más arriba. Por ejemplo, el Salmo 110 menciona un cetro, igual que Génesis 49:10, Números 24:17 y Salmos 2:9 (RVR1977). Véase también, Hamilton, «The Skull Crushing Seed of the Woman», 37.

159. Hamilton, «The Skull Crushing Seed of the Woman», 37.

160. *Ibíd.*

en términos de Génesis 3:15. Todo enemigo será como la serpiente, a la que derrotará el rey verdadero (Mi. 7:17). Esto reitera la imagen del Salmo 72, que procedía de Génesis 3:15. Además, Isaías confirma que esto coincide con la propia victoria de Dios sobre la serpiente, el leviatán, a quien matará como prometió en Génesis 3:15 (cp. Is. 27:1).[161] Una victoria tan sobrenatural entra en el contexto de la restauración de Israel (cp. Is. 27:2-13), el juicio de los impíos (26:21), el triunfo sobre la muerte (25:8) y hasta la resurrección (26:19). Génesis 3:15 describe las ideas claves de la victoria de Dios sobre el mal. Isaías nos ayuda a ver la dinámica de dicho triunfo en detalles.

¿Los escritores del Antiguo Testamento malentendieron o aplicaron mal Génesis 3:15? Lejos de ello, los profetas tuvieron una inmensa precisión exegética y profundidad teológica. Empezando por Moisés, los profetas sabían que Génesis 3:15 era una promesa compleja. Establecía el programa de Dios para la batalla del bien y del mal, que culminaría en una simiente/campeón que vencería al maligno. Los profetas posteriores no cambian estas ideas, sino que desarrollan las ramificaciones de estas en la historia redentora.[162] Con esto, Génesis 3:15 establece una teología de cómo un descendiente davídico tendrá la victoria completa sobre Satanás, el pecado, la muerte y todos los enemigos de Dios, y asegurará la paz para todo el cosmos como el nuevo Adán. Una obra así muestra cómo los profetas son profundos teólogos.

Síntesis

Del éxodo al nuevo éxodo,[163] de David al nuevo David, el pacto davídico y el reposo edénico, y el concepto de un segundo Adán: todo esto resuena a teología bíblica, y en realidad son temas incluidos en esa disciplina.[164] Los profetas no eran meramente buenos exégetas que entendían el significado de un texto. Comprendían que los textos tenían una diversidad de implicaciones y, bajo la dirección del Espíritu, se concentraron en ciertas implicaciones teológicas y ampliaron su definición. Al actuar así, no proporcionan algún «significado oculto» de la revelación anterior, sino que explican en mayor detalle las ramificaciones del significado que ya está presente, dentro de los parámetros de la relevancia establecida por el autor original. Como resultado, desarrollan profundas verdades teológicas y establecen las bases para que los profetas posteriores expliquen aún más estas ideas teológicas.

Algunos pueden objetar la idea del profeta como teólogo, porque no he proporcionado ejemplos exhaustivos. Sin embargo, la teología veterotestamentaria misma es un testimonio de esta realidad. Los teólogos del Antiguo Testamento usan la intertextualidad como parte de su método para rastrear los temas que progresan dentro del primer canon. House declara que parte de su método consiste en observar las conexiones intertextuales entre libros

---

161. *Ibíd.*, 41.
162. Muchos más textos retoman estos versículos (cp. Sal. 74:12-14; Is. 49:23; 51:9; Hab. 3:13). Véase Hamilton, *God's Glory in Salvation through Judgment*, 77.
163. Esto se remonta al ejemplo del símbolo del águila en Éxodo 19, Salmos 103 e Isaías 40.
164. Hamilton, *What Is Biblical Theology?*, 43-58.

como parte del canon que se va desvelando.[165] Waltke declara: «Entender la intertextualidad ayuda a los teólogos a seguir la trayectoria del desarrollo de una doctrina en la Biblia».[166] Asimismo, menciona que esto es «esencial para escribir una teología bíblica».[167] Aunque estas observaciones se hacen desde el fin bíblico-teológico, lo inverso también es cierto. Así como la teología bíblica deriva, en parte, de la intertextualidad, esta indica que los profetas fueron teólogos bíblicos. Aunque hemos explicado del éxodo al nuevo éxodo, o de David al nuevo David, esto no es meramente «hacer teología bíblica», por así decirlo, sino más bien descubrir que los profetas mismos fueron los primeros teólogos bíblicos.

Por tanto, las observaciones y la metodología de los teólogos del Antiguo Testamento son una prueba más general de que los escritores bíblicos fueron, por propio derecho, teólogos que desarrollaron la relevancia de ciertos textos de las Escrituras. Todos nuestros descubrimientos en la teología del Antiguo Testamento son, en realidad, un descubrimiento de los pensamientos y razonamientos bíblico-teológicos de los profetas. En consecuencia, aunque los ejemplos de más arriba no sean exhaustivos, los eruditos que nos han precedido nos ayudan a mostrar que el «profeta como teólogo» tiene legitimidad sustancial.

PRESENTACIÓN DE LA LÓGICA Y LA HERMENÉUTICA PROFÉTICAS

Damos la vuelta y nos preguntamos: «¿Quiénes son los profetas? ¿Cómo pensaban y cómo escribieron?». Espero que este capítulo nos desafíe a tener una visión más alta de estos autores. He argumentado que los escritores veterotestamentarios fueron pensadores bíblicos profundos, como han sugerido Hamilton y otros. Los profetas estaban inmersos en las Escrituras. Como resultado, las usaron con precisión en diversas situaciones y las desarrollaron teológicamente. Pudieron aplicar la Palabra de Dios a su situación en curso (p. ej., la desobediencia al pacto y el fracaso), así como seguir adelante con los temas y los conceptos teológicos a través de una nueva revelación. Al hacerlo, explicaron temas como de la creación a la nueva creación; del éxodo al nuevo éxodo; un segundo Adán; un nuevo David; y la majestad, la gracia, la santidad y la gloria de Dios. En resumen, los profetas eran exégetas que entendían cuidadosamente las Escrituras, así como teólogos que expusieron en profundidad sobre las ramificaciones de estas.

Lo que impulsa todo este proceso es un preciso núcleo hermenéutico central. Fundamentalmente, observamos que los profetas interpretaban las Escrituras con meticulosidad. Conocían los textos pasados, desde sus ideas generales hasta las palabras individuales, y todo lo que había en medio (significado). También eran tremendamente conscientes de las implicaciones

---

165. House, *Old Testament Theology*, 55.
166. Waltke, *Old Testament Theology*, 113.
167. *Ibíd.*

de esos pasajes (trascendencia). Sabían que las ideas tenían consecuencias y estaban al tanto de las consecuencias teológicas particulares ya expuestas y definidas por los escritores anteriores. La profundidad de su entendimiento del significado y la trascendencia de un texto —su hermenéutica— proporciona una profunda plataforma para la revelación progresiva. Provee los ricos conceptos, las implicaciones y el marco a partir de los cuales los profetas continúan la obra de sus predecesores, y realzan los detalles sobre las implicaciones de un texto en la teología y la historia redentora a través de una nueva revelación. Esto sienta las bases para que otros amplíen su trabajo, lo que resulta en cadenas de textos veterotestamentarios que cavan ricamente en las ramificaciones particulares de un cierto pasaje.

Esto nos lleva a una importante cualificación. Sin duda, los profetas habían recibido nueva revelación para poder desarrollar conceptos teológicos hallados en los textos anteriores. La nueva revelación proporcionaba información y detalles adicionales sobre las implicaciones de la revelación previa. Este tipo de actividad es parte del ministerio de los profetas como *autores* bíblicos. Aunque esto sea una parte de cómo pensaron y *escribieron*, deberíamos distinguir ese aspecto de su lógica a partir de su hermenéutica. La pregunta hermenéutica de este capítulo no consiste en si los profetas proporcionaron nueva revelación (que lo hicieron), sino en la relación hermenéutica entre la revelación antigua y la nueva. ¿Cómo interpretan los profetas?

Como observamos, la nueva revelación no encuentra un significado oculto en los textos precedentes ni cambio en el sentido del mismo. Observamos esto al tratar con el pacto davídico, la viña y Génesis 3:15. Los profetas posteriores no cambian esas ideas. Más bien, muestran (a través de la nueva revelación) que, al ser estas ideas veraces, se producirían ciertas consecuencias en la historia redentora y en la teología. La nueva revelación amplía así las implicaciones que el texto ya tiene. Por esta razón, la revelación progresiva encaja tan suavemente. La nueva revelación se corresponde y funciona *en* la relevancia de los textos anteriores en lugar de tergiversar sus ideas originales o de conducirlas en direcciones al azar.[168] De ahí que la presencia de la nueva revelación no revoque ni distorsione la fidelidad hermenéutica de los profetas. Más bien, la cohesión de la revelación progresiva parece depender de ella.

En esencia, este capítulo ha intentado mostrar la realidad de una profundidad impulsada por la precisión. Los profetas fueron pensadores y

---

168. Esto reitera la idea de Beale, Kaiser y Bock. Véanse Beale, «Rejoinder to Steve Moyise», 153-59; Kaiser, «Single Meaning, Unified Referents», 88-89; Bock, «Evangelicals and the Use of the Old Testament in the New, Part 2», 308-10, 317. Esto respalda de forma particular la estructura defendida por Kaiser; no obstante, Bock está extremadamente cerca, porque él también ve que la nueva revelación encaja con la relevancia de la anterior. Esta es mi idea. Los profetas establecieron el significado con un parámetro de implicaciones, y la nueva revelación funciona en ese contexto. Por tanto, aunque aprecio lo que expresa Kaiser, mi opinión no es tan diferente de los principios fundamentales de Bock, sobre todo si este considera el desarrollo en términos de trascendencia y no de significado (que puede ser perfectamente lo que intenta decir).

escritores inmensamente bíblicos, porque fueron sumamente precisos en el manejo del significado y de la trascendencia de las Escrituras. Esto es lo que hizo de ellos buenos exégetas y teólogos.

A estas alturas, algunos pueden objetar estas declaraciones radicales ya que no hemos tratado cada uno de los ejemplos de intertextualidad en el Antiguo Testamento. Por ello, califico mis afirmaciones añadiendo que la evidencia *sugiere* estas conclusiones. Sin embargo, también podemos recordar que los ejemplos de más arriba sí se extienden por todo el canon. No son casos aislados de un profeta o de una era de la historia de Israel. En su lugar, en los estudios de este capítulo hemos observado la misma metodología a lo largo del canon. Además, observamos que la función del profeta era defender la ley y no deconstruirla (Dt. 13, 18). Esto respalda de manera más amplia que los profetas eran buenos exégetas. Más aún, como hemos observado, el Antiguo Testamento parece *depender* de la noción del profeta como intérprete exacto de las Escrituras. Después de todo, si variaban de lo que la ley u otra revelación significaban, habrían alterado por completo la unidad teológica del primer canon. De igual manera vimos que la disciplina de la teología del Antiguo Testamento también *depende* de la intertextualidad como conducto para la teología. Esto también da fe de las extendidas pruebas de los profetas como teólogos. Encima de esto, hemos tratado con las principales objeciones en contra de mi punto de vista. Todos estos factores respaldan a fondo que los profetas fueron buenos exégetas y teólogos. Esta noción no es tan solo el resultado de un puñado de ejemplos, sino la realidad central sobre la que el Antiguo Testamento se sostiene.

¿De qué manera nos ayuda esto en nuestra búsqueda de la lógica autoral? Para evaluar el uso que el Nuevo Testamento hace del Antiguo, es esencial tener la imagen completa de este último. Este capítulo ha argumentado que los profetas eran hábiles y concienzudos en el manejo de la Palabra de Dios. Empezaron reuniendo las piezas del rompecabezas teológico que proporciona una estructura para los apóstoles. Al ver la precisión hermenéutica y la complejidad bíblico-teológica de los profetas, las aseveraciones de los apóstoles pueden no ser el salto tan grande como podríamos haber pensado. Tal vez algunas de las confusiones respecto al uso del Antiguo Testamento en el Nuevo surgen de interpretar mal a los escritores veterotestamentarios. En resumen, este capítulo muestra que los profetas tienen una lógica y que esta es intertextual, precisa y sofisticada.

En este sentido, la realidad de la hermenéutica profética no solo debería cambiar nuestra forma de ver a los profetas, sino también cómo los leemos. Su precisión exegética nos recuerda por qué tenemos un cuidado tan grande con las Escrituras. Ellos prestaron atención a la intención autoral, no solo a un nivel general sino al pie de la letra. Esto fundamenta nuestro método exegético. Nuestra atención exegética a los detalles no consiste en interpretar un texto en exceso, sino en reflejar la hermenéutica profética, cómo creían ellos que las Escrituras comunicaban. Más aún, la idea de que los profetas son teólogos eleva nuestra forma de considerar sus escritos. Tal vez nuestra opinión sobre los profetas nos haya hecho interpretar su obra como algo simplista.

Podemos ver la historia de Reyes o Crónicas meramente como una especie de narración de acontecimientos con alguna lección moral. Podemos ver los poemas como una suerte de aliento para nuestras almas. Estas ideas tienen cierto mérito; sin embargo, hay muchas cosas más encerradas en el Antiguo Testamento. La hermenéutica profética da fe de que cada historia, poema y profecía es un avance de la teología, que moldea nuestra forma de entender la teología bíblica y sistemática, que refleja la persona, las promesas y el plan de Dios; y que, a su vez, moldea nuestras vidas. Podemos, y debemos, hallar teología en el Antiguo Testamento. Tan solo necesitamos ver cómo incorporan la revelación pasada los escritos de los profetas para producir tal desarrollo teológico.

4

▼ ▼ ▼

LA HERMENÉUTICA PROFÉTICA

*¿HABLARON LOS PROFETAS MEJOR DE LO QUE SABÍAN
O MEJOR DE LO QUE NOSOTROS RECONOCEMOS?*

L a intertextualidad del Antiguo Testamento demuestra que los profetas eran exégetas y teólogos. Este capítulo se centra en una importante
dimensión de esa lógica: la direccionalidad. Inicialmente, observamos esta
idea en el capítulo anterior, y fuimos testigos de cómo las cadenas de textos
del Antiguo Testamento progresan hacia el Nuevo. Los profetas eran conscientes de las implicaciones teológicas de la revelación anterior, y de cómo
sus predecesores desarrollaron esas ramificaciones. Como resultado, escribieron para dar continuidad a dicha lógica y desenvolver la teología, para
que los autores posteriores la desarrollaran. Al actuar así, los profetas establecieron, de forma intencionada, una trayectoria hacia los apóstoles.

Este concepto no es una novedad. Refleja las ideas de Kaiser y Beale,
quienes hablan de cómo los escritores del Antiguo Testamento desarrollaron
la revelación previa de manera «orgánica». Para ellos, los profetas desarrollaron los conceptos y las ideas ya encontrados en la revelación anterior
hacia el Nuevo Testamento.[1] Hamilton asevera que los autores bíblicos
escribieron a la luz de un panorama general, y de su contribución al plan
de Dios desde la creación a la consumación.[2] Todos estos eruditos hablan
de la noción de la revelación progresiva y de cómo los profetas participaron
en esto *intencionalmente.* Existe un modo en que el Antiguo Testamento
deliberadamente progresa hacia el Nuevo, de tal manera que el uso que este
hace del Antiguo es un desarrollo «natural» de lo que ha progresado. Esto es
lo que me gustaría seguir examinando en este capítulo.

La necesidad de una explicación adicional surge del hecho de que no
todos estén convencidos. Ciertos eruditos cuestionan si el significado de
los profetas podría corresponder de algún modo a las conclusiones de los
apóstoles. Estos argumentaron que los profetas no eran totalmente conocedores de los complejos conceptos teológicos discutidos en el Nuevo
Testamento.[3] Afirman que los escritores veterotestamentarios estaban más

---

1. Kaiser, *Toward an Old Testament Theology*, 7-9; Beale, *New Testament Biblical Theology*,
   3-5.
2. Hamilton, *What Is Biblical Theology?*, 15-17.
3. Véase Rydelnik, *Messianic Hope*. Nótese también que quienes hacen interpretaciones
   canónicas cambian asimismo el *locus*. El profeta tal vez no lo supiera, pero eso se hace

centrados en las cuestiones de su época, y no en el panorama general del plan divino.[4] Basándose en estos factores, estos eruditos sostienen que los profetas no pretendían que sus textos se usaran en el futuro. Sus escritos trataban más sobre el pasado o iban dirigidos a una cierta audiencia, sin que tuvieran jamás el propósito de ramificarse más allá. En cambio, si los profetas guardaron relación con los apóstoles es que «hablaban mejor de lo que sabían». Esto resulta en una de las dos formas principales de considerar el uso que el Nuevo Testamento hace del Antiguo.[5] Algunos afirman que la hermenéutica de los contemporáneos de los apóstoles justifica el cambio de significado.[6] Otros apelan al *sensus plenior*. Esta opinión asevera que los escritores neotestamentarios explican el «significado pleno» del texto que antes era desconocido.[7] En ambos casos, uno se pregunta si la hermenéutica cristiana debería, pues, intentar hallar «significados más plenos» del Antiguo Testamento.[8]

A causa de estas objeciones es necesario tratar de abarcar más la noción de la direccionalidad. La intención del capítulo siguiente consiste en cambiar estas ideas de ignorancia profética. La realidad de la hermenéutica profética derriba estos estereotipos. Muestra que los profetas sabían mucho. Conocían la revelación pasada con su sofisticación teológica. Sabían también cómo encajaba en el plan de Dios, y no solo escribieron para sus contemporáneos, sino para ese plan maestro. Fueron capaces de proporcionar la sustancia

---

conocido a través del alcance del canon (la transformación canónica de la obra). Es indudable que la crítica de la forma y de la redacción ha moldeado igualmente estos tipos de objeciones, porque dan por sentado un punto de vista evolutivo de cómo se desarrollan la teología y la religión. De ahí que las ideas complejas deban llegar más tarde.

4. Longman, «Messiah», 17-18. «Cuando leemos el salmo en su contexto del Antiguo Testamento, no tenemos motivos para insistir en que el compositor humano pretendiera conscientemente aludir a que el ungido trascendería al gobernante humano». Longman vincula esto a las preocupaciones de la crítica de la forma halladas en un salmo de coronación. Véase también Boda, «The Prophets and Messiah», 52-53. Boda apunta a la referencia de Hageo de «de aquí a poco» (2:6), así como al vínculo de Hageo 2:23 a Zorobabel, para mostrar que las profecías deben relacionarse con la era presente. Reconoce que el lenguaje de agitación cósmica podría señalar a alguien superior a Zorobabel. De nuevo, las preocupaciones de la alta crítica se han infiltrado sin duda en esta explicación, sobre todo la historia de las formas que argumenta que estos escritos deben ser asociados a una cierta práctica o situación en la historia religiosa de Israel.

5. Las soluciones propuestas son numerosas. Véase capítulo 1, n. 28. Giran en torno a ambos lados de la inspiración: el lado divino (*sensus plenior*) y el humano (la hermenéutica contemporánea).

6. Enns, *Inspiration and Incarnation*, 142-43; Longenecker, *Biblical Exegesis in the Apostolic Period*.

7. Esto es distinto a la trascendencia. El *sensus plenior* sostiene, técnicamente, que se le está añadiendo al texto un nuevo significado en lugar de determinar y definir la nueva revelación, y detallar las implicaciones legítimas del significado ya revelado. Esto último es lo que yo estoy afirmando a lo largo de este libro. Tristemente, aquí en particular existe alguna confusión respecto a la terminología, ya que *sensus plenior* está relacionado con el significado y no con la trascendencia. Esta es la razón concreta por la que era necesario hablar de significado y trascendencia en el capítulo anterior.

8. Longman, «Messiah», 33.

teológica adecuada para que los escritores posteriores las desarrollaran, y su intención era que lo hicieran.

Quede claro que no estoy sugiriendo que los profetas supieran todo lo que resultaría de sus escritos. No conocían exhaustivamente cómo usarían los apóstoles su texto. No obstante, en mi opinión, los profetas tuvieron *suficiente* complejidad y concienciación como para dejarlo todo legítimamente preparado para que los autores posteriores usaran sus escritos. Como consecuencia, cuando los apóstoles llegaron y utilizaron el Antiguo Testamento, su uso de la revelación previa encaja bien en la estructura deseada establecida por los profetas. En resumen, los profetas tenían una lógica histórica redentora que establece sus textos en una trayectoria que se prepara bien para el Nuevo Testamento.

Si esto es cierto, entonces tenemos una situación totalmente diferente a la sugerida por estos otros eruditos. En lugar de que los profetas escribieran mejor de lo que sabían, la evidencia puede indicar que lo hicieron mejor de lo que nosotros reconocemos. Esto proporciona otro argumento de que la lógica teológica de los profetas establece el fundamento de la revelación final de los apóstoles.

CONOCIMIENTO DE LA REVELACIÓN PASADA

El pensamiento posterior a la era de la Ilustración ha cuestionado la capacidad de que los profetas veterotestamentarios discutieran ideas teológicas avanzadas.[9] La cuestión de la teología mesiánica es un buen ejemplo. Algunos argumentan que las expectativas mesiánicas solo surgieron en el período postexílico, cuando Israel esperaba la restauración de la dinastía davídica.[10] Un desarrollo tardío como este hace que sea imposible que los textos anteriores a esa época aludieran al Mesías o que profetizaran sobre Él. Al considerar el «sentido literal» de ciertos pasajes del Antiguo Testamento, algunos comentaristas concluyen que no podrían haber hablado de Cristo. Uno de los ejemplos claves de esto gira en torno a un ejemplo usado en el último capítulo: la intertextualidad de Génesis 3:15. Ciertos eruditos argumentan que Génesis 3:15 solo se refiere a la lucha continua entre el bien y el mal. De manera similar, sostienen que pasajes asociados a este texto, como Génesis 49:10 y Números 24:10, pertenecen meramente al conjunto de la dinastía davídica.[11] Afirman, asimismo, que el Salmo 110, que la tradición considera un salmo mesiánico y otro texto vinculado a Génesis 3:15, nunca tuvo al Mesías en vista, sino que se refiere principalmente a Salomón.[12]

A la luz de estas conclusiones se hace patente la razón para que los profetas

---

9. Para un buen resumen, véanse Rydelnik, *Messianic Hope*, 13-23; Hamilton, *What Is Biblical Theology?*, 17.

10. Hurtado, «Christ», 107; Snodgrass, «The Use of the Old Testament in the New», 39, 41; Longman, «Messiah», 19; McConville, «Messianic Interpretation», 13.

11. Longman, «Messiah», 24-25.

12. Hurtado, «Christ», 107; Snodgrass, «The Use of the Old Testament in the New», 39, 41; Longman, «Messiah», 19; McConville, «Messianic Interpretation», 13.

hablaran «mejor de lo que sabían». Si ellos ni siquiera comprendían algunas realidades particulares (p. ej., el Mesías), ¿cómo pudieron explicar estas cuestiones y sentar las bases para que el Nuevo Testamento hablara de dichos conceptos teológicos? Deben de haber escrito «mejor de lo que sabían», para que el Nuevo Testamento pudiera rellenar las lagunas de las que los profetas no fueron conscientes.[13]

Por otra parte, ¿eran los profetas tan ignorantes? La existencia misma de la intertextualidad exige que los profetas supieran algo. El capítulo anterior trata esta idea, de manera que no pormenorizaré en extremo toda la explicación aquí; tan solo proveeré dos recordatorios. En primer lugar, el último capítulo demostró que, en gran medida, los escritores del Antiguo Testamento estaban bien familiarizados con la revelación anterior. Conocían las palabras y las frases específicas de los textos particulares (p. ej., las promesas del pacto davídico y la metáfora de la vid). Podían seguir la lógica respecto a las ramificaciones particulares de esos pasajes, e incorporarlas a sus propios escritos. Esto genera un nivel de sofisticación que argumenta contra la ignorancia profética. Sabían mucho y podían reflexionar mucho.

En segundo lugar, vimos esa sofisticación en nuestra explicación de Génesis 3:15. La intertextualidad de ese texto suscita varias ideas que contrarrestan la noción de la ignorancia profética respecto al Mesías. Por ejemplo, si Moisés no tenía ni idea respecto a un individuo mesiánico, ¿por qué se centra en las personas en sus propias narrativas? ¿Por qué las caracteriza como la figura de un segundo Adán? ¿Por qué profetiza Génesis sobre un individuo (Siloh), quien gobierna el mundo y restaura la creación? (Gn. 49:10). ¿Por qué describe Balaam a un individuo cuyo reinado refleja el señorío de Adán (Nm. 24:17-19)? Si Moisés se centra meramente en una discusión genérica sobre la monarquía de Israel, ¿por qué se centra en un gobernante individual, escatológico y cósmico? Su descripción es el polo opuesto de todo lo amplio, genérico e histórico.[14]

En este sentido, el uso que hacen David y Miqueas de Génesis 3:15

---

13. *Ibíd.*; Moo, «The Problem of Sensus Plenior», 202-5.
14. Johnston, «Messianic Trajectories in God's Covenant Promise to David», 49. Johnston reconoce esta misma tensión en Génesis 49:10-12, y declara: «También es importante observar que Jacob habló en términos de un solo individuo. Hay que reconocer que la figura singular de los versículos 8-10 podría entenderse en un sentido colectivo como el conjunto de los reyes davídicos, que trazan su ascendencia desde Judá. Sin embargo, el retrato de una figura singular, de inspiración divina, apunta desde luego a David como rey histórico inicial de Judá, pero también de forma particular al Mesías como rey definitivo y supremo de Judá. Esto también queda respaldado por la descripción literaria de las naciones subyugadas a este rey, de un modo presentado como aparentemente sin final... En realidad, se podría sugerir que, tomado en su sentido más literal, el simbolismo de los versículos 11-12 apunta a una restauración del paraíso que se perdió en la caída» (49). Yo podría querer invertir su énfasis y afirmar que la idea escatológica es primaria (de manera que se menciona en el texto, como él observa), y cualquier aplicación inmediata es más secundaria por su naturaleza implicacional. No obstante, hace aquí una observación importante respecto a que esos textos tienen una naturaleza escatológica y se refieren a una figura escatológica.

dificulta esgrimir que el texto alude a David, Salomón o, simplemente, la dinastía davídica en general. David habla de algo más grandioso que sí mismo (cp. Sal. 72, 110).[15] Miqueas, que vivió mucho después de esos dos reyes, confirma que David o Salomón no cumplieron lo que se preveía (Mi. 7:17). Sin embargo, ¿por qué pensaría alguien en algún cumplimiento histórico cuando la imagen de golpear la cabeza de la serpiente describe, *originalmente*, la victoria *última* sobre el mal? Moisés interpretó sus propias palabras de esa manera, como lo hicieron todos los que vinieron tras él. Son hermenéuticamente consistentes y, por tanto, mayores teólogos de lo que nosotros les reconocemos. Es posible que hayamos hecho suposiciones ajenas a la intención original del texto, al buscar algún referente histórico. Al limitar el contexto de los profetas de forma injusta, hemos distorsionado su intención.

Como hemos declarado más arriba, algunos han usado la teología mesiánica como un importante ejemplo de que los profetas «hablaron mejor de lo que sabían». Si la intertextualidad ha desafiado la noción en este caso crítico, entonces eleva nuestra confianza en la capacidad de los profetas de hablar de asuntos teológicos más avanzados. Esto no significa que los profetas conocieran todos los detalles de la vida de Cristo con antelación, ni que hablaran de Él en cada texto del Antiguo Testamento. Como veremos, David escribió ciertos salmos sobre su propia situación (cp. Sal. 34:20; 69:21) que guardan relación con el Mesías, aunque no hablen directamente de Él. La revelación progresiva añadirá todavía detalles de la importancia de textos anteriores. No obstante, esta explicación muestra meramente que los profetas *pudieron* hablar del Mesías y *lo hicieron* en ciertos casos (p. ej., Sal. 2, 110).[16] Del mismo modo, una intertextualidad así señala que los profetas estaban al tanto de otros conceptos y podían hablar de ellos también. Basándose en el análisis del capítulo anterior, esos asuntos incluyen los pactos, ciertas promesas, los temas complejos (p. ej., el Mesías) y su desarrollo en la

---

15. Allen, *Psalms 101–150*, 117. YHWH se correlaciona con el sustantivo plural אֲדֹנָי en el versículo 5. El sustantivo singular לַאדֹנִי parece corresponder a la segunda persona del singular en ese mismo versículo. Así, no puede tratarse de David. Salomón ni siquiera parece tener esta clase de función militar, de modo que tampoco puede ser él, porque carece también de la claridad del rey-sacerdote descrito por Melquisedec. Se podría argumentar que David actúa como sacerdote (cp. 2 S. 6; 8:18). Al mismo tiempo, ni Salomón ni David desempeñaron jamás de verdad un oficio sacerdotal como Melquisedec. Lo más probable es que el rey ofreciera sacrificios por medio de los sacerdotes (cp. 1 S. 13:8-15) y estuviera por encima de ellos (véase el paralelismo en 8:19 y cp. 1 Cr. 18:17). Por consiguiente, ni el rey puede estar a la altura de la afirmación precisa del sacerdocio, según el orden de Melquisedec (Sal. 110:4). Finalmente, Salomón usa este lenguaje (cp. Sal. 72:9) para hablar de alguien que tampoco es él. Estos factores hacen que sea menos probable que alguno de estos escritores se refiriera a sí mismo en el poema.

16. Véase la explicación anterior sobre estos dos salmos. Véanse también Kaiser, *The Messiah in the Old Testament*, 92-99; Rydelnik, *Messianic Hope*, 168-84. Aunque no prefiero el uso que hace Rydelnik de las estrategias composicionales (como Sailhamer; véase *Meaning of the Pentateuch*), no obstante, sus observaciones sobre la intención de David (cp. 2 S. 23:1) así como algunas cuestiones exegéticas en el mismo Salmo 110 son útiles.

revelación progresiva.[17] La intertextualidad prueba la presencia y el conocimiento de estos temas al principio (y a lo largo) del canon.

Por tanto, la hermenéutica profética refuta la idea de que los profetas escribieron mejor de lo que sabían, en que los profetas sabían mucho más de lo que nosotros les reconocemos. Su obra exegética y teológica en el Antiguo Testamento demuestra que escribieron sobre cuestiones teológicas sofisticadas (p. ej., el Mesías) basándose en lo que sus predecesores habían afirmado. Esto es lo que Kaiser nos recuerda cuando expone la idea de «la revelación antecedente». Resalta que, cuando examinamos cómo los profetas se inspiraron en la revelación anterior, podemos ver con mayor claridad lo avanzados que estaban en la teología.[18] En consecuencia, no hablan mejor de lo que sabían, sino de asuntos más importantes de lo que nosotros reconocemos.

EL CONOCIMIENTO DEL PLAN DE DIOS Y DEL PRESENTE

Otro respaldo importante de que los profetas «hablaban mejor de lo que sabían» surge de la suposición de que los escritores del Antiguo Testamento tenían una visión limitada y que solo se dirigieron a su audiencia inmediata. A partir de esta presuposición, ciertos eruditos argumentan que el Salmo 110 solo puede aludir a Salomón, porque las palabras de David deben referirse a alguien de su propia época.[19] El Salmo 2 estaba originalmente relacionado con un rey histórico y no con el cumplimiento ideal futuro de la dinastía davídica, por el mismo motivo.[20] De manera similar, la profecía de Isaías sobre el «nacimiento virginal» (7:14) debe aludir a alguien de su época, de otro modo el oráculo tendría poca relevancia para la situación de sus contemporáneos.[21] Por consiguiente, el Nuevo Testamento debe rellenar las lagunas de sus contrapartes veterotestamentarias, ya que nunca pensaron que sus palabras tendrían repercusiones futuras. Ellos solo pretendían que fueran para su audiencia de aquel momento.

Sin embargo, la actividad hermenéutica de los profetas argumenta que no podían tener una visión tan limitada. El capítulo anterior ya probó que los profetas sabían cómo se estaba desarrollando la historia redentora. Su perspectiva no era tan miope. Podemos poner de manifiesto esta percepción histórico-redentora. Los pasajes que narran la historia de Israel respaldan que los profetas eran conocedores del plan de Dios y de la dirección de la historia. Estos incluyen las reflexiones de Moisés (Dt. 1–3), Asaf (Sal. 78), los escritores históricos (1 R. 8:1-62; 2 R. 17:7-23), Daniel (Dn. 9:1-19), y los levitas en Nehemías (Neh. 9:1-38). Estos textos, que abarcan la línea argumental veterotestamentaria, presentan pruebas sustanciales de que los profetas eran conscientes del plan mayor de Dios. Escribieron con una

---

17. Véase Alexander, «Royal Expectations», 191-212. Véase también, Kaiser, *Toward an Old Testament Theology*, 34-35.
18. Kaiser, «Single Meaning, Unified Referents», 53.
19. Véase n. 11, 12
20. Longman, «Messiah», 17.
21. Walton, «Isaiah 7:14», 289.

comprensión pactal de su pasado, tenían una perspectiva consistente de su presente, y sabían cómo vivir con el fin de contribuir a toda la historia redentora. Así, sus escritos se extendieron adrede más allá de sus circunstancias originales. Están diseñados para tener mayor repercusión. La explicación siguiente de estos pasajes intenta demostrar que los profetas tenían una cosmovisión mayor de la que algunos les acreditan.

La perspectiva pactal de Moisés

La visión de Moisés respecto a sus escritos es mucho más amplia que la mera situación inmediata. Él entiende su situación a la luz de la obra de Dios en el pasado. Los primeros capítulos de Deuteronomio expresan la historia de Israel hasta ese momento. Le recuerdan a Israel que, a pesar de sus fallos (Dt. 1:18-31), Dios había levantado una nueva generación con grandes promesas (Dt. 2:15). Desde la perspectiva de Moisés, Israel tiene una nueva oportunidad de actuar con la bendición de Dios (Dt. 3:1-22).

Esto moldea el punto de vista de Moisés sobre el presente. Israel debe aprovechar su oportunidad para seguir los estatutos de Dios (Dt. 4:1-4), amar al Señor (Dt. 6:4) y aferrarse de las promesas divinas a sus antepasados (Dt. 6:3). Esto continuaría el plan de Dios para la nación (cp. Dt. 4:7). Las palabras de Moisés no nacen por generación espontánea, sino que se pronuncian con miras al plan maestro de Dios.

Como corresponde, Moisés orienta a Israel hacia el futuro. Sus escritos comunican una estructura de cómo la nación debería seguir viviendo *después de que él muriera* (Dt. 3:23-29). Entre estas leyes, y algo de gran importancia para este estudio, él anticipaba a un rey venidero (Dt. 17:14-20). Moisés también espera lo que Dios hará escatológicamente con la nación (Dt. 4:30-31; cp. 30:1-10). Los escritos de Moisés tienen direccionalidad para ellos. Su teología se convertirá en parte de la cosmovisión de Israel *para los acontecimientos que están aún por venir.*[22]

La perspectiva pactal en el período monárquico

Asaf sigue esta perspectiva con gran fidelidad. Relaciona el pasado de Israel con descripciones similares, aunque por momentos no sean idénticas a las de Moisés. Ambos hablan de cómo Israel no creyó (Dt. 1:18-32; Sal. 78:8, 22), de cómo la ira divina se derramó contra esa generación (Sal. 78:33-34; cp. Dt. 2:15) y de cómo Dios era su roca (Sal. 78:35; cp. Dt. 32:4).[23] Asaf contempla la historia del mismo modo en que lo hizo Moisés.

Por esta razón, Asaf sigue la perspectiva pactal de Moisés sobre acontecimientos posteriores a su muerte. El tiempo de los Jueces señala cómo se apartó Israel del Señor. Dios los disciplina según las maldiciones enumeradas

---

22. Obsérvese el lenguaje de «los postreros días» en Deuteronomio 4:30 (בְּאַחֲרִית הַיָּמִים). Véanse Merrill, *Deuteronomy*, 128; Craigie, *Deuteronomy*, 141. Aunque Craigie argumenta que esto se refiere al futuro inmediato y, después, al futuro lejano, la idea prevalece.

23. Craigie, *Deuteronomy*, 378; Knowles, «The Rock, His Work Is Perfect», 309; McConville, *Deuteronomy*, 448.

en el pacto mosaico (Sal. 78:62-63; cp. Dt. 32:25).[24] Sin embargo, Asaf observa cómo el Señor sigue haciendo avanzar la historia hasta el rey davídico (Sal. 78:68-70). Moisés ya sentó las bases para esto mediante la institución de la ley del rey (cp. Dt. 17:14-20). Por consiguiente, el salmista observa que Dios ha hecho exactamente lo que el pacto preveía. Usa sistemáticamente el pacto mosaico como lente sobre los sucesos contemporáneos.

Esto se refiere a cómo deberían vivir las personas en el presente. Asaf le recuerda a la audiencia que David es su pastor ordenado por Dios (Sal. 78:70-72). Los exhorta a obedecer al rey y a seguir la ley de Dios.[25] Esta es su forma de participar fielmente en la historia redentora. Así, Asaf mantiene la perspectiva de Moisés sobre la historia, e instruye al pueblo de cumplir con su parte en el plan de Dios.

Por otra parte, los escritores históricos comparten la misma lógica. La oración de Salomón continúa con lo que Moisés y Asaf han empezado (1 R. 8:1-62). Narra la historia que Moisés registró y reitera la perspectiva de Asaf respecto a que Dios había deseado levantar a un gobernante sobre Israel (1 R. 8:15-16; Sal. 78:70-72). Esta perspectiva pasada permite que Salomón comente sobre el presente. A la luz de la obra y de las promesas de Dios, el monarca le pide al Señor que siga teniendo relación con su pueblo, por su gracia (1 R. 8:28-53). Esto incluye el perdón de Dios cuando maldice a Israel basándose en el pacto mosaico (1 R. 8:37-39; cp. Dt. 28:21-23). Más aún, las peticiones de Salomón influyen en el futuro. Apela a Dios para que restaure la nación después de enviarla al exilio (1 R. 8:46-50).[26] ¿Cómo sabía esto Salomón? Su apelación está por completo basada en Deuteronomio 30:1-6.[27] Al incorporar Deuteronomio 30 a su oración, el rey, como Asaf, defiende la perspectiva de Moisés y no solo piensa en el presente, sino en el futuro.[28]

La perspectiva pactal en el período exílico

En consecuencia, los que están en el exilio recuerdan cómo los ayudaría el pasado a interpretar su situación. Al leer a Jeremías, Daniel sabe que Israel

---

24. El lenguaje de Salmos 78:62-63 y Deuteronomio 32:25 es extraordinariamente similar, y contiene los mismos términos «espada», «vírgenes o doncellas», y «jóvenes». La única persona anterior a Asaf que pone a los jóvenes y las vírgenes en paralelo es Moisés en Deuteronomio 32:25. Esto fortalece aún más la idea de que Asaf alude a Moisés y mantiene su perspectiva.

25. Tate, *Psalms 51–100*, 284.

26. House expresa esto con un lenguaje más firme. «Aparte de su trascendencia original como advertencia a su propio pueblo, la oración de Salomón adquiere una importancia particular para la audiencia del autor. Recuerde que 1 y 2 Reyes se escribió para un pueblo que había perdido su tierra de la manera exacta en que Salomón lo describe. Para ellos, esta séptima petición actúa como llamado al arrepentimiento y como programa para orar. Enseña a los lectores cómo restaurar su relación con Dios. Al mismo tiempo, proporciona esperanza de que el exilio no es la palabra final de Dios para Israel» (House, *1, 2 Kings*, 146).

27. House, *1, 2 Kings*, 146; DeVries, *1 Kings*, 126. DeVries vincula esto con Deuteronomio. No obstante, ese capítulo en sí establece un paralelo con Deuteronomio 30.

28. Salomón no escribió el libro de Reyes. Sin embargo, parece representar el punto de vista del escritor.

debería regresar pronto a su tierra (Dn. 9:2). Esto mueve a Daniel a orar (9:3). Los detalles de su oración se hacen eco de los versículos de la propia oración de Salomón. Ambos hablan de la gracia, el perdón y la restauración de Dios basados en el templo (Dn. 9:16-17; 1 R. 8:46-50). En la dedicación del templo, Salomón pide que Dios escuche la oración de aquellos que serían dispersados entre las naciones y los restaure. Ya en el exilio, Daniel hace exactamente lo que el rey oró. Para el profeta, el pasado influía en su entendimiento del presente.

Como con sus predecesores, esto avanza hacia el futuro. Daniel desea que Dios restablezca su relación con Israel y los traiga de regreso del exilio. Como ya hemos indicado, Daniel se pregunta por el fin definitivo del exilio.[29] Dios responde con la famosa profecía de las «setenta semanas», que expone los acontecimientos relevantes del futuro para hacer expiación e introducir la justicia eterna (Dn. 9:24). De nuevo, Daniel conoce el panorama general, y esto le permite relacionar el pasado con el presente, que avanzan hacia el futuro.

La perspectiva pactal en el período postexílico

Incluso después del exilio, los profetas continúan con la misma perspectiva pactal de la historia. El escritor de Nehemías provee una revisión exhaustiva de la historia de Israel (9:1-38). Este registro se corresponde con lo que se escribió con anterioridad. En Nehemías, los levitas narran cómo entró Israel en el exilio por su obcecada rebelión, y por no escuchar la Palabra de Dios (Neh. 9:16-17, 26, 30).[30] La redacción de esto coincide con lo que afirmaron Moisés (Dt. 9:6; 30:1-6), Asaf (Sal. 72:8), Salomón (1 R. 8:46-50), los escritores históricos (2 R. 17:13-14) y Daniel (9:6, 11-12). Al mismo tiempo, hay esperanza. Daniel había orado para que el Señor trajera de vuelta a Israel del exilio, por la gracia y la compasión divinas (Dn. 9:9, 18). Los levitas declaran que, por la gracia y la compasión de Dios, ellos están en la tierra (Neh. 9:31). Describen la situación en curso a la luz del pasado.

Por esta misma razón, los levitas saben que las cosas no están bien. Israel ha regresado a su tierra, pero sigue en pecado. Siguen bajo el gobierno de los poderes extranjeros (Neh. 9:37). Como resultado, su punto de vista pactal los lleva a concluir que «hoy [son] siervos» (Neh. 9:36). House observa que esta expresión alude a los días del éxodo y las deambulaciones por el desierto.[31] El texto confirma esto y presenta la época de Nehemías como una de tanta impiedad como aquel punto de la historia (cp. 9:16-17, 34). El pasado influye a fondo en cómo ven los profetas el presente.

Por consiguiente, esto obliga a los de la época de Nehemías a mirar al futuro. La gracia de Dios, desde el pasado al presente, exige que el remanente

---

29. Véase la discusión en el capítulo 3 respecto a este asunto.
30. En este caso, los profetas usan el mismo vocabulario de juicio pactal de «endurecieron su cerviz» (קָשָׁה עָרְפָּם), rebeldes (מרה) y desobediente (מרד). Estos términos repetidos en todos estos pasajes sugieren que se estaban inspirando en una tradición pactal común. Esto junta estos textos.
31. House, «Old Testament Narrative», 40-45.

renueve el pacto (Neh. 9:38). Esto mira hacia el cumplimiento de las promesas pactales de Dios hechas en el pasado. Celebran la fiesta de los Tabernáculos (Neh. 8:14-16).[32] La fiesta conmemoraba la fidelidad de Dios en poner fin a las deambulaciones del desierto. Del mismo modo, así como el exilio de Israel tiene similitudes con el tiempo que estuvieron en el desierto, esperan que Dios sea fiel también hasta el final de este período. Israel entiende dónde ha estado el plan de Dios, y vive a la luz de hacia dónde se dirige.[33]

Síntesis

Espero haber mostrado un claro patrón en esta exposición. Los profetas conocen el panorama general. Estaban al tanto del pasado por sus predecesores, y aplicaron esa perspectiva al presente con vistas al futuro. Esto no ocurre tan solo en una parte de la historia de Israel, sino en toda su existencia. He sido selectivo a la hora de ilustrar la naturaleza de este paradigma, pero podríamos reiterar esta misma mentalidad de pasado a futuro en personas como David (cp. 2 S. 7:1-14), Isaías (1:2-18), Oseas (12:1-14), Miqueas (1:2-16) y Malaquías (2:1-12). El «panorama general» no es un punto de vista aislado. Es una parte clave de la lógica de los escritores bíblicos.

Esto hace destacar a los profetas como exégetas y teólogos, ya que mantenían el punto de vista exacto del pasado articulado por sus predecesores y, sin embargo, podían ver las implicaciones teológicas del pacto sobre el presente y sobre el futuro. Esto respalda de nuevo la aseveración del capítulo anterior.

No obstante, volvemos a la cuestión que tenemos entre manos. ¿Hablaron los profetas de su situación en curso solamente? ¿Era su intención original que sus palabras no tuvieran ramificaciones o relevancia futuras? ¿Tenían acaso una especie de visión limitada? La exposición anterior muestra que la concienciación de los profetas era mucho más amplia. Tenían muy presente su contexto histórico redentor. Sabían cómo encajaba su ministerio en el plan de Dios. Aunque no lo comprendían todo en el programa de Dios de manera exhaustiva, sabían hacia dónde se dirigía de manera general. A la luz de esto, no solo escribieron para el presente, sino también para contribuir al plan completo. Escribieron convencidos de que sus escritos tendrían ramificaciones sobre la historia redentora, y miraban hacia adelante para

---

32. Cp. Hag. 1:15b-2:9 y Verhoef, *Haggai and Malachi*, 91. Hageo parece proporcionar la teología de una restauración futura (relacionada con un descendiente davídico, cp. 2:23), basada en la festividad.

33. Véase House, «Old Testament Narrative», 40-45. House establece otro paralelo entre el momento en curso y la época del éxodo y de las deambulaciones por el desierto como algo que progresaba hacia el rey davídico. El profeta describe el éxodo y las deambulaciones en el desierto como una era que progresa hacia el rey davídico (cp. 1 R. 8:15-16; Sal. 78:70-72). Al parecer, los que vivían en el período postexílico esperaban que llegara el nuevo David en lugar de los gobernantes extranjeros del momento que tenían el dominio (Neh. 9:37). Israel aguardaba un tiempo en el que un nuevo rey se levantaría y los llevaría verdaderamente a casa. Esto también refuerza esa perspectiva con visión de futuro y la conciencia de las realidades precisas que preveían.

saber cómo evolucionaría esto en el futuro. De esta forma, sentaron las bases para que otros siguieran con su lógica y desarrollaran las ramificaciones de sus escritos. Sus textos tienen una direccionalidad que, intencionalmente, van más allá de su tiempo. Los profetas hablan de situaciones mayores que aquellas por las que les damos crédito.

Al observar estos tipos de pasajes, House expresa claramente la conclusión:

> Los teólogos cristianos han creído desde hace mucho que el Antiguo Testamento puede existir como testigo discreto, pero también que se puede interpretar como literatura que conduce, de forma natural, al Nuevo Testamento. Es importante admitir que no es patentemente obvio para todos, sino que para el lector más obstinado. Otras estrategias interpretativas pueden llevar a diferentes conclusiones, aunque es igual de importante aseverar que leer el Nuevo Testamento a la luz del Antiguo Testamento, y como continuación del mismo, no es un patrón forzado.[34]

ANTICIPACIÓN DEL FUTURO

La pregunta original de este capítulo trata de la capacidad de los profetas de disponerlo todo para las aplicaciones futuras realizadas por sus homólogos neotestamentarios. Hemos argumentado en contra de dos presuposiciones principales que nos obligan a aceptar la idea de que los profetas «hablaron mejor de lo que sabían». Los apóstoles no necesitan forzar ideas teológicas complejas en el Antiguo Testamento porque los profetas ya comprendían teología y escribieron teológicamente. Los apóstoles tampoco necesitan forzar al Antiguo Testamento para hablar de situaciones relevantes posteriores, ya que los profetas sabían que sus escritos impactarían en la historia redentora. Todo esto respalda que los profetas sentaron las bases para los apóstoles.

Deberíamos expresar esto en términos hermenéuticos más precisos. Los profetas pretendían que sus textos tuvieran implicaciones sobre la revelación progresiva.[35] No sabían a fondo cómo funcionaría esto. Sin embargo, entendieron la dirección general y las ideas que estarían implicadas. Este es el caso sobre todo cuando esa dirección se ha enfocado y refinado por medio del uso intertextual repetido. De ahí que, cuando los autores posteriores finalizan y definen esas implicaciones de forma más extensa, no están descubriendo un significado oculto (*sensus plenior*) ni se están sirviendo de métodos hermenéuticos culturales para obtenerlo (la hermenéutica contemporánea). En su lugar, las ideas y las implicaciones ya están ahí, preparadas y listas para que los autores posteriores las usen y las desarrollen.

---

34. House, «Old Testament Narrative», 43.
35. Hablando claro, estas no solo son las únicas implicaciones que pretendían que tuvieran sus textos. No obstante, nos estamos centrando en este subconjunto de la relevancia de sus escritos. Nos estamos ocupando de las implicaciones de los pasajes veterotestamentarios que suponen una preparación para los escritores del Nuevo Testamento.

Diversos factores respaldan esta aseveración a nivel inicial:

1. Bastantes ejemplos de los que hemos discutido muestran cómo los profetas organizaron las cosas para que los escritores subsiguientes comentaran sobre sus textos, o como una estructura para hacerlo. Ya sea el simbolismo de la vid de Asaf, el funcionamiento de Génesis 3:15 o el pacto davídico y el nuevo David, el patrón hermenéutico es el mismo. Los profetas conocían la revelación anterior y ampliaron ciertas implicaciones teológicas de aquellos textos con nueva revelación, sentando así las bases para los que desarrollarían dichas ramificaciones aún más. Con esto, la elaboración posterior de sus textos está plenamente dentro de la anticipación y la intención de los profetas. Los escritores del Antiguo Testamento establecen un patrón y un paradigma teológicos amplios para el uso de los escritores posteriores.

2. El punto de vista que los profetas tienen de las Escrituras y, por tanto, sus propios escritos, confirma esto. Los profetas afirman que los escritos sagrados mismos son beneficiosos para todas las generaciones del pueblo de Dios (Sal. 19:7-10; 119:89-91). Su intención es que las personas futuras apliquen su obra a las nuevas circunstancias.

3. Los profetas declaran explícitamente que sus mensajes se extienden a las personas que están más allá de su época. Las referencias a una generación todavía no nacida (Sal. 22:30-31), las generaciones por venir (Sal. 78:6) o los hijos de los hijos (Sal. 103:7), todo indica una perspectiva con visión de futuro. En estos casos, los escritores bíblicos pretenden, en realidad, que los escritos de su época se relacionen directamente a situaciones futuras específicas.

4. Ciertos géneros facilitan esta perspectiva proléptica. Por ejemplo, el de la ley, no solo tiene jurisdicción sobre la generación presente, sino también sobre las venideras (cp. Dt. 4:10, 25-30; 5:3). La poesía estaba hecha para ser cantada por las generaciones posteriores (cp. Dt. 31:19; Sal. 4; Hab. 3:19). Por supuesto, la profecía (véase más abajo) anticipa el futuro.

5. Siguiendo esta línea y lo que es, quizá más obvio es que la naturaleza misma de las promesas y la profecía exigían que los profetas miraran hacia adelante. Estas declaraciones revelan lo que Dios hará en el futuro. Los profetas usan estas afirmaciones para exhortar a sus oyentes a la esperanza en el Señor (Hab. 3:16-19) y a aguardar su obra futura (Mi. 7:7). Incluso esperan a mensajeros futuros del Señor (cp. Dt. 18:15; 34:10; Mal. 3:1; 4:4-5 [heb., 3:23-24]; cp. Is. 40:3). Sabían que la revelación progresiva continuaría. Basándose en las promesas divinas oraban y sabían que su obra no era

en vano (Is. 64:1-12). La profecía y las promesas ilustran que los profetas pensaban y escribían mucho más allá de sus circunstancias inmediatas, aun cuando iban dirigidas a sus contemporáneos. En realidad, usaron la profecía y prometieron orientar a su audiencia a la esperanza de la obra futura de Dios.

Estas breves observaciones señalan que los profetas escribieron con pleno conocimiento de que sus textos afectarían a situaciones y cuestiones teológicas posteriores. Usaron los textos y escribieron con esa suposición, tal como sus propias declaraciones indican. Una vez más, esto no exige un conocimiento exhaustivo del futuro (aunque en algunos casos, como la profecía directa, sabían bastante). En su lugar, el impulso principal de este argumento consiste en demostrar que la intención de los profetas era que sus escritos tuvieran ramificaciones más allá de ellos. Los textos del Antiguo Testamento tienen una perspectiva con visión de futuro, una direccionalidad que prepara el uso del Antiguo Testamento en el Nuevo.

CASOS PRÁCTICOS

Aunque los argumentos deductivos son útiles, los casos prácticos más extensos demuestran una vez más cómo funciona la direccionalidad en la hermenéutica profética. Reúnen también un respaldo adicional para la idea. No hay forma de ser comprehensivo sobre esto. Afortunadamente, se han publicado otras obras para tratar los ejemplos siguientes y más. El comentario sobre el uso que el Nuevo Testamento hace del Antiguo, editado por Carson y Beale, ocupa un lugar principal.[36] Ese volumen y otros ilustran que no soy el único en haber observado la direccionalidad de los profetas, tal como se expone en la explicación siguiente. Más aún, sus obras demuestran que las trayectorias intencionadas desde el Antiguo Testamento al Nuevo superan, en numerosos casos, lo que yo puedo cubrir aquí.

No obstante, espero que lo que puedo abarcar sea estratégico. He escogido, deliberadamente, algunos de los ejemplos más difíciles del uso del Antiguo Testamento en el Nuevo. Asimismo, son algunos de los ejemplos primordiales citados por otras opiniones como el *sensus plenior* y la hermenéutica contemporánea. Si la hermenéutica profética puede resolver estos ejemplos más complicados, tal vez tanto esta como la intertextualidad sean parte de una solución eficaz para otros casos difíciles del uso que el Nuevo Testamento hace del Antiguo.

Oseas 11:1

El uso en Mateo de Oseas 11:1 se utiliza como ejemplo tradicionalmente citado como mal uso del Antiguo Testamento en el Nuevo. La postura del

---

36. Beale y Carson, *Commentary on the New Testament Use of the Old Testament*. Véanse también Archer y Chirichigno, *Old Testament Quotations in the New Testament*; Kaiser, *The Use of the Old Testament in the New*; Rydelnik, *Messianic Hope*; y Kaiser, *The Messiah in the Old Testament*.

sensus plenior afirma con frecuencia que es el respaldo de un significado oculto.[37] Mateo declara que Jesús escapó de Herodes como cumplimiento de «de Egipto llamé a mi hijo» (Os. 11:1; Mt. 2:15). Sin embargo, Oseas 11:1 trata originalmente con el éxodo. Los eruditos formulan dos preguntas importantes sobre este texto. En primer lugar, ¿sabía Oseas que sus palabras se aplicarían a algo futuro cuando parecían referirse al pasado? En segundo lugar, ¿pensaría Oseas alguna vez que su texto se refiere al Mesías, dado que en un principio habla de Israel? La siguiente explicación abordará estas dos preguntas.

Al tratar con la primera cuestión, es necesario admitir que los eruditos están en lo correcto respecto al significado de Oseas 11:1. El texto se refiere al amor único de Dios por Israel cuando estaba indefenso siendo joven en Egipto. Describe su poderoso llamamiento para sacar a Israel del cautiverio. Todo esto demuestra que Dios tenía un amor excepcional por su pueblo, un amor que manifiesta que la nación es su hijo (cp. Éx. 4:22).

No obstante, no es tan sencillo. Sin lugar a duda, Oseas 11:1 alude al éxodo. Sin embargo, esto solo es parte de la ecuación. La forma en que Oseas *usa* el éxodo en su argumento es igual de importante. Beale y Garrett suscitan esta pregunta, y con razón.[38] ¿Cuál era el propósito del profeta al apelar al éxodo? Antes de saltar a conclusiones sobre Oseas 11:1 deberíamos responder a esta cuestión, y la hermenéutica profética puede ayudarnos a rellenar esos detalles.

Oseas 11:1 no discute el éxodo de forma genérica, sino que alude a Éxodo 4:22 de manera específica. Ambos pasajes mencionan «hijo», mientras hablan del éxodo. Esto es particularmente distintivo ya que el Antiguo Testamento no llama «hijo» a Israel a menudo, y mucho menos en el contexto del éxodo.[39] Estas similitudes únicas indican una relación entre ambos textos. En consecuencia, Garrett declara: «Es evidente que este versículo se refiere al acontecimiento del éxodo y, en particular, a Éx. 4:22, donde Jehová declara a Faraón: "Israel es mi hijo, mi primogénito"».[40]

Por tanto, el profeta Oseas usa Éxodo 4:22. Sin embargo, no es el primer profeta en hacerlo. Por ejemplo, el Salmo 80 también emplea Éxodo 4:22. El salmo utiliza el término בֵּן (hijo) en el contexto del éxodo (cp. Sal. 80:8, 17 [heb., vv. 9, 18]). Los comentaristas reconocen la referencia a Éxodo 4:22 en este pasaje. Delitzsch observa: «Es Israel a quien se le llama בֵּן en el v. 17, como el hijo a quien Jehová ha llamado para que estuviera en Egipto y, después, lo sacó de allí para sí mismo, y en el monte Sinaí declaró que era su hijo (Éx. 4:22; Os. 11:1)».[41] ¿Por qué el salmista se refiere a Éxodo 4:22? El escritor bíblico apela, por tanto, al amor de Dios para que el Señor libere de nuevo a Israel (Sal. 80:17 [heb., v. 18]). Así como Dios amó a su hijo y rescató

---

37. Enns, *Inspiration and Incarnation*, 132; Thomas, «The New Testament Use of the Old Testament», 251; Snodgrass, «The Use of the Old Testament in the New», 36
38. Garrett, *Hosea*, 219-20; Beale, «Hosea 11:1 in Mattew», 699.
39. Garrett, *Hosea*, 219-20
40. *Ibíd.*, 219.
41. Keil y Delitzsch, *Commentary on the Old Testament*, 5:538-39.

a la nación la primera vez, su amor debería dirigir otro rescate. Este patrón de «liberación pasada a redención futura» no es una novedad. Otros profetas también hacen referencia al tema del éxodo, con este razonamiento exacto (Sal. 74:10-15; 77:14-15 [heb., vv. 15-16]).[42]

Ese mismo paradigma está en el contexto inmediato de Oseas 11:1. El versículo proclama cómo amó Dios a Israel, su hijo, como lo demostró el éxodo (Os. 11:1). Pero Israel pecó y Dios los expulsó del territorio. Sin embargo, Oseas afirma que acabarán en Asiria y no en Egipto (v. 5). La mención de Egipto es relevante, porque establece un paralelo entre el exilio inminente de Israel y el tiempo anterior pasado en Egipto. Oseas ha hecho esta comparación a lo largo del libro (cp. Os. 2:15; 8:13; 9:3; 11:5; 12:13; 13:9).[43] Este paralelo nos ayuda a ver por qué Oseas habla del amor de Dios en el éxodo, en primer lugar. El tiempo que Israel pasó allí es un paralelo del inminente período que pasará en el exilio. Siendo este el caso, así como Dios amó a Israel y lo libró la primera vez de Egipto, también lo salvará del destierro una segunda vez, en un nuevo éxodo. Será una repetición. Dios así lo declara al final de Oseas 11. No puede abandonar a su hijo, porque lo ama (v. 8). Por consiguiente, el Señor liberará a la nación del exilio (v. 11).[44] Una vez más, ¿por qué Oseas habla del éxodo? No es una mera lección de historia. A lo largo de Oseas 11, esto muestra cómo el amor de Dios en el primer éxodo volverá a dirigir un segundo éxodo y lo sacará del exilio.

Por tanto, volviendo a nuestra primera pregunta: ¿Anticipaba de algún modo Oseas 11:1 una situación futura? La respuesta es sí. Afirmar que este pasaje solo mira a la historia en retrospectiva sería inexacto. Ignoraría la forma en que meditaron los profetas en Éxodo 4:22 y en el éxodo hasta ese momento de la historia. Además, haría caso omiso a la misma lógica que Oseas tuvo en el contexto inmediato del pasaje. Cuando se considera en este sentido, no tomar Oseas 11:1 como base para una realidad futura es, en realidad, sacar el texto de contexto, tanto de forma inmediata como intertextual.

Esto nos lleva a la segunda pregunta: ¿Oseas 11:1 está de algún modo relacionado con el Mesías? La respuesta es de nuevo que sí. Observamos más arriba cómo usaron los profetas el éxodo para proporcionarle a Israel la seguridad de que Dios lo liberaría otra vez. Sin embargo, ese no fue su único uso del éxodo. Los profetas también lo aplicaron al rey de Israel. Esto

---

42. Kidner, *Psalms 1-72*, 268, 278-79.
43. Beale, «Hosea 11:1 in Matthew», 703-6.
44. Stuart, *Hosea-Jonah*, 183; Garrett, *Hosea*, 228. Garrett observa, además, que la imagen de Dios como león recuerda la descripción de Balaam del éxodo en Números 24:8-9. Esto también respaldaría la idea de «del éxodo al nuevo éxodo». Dios no solo ha declarado esto mediante la alusión geográfica a Egipto, sino también por la referencia literaria a las metáforas que explican el éxodo. Para una exposición adicional sobre Asiria y Egipto, véase Beale, «Hoseas 11:1 in Matthew», 714-15. Beale concluye, con acierto, que lo más probable es que Egipto se refiera a la ubicación geográfica. De ahí que, en Oseas 11:11, Dios sacará a Israel tanto de Asiria como de Egipto. Al mismo tiempo, para dejar claro el símbolo del segundo éxodo, Oseas hace hincapié en que Israel irá a Asiria y no a Egipto.

se basa en que el rey es también hijo de Dios (Sal. 2:7; 116:16). Dios declara esto en el pacto davídico (2 S. 7:13). El paralelo entre el hijo de Dios, Israel, y el Hijo de Dios, el rey davídico, muestra que existe una equiparación. El rey encarna a la nación, una idea que denominamos «solidaridad corporativa». En consecuencia, Dios trata con el rey como lo haría con toda la nación.[45]

A causa de esto, David registra cómo experimenta él personalmente el éxodo de Israel. El Salmo 18 es un buen ejemplo de esto. David reflexiona en todos estos problemas que amenazan su vida y ve cómo Dios lo ha rescatado.[46] El rey describe la intervención de Dios en términos del éxodo. Dios usa el granizo (vv. 12-13) [heb., vv. 13-14]; cp. Éx. 9:23) y se le llama la roca (v. 2 [heb., v. 3]; cp. Dt. 32:4), temas asociados con el éxodo. Esta salvación se basa en que David era el hijo obediente de Dios (vv. 21-24; cp. 2 S. 7:13-14). Una vez más, la filiación y el éxodo están vinculados. Más aún, David declara que este tipo de liberación no le ocurrirá tan solo a él, sino también a sus descendientes para siempre (v. 50 [heb., v. 51]; cp. 2 S. 7:16). Dios liberará de nuevo al linaje de David, con la misma fuerza que exhibió en el éxodo. Esto apunta a una futura «redención al estilo del éxodo» para la estirpe davídica.

Oseas retoma esta línea de pensamiento. Relaciona el nuevo éxodo con un nuevo David. A lo largo del libro, Oseas describe cómo se producirá el nuevo éxodo. Estas descripciones no solo son consistentes porque todas hablan del mismo tema, sino porque son estructuralmente paralelas en el libro.[47] Con anterioridad, Dios declara cómo «un líder» conducirá a su pueblo a casa desde el exilio (cp. Os. 1:11 [heb., 2:2]). Un líder así funciona como Moisés, quien dirigió al pueblo de Dios desde Egipto, en el primer éxodo.

---

45. Craigie, *Psalms 1-50*, 67. En su exposición sobre el Salmo 2, la explicación de Craigie muestra el paralelo entre ambos: «Las palabras divinas que declara el rey se refieren al pacto real. En el núcleo central del pacto se halla el concepto de la *filiación*; el socio humano en el pacto es *hijo* del Dios del pacto, quien es el *padre*. Este principio de filiación del pacto forma parte del pacto sinaítico entre Dios e Israel. El Dios del pacto se preocupa por Israel como un padre lo hace por su hijo (Dt. 1:31) y Dios disciplina a Israel como un padre disciplina a su hijo (Dt. 8:5). El enfoque del pacto del Sinaí es la relación entre Dios y la nación; en el pacto con la casa de David, el centro se estrecha a una relación entre Dios y el rey, pero el concepto de filiación sigue siendo parte integrante del mismo» (67). Véanse también Kaiser, *The Messiah in the Old Testament*, 98-99; Grisanti, «The Davidic Covenant», 246.
46. Craigie, *Psalms 1-50*, 173; Kidner, *Psalms 1-72*, 90-91.
47. Garrett, *Hosea*, 104; Stuart, *Hosea-Jonah*, 67; McComiskey, «Hosea», 4-6; Feinberg, *The Minor Prophets*, 34-37. El pasaje del nuevo David forma parte de los oráculos del género esperanza/salvación. Estas exhortaciones llenas de esperanza ayudaron a estructurar el libro (1:10-11; 2:14-23; 3:1-5; 6:1-3; 11:1-14:9). Además de su naturaleza optimista, estas secciones del libro comparten unas cuantas similitudes. Todos explican cómo Israel es llamado al arrepentimiento y regresa a la tierra de la que fue exiliado (2:14-16; 3:5; 6:2-3; 14:1). Explican cómo una liberación así se corresponde con el éxodo (2:14-16; 11:1-11). Estos textos describen cómo regresará Israel con temor y temblor (3:5; 11:11), y cómo la nación buscará a Dios (3:5; 6:2-3; 11:10; 14:1-4). Los pasajes comunican cómo el Señor revivirá y «resucitará» a la nación (6:3; 13:13-14). Todos estos paralelos indican que las secciones pueden leerse juntas, porque todas exponen el mismo resultado escatológico. Esto también muestra cómo asocia Oseas de manera deliberada al nuevo David (3:5) con la restauración de Israel (3:5; 6:2-3) y el nuevo Éxodo (11:1-11).

Un par de capítulos después, Oseas describe a este líder como «David su rey» (3:5). La mayoría de los comentaristas reconocen a este «David» como un nuevo David o el rey ideal, el Mesías. Así, cuando Oseas habla sobre un nuevo éxodo en el capítulo 11, ya había establecido que esta liberación está liderada por un nuevo David. En realidad, la descripción que Oseas hace del nuevo éxodo en el capítulo 11 está estrechamente correlacionada con la obra del nuevo David en el capítulo 3. Ambos pasajes hablan de cómo Israel vendrá con temor y temblor en el día de su liberación (Os. 3:5; 11:11).[48] El lenguaje similar entre los pasajes indica que Oseas cree que el nuevo David de Oseas 3 participa en el nuevo éxodo de Oseas 11. El profeta reúne todo esto y retrata al nuevo David como aquel que encabezará un nuevo éxodo para Israel, como hizo Moisés. Después de todo, vincula el éxodo con el Mesías.

Volvamos al tema original. ¿Habló Oseas mejor de lo que sabía? ¿Se centra su texto tan solo en la historia (el éxodo)? ¿Se concentra su texto solo en Israel (en lugar de en el Mesías)? Podríamos haber considerado Oseas 11:1 como una lección de historia; sin embargo, el escrito de Oseas es mucho más complicado. Su teología funde dos implicaciones importantes del éxodo desarrolladas en el Antiguo Testamento: del éxodo a la liberación futura (nuevo éxodo), y el éxodo en relación con la dinastía davídica. Al reunir estos dos temas teológicos, Oseas describe cómo el amor por Israel en el primer éxodo dirigirá uno nuevo conducido por un nuevo David. Sin lugar a duda, Oseas 11:1 y todo su contexto no predicen explícitamente lo que ocurre en Mateo 2. De nuevo, la tesis de este capítulo no afirma que los profetas entendieran el futuro de manera exhaustiva. En su lugar, mi idea es que establecieron de forma deliberada las bases de cómo aplicarán sus escritos los autores posteriores. Oseas ha hecho eso. Los elementos de un nuevo éxodo, un nuevo David que representa a su pueblo y la liberación encajan muy bien con lo que Mateo discutirá. Oseas ha presentado los «puntos» o «las piezas del rompecabezas» para que los escritores subsiguientes los conectaran con mayor claridad. ¡Sin duda Mateo escogió usar a Oseas (en vez de citar Éxodo 4:22) por esta razón! El apóstol quería hablar del éxodo como lo hizo Oseas. Esa explicación, sin embargo, es para un capítulo posterior. En cualquier caso, Oseas no habló mejor de lo que sabía, sino mejor de lo que reconocemos. Su síntesis de implicaciones diferentes del éxodo contribuye únicamente al tema teológico-bíblico de la liberación futura de Dios respecto a su pueblo.

Por esta razón, los profetas siguientes ampliaron ciertamente sobre lo que hizo Oseas, y establecieron el escenario aún con mayor claridad para Mateo. Miqueas ora para que el Señor pastoree a su pueblo (Mi. 7:14) y libere a Israel con milagros como los del éxodo (Mi. 7:15). En contexto, Miqueas ya

---

48. Aunque el lenguaje no es idéntico, la similitud entre ambos (junto con la estructura del libro) sostiene que son paralelos. Véase Isaías 19:16, donde se usan los términos de ambos pasajes (פחד y חרד) en paralelo. Curiosamente, el antecedente de este versículo podría estar relacionado también con el segundo éxodo.

ha identificado que el Mesías es ese pastor (5:4). Así, los eruditos concluyen que Miqueas solicita que el Mesías venga a liderar a su pueblo en un nuevo éxodo.[49] El concepto de Oseas de un nuevo éxodo y un nuevo David forma parte de la lógica de Miqueas.

Del mismo modo, Isaías también habla del éxodo al segundo éxodo (Is. 43:18-19). El profeta revela que el primer éxodo se desvanecerá a la luz del nuevo que vendrá.[50] Además, Isaías proporciona detalles más interesantes sobre este nuevo éxodo. El nuevo éxodo de Israel depende del Siervo (Is. 42:6-7; 49:5). De manera específica, depende en la liberación divina de su Siervo (Is. 49:4-6; 50:9), que es el Hijo de Dios (cp. Is. 9:6 [heb., v. 5]).[51] Esto reitera de nuevo, con detalles adicionales, lo que Oseas estableció. Vendrá un nuevo éxodo, conducido por un nuevo David, el Hijo de Dios.

En general, Oseas 11:1 habla en el contexto del éxodo con el fin de esperar uno nuevo dirigido por un nuevo David. Los profetas desarrollan todo este paradigma, que facilita las propias conclusiones de Mateo.[52] La hermenéutica profética ha entretejido con esmero varios factores, preparándolo todo para los apóstoles.

La Roca en el desierto (Éx. 13–17)

Otro importante pasaje de controversia concierne a la declaración de Pablo sobre la roca en el desierto, en 1 Corintios 10:4. El apóstol afirma

---

49. Cp. Mi. 6:4; Barker y Bailey, *Micah, Nahum, Habakkuk*, 100, 131. Barker y Bailey afirman que Dios responde con una «teología del éxodo» ya establecida en el libro, así como en el canon. Véase también, Allen, *The Books of Joel, Obadiah, Jonah, and Micah*, 342, 399.

50. Oswalt, *Isaiah 40–66*, 155; Motyer, *Isaiah*, 337. Para una explicación más temática sobre el tema del nuevo éxodo, en particular en la segunda mitad de Isaías, véase Ceresko, «Fourth Servant Song», 47-54.

51. Oswalt, *Isaiah 40–66*, 291-92. La explicación que Osvalt ofrece de Isaías 49:4-6 es importante: «Más bien, él viene con la humildad, la vulnerabilidad y la indefensión de un niño. En la primera presentación del Siervo (42:2-3) se expresa la misma idea. El Siervo no viene a dominar ni tampoco a hablar desde un trono. No. El Verbo viene a sufrir, y el que está en el trono es el Cordero inmolado (63:4-6; cp. Ap. 5:6, etc.). El firme contraste de este versículo con el anterior («Y me dijo... Pero yo dije...», vv. 3-4) expresa esa vulnerabilidad e indefensión. Si el Siervo descrito en este pasaje es más que humano, no es menos que humano. La frustración y los sentimientos de futilidad, todo demasiado familiar para todo aquel que habita en la carne, formaban parte de la carga que él vino a llevar. Hacerse indefenso es experimentar lo que sufren los indefensos (véanse también 50:6; 53:3), y esta es la realidad de lo que la contundente réplica del Siervo transmite. Ningún cristiano puede leer estas palabras sin relacionarlas con el ministerio de Jesucristo. Cuando él murió, ¿qué había logrado? Al parecer, nada. Según los principios del mundo, su vida había sido fútil. Hizo bien en gritar «Dios mío, Dios mío, ¿por qué me has desamparado?» (Mt 27:46)». Obsérvese cómo vincula Oswalt aquí la debilidad del Siervo con el tema del hijo anteriormente en el libro de Isaías. ¿Acaso no es esto exactamente lo que Mateo hace también al comentar sobre la liberación del Mesías?

52. Como se menciona a lo largo de este capítulo, lo que se explica en ese pasaje no significa en modo alguno que Oseas conociera o profetizara directamente sobre los acontecimientos de Mateo 2. Sin embargo, Oseas provee conceptos que sientan las bases para aquello sobre lo que Mateo hablaría.

que Israel bebió del agua que Cristo proveyó; Él es la roca que guiaba a la nación. Una lectura superficial de los textos en Éxodo no parece proveer ningún sentimiento parecido. No se menciona al Mesías que dirige a Israel en el desierto, y mucho menos hay alguna idea de que una roca liderara a la nación. A la luz de esto, algunos han alegado que el apóstol apela a la tradición rabínica que declara que una roca literal siguió a Israel por el desierto.[53] En la mente de ellos, Pablo debió de haber adoptado una hermenéutica cultural para llegar a estas conclusiones.

¿Es este el caso? Podemos observar que los rabinos no fueron los primeros en descubrir la «tradición de la roca», sino que ya aparecía en los propios escritos de Moisés.[54] Este designa a YHWH como la Roca (Dt. 32:4), porque es fiable (como una roca), en su provisión para Israel a través de rocas físicas (v. 13, cp. Éx. 17:6; Nm. 20:8). En consecuencia, Moisés crea un juego de palabras entre la roca física en el desierto y el propio carácter de Dios.[55] Se sirve de este título para describir al Dios que guio a Israel en el desierto (Dt. 32:12) y lo dio a luz como nación (v. 18). De ahí que establezca la idea de que Dios, la Roca, lidera y provee para Israel en el desierto.

Además, Moisés da a entender que esta «Roca» es la segunda persona de la Trinidad. Equipara al Ángel de Dios con la columna de nube que iba tras Israel a la vez que lo guiaba (Éx. 14:19).[56] ¿Quién es este ángel? Con anterioridad, Moisés identificó a este ser como Dios mismo (Éx. 13:21). Otras obras han argumentado que el Ángel de YHWH es el Cristo preencarnado.[57] Un pasaje digno de observar en esta exposición es Éxodo 23:20-23. En este texto, YHWH habla del Ángel de YHWH y, de este modo, distingue al mensajero de sí mismo. Simultáneamente, YHWH declara que su nombre está en el Ángel (v. 21). Los eruditos reconocen que esto alude al ser divino y a la presencia de Dios.[58] Durham observa:

> Así, la referencia al mensajero al que Jehová va a enviar, aquí como en cualquier otra parte del AT, una referencia a una extensión de la propia persona y Presencia de Jehová es, en realidad, una reafirmación de la promesa y prueba del tema de la Presencia que domina la narrativa de Éxodo 1–20. El «asistente» o «mensajero» (מַלְאָךְ) desempeñará la función de guiar, proteger, instruir, interponer que las columnas de nube y de fuego de Jehová, su asistente y su Presencia habían proporcionado en la narrativa del éxodo anterior.[59]

De ahí que exista una tensión en torno a que el Ángel de YHWH sea YHWH, aun siendo distinto a (o una extensión de) Él. Esto facilita la noción del involucramiento de la segunda persona de la Trinidad. Si ella condujo

---

53. Ellis, *Paul's Use of the Old Testament*, 66-67.
54. Véase Beale, *Erosion of Inerrancy*, 73-99 para una explicación perspicaz sobre todo esto.
55. Craigie, *Deuteronomy*, 378, n. 6.
56. Stuart, *Exodus*, 340.
57. Borland, *Christ in the Old Testament*, 65-72.
58. Stuart, *Exodus*, 340; Sarna, *Exodus*, 73.
59. Durham, *Exodus*, 335.

a Israel por el desierto, y Moisés la denominó la «Roca», es razonable que
Pablo afirme que Cristo es la Roca que guio a Israel en el desierto.

Los profetas no dejan estas implicaciones en la oscuridad. David llama
a Dios la Roca (2 S. 22:3 (lbla); 23:3; Sal. 28:1; 42:9), en particular en sus
discusiones sobre el éxodo (Sal. 18:2, 11-12). Asaf también lo hace. Denomina a Dios la Roca (Sal. 78:35, lbla) y declara que derramó agua de la
peña (vv. 16, 20). Además, cuando se refieren a la fidelidad divina en el
desierto, otros escritores del Antiguo Testamento suelen referirse a su actividad de proveer agua de la roca (Sal. 105:41; 81:16; 114:8; Neh. 9:15; Is.
48:21). Así, existe una mentalidad consciente respecto al término «roca»
en el Antiguo Testamento. Dios es la Roca que proveyó para su pueblo
desde la roca. La ideología de Moisés se ha convertido en la lógica de los
profetas.

En este marco, Isaías presta bastante atención al concepto de Dios como
Roca. Como en el caso de Moisés y los profetas, afirma el juego de palabras
entre Dios como Roca y su forma de proveer para Israel a través de la roca
(Is. 48:21). Asimismo, identifica al Mesías como la Roca. En Isaías 28:16,
Dios pone una Piedra en Sión en la que las personas deben confiar para su
salvación. Isaías establece un paralelo entre el término «piedra» y «roca»,
y declara que ambos títulos hacen referencia a Dios mismo (Is. 8:14). Sin
embargo, ¿cómo puede Dios poner una Piedra que es Él mismo? Esto presenta la tensión que hemos visto más arriba. La Roca es Dios, pero es distinta
a Él. En este sentido, los comentaristas observan que de forma contextual la
«piedra» también se refiere al rey davídico.[60] La Piedra permite que Dios
establezca justicia y rectitud, la tarea concreta asignada al Mesías (28:17; cp.
Is. 9:6-7; 11:4).[61] Más aún, Isaías 28:16 parece aludir a Salmos 118:22, que
discute cómo la piedra rechazada se convierte en la piedra angular. Ambos
textos comparten el lenguaje de la «piedra» y la «piedra angular» (פִּנָּה y אֶבֶן).[62]
Dado que Salmos 118:22 se refiere al rey davídico en su contexto, es posible
que Isaías 28:16 también lo haga.[63] La exposición que Isaías hace sobre la
Roca confirma que es Dios, aunque es distinta de Él y es un rey davídico.[64]

60. *Ibíd.*, 518; Keil y Delitzsch, *Commentary on the Old Testament*, 7:305; Motyer, *Isaiah*, 233.
61. Motyer, *Isaiah*, 233
62. Keil y Delitzsch, *Commentary on the Old Testament*, 7:305; Motyer, *Isaiah*, 233.
63. Esto supone que el Salmo 118 es preexílico y pertenece al período de la monarquía unida. Aunque algunos han observado lo contrario (Mowinckel, Gunkel, Wolff), el lenguaje carece de las formas posteriores, y parece relacionarse con la victoria de un rey. Esto exigiría que fuera preexílico. Véase Allen, *Psalms 101–150*, 164. Si el Salmo 118 es posterior, la explicación debería mostrar cómo este pasaje confirma nuestra interpretación de Isaías. De un modo u otro, respalda la relación del reino davídico con la piedra. Curiosamente, el salmista introduce la exposición sobre la piedra en el contexto de un éxodo como liberación; partes del salmo guardan parecido con Éxodo 15, y participan en un conjunto de salmos que hablan de la liberación de Egipto (Sal. 113–18; véase también Sal. 118:14-15; cp. Éx. 15:2, 6). Véase Allen, *Psalms*, 165.
64. Watts, *Isaiah 1–33*, 437. Watts argumenta que aunque la Piedra podría ser la dinastía davídica, lo más probable es que se refiera a la presencia perdurable de Dios, que se

Él afirma lo que observamos en Éxodo: la Roca se identifica mejor como la segunda persona de la Trinidad.

Zacarías también confirma esto. En Zacarías 3:9, el profeta se refiere a una Piedra con siete ojos. Los comentaristas reconocen que la descripción de «siete ojos» es una alusión al ministerio séptuple del Espíritu sobre el Mesías mencionado en Isaías 11:2.[65] Zacarías también llama a la Piedra «el Siervo» y «el Renuevo», títulos mesiánicos hallados en Isaías (Zac. 3:8; cp. 4:1-2; 11:1; 49:3). Con tales alusiones, Zacarías prosigue con la lógica de Isaías y establece una clara conexión entre la Piedra y el Mesías. Por consiguiente, él también confirma lo que su predecesor proclamó: La Piedra es el Mesías. La hermenéutica profética proporciona las pruebas combinadas de la identidad de la Piedra y la Roca.

Al llegar a este punto, podemos hacer dos importantes observaciones sobre la tradición de la roca en el Antiguo Testamento. En primer lugar, Moisés y los profetas han descrito sistemáticamente a Dios como la Roca que condujo a Israel por el desierto. Esta metáfora se basaba en un juego de palabras con la provisión del Señor a partir de rocas físicas. En segundo lugar, Moisés ya dio a entender que la segunda persona de la Trinidad podría estar en vista en la mención del Ángel de YHWH. Los profetas posteriores confirman esto al declarar que la Roca/Piedra es el Mesías. ¿No prepara esto para la descripción paulina de Cristo como la Roca en el desierto? Al contrario de lo que sugieren algunos respecto a que estas nociones deben proceder de una hermenéutica cultural, tal vez los profetas ya lo habían formulado tanto para los rabinos como para Pablo. Este es el punto concreto de Beale que cita Ellis: «Pablo y el Tárgum están más directamente relacionados con una *interpretación particular de los pasajes por parte de los profetas* que los unos con los otros» (las cursivas son mías).[66] Beale y Ellis afirman que la lógica de Pablo sobre la Roca surge de cómo desarrollaron los profetas las

---

correlaciona con el tema del éxodo. Oswalt (*Isaías,* 518) observa que esto se contrapone a confiar en los gobernantes egipcios. Esta yuxtaposición puede insinuar la divinidad del Mesías.

65. Smith, *Micah–Malachi*, 201; Fishbane, *Haftorat*, 227; Feinberg, *The Minor Prophets*, 287; Keil y Delitzsch, *Commentary on the Old Testament*, 10:531.

66. Ellis, *Paul's Use of the Old Testament*, 69-70. Ellis declara que la tradición rabínica no puede ser el factor de la exposición de Pablo. Las fuentes rabínicas apelan a un conjunto de pasajes (Nm. 21:6ss.) distinto de aquellos a los que Pablo parece referirse. Basándome en el análisis de la LXX, proporciono la cita completa de lo que él concluye: «Pablo y el Tárgum están relacionados más directamente con una interpretación particular de los pasajes por los profetas que de los unos a los otros. El Tárgum, aplicado a Números 21:6ss., pone la leyenda en movimiento o aplica una forma preparatoria de la misma a este pasaje particular. Por otra parte, Pablo toma la descripción profética y la emplea para su propio propósito tipológico». Esto suscita una idea importante. En ocasiones, aunque se produzca un solapamiento de la metodología del segundo templo y del planteamiento apostólico, puede ser de naturaleza más incidental. Podría deberse, sencillamente, a que el método del segundo templo es una aplicación razonable del texto. No obstante, la lógica profética es el *modus operandi* y la lógica controladora, en oposición a los acercamientos hermenéuticos contemporáneos.

implicaciones de los pasajes veterotestamentarios. La hermenéutica profética establece las bases para la hermenéutica apostólica.

El nacimiento virginal (Is. 7:14)

Wegner declara: «Existe poca duda de que Isaías 7:14 y su reutilización en Mateo 1:23 sea uno de los problemas más difíciles para los eruditos modernos».[67] Esto surge de la creciente cantidad de evangélicos que cuestionan si Isaías 7:14 profetiza sobre un nacimiento virginal. Para ser claro, estos eruditos reconocen que Jesús nació ciertamente de una virgen, tal como declara Mateo (1:23). Sin embargo, ¿era esa la idea original en la intención de Isaías? ¿Existe, en ese caso, algún movimiento del Antiguo Testamento al Nuevo?

Los argumentos en contra de la interpretación mesiánica del texto apelan a tres piezas de evidencias principales. En primer lugar, el entorno histórico de Isaías 7 parece exigir que la señal de Isaías esté relacionada con las circunstancias en curso. Isaías 7 empieza explicando que Efraín y Siria están imponiendo presión política y militar sobre el reino del sur (vv. 1-2).[68] La explicación de la señal responde a esa situación (vv. 3-14). Esto sugiere que se ocupa de algo en el presente y no en el futuro. En segundo lugar, el lenguaje de la señal así lo propone. Isaías relaciona el nacimiento de Emanuel con el derrumbamiento de los reyes de Efraín y Siria (v. 16). Esto parece afirmar que la señal tiene que ver con la crisis del momento.[69] En tercer lugar, el desarrollo posterior de la señal en Isaías parece respaldar esta interpretación. En el capítulo siguiente, Isaías describe el nacimiento de Maher-salal-hasbaz en términos bastante similares al nacimiento de Emanuel (Is. 8:4; cp. Is. 7:16). Maher-salal-hasbaz trata de forma explícita con la situación de Efraím y Siria en ese momento (Is. 8:4-8). Esto parece confirmar que Isaías pretendía que la señal se cumpliera en el tiempo en curso. Emanuel es una señal de la destrucción del enemigo y, por tanto, de la liberación de Judá.[70]

Estos argumentos son, desde luego, convincentes y hacen ver que esto es sencillamente lo único que el texto discute. Sin embargo, varios factores muestran que puede haber más cosas involucradas. Como otros profetas, la mentalidad de Isaías en este texto no se centra meramente en el presente, sino en el futuro:

1. El contexto de Isaías 7 muestra la conciencia histórico-redentora de Isaías. El capítulo 7 no es el primero del libro. Los capítulos anteriores han establecido importantes conceptos y cuestiones que se tratan en Isaías 7. Esto gira en torno a cómo Dios enviará a Israel al exilio, por culpa de su pecado (5:26-30), pero esto se invertirá al

67. Wegner, «How Many Virgin Births?» 467.
68. Oswalt, *Isaiah 1–39*, 195-96.
69. Wegner, «How Many Virgin Births?» 468-70; Walton, «Isaiah 7:14», 295-98
70. Hamilton, «Virgin Will Conceive», 228-39. Hamilton resume bien estos argumentos.

final con un reino glorioso (2:1-4; 4:2-6). El llamado de Isaías reitera este paradigma. Su trabajo consiste en la condenación de Israel
(Is. 6:8-12), de manera que al final serán hechos santos (Is. 6:13).[71]
La misión de Isaías relaciona el presente con lo escatológico. Isaías
7 no está en un vacío. Su contexto sugiere que la explicación de la
situación presente tiene que ver con otra mayor.

2. El contexto inmediato exhibe esta misma perspectiva. Isaías sale al
encuentro de Acaz con su hijo Sear-jasub, cuyo nombre significa
«un remanente volverá» (7:3).[72] El lenguaje se usó con anterioridad
en Isaías (cp. 1:26, 27; 4:3) y demuestra que la situación en Isaías
7 no solo trata del presente, sino del programa mayor de exilio y
restauración.[73] Del mismo modo, el uso que hace Isaías de la «casa
de David» prueba que él creía que la situación en curso no era solo
una amenaza para Acaz, sino para toda la dinastía davídica (7:2).[74]
Curiosamente, la amenaza contra la dinastía davídica es el contexto
inmediato y tiene que ver con la señal (7:13). Una vez más, el contexto inmediato de Isaías 7 no describe meramente una situación
histórica, sino una circunstancia en un plan más amplio. Isaías no
solo habla de la realidad del momento.

3. La gramática de la señal indica esto. Como se ha expuesto, algunos han interpretado que Isaías 7:14-15 afirma que el niño es una
señal de la derrota del reino del norte y de Siria. El lenguaje menciona, con toda seguridad, la situación en curso. Sin embargo, no es
precisamente esto lo que afirma Isaías. Obsérvese que la redacción
declara que el hijo comerá mantequilla y miel (v. 15), *porque* (כִּי)
antes de que el niño sea lo suficientemente mayor para escoger entre
el bien y el mal, las tierras de los reyes serán abandonadas (v. 16).
Técnicamente, la resolución del conflicto con Efraín y Siria *no es*

---

71. Oswalt, *Isaiah 1–39*, 178.
72. Isaías ya ha usado el término «regreso» (שׁוּב) en un juego de palabras sobre el exilio. Por
    una parte, el remanente regresará (1:26, 27), pero la razón de su regreso es que se nega-
    ron a arrepentirse (6:10) y, por tanto, Dios debe juzgarlos (1:25; 6:13).
73. Al contrario de algunos (p. ej., Walton) que argumentan que Isaías 7:13-14 está incluido
    históricamente en una nueva sección, no parece haber una brecha real en la narrativa.
    Además, incluso asumiendo una discontinuidad histórica entre los acontecimientos,
    Isaías aplica una continuidad literaria al colocar la palabra «también» (גַּם) en el texto.
    Este adverbio sitúa de manera inherente la información de Isaías 7:13ss en paralelo con
    el contexto de más arriba. La distribución de «la casa de David» también da fe de esta
    cohesión.
74. Isaías describe cómo la amenaza presente es para la casa de David (7:2). Dirigida en
    aquel momento a Acaz (vv.3-12), pero más tarde a la casa de David (v.13). El cambio
    de pronombres acompaña al cambio de títulos. Dios habla con Acaz en singular, pero a
    la familia davídica en plural. Estos cambios gramaticales argumentan que los distintos
    títulos no pretenden ser puramente estilísticos o sinónimos. Isaías habla a dos grupos
    distintos: Acaz y el resto de la dinastía davídica.

el contenido ni el propósito de la señal, sino más bien *la razón* de que esto suceda como lo hace.[75] Responde a la pregunta: «¿Por qué come Emanuel mantequilla y miel, los alimentos de la pobreza?» (cp. 7:22), en vez de «¿cuál es la importancia de la señal de Isaías?». De ahí que afirmar que Emanuel sea una señal de la liberación presente de Israel no es gramaticalmente correcto. En su lugar, las circunstancias del momento causarán las trágicas circunstancias que rodean el nacimiento y la infancia de Emanuel. De nuevo, el presente está vinculado al futuro.[76]

4. Entender esto ayuda a darle sentido al Maher-salal-hasbaz de Isaías 8. Como se ha discutido, algunos eruditos establecen un paralelo entre él y Emanuel. En realidad, en Isaías 8:4, Maher-salal-hasbaz denota la inminente desolación de Efraín y Siria, como se predice en Isaías 7:16. Este es el propósito profético del niño. Sin embargo, acabamos de observar que esa desolación *no* es el propósito de la señal de Emanuel. En Isaías 7:16, la desolación de esos reinos explica *por qué* Emanuel nacerá en pobreza y no explica *qué es* Emanuel. En consecuencia, Maher-salal-hasbaz y Emanuel no comparten el mismo propósito. Están relacionados, pero no son la misma señal. Maher-salal-hasbaz es la señal de que se producirán las duras circunstancias que rodean el nacimiento del Mesías. Maher-salal-hasba es la profecía cercana que confirma a alguien en un futuro más distante (el nacimiento de Emanuel en el exilio).

---

75. Para convertir el versículo 16 en el contenido de la señal, habría que tomar la partícula כִּי («para») como contenido («que»), y no de forma causal o explicativa («para» o «porque»). Sin embargo, dos factores hacen que esto sea improbable. En primer lugar, convertir el versículo 16 en el contenido de la señal en el versículo 14 es poco natural, ya que los versículos están bastante separados. En segundo lugar, técnicamente, la partícula modifica los verbos en el versículo 15. El niño comerá mantequilla y miel, *porque* la tierra será abandonada. Así, afirmar que es una señal de destrucción de la tierra es cometer un error gramatical.

76. Una observación gramatical adicional respalda esta aseveración. «La virgen» y «concebirá» están en una construcción adjetiva predicativa. Concebir (o estar encinta) modifica directamente a la joven mujer en su estado en curso. Así como el «hombre es bueno» significa que el hombre, en su descripción de ese momento, es bueno como hombre, de la misma manera, la virgen quedará encinta como virgen. Esto contrarresta la sugerencia de que, aunque עלמה puede implicar virginidad, la joven mujer de la época de Isaías se casaría, quedaría encinta, y después daría a luz un hijo. Esto también respalda la idea de que Isaías tenía en mente una concepción milagrosa y un nacimiento *por excelencia*. Contra Wegner, «How Many Virgin Births?» 472. Wegner permite que Isaías 7:14 influya en la explicación, que es un razonamiento circular. Sugiere, basándose en la literatura ugarítica (en particular, el poema Nikkal), que *glmt* no puede incluir la idea semántica de virgen (471). Al tratar el poema Nikkal, se diría que hay una oración involucrada. De ahí que el imperfecto *tld* (dar a luz) no sea una referencia al pasado, sino que más bien denota una petición. Véanse Vawter, «The Ugaritic Use of GLMT», 321; Goetze, «Nikkal Poem», 353-60. Si este es el caso, su razonamiento del ugarítico es menos eficaz.

La observación de Kidner (reiterada por Motyer) resume esto muy bien:

> La señal de Emanuel... aunque concernía a los acontecimientos finales, insinuaba una promesa para el futuro inmediato en el que *por pronto* que Emanuel naciera, la amenaza presente habría pasado antes de que se diera cuenta siquiera. Sin embargo, el tiempo de su nacimiento no se reveló; de ahí que se diera la nueva señal tan solo para tratar con la escena contemporánea.[77]

5. El resto de Isaías 8 respalda además que Emanuel no es Maher-salal-hasbaz. La esposa de Isaías no le puso nombre al niño, al contrario de lo que se profetiza en Isaías 7:14 (cp. Is. 8:3; Lc. 1:31). Isaías también registra cómo Emanuel triunfará en última instancia sobre los enemigos de Judá y pondrá fin al exilio (Is. 8:10). Basándose en esto, Emanuel parece ser distinto a Maher-salal-hasbaz. Después de todo, este último nunca libera a Judá de sus enemigos. Así, Isaías lo diferencia de Emanuel.

6. Isaías 8 también afirma la lógica observada en Isaías 7:14-16. Describe cómo la invasión asiria asolará a Siria y Efraín. Sin embargo, también se explica cómo inundará la invasión a Judá, la «tierra de Emanuel» (8:5-8). Si Emanuel es una señal de que los enemigos de Israel serán destruidos, con el resultado de la salvación de Judá, ¿por qué Isaías 8 declara que ocurrirá lo contrario? En su lugar, la descripción de Isaías 8 encaja con lo que he sugerido más arriba. Isaías 7 profetiza que Emanuel vivirá en la pobreza, por las circunstancias presentes. Isaías 8 declara que la desolación de los enemigos de Judá conduciría a la propia desolación de esta, y así Emanuel nacerá en condiciones de exilio.

7. El resto de Isaías 8–11 refuerza la perspectiva mesiánica de Isaías 7:14. Al final de Isaías 8, el profeta describe cómo se sumirán Israel y su rey en la oscuridad (8:21-22).[78] Sin embargo, de esas tinieblas llegará una luz (9:1-2 [heb., 8:23-91]), basada en el nacimiento de un niño (v. 6 [heb., v. 5]), quien llevará sobre sus hombros la autoridad de Dios. Esta persona mesiánica de Isaías 9:6 (heb., v. 5) se corresponde con Isaías 7:14.[79] Ambos registran el nacimiento y el nombramiento de un niño asociado con la presencia de Dios («Dios con nosotros versus «Dios fuerte»). En ambos lugares se explica que un niño nace en el exilio y en medio de la prueba. Ambos textos garantizan la seguridad de la dinastía davídica en virtud del

---

77. Kidner, «Isaiah», 639; Motyer, *Isaiah*, 90.
78. Oswalt, *Isaiah 1–39*, 239.
79. *Ibíd.*; Motyer, *Isaiah*, 102-5.

nacimiento de este niño. Con estos paralelos es probable que Isaías equipare su profecía de 7:14 con la figura mesiánica de 9:6 (heb., 9:5). Esto refuerza la interpretación mesiánica de Isaías 7:14. Isaías 11 también lo reitera. Este capítulo presenta a un niño-libertador (Is. 11:2), cuyo dominio se encuentra en la culminación de la historia (11:9-12).[80] Con esto, Isaías 11 repite el mismo patrón del niño real que asegura la liberación y el reino últimos. Las similitudes y el patrón sostienen que Isaías vinculó todos estos textos entre sí. Muestran cómo el Hijo, nacido de una virgen en el exilio (Is. 7:14) es el Hijo/Niño que vencerá el exilio (9:56 [heb., v. 5]) y, en última instancia, restaurará el mundo (11:1-12). De nuevo, los textos posteriores ratifican que Isaías 7:14 no trata solo del presente, sino también del futuro.

Estos factores ilustran lo que hemos observado en este capítulo. Isaías conocía conceptos teológicos complejos como el Mesías. Su escrito desarrolla esa idea (Is. 9:6 [heb., v. 5]; 11:2), que aclara la naturaleza de Isaías 7.14. El profeta tampoco escribió estrictamente sobre su situación en curso, sino que tenía en mente cómo el presente se relaciona con el futuro. De ahí que indique cómo la crisis de aquel momento tiene que ver con la señal de la liberación y la seguridad finales para la dinastía davídica (Emanuel). Escribe con mayor complejidad de lo que cabría esperar en un principio.

Un factor permanece. La intertextualidad no solo nos ayuda a ver la direccionalidad de Isaías, sino también su profundidad teológica. Esto está relacionado con la señal misma, el nacimiento virginal. Uno podría preguntarse cómo la señal de una joven (supuesta y acertadamente virgen) que da a luz participa en el programa teológico de Isaías.[81] Los eruditos se han

---

80. Oswalt, *Isaiah 1–39*, 239. Oswalt declara: «Pero esta persona también será un niño, y es inevitable que el aspecto infantil del libertador sea importante para Isaías, ya que aparece de nuevo en 11:6, 8 (como se insinúa, por supuesto, en 7:3, 14; 8:1-4, 8, 18).» Véanse también Kaiser, *The Messiah in the Old Testament*, 158-64; Motyer, *Isaiah*, 101-2.

81. El espacio no permite un análisis lexicográfico adecuado de עלמה en lugar de בתולה. Sin embargo, la idea de una joven casadera y, por tanto, presumiblemente virgen es justificable. Véase Wegner, «How Many Virgin Births?» 471-72. Wegner critica la interpretación que Walton hace de las pruebas para un debate útil. Discrepo de la metodología de Wegner que incluye Isaías 7:14 en la discusión. Si Isaías 7:14 es el versículo en cuestión, aportarlo como prueba de cierta definición léxica es un razonamiento circular. Véanse también Feinberg, «The Virgin Birth in the Old Testament and Isaiah 7:14», 251-58; Niessen, «The Virginity of the עלמה in Isaiah 7:14», 133-41. Dos pasajes también suscitan la atención a esta cuestión, incluido Isaías 54:4, donde se usa el término supuestamente con una mujer estéril, así como Proverbios 30:19-20, donde una mujer adúltera constituye el contexto. Interpretar Isaías 54:4 como un paralelismo sinónimo induce a error. Lexicalmente, si עלמה se refiere a la juventud, estamos tratando con un paralelismo antitético o merismático. En el segundo caso, demuestra que Israel ha sido vergonzante en el contexto de su juventud, así como en su adultez. Véanse las otras dos apelaciones proféticas a la juventud de Israel como mujer sexualmente promiscua (cp. Os. 1–2), así como el contexto inmediato que habla de cómo Dios será el esposo fiel y la hará gloriosa (Is. 54:5-12). La perversidad de Sion como la vergüenza de su juventud refuerza

preguntado de forma sistemática sobre esta realidad.[82] La intertextualidad puede ayudar en este debate. La frase «concebirá y dará a luz» (ילד + הרה) es, en realidad, una fórmula reiterada en el canon. Se aplica a personas, incluidas Eva (Gn. 4:1), Agar (16:11), Sara (21:2), Jocabed (Éx. 2:2), la madre de Sansón (Jue. 13:5) y Ana (1 S. 1:20).[83] Rut es un cercano paralelo (4:10).[84] Los nacimientos son, a menudo, milagrosos porque Dios vence la esterilidad (Jue. 13:5; 1 S. 1:20) o provee protección del daño (Gn. 16:11). Por consiguiente, los hijos nacidos son individuos importantes en el plan de Dios.

La importancia del nacimiento virginal parece ser un argumento *in crescendo*. Supera a cualquier otro nacimiento milagroso. En consecuencia, el Hijo nacido de una virgen es el individuo más relevante en la historia redentora. Supera a Isaac, Moisés, Sansón o Samuel. En el contexto de Isaías 7.14, el nacimiento de este individuo supremo asegura la dinastía davídica y la restauración de un remanente (cp. Sear-jasub, 7:3). Nacerá en el exilio y le pondrá fin. Por tanto, Dios usará a este niño de formas extraordinarias para cumplir su plan y manifestar su majestad. El niño es verdaderamente «Dios con nosotros» (7:14).

Por consiguiente, Isaías no escribe mejor de lo que sabe. Es consciente de que sus palabras afectarán al futuro y al Mesías. Su uso intertextual de los términos también muestra por qué su profecía es teológicamente trascendente. Su apelación al nacimiento virginal presenta al Mesías como el individuo más crucial de todos los tiempos. De este modo, Isaías es un profeta-teólogo que escribe mejor de lo que nosotros reconocemos.

CONCLUSIÓN

¿Hablaron los profetas mejor de lo que sabían, o mejor de lo que nosotros reconocemos? La idea clave de este capítulo es la direccionalidad; a saber, los profetas escribieron a modo de preparación deliberada para el futuro. Su actividad intertextual nos recuerda que sabían más de lo que podríamos haber imaginado. Los profetas conocían la revelación pasada lo bastante

---

la noción de la virginidad en lugar de contrarrestarla. De manera similar, si tomamos Proverbios 30:19-20 como la mujer adúltera que pervierte la pureza de la relación entre el hombre y עלמה, implica la castidad/pureza del עלמה. Esto también armoniza con la noción de la virginidad implícita en el término.

82. Wegner, «How Many Virgin Births?» 467; Walton, «Isaiah 7:14», 297; Oswalt, *Isaiah 1–39*, 210-11.

83. Génesis 16:11 usa una construcción *weqatal*, en lugar del participio que se halla en Jueces 13:5 e Isaías 7:14. Es probable que el uso de *weqatal* dé cabida al estado de embarazo en curso de Agar, mientras que *el participio del presente activo* alude a un acontecimiento futuro (es decir, que tanto la concepción como el nacimiento son futuros). Véanse GKC §112.d (332); *IBHS* §32.2.4 (535); 37.6f (628). La insinuación tanto en Jueces 13:5 como en Isaías 7:14 es que las mujeres no estaban encintas, pero lo estarían en su estado estéril o estando עלמה.

84. ילד aparece en trescientos sesenta versículos sin הרה. De ahí que, la fórmula de «concebir y dar a luz» no sea solo coloquial, sino un subconjunto de comunicar nacimientos únicos.

bien como para incorporar ideas teológicas sofisticadas en sus textos. Estaban, asimismo, al tanto de su lugar en la historia redentora y hacia dónde se dirigía la misma en términos generales. Sabían que sus escritos tenían consecuencias teológicas que poseerían ramificaciones sobre el plan de Dios. En ocasiones, incluso, discernían algunas de las consecuencias que sus escritos tendrían en la historia redentora, a la luz de la trayectoria establecida por sus predecesores. Por tanto, los profetas posicionaron sus escritos de forma intencionada para que los autores posteriores (p. ej., los apóstoles) los usaran.

No solo observamos esto de forma deductiva, sino en casos prácticos específicos, algunos de los cuales fueron ejemplos primordiales para opiniones alternativas. Podemos ver el patrón de cómo los profetas destacaron ciertas implicaciones de un texto anterior y lo convirtieron en el enfoque para aplicaciones futuras. Oseas se sirvió del éxodo para apuntar a un nuevo éxodo con un nuevo David. Los profetas posteriores aclaran que la Roca que guio a Israel en el desierto está relacionada con el Mesías. La intertextualidad resalta la perspectiva histórico-redentora de Isaías, y que él habló del nacimiento futuro del Mesías. Todo esto es una buena preparación para la forma en que el Nuevo Testamento usará estos pasajes. Los profetas no estaban hablando mejor de lo que sabían, sino mejor de lo que nosotros reconocemos.

Una vez más quiero recalcar un requisito importante en todo esto. ¿Conocían los profetas *exhaustivamente* la forma en que los escritores subsiguientes aplicarían sus palabras? *No estoy afirmando esto.* Por supuesto, en el caso de la profecía (mesiánica o de otra clase), los profetas conocen el futuro, pero no necesariamente el momento exacto ni las circunstancias específicas (cp. 1 P. 1:10-11). Incluso en estos casos, la hermenéutica profética ayuda a confirmar su naturaleza predictiva y su relevancia teológica (cp. Is. 7:14). No obstante, dudo que ningún autor humano conozca todas las formas particulares en que se usará su texto.

Dicho esto, el conocimiento *exhaustivo no* es la cuestión. El tema es discernir si la intención de los profetas es *suficiente* como preparación para esos usos posteriores. ¿Acaso los escritores posteriores tienen que interpretar las ideas de nuevo en el texto, porque nunca estuvieron presentes en el contexto original (*sensus plenior*)? ¿Los autores subsiguientes obtienen las ideas sobre un pasaje basándose en las ideas culturales de dicho texto (hermenéutica contemporánea)? ¿Se ven obligados los escritores ulteriores a forzar un texto para aplicarlo a una nueva situación, porque los profetas solo escribieron respecto a sus circunstancias en curso?

Mi respuesta a estas preguntas es «no». Los profetas escribieron con una complejidad teológica, y con vistas a una situación mayor y futura. La obra profética fue lo bastante sofisticada para sentar las bases para —y encajar perfectamente en— todas las formas en que los apóstoles la usarán. Esto no exige que el profeta lo supiera *todo,* sino que supiera lo *suficiente.* El *conocía* lo suficiente como para sentar las bases deliberadamente para el desarrollo futuro de sus ideas. Su conocimiento *bastaba* para proveer un fundamento teológico y una estructura suficientes para que los escritores posteriores hicieran su trabajo. Los escritores ulteriores no tienen que inventar ni forzar nada sobre un texto, sino más bien ampliar con legitimidad lo que ya existe. Como tal, cumplen con las implicaciones o la importancia de la intención original de los autores. Hacen una aplicación válida de dicho texto.

Sin lugar a duda, la revelación posterior *desarrollará* las ideas de la revelación anterior, lo que significa que los profetas no lo sabían todo. No obstante, los apóstoles ampliarán *las ideas de los profetas*, sin interpretar en retrospectiva nada totalmente nuevo ni escondido en lo antiguo. Oseas desconocía que Jesús escaparía de Herodes. No obstante, escribe sobre un éxodo futuro dirigido por el Mesías. Su texto está orientado al Nuevo Testamento. De modo que cuando Mateo explica a Cristo, y alude a un nuevo éxodo, está trabajando con aspectos pertenecientes a la intención original de Oseas, retoma lo existente y sigue adelante con ello. La hermenéutica profética *se mueve* intencionalmente hacia la hermenéutica apostólica, y la hermenéutica apostólica *continúa* la profética. Tal direccionalidad es una pieza fundamental del rompecabezas en la búsqueda de la lógica autoral.

Esto no solo tiene implicaciones sobre la mencionada búsqueda, sino también para nuestra forma de interpretar. ¿Leemos a los profetas entendiendo su direccionalidad? ¿Los leemos sabiendo cómo encajan en la historia redentora? ¿Los leemos viendo cómo desarrollaron los temas bíblico-teológicos a modo de preparación para los apóstoles? Es necesario que seamos conscientes de cómo contribuye su revelación al plan de Dios y avanza hacia el Nuevo Testamento. Los profetas deseaban que fuéramos en esa dirección. Interpretaron y escribieron de esta forma. La exégesis, la cosmovisión y la hermenéutica de los profetas afirman su mayor visión para sus escritos, exactamente como Pedro lo expresó: «A éstos se les reveló que no para sí mismos, sino para nosotros administraban las cosas» (1:12a).

5

▼ ▼ ▼

LA HERMENÉUTICA APOSTÓLICA

CONTINUIDAD CON LOS PROFETAS

La hermenéutica profética muestra cómo los escritores veterotestamentarios eran exégetas y teólogos. Desarrollaron con legitimidad ciertas implicaciones teológicas de las Escrituras antecedentes a través de la nueva revelación, y establecieron las bases para que los demás prosigan con su lógica. En ocasiones, esto produce una cadena de textos que se extiende desde el Antiguo Testamento, y sienta las bases para el Nuevo.

La pregunta es si el Nuevo Testamento retoma o no esa cadena. ¿Prosigue la hermenéutica apostólica con la hermenéutica profética (continuidad hermenéutica)? Un buen número de evangélicos argumentan de forma afirmativa. Aun cuando podrían no estar de acuerdo en cómo funciona esto exactamente en los casos individuales, eruditos como Kaiser, Beale, Hamilton y Bock sostienen que, en el núcleo central, los apóstoles usaron el Antiguo Testamento de un modo contextual.[1] Me gustaría unir mi propia voz a ese coro.

No obstante, como explicamos en el último capítulo, no todos coinciden. Algunos mantienen que los autores del Nuevo Testamento usaron el Antiguo de manera no contextual, porque utilizaron los métodos de sus contemporáneos.[2] Otros argumentan que Dios les dio a los apóstoles un profundo entendimiento respecto al significado pleno y oculto del Antiguo Testamento (*sensus plenior*).[3] En ambos criterios, el caso de Cristo justifica

---

1. Kaiser, «Single Meaning, Unified Referents», 88-89; Beale, «Jesus and His Followers», 387-90; Hamilton, «The Skull Crushing Seed of the Woman», 30-32; Bock, «Single Meaning, Multiple Contexts», 106-7. En este contexto, Bock se inclinaría hacia el hecho de que la revelación llena más brechas de las que los profetas tenían, mientras que para Kaiser lo haría menos. Dentro de este espectro, yo me inclinaría por Kaiser por encima de Bock, en especial respecto a ciertas profecías mesiánicas. Creo que la hermenéutica profética y la revelación anterior ayudan a respaldar cómo los profetas hablaron (en ocasiones) del Mesías. No obstante, existen casos exegéticos cuando hay más «brechas». En estos casos, el planteamiento general de Bock es correcto y no está en total oposición con Kaiser. Todos están en el ámbito del reconocimiento del dominio del contexto veterotestamentario en la lógica de los apóstoles. Todos afirman que la nueva revelación funciona dentro de la trascendencia de la revelación previa.

2. Enns, *Inspiration and Incarnation*, 142-43; Longenecker, *Biblical Exegesis in the Apostolic Period*.

3. Moo, «The Problem of Sensus Plenior»; Brown, «The History and Development of the Theory of Sensus Plenior.»

incluso la reinterpretación del Antiguo Testamento.[4] Existen muchas razones por las que las personas piadosas se han aferrado a estas opiniones. Las cuestiones son complejas, como hemos visto.

Sin embargo, no podemos evitar la pregunta sobre la continuidad hermenéutica. Nos encontramos en la coyuntura crítica de la discusión. La forma en que los escritores bíblicos interpretan la Biblia tiene incidencia sobre cómo la estudiamos. Si el Antiguo Testamento hace una cosa, pero el Nuevo cambia ese método por algo distinto, ¿cómo nos moldea esto como intérpretes de las Escrituras? La pregunta es sustancial. Por tanto, aunque la cuestión de la continuidad hermenéutica es complicada, es necesario que nos ocupemos de ella. De diferentes maneras, esto es lo que intenta dilucidar este libro en su totalidad.

Aunque las soluciones de arriba puedan parecer convincentes, sugiero que los escritores neotestamentarios no usan el Antiguo Testamento de manera no contextual, sino de un modo firmemente contextual; retoman la red de textos veterotestamentarios establecida por los profetas. Podemos ver esto de forma deductiva en su modo de presentar las Escrituras, mediante la descripción que hicieron de su ministerio, y de cómo correlacionan los textos del Antiguo Testamento. Esa evidencia argumenta que los apóstoles afirmaron que usaban esta parte de la Biblia conforme a su intención original. Por supuesto, muchos podrían señalar una diversidad de casos en los que no parecen actuar así. ¡Estos numerosos ejemplos son, para empezar, la razón por la cual este asunto es tan difícil! En consecuencia, trataré estos textos y mostraré cómo la continuidad de la hermenéutica profética y la apostólica puede ayudar a resolver estos pasajes. Juntos, estos factores sugieren que los apóstoles afirmaron la continuidad hermenéutica con los profetas, y así lo hicieron. La hermenéutica apostólica da continuidad a la hermenéutica profética.

EVIDENCIA INICIAL DE LA CONTINUIDAD

Reconozco que la mejor forma de defender la continuidad hermenéutica es analizar cada ejemplo del uso neotestamentario del Antiguo Testamento. Trataré algunos de los pasajes más difíciles en breve. No obstante, algunas de las pruebas fundamentales respaldan la continuidad hermenéutica y no la discontinuidad. Aunque podrían no ser definitivos, estos factores nos llevan en esa dirección.

Fórmulas introductorias

Una de las formas más directas de acceder a la lógica hermenéutica de los apóstoles consiste en examinar cómo introdujeron sus citas del Antiguo Testamento. Estas fórmulas proporcionan indicadores iniciales de cómo aplicaron la revelación previa. Proporcionan, asimismo, discernimiento de qué pensaban los apóstoles sobre la naturaleza del Antiguo Testamento, y cómo los ayudó a definir la relación entre su nueva revelación y la antigua.

4.　Enns, *Inspiration and Incarnation*, 152.

Examiné casi doscientos ejemplos de fórmulas introductorias, muchas de las cuales eran frases repetidas con las que muchos están familiarizados.[5] Por ejemplo, una introducción común es «porque escrito está» o palabras similares (cp. Mt. 4:10; Lc. 4:10; Hch. 1:20; Ro. 8:36; Gá. 3:10). Otras fórmulas son más breves, con un mero «porque» (ὅτι) o «pues» (γάρ) (cp. 1 Co. 6:16; Gá. 3:11; He. 7:17; 8:5; Stg. 2:11; 1 P. 3:10; 5:5). Otro tipo frecuente de fórmulas gira en torno a la comparación. Los escritores neotestamentarios afirman a menudo «Cómo está escrito» (καθὼς γέγραπται) o «como dijo» (καθὼς) o «cómo» (ὡς) (cp. Mr. 1:2; Lc. 2:23; Jn. 1:23; 6:31; 12:14; Hch. 7:42; Ro. 3:4; 9:25; 1 Co. 2:9; He. 4:3). Otras introducciones postulan el Antiguo Testamento como las bases para el argumento. Reivindican aquello que es «conforme a las Escrituras» (κατὰ τὰς γραφὰς; cp. Ro. 4:18; 1 Co. 15:3-4; Stg. 2:8). Otra introducción declara que la discusión está en armonía con lo que se escribió con anterioridad (Hch. 15:15). Finalmente, es probable que estemos bastante familiarizados con las fórmulas que aseveran el cumplimiento de las Escrituras del Antiguo Testamento (ἵνα πληρωθῇ; cp. Mt. 2:15, 17, 23; 21:16; Mr. 15:28; Lc. 22:37; Jn. 15:25; Hch. 1:16; 3:18; Stg. 2:23).

Podemos observar un patrón en todos estos ejemplos. Todos declaran de algún modo que el Antiguo Testamento es el fundamento o la base del razonamiento de los apóstoles. «Pues», «porque», o cualquier otra declaración causal afirma que es la razón o el apoyo subyacente de la afirmación neotestamentaria. Las fórmulas de «como está escrito» postulan al Antiguo Testamento como la base de comparación, y eso constituye los cimientos para la conclusión del Nuevo Testamento. De manera similar, la declaración de «según las Escrituras» (y otras parecidas) convierten al Antiguo Testamento en la base del argumento de los apóstoles. Incluso la fórmula del cumplimiento muestra, de manera fundamental, cómo el Antiguo Testamento se abre paso en el Nuevo. En consecuencia, estas fórmulas presentan las Escrituras como el fundamento para la legitimidad —y la prueba— de las conclusiones de los escritores del Nuevo Testamento. Expresado de otro modo, al usar este lenguaje, los apóstoles argumentan que sus palabras son consistentes con sus homólogos del Antiguo Testamento y que amplían las de ellos. Esto suena mucho como la continuidad de la hermenéutica profética y la apostólica.

Por tanto, las fórmulas introductorias indican que los apóstoles dieron continuidad a la intención y a la lógica de sus predecesores. Esta es la orientación principal de lo que podemos observar a partir de estas declaraciones. No obstante, podemos añadir algunas observaciones a partir de estas fórmulas respecto a cómo pensaban los apóstoles sobre el Antiguo Testamento.

En primer lugar, su uso de dichas fórmulas introductorias insinúa que creían en una intención autoral, así como en la confluencia entre los autores humanos y divinos. Ya hemos explicado esto en el capítulo 2. Que usen las «Escrituras», al autor humano y a Dios de manera intercambiable da a

---

5.   Un agradecimiento especial a Chris Williams, quien me ayudó a recopilar y cotejar estas fórmulas introductorias.

entender que creían que existía unidad entre los tres. A saber: que las Escrituras hablen equivale a que Dios lo haga, y equivale a la intención del autor humano (cp. Mt. 3:3; 4:14; cp. 2 P. 1:20-21).[6] Como ya se ha explicado, su deseo consistía en honrar esa intención y ser consistente con ella.

En segundo lugar, los apóstoles no tomaban a los autores humanos de las Escrituras por ignorantes. En su lugar, las fórmulas introductorias de los apóstoles aseveran que los profetas entendían las ramificaciones de sus escritos. Por ejemplo, Jesús señala que David debió saber que Salmos 110:1 se refería al Mesías (Mt. 22:43). Pedro afirma que David sabía que el Mesías debía resucitar (Hch. 2:25, 34). Pablo comprendió que el autor de Génesis conocía las implicaciones del evangelio de «en ti serán benditas todas las naciones» (cp. Gá. 3:8).[7] Esas citas indican que los apóstoles no creían que estaban hallando un significado oculto en las Escrituras, sino uno que ya se pretendía. Esto también es una pista de que los apóstoles creían en la direccionalidad del Antiguo Testamento, tal como era la intención de los profetas. En realidad, aunque Pedro reconoce que los profetas no conocían las circunstancias ni el momento exactos en que se cumplirían sus profecías, sí tenían claro que hablaban a una audiencia futura (1 P. 1:10-12). Esto también respalda una especie de direccionalidad en el Antiguo Testamento.

En tercer lugar, la forma en que los apóstoles presentan las Escrituras muestra que creían que el significado del Antiguo Testamento es suficiente, sin necesidad alguna de modificación. Esto ya estaba implícito en nuestra exposición anterior sobre la fórmula introductoria. También podemos ver esto cuando no hay (o apenas hay) una introducción. Por ejemplo, el autor de Hebreos cita una serie de textos sobre el Hijo y los ángeles, con poco más que «de los ángeles/del Hijo dice» (He. 1:5-13). De manera similar, en algunos pasajes solo encontramos «escrito está» o «fue dicho» o «dice» (Mt. 5:38, 43; Lc. 19:46; Ro. 10:8, 20-21). En estos casos, los textos veterotestamentarios se mencionan sencillamente y al parecer los apóstoles dan por sentado que el lector entenderá. Al hacer eso, los apóstoles sin duda creían que sus lectores no necesitaban más revelación para interpretar el significado del texto del Antiguo Testamento. Lo que su audiencia ya sabía al respecto era por completo adecuado.

¿Qué afirmaron los apóstoles hacer con el Antiguo Testamento? ¿Hicieron valer que lo leían de nuevas formas, que lo reinterpretaban o que hallaban un nuevo sentido en el texto? Las fórmulas introductorias demuestran lo contrario.[8] Estas declaraciones afirman que los apóstoles citan el Antiguo Testamento como base de su argumento y su conclusión. Como tal, declararon que su lógica se basa en estas verdades. Las fórmulas incluso muestran cómo los apóstoles eran bien conscientes del complejo conocimiento y la

---

6. Obsérvese cómo declara el texto que Dios habló por medio del profeta Isaías (Mt. 4:14), pero en Mateo 3:3 es Isaías quien pronuncia la profecía.

7. Véanse Witherington, *Grace in Galatia*, 227-28; George, *Galatians*, 225; Betz, *Galatians: A Commentary on Paul's Letter to the Churches in Galatia*, 142.

8. Reconozco que todavía hay problemas con las fórmulas introductorias, en particular, con el lenguaje del cumplimiento. Trataremos este tema en breve.

direccionalidad de los profetas, partes claves de la hermenéutica profética. Todo esto apunta a que los apóstoles, por medio de las fórmulas introductorias, afirmaron seguir con la hermenéutica profética. No afirman cambiar el Antiguo Testamento, sino permanecer en él. Conforme consideramos el uso que el Nuevo Testamento hace del Antiguo, es necesario tomar esta afirmación en serio.

Autodescripción

Podemos examinar la mentalidad de los apóstoles no solo a partir de lo que declaran hacer con el Antiguo Testamento, sino también de quiénes afirman ser. Si se presentan como poseedores del ministerio de los profetas, esto refuerza la idea de que continuaron la obra de los escritores veterotestamentarios. Ellos no se consideraban completamente distintos a ellos, sino una extensión de ellos.

Podemos empezar a estudiar esta cuestión considerando cómo «la profecía» y los términos relacionados se usan en el Nuevo Testamento. Esto nos proporciona un amplio punto de vista sobre cómo los apóstoles se conectaban con los profetas. Fundamentalmente, los autores del Nuevo Testamento usaron «las profecías» y a los «profetas» para describir a los escritores del Antiguo Testamento y sus actividades. El término «profeta» describe a personas como Isaías (Lc. 3:4), Jeremías (Mt. 27:9), Jonás (Mt. 12:39) y Daniel (Mt. 24:15). Un lenguaje así describe también sus escritos (p. ej., Moisés y los Profetas, Lc. 16:29; 24:27). Describe asimismo su actividad de escribir. Los apóstoles dicen que estas personas profetizaban (cp. Mt. 11:13; 15:7). De ahí que, en la mente de los apóstoles, la profecía tiene sus raíces en el Antiguo Testamento.

Sin embargo, los apóstoles ampliaron esta idea. Veían a Jesús como el profeta definitivo. En Hebreos, el autor pone al mismo nivel la forma en que Dios habló por medio de sus profetas de la antigüedad y cómo habla Él ahora por su Hijo (cp. He. 1:1-2). La ley del profeta, en Deuteronomio 18:15-18, se usa en referencia a Cristo. Él es Aquel, como Moisés, a quien Dios levantará (cp. Hch. 3:22-26; 7:37, 52). En realidad, la muerte de Jesús es un paralelo de cómo los israelitas mataron a los profetas veterotestamentarios (Lc. 13:33). Más aún, al parecer, «el profeta» es en realidad un título mesiánico (Jn. 1:21).[9] En consecuencia, Jesús no está vinculado con los profetas del Antiguo Testamento, porque ellos profetizaron sobre Él, sino que también participa en su ministerio y es la culminación del mismo.

Jesús envía a sus discípulos para que sean sus testigos y sus portavoces (cp. Jn. 15:26-27).[10] Esto sugiere que extienden el ministerio profético que Cristo prosigue a partir del Antiguo Testamento. Junto con esto, el derramamiento del Espíritu en Pentecostés está asociado a la profecía (Hch. 2:17). Según el libro de Joel, la obra del Espíritu incluye que las personas profetizarán (Hch. 2:17; cp. Jl. 2:28-30). Esto prepara el camino para que el resto de Hechos

---

9.   Carson, *The Gospel according to John*, 143.
10.   Kruger, *Canon Revisited*, 175.

describa el ministerio profético de la iglesia (cp. Hch. 19:6; 11:27-28; 21:9-10). Así, el flujo de Hechos parece describir cómo la anticipación veterotestamentaria de la actividad profética está vinculada con lo que sucede en el Nuevo Testamento. En general, parece que el uso de «la profecía» pinta la perspectiva del panorama general respecto a que los escritores neotestamentarios siguen con la obra del Antiguo. Esto es por su relación con Cristo, el profeta supremo, y a la vez por el resultado de la profecía veterotestamentaria misma.

Los apóstoles no se limitan a describir este paradigma global, sino que lo expresan en los detalles de sus escritos. Podemos rastrear varias pruebas de ello:

1. Los apóstoles se autodenominan profetas. Pedro equipara a los profetas del Antiguo Testamento con los apóstoles del Nuevo (2 P. 3:2).[11] Pablo hace algo similar. Describe a «los apóstoles y los profetas» como el fundamento de la Iglesia (Ef. 2:20; cp. 3:5; 4:11). El término «profetas» se refiere aquí a los profetas neotestamentarios en lugar de a los escritores veterotestamentarios.[12] No obstante, Pablo usa el término «profeta» para equiparar a estas personas del Nuevo Testamento con sus homólogos del Antiguo. Comparten el mismo ministerio de ser «los receptores y proclamadores de la revelación divina».[13]

2. Fuera del uso del título «profeta», los apóstoles se autoconsideran como los profetas en otros sentidos. El uso del término «siervo» (δοῦλος) guarda ciertos vínculos con los escritores del Antiguo Testamento. Con frecuencia nos sentimos tentados a pensar que el título alude a la humildad y la sumisión de un individuo. Esto es así. Sin embargo, Martin observa:

> La consideración de las pruebas anteriores, junto con la relativa infrecuencia de la expresión δοῦλος θεοῦ en las primeras cartas cristianas (excepto solo en Tit. 1:1) nos lleva a concluir que el autor usa el término en uno de estos dos sentidos: Como representante de los piadosos de Israel o como alguien que estaba en consonancia con los famosos siervos de la antigüedad: Josué, Moisés, David, los profetas y Jacob.[14]

De ahí que, cuando los apóstoles usaban el término «siervo», lo más probable es que existiera una relación con sus predecesores proféticos. Ellos continuaron con la rica tradición de desempeñar un cargo al servicio del Rey.[15]

---

11. Schreiner, *1, 2 Peter, Jude*, 370.
12. Lincoln, *Ephesians*, 153. Un solo artículo (τῶν ἀποστόλων καὶ προφητῶν), probablemente agrupa estas dos entidades.
13. Bruce, *Ephesians*, 214.
14. Martin, *James*, 7.
15. *Ibíd.*

3. Además, los apóstoles consideraron su obra en la misma categoría que sus homólogos veterotestamentarios. Ambos escribían la revelación divina.[16] La obra de Kruger al respecto es particularmente importante.[17] Observa, y con razón, que los apóstoles sabían que estaban escribiendo las Escrituras. Kruger indica que Marcos hace hincapié en su asociación con Pedro al principio y al final de su Evangelio (cp. 1:16; 16:7).[18] Esto afirma que Marcos escribió intencionalmente su obra como autoritativa, basándose en la autoridad de Pedro.[19] De manera similar, Juan escribe su Evangelio como Escritura. Usa los términos «escribiendo» (γραφή) o «escribir» (γράφω), en referencia a las Escrituras veterotestamentarias (cp. Jn. 2:17; 5:46; 6:31, 45; 8:17; 10:34; 15:25).[20] Así, cuando habla de cómo fue «escrito» su Evangelio (Jn. 20:31), lo más probable es que considere sus propios escritos como equivalentes al Antiguo Testamento. Pablo también tenía esta mentalidad. Describe su mensaje como «la palabra de Dios» (λόγον θεοῦ) (1 Ts. 2:13). Sus escritos son autoritativos y vinculantes (2 Ts. 2:15), y habla con igual autoridad que Cristo (1 Co. 7:12).[21] De ahí que los apóstoles pongan sus escritos en igual plano de autoridad que la revelación pasada. Creían operar al mismo nivel que los profetas.

4. Sin embargo, los apóstoles no solo afirman que son semejantes a los profetas, sino que también continúan su obra. Afirman tener el don de profecía que conlleva una asociación con sus homólogos veterotestamentarios (cp. Ro. 12:6; 1 Co. 12:10; 1 Ts. 5:20; Ap. 1:3).[22] Pablo explica esto en su propio ministerio (cp. 1 Co. 14:37). Señala que cualquier profeta reconocería que su carta a los Corintios es una declaración profética.[23] Juan también argumenta que su propia obra en Apocalipsis es el resultado de la profecía (Ap. 1:3). Beale observa que esto denota la idea de que «la revelación divina exige una respuesta ética en línea con la "profecía" del AT».[24] Osborne

16. Kruger, *Canon Revisited*, 189. Cf. Wright, *The Last Word*, 51.
17. Ibíd., 184
18. Véase *Ibíd.*, 185. Véanse también, Körtner, «Markus Der Mitarbeiter Des Petrus», 160-73; Hengel, *The Four Gospels and the One Gospel of Jesus Christ*.
19. Hengel, *The Four Gospels and the One Gospel of Jesus Christ*, 82.
20. Kruger, *Canon Revisited*, 185-86.
21. *Ibíd.*, 186-87. En 1 Corintios 7:12, el apóstol perfila lo que el Señor ha hablado sobre el matrimonio. A continuación, proporciona sus propias instrucciones con la introducción «yo, no el Señor». La idea es que lo que ahora escribe tiene la misma autoridad que lo que Cristo afirmó. Esto se debe a que ha sido enviado por Cristo a proclamar su Palabra. Véase Thiselton, *1 Corinthians*, 526.
22. Beale, *Revelation*, 184; Thiselton, *1 Corinthians*, 965. Véase Wanamaker, *Epistles to the Thessalonians*, 202. La misma lógica afianza la declaración de Pablo para que los tesalonicenses no menosprecien la profecía (1 Ts. 5:20), ya que carga con el mismo peso de las Escrituras del Antiguo Testamento y Cristo mismo.
23. Kruger, *Canon Revisited*, 187-88.
24. Beale, *Revelation*, 184.

argumenta, de forma similar, que esto significa que Apocalipsis está «ligado a las obras proféticas del AT».[25] El uso del lenguaje profético en los escritos de los apóstoles indica que consideraban dichos escritos como la continuación de la obra de los profetas.

5. Por esa misma razón, en ocasiones los apóstoles neotestamentarios consideran su llamado a la luz del llamado de los predecesores proféticos. Pablo y Juan son casos concretos. Como han observado los eruditos, el llamado de Pablo en el camino a Damasco guarda similitudes con Isaías, Ezequiel y Daniel.[26] Del mismo modo, el encargo recibido por Juan emula el llamado de Ezequiel en que ambos se comen un rollo (Ap. 10:9-10; Ez. 3:1); y también parece incorporar las experiencias de Daniel (Ap. 1:13-15; cp. Dn. 10:5-6) e Isaías (Ap. 1:20; cp. Is. 49:2) en cómo ellos ven la gloria de Dios en Cristo.[27]

En general, los apóstoles se autodescriben, en una variedad de formas, como la continuación de los profetas. Esto es relevante. Los apóstoles no consideran que estén desviándose de los profetas. Más bien, se alinean constantemente con los profetas. Una mentalidad tan fundamental argumenta que los apóstoles creían estar en completa solidaridad con los profetas y, por tanto, siguieron su hermenéutica y su lógica.

Las prácticas intertextuales

Los apóstoles no solo afirman mantener la intención de los profetas, y que son los sucesores de los profetas, sino que también practican lo que predican. Participan en la intertextualidad de la hermenéutica profética. Podemos detectarlo mediante la simple observación de cómo yuxtaponen las Escrituras del Antiguo Testamento con sus escritos. Esto proporciona una indicación preliminar de que los apóstoles interpretan el Antiguo Testamento de forma intertextual, así como sus predecesores.

Hemos visto esto en ejemplos anteriores.[28] En Romanos 9:27-28, Pablo entreteje una serie de textos del Antiguo Testamento a partir de Isaías 10:22; 28:22 y Oseas 1:10 (Os. 2:1; heb.). El autor de Hebreos hace algo similar al citar Salmos 2:7; 45:6-7; 102:26 y 110:1 respecto al Mesías (cp. He. 1:4-14). Recopila, asimismo, Génesis 2:2, Salmos 95:8-10 y el libro de Números en su exposición sobre el reposo (cp. He. 4:4-10). Estos ya proporcionan pruebas de que, como sus homólogos proféticos, los apóstoles leían las Escrituras del Antiguo Testamento en su conjunto.

Esta práctica es bastante generalizada. Los primeros versículos de Marcos correlacionan Malaquías 3:1 con Isaías 40:3.[29] En Hechos 15:15-18,

---

25. Osborne, *Revelation*, 58.
26. Véase Kim, *The Origin of Paul's Gospel*, 165, 260-68.
27. Bauckham, *Theology of Revelation*, 82-84. Esto se refiere al encargo de Juan de escribir el libro de Apocalipsis.
28. Véase el capítulo 2 para una explicación adicional sobre los ejemplos de este párrafo.
29. France, *Gospel of Mark*, 63.

Santiago recopila una serie de pasajes incluidos Amós 9:11-12, Abdías 17, Zacarías 8:21-22 e Isaías 45:21.[30] Junto con su sermón, la epístola de Santiago (Stg. 1:9-11) utiliza también el simbolismo de Isaías 40:6-8, Salmos 49:16-17; 103:15-16 y Jeremías 9:23-24.[31] Además, el sermón de Pedro en Hechos hace algo similar y lee Salmos 16:10 con 2 Samuel 7:13-14, Salmos 89:3, así como Salmos 110:1. En las epístolas de Pedro, el apóstol junta dos textos del Antiguo Testamento que hablan de Cristo como una piedra de tropiezo y afrenta (1 P. 2:6-8; cp. Sal. 118:22; Is. 28:16). Explica, asimismo, la naturaleza del pueblo de Dios mediante la combinación de Éxodo 19:6 y Oseas 1:10 (1 P. 2:9-10). Los eruditos han reconocido que los textos citados por Pedro (en particular Sal. 118:22; Is. 28:16) poseen conexiones lingüísticas en y de por sí.[32] Pedro reconoció las asociaciones ya presentes en el Antiguo Testamento, y recapituló la obra de los profetas. Aunque ya mencionamos a Pablo más arriba, también podemos observar cómo provee Gálatas otro ejemplo de cómo cotejar las Escrituras. Pablo menciona la historia de Agar y Sara que se narra en Génesis 16:1-16. Junto con ese texto, cita asimismo Génesis 21:10-12 e Isaías 54:1, que hacen referencia a Sara.

El libro de Apocalipsis es una obra maestra de interpretar las Escrituras. Por ejemplo, la visión que Juan tiene de la corte celestial en Apocalipsis 4–5 se hace eco de las visiones que tuvieron Isaías (6:1-3), Ezequiel (1:1-28; 43:1-5) y Daniel (7:9-14).[33] Como he sugerido en otra obra, esto se debe probablemente a que esos textos veterotestamentarios ya se aludían los unos a los otros.[34] De manera similar, Juan reúne más adelante en el libro las profecías de Daniel (Ap. 13:1; cp. Dn. 7:8), Isaías (Ap. 6:15-16; cp. Is. 2:10, 19), Ezequiel (Ap. 19:17-21; cp. Ez. 38–39) y Zacarías (Ap. 11:1; cp. Zac. 2:1). En esencia, él nos proporciona una presentación más sinóptica de las escatologías de varios libros del Antiguo Testamento.

Todo esto ilustra que los apóstoles no leyeron ni escribieron de manera fragmentada sobre el Antiguo Testamento, sino más bien de manera intertextual, una práctica realizada por los profetas. Parecen, por tanto, acercarse a las Escrituras del mismo modo que sus predecesores. Este tipo de actividad no era algo aislado. Más bien la lista anterior incluye a Marcos, Santiago, Pedro, Pablo, el autor de Hebreos y Juan, algunos de los escritores más importantes del Nuevo Testamento. Esto provee una evidencia inicial de que el acercamiento de los profetas a las Escrituras apoya a los autores neotestamentarios en general.

Podemos ilustrar de otra forma la lectura intertextual que los apóstoles

---

30. Glenny, *Finding Meaning in the Text*.
31. Moo, *The Letter of James*, 67.
32. Schreiner, *1, 2 Peter, Jude*, 109; Dodd, *According to the Scriptures*, 41-43. Por esa razón, algunos sugieren de forma errónea la presencia de un «libro de testimonio». La uniformidad podría deberse a que las personas entendieran lo que el Antiguo Testamento ya estableció. El hecho de que personas tan tempranamente como en Qumrán y en los Targúmenes respalden que la conexión y aplicación al Mesías estaba bien reconocida.
33. Beale, *Revelation*, 316.
34. Chou, *I Saw the Lord*, 21-47.

hicieron de las Escrituras. La intertextualidad no solo se produce en los pasajes, los temas o los motivos individuales. Formula, asimismo, una narrativa más grandiosa de las Escrituras (cp. Sal. 78; 105-6; Dn. 9:1-19; Neh. 9:1-38). Observamos que la historia redentora era una parte clave de la lógica de los profetas. No estaban meramente centrados en sus circunstancias presentes, sino que escribieron teniendo consciencia del panorama general del plan de Dios. Los apóstoles prosiguen con este argumento desde el Antiguo Testamento hasta el Nuevo. Continuaron, por tanto, con este aspecto de la lógica intertextual de los profetas. Los discursos de Pablo y Esteban en Hechos son ejemplos pertinentes (cp. 7:1-53; 13:13-41). La manera como los profetas expusieron la historia de Israel también corresponde a su modo de explicarla. Además, Pablo también se refiere a la historia redentora por su forma de abordar la función de la ley, el evangelio, Cristo y la Iglesia en Romanos 1-3; Efesios 1 y Gálatas 3-4. Todos estos pasajes giran en torno al argumento de las Escrituras que va avanzando desde el Antiguo Testamento al Nuevo.

También podemos observar esto en los Evangelios. Mateo sigue con la trama iniciada por Moisés. El evangelista empezó su obra con una genealogía o *toledoth,* que se corresponde con lo hecho por Moisés. Originalmente, parte del propósito de Moisés detrás de las genealogías de Génesis (y, más adelante, en Rt. 4:13-22) consistía en rastrear el linaje de la Simiente. Mateo muestra la genealogía final y, con ella, acaba lo que Moisés comenzó. La genealogía de Lucas (3:23-38) hace algo similar. Observamos que el concepto de un segundo Adán formaba parte de Génesis 3:15.[35] La genealogía de Lucas parece centrarse en ese aspecto y vincular de nuevo a Jesús con Adán, quien es el Hijo de Dios (Lc. 3:38).[36] El Evangelio de Lucas continúa, asimismo, con el argumento iniciado en Génesis.[37]

Podríamos proveer más ejemplos. En realidad, el resto de este capítulo y el siguiente se dedicarán, en parte, a ilustrar de manera adicional la continuidad entre los profetas y los apóstoles en un nivel más complejo. Sin embargo, espero que la discusión anterior proporcione una clara evidencia de que la actividad de los apóstoles reflejaba a sus homólogos proféticos. Ambos leen las Escrituras en su interrelación. Ambos entienden, también, que semejante cohesión produjo una trama unificada. En consecuencia, estas prácticas testifican que los apóstoles continúan con la obra de los profetas.

Síntesis

Si parece un pato, nada como un pato y hace *cuac cuac,* lo más probable es que sea un pato. Podemos aplicar una lógica similar a la situación de los

---

35. Véase la explicación en el capítulo 3.
36. Bock, *Luke 1:1–9:50,* 348.
37. El Evangelio de Marcos cita Isaías 40:1-3, que trata sobre el exilio y la restauración. Se diría que su propio Evangelio anuncia la buena nueva de que Cristo ha venido a tratar estos asuntos mediante su muerte sacrificial y expiatoria. Él buscará y salvará a los perdidos (Mr. 10:45). Con esto, Marcos sitúa su Evangelio en el paradigma histórico redentor de Isaías. El propio Evangelio de Juan también establece un vínculo retrospectivo con Génesis y la creación (cp. Jn. 1:1).

apóstoles. Si ellos afirmaban ampliar la intención y la lógica de los profetas, si se describen como los continuadores de los profetas y si de verdad leen las Escrituras de manera intertextual como los profetas, entonces lo más probable es que prosigan con la hermenéutica profética. La evidencia sugiere que los apóstoles armonizaban altamente con los profetas en lugar de considerarse distintos a ellos.

Como ya he declarado más arriba, tales pruebas son preliminares; no obstante, siguen siendo trascendentes. Estas observaciones prueban, de manera colectiva, que los apóstoles creyeron estar avanzando en la obra de los profetas en lugar de desviarse hacia otra trayectoria. Aunque ellos podrían haber sido insinceros, considerar su uso del Antiguo Testamento para hallar una discontinuidad hermenéutica sería deshonesto por nuestra parte. Si los apóstoles reivindican que basan sus ideas en el Antiguo Testamento y parecen interpretarlo como lo hicieron sus predecesores, deberíamos tener mayor inclinación por considerar su obra en ese contexto, en lugar de suponer automáticamente de otro modo. Así, las aseveraciones de los apóstoles nos proporcionan una plataforma para comprobar si la continuación de la hermenéutica profética ayuda a rellenar la lógica de los apóstoles. Después de todo, afirmaban pensar así. Tan solo es necesario ver si en realidad hicieron lo que dijeron.

ELIMINACIÓN DE LAS OBJECIONES A LA CONTINUIDAD

Con esto en mente, podemos referirnos a las objeciones contra la continuidad de la hermenéutica profética y la apostólica, y ocuparnos de ellas. Las pruebas anteriores podrían haber sido más convincentes, o incluso suficientes, de no ser por los muchos pasajes problemáticos. Estos textos les proporcionan cierta reflexión a muchos, y con razón. Como acabamos de afirmar, es necesario que preguntemos: «¿Hacen lo que afirmaron?». ¿Van los apóstoles más allá del significado (o idea) original de los escritores veterotestamentarios? O, ¿realizan una deducción legítima (trascendencia) basada en lo que se estableció originalmente? Estas preguntas son particularmente claves en la investigación de esos ejemplos.

Como acabo de mencionar, deberíamos darles una oportunidad también a los apóstoles. Si indican que continuaron con la lógica intertextual de los profetas, deberíamos ver si transitar por ese camino realmente funciona para resolver esos pasajes difíciles. De ser así, entonces podemos demostrar que los apóstoles hicieron aquello que afirmaron. Por consiguiente, esto significa que los apóstoles usaron el Antiguo Testamento del modo adecuado. Es posible que los apóstoles proporcionaran nueva información, pero estaba dentro de los límites de la aplicación legítima.

Como en el capítulo anterior, el análisis siguiente no es el primero en tratar estos textos. Existe una plétora de recursos que se han ocupado de estos y más.[38]

---

38.   Beale y Carson, *Commentary on the New Testament Use of the Old Testament*; Archer y Chirichigno, *Old Testament Quotations in the New Testament*; Kaiser, *The Use of the Old Testament in the New*.

Esto prueba, de nuevo, que esos supuestos textos problemáticos no son obstáculos imposibles. Cada uno de ellos tiene soluciones razonables y, por tanto, la noción de la continuidad hermenéutica no es irracional.

Mi planteamiento de esta sección consiste en comprobar la mayoría de los casos que se me han señalado a lo largo de los años. En el proceso, creo que no solo eliminaré las objeciones en contra de la continuidad hermenéutica, sino que también consideraremos ejemplos adicionales de cómo la obra de los profetas completa la lógica de los apóstoles.

Una observación sobre las fórmulas de cumplimiento

Uno de los mayores dilemas en el uso que el Nuevo Testamento hace del Antiguo tiene que ver con la utilización del término «cumplido» (πληρόω).[39] Cuando un texto veterotestamentario se «cumple», con frecuencia interpretamos que significa que se ha producido la predicción de un acontecimiento futuro. Sin embargo, el problema es que los escritores del Nuevo Testamento usan esta introducción para los textos del Antiguo Testamentos que no son profecías de predicción. Oseas 11:1 en Mateo 2:15 es un ejemplo pertinente, y existen otros ejemplos posibles (p. ej., Mt. 2:18; cp. Jer. 31:15). Por tanto, aunque las fórmulas introductorias neotestamentarias afirman estar basadas en el Antiguo, para algunos se desvían en realidad de este tras un examen más detenido.

Sin embargo, Carson, Thomas y Moo sugieren, con acierto, que podríamos estar interpretando el término «cumplido» con la fuerza o el énfasis equivocado.[40] Existen ejemplos en los que los apóstoles afirman que ciertos textos no predictivos «se cumplen» de maneras no controvertidas. Por ejemplo, Santiago 2:23 afirma que el casi sacrificio de Isaac a manos de Abraham (Gn. 22:1-19) cumple «Y creyó a Jehová, y le fue contado por justicia» (cp. Gn. 15:6). En contexto, Santiago no afirma que Génesis 15:6 fuera una profecía. En su lugar, el cumplimiento se centra en cómo las obras de Abraham pusieron de manifiesto la maduración de su fe (vv. 21-22, nótese el uso de τελειόω).[41] En ese caso, el cumplimiento alude a la realización de ciertos conceptos teológicos. Además, una lógica similar gira en torno a la noción de «cumplir la ley». Por ejemplo, Jesús cumplió la ley por cuando llevó a cabo la culminación de todo aquello que representaba la ley (Mt. 5:17).[42] Cumplir la ley también se refiere a la idea de que alguien viva todo lo que la ley exige de verdad (cp. Gá. 6:2).[43] El cumplimiento en estos casos no es de predicción-actualización estrictamente hablando. Más bien tratan del funcionamiento y cumplimiento de las ramificaciones de la revelación anterior.[44]

---

39. Thomas, «The New Testament Use of the Old Testament», 262-64; Moo, «The Problem of Sensus Plenior», 191.
40. Thomas, «The New Testament Use of the Old Testament», 262-64; Moo, «The Problem of Sensus Plenior», 191; Carson, «Matthew», 118.
41. Moo, *The Letter of James*, 138.
42. Morris, *The Gospel according to Matthew*, 108; France, *Gospel of Matthew*, 183.
43. Bruce, *Galatians*, 261.
44. Moo, *The Letter of James*, 138.

Esta evidencia podría proporcionarnos un conocimiento profundo de aquello que los apóstoles querían decir cuando declararon «cumplido». Sin duda, en ocasiones, la predicción-actualización se puede producir, pero es un subconjunto de la categoría mayor del funcionamiento de la teología de un pasaje. Expresado en términos de la hermenéutica profética a la apostólica, tal vez los apóstoles no siempre afirmaran que se estuviera cumpliendo una profecía, sino la completitud o el desarrollo pleno de la obra de sus predecesores proféticos. La teología ha sido llevada a su maduración más completa. Si este es el caso, deberíamos tener cuidado, y no imponer nuestra idea de cumplimiento sobre la afirmación de ellos. Esto no resuelve todos los problemas, pero es una consideración útil conforme repasamos los siguientes ejemplos.

Una observación sobre Lucas 24:25-27 y Juan 11:51

Algunos pueden señalar cómo Lucas 24:25-27 parece declarar que Cristo interpretó el Antiguo Testamento a la luz de sí mismo. A partir de esto, se podría afirmar que se produce una nueva interpretación (cristocéntrica) de las Escrituras.[45] Puedo resaltar dos importantes observaciones sobre esto. En primer lugar, el texto no afirma que Jesús interpretara que todas las Escrituras eran acerca de sí mismo. Declara que expuso las cosas respecto a sí mismo que están por todas las Escrituras. La afirmación no consiste en que todo en las Escrituras trata sobre Cristo, sino más bien que Jesús recorrió todo el Antiguo Testamento para mostrar los pasajes pertinentes respecto a sí mismo.[46] En segundo lugar, nuestro Señor declara que sus compañeros son lentos para creer lo que los profetas han hablado (Lc. 24:25). Cristo afirma que los profetas hablaron con claridad sobre su sufrimiento y su gloria (Lc. 24:26). De este modo ratifica el conocimiento de los profetas y su intencionalidad respecto a Él.[47] Lucas 24:25-27 no insinúa una nueva hermenéutica, sino que defiende la hermenéutica profética.

Además, algunos pueden señalar que «hablar mejor de lo que uno sabe» es una categoría dentro de las Escrituras. Después de todo, Caifás habla mejor de lo que sabe (Jn. 11:51) y, por tanto, los profetas también (cp. 1 P. 1:11-12).[48] No disiento respecto a que la «categoría» exista en las Escrituras,

---

45. Enns, *Inspiration and Incarnation*, 152-54; Johnson, *Him We Proclaim*, 138-39; Goldsworthy, *Preaching the Whole Bible as Christian Scripture*, 54, 84; Greidanus, *Preaching Christ*, 51.

46. Marshall, *Luke*, 897.

47. Carson, *Collected Writings on Scripture*, 282-83. Carson observa cómo las personas pueden estar espiritualmente ciegas y, por tanto, no pueden ver lo que afirman las Escrituras. La ceguera espiritual del lector no significa que los autores estuvieran ciegos a lo que ellos pretendían. Jesús reconoce que los profetas tenían una intención y que esta hablaba de Él.

48. Véase la discusión del capítulo 4 respecto a 1 Pedro 1:11-12. La declaración de Pedro concierne a los tiempos y las circunstancias de la profecía, y no la ignorancia completa respecto a lo que afirmaron. Tal vez no conocían todas las ramificaciones en detalle (como he señalado, esto se desarrolla mediante la revelación posterior), pero sí sabían lo que aseveraron y cómo esto proporciona, más adelante, una estructura para las ramificaciones. Véase Jobes, *1 Peter,* 102. Jobes afirma que 1 Pedro 1:11-12 no trata de

pero podemos formular un par de grandes calificaciones. En primer lugar, como observa Kaiser, el acto de Caifás de «hablar mejor de lo que sabe» es una inversión irónica. En su intento de oponerse a Cristo, el sumo sacerdote profetiza en realidad sobre la victoria de Jesús.[49] Este tipo de «hablar mejor de lo que se sabe» es muy diferente a lo que otros sugieren. No creo que las personas argumentarían que Dios usa a los profetas para hablar «mejor de lo que sabían», del mismo modo en que lo hizo Caifás. En segundo lugar, en este sentido y a diferencia de otras declaraciones (cp. 2 P. 1:20-21) que tratan directamente con la forma en que Dios obra en los *escritores bíblicos*, Caifás no es una de esas personas. Juan 11:51 no se refiere a la forma en que Dios opera cuando el Espíritu guía a los autores inspirados. Así, argumentar que este texto está relacionado con los apóstoles exigiría que otro texto lo respaldara. En consecuencia, se podría intentar argumentar inductivamente a favor de que los profetas «hablaron mejor de lo que sabían», pero Juan 11:51 no es un texto de prueba deductivo al respecto.

Resolución a partir de los ejemplos previos

Empiezo abordando algunos de los pasajes más difíciles de los capítulos anteriores. Estos incluyen los ejemplos de Oseas 11:1 en Mateo 2:15 (véase capítulo 4), cómo el símbolo de la vid sigue en Mateo 21:33-46 (véase capítulo 3), la «roca» en 1 Corintios 10:4 (véase capítulo 4) y cómo Pablo usa la simiente de Génesis 3:15 en Gálatas 3:16 (véase capítulo 3). No volveré a toda la argumentación, sino que permitiré que el análisis previo nos conduzca a algunas resoluciones a estas alturas.

El uso de Oseas 11:1 en Mateo 2:15

Como ya he explicado, el uso que Mateo hace de Oseas es un texto difícil. El profeta ha usado el éxodo para hablar de un nuevo éxodo, liderado por un nuevo David. Como el Mesías dirige el éxodo, también funciona en el papel de Moisés. ¿Acaso Mateo se relaciona de algún modo con esta lógica?

Fundamentalmente, Mateo desea hablar de Jesús como un nuevo David. Su genealogía de apertura así lo manifiesta (Mt. 1:1). Además, unos cuantos eruditos observan que, en el uso que Mateo hace de Oseas, Jesús es un paralelo de Israel.[50] Esta es una indicación importante, porque muestra cómo Jesús tiene la misma solidaridad con su pueblo que tenía David. Como se ha indicado, David era hijo de Dios por cuanto representaba a Israel, el hijo de Dios. Esto también afirma que Jesús es el verdadero David, el verdadero rey representante de Israel.[51] En este contexto, Mateo desea describir

---

una completa ignorancia de lo que estaba escrito, sino del momento y de las circunstancias que acompañarían el sufrimiento de Cristo.

49. Kaiser, «Single Meaning, Unified Referents», 58-59. Véase también, Carson, *The Gospel according to John*, 422.

50. Blomberg, «Matthew», 10; Beale, «Hosea 11:1 in Matthew», 713-15; Carson, «Matthew», 117-18.

51. Véase Beale, «Hosea 11:1 in Matthew», 713-15. Beale observa cómo Mateo usa la filiación a lo largo del libro. Incluso usa la frase «el Cristo [el Mesías], el Hijo del Dios viviente» en

a Jesús no solo como el verdadero David, sino como una especie de nuevo Moisés. Allison señala numerosos paralelos entre Moisés y Jesús en el Evangelio de Mateo.[52] Por ejemplo, tanto Cristo como Moisés dan a conocer la ley desde un monte (Éx. 19:1-25; Mt. 5–7). Ambos residieron en el desierto (Éx. 2:21-22; Mt. 4:1-11). En el uso que Mateo hace de Oseas 11:1 existe un paralelo adicional en el contexto inmediato. Así como Dios liberó a Moisés de Faraón, quien deseaba matar a los bebés varones (Éx. 2:1-10), también Dios salvó a Jesús de Herodes, que deseaba matar a los niños (Mt. 2:1-14). Por consiguiente, el uso que Mateo hace de Oseas está relacionado con que Jesús asume la función de Moisés. Él será quien lidere el nuevo éxodo de Israel, como demuestran los acontecimientos que rodean su nacimiento y, como explicará Mateo con posterioridad, como indica su propia muerte en la Pascua (cp. Mt. 26:26-29).[53]

Por lo tanto, el contexto de Mateo encaja muy bien con los conceptos que Oseas ha dispuesto en su texto. El profeta ha anunciado un nuevo éxodo dirigido por un nuevo David y un nuevo Moisés, y Mateo ha mostrado cómo están funcionando estos conceptos en la historia redentora. Sin duda, por esta razón precisa eligió Mateo citar a Oseas. Después de todo, si Mateo estaba haciendo una mera conexión forzada con el éxodo, ¿por qué no escoger un texto más obvio de ese libro? Citar Éxodo 4:22 habría provisto incluso los conceptos de la filiación y del éxodo. En su lugar, con el enfoque puesto en un nuevo David y un nuevo Moisés, así como en un nuevo éxodo, Mateo quería hablar de este de un modo muy específico, de la misma manera en que lo hizo Oseas. De ahí que exprese cómo se «cumple» o se «realiza» Oseas 11:1. El amor de Dios por Israel en el primer éxodo lo ha impulsado a resolver lo necesario para el nuevo éxodo. Mateo observa cómo Dios ha provisto para ello en su Hijo. Dios ha declarado providencialmente que Jesús es el líder y el que asegura el nuevo éxodo. La elección del texto por parte de Mateo indica cómo la hermenéutica profética continúa en la hermenéutica apostólica.

El uso de Isaías 5 por parte de Jesús en Mateo 21:33-44

Jesús cuenta una parábola basada en la viña de Isaías 5. Sin embargo, al apelar a ese texto, difiere de la metáfora. En Isaías 5, Israel es la viña, pero en Mateo, Jesús presenta a la viña como la representación de las bendiciones del pacto de Dios (21:43). En la historia de nuestro Señor, los líderes de Israel son los arrendatarios perversos que se apropian de la viña (21:45). La

---

Mateo 16:16. Oseas 1:10 declara que Israel será llamado «hijos del Dios viviente». Esto no solo son pruebas de la incorporación que Mateo hace de la idea de Oseas respecto a la filiación, sino de la solidaridad corporativa entre Jesús e Israel.
52. Allison, *The New Moses*, 166-69.
53. Obsérvese cómo la Pascua está vinculada a la muerte de Jesús en todos los Evangelios. Mateo no es una excepción. Jesús es el líder del éxodo. La muerte pascual del Señor anticipa el reino futuro que incorpora el propio paradigma de Oseas de un nuevo éxodo que conduce al reino (Mt. 26:29; cp. Os. 1:10-11).

desviación de la metáfora original hace que algunos se pregunten si Jesús transformó el significado de Isaías 5.[54]

Sin lugar a duda, el uso que Jesús hace de Isaías 5 no se limita a reiterar la metáfora original. Sin embargo, eso no significa que hiciera una aplicación errónea de Isaías 5. En nuestra exposición recordamos que Isaías (y Asaf, antes que él) deseó que la alegoría de la viña se adaptara para corresponderse con el estado espiritual de Israel. De ahí que, en el Antiguo Testamento, la metáfora de la viña empieza con una viña fuerte (Sal. 80:14-15), y después pasó a una que producía un fruto desagradable (Is. 5:2-4), y después a una viña evaluada con base en la madera de la misma (Ez. 15:2-3).

Jesús continúa con la progresión. Ahora adapta la metáfora para que encaje en su audiencia, así como para conducirlos a que confesaran su culpa. En esta ocasión, Israel no está produciendo fruto alguno (Mt. 3:8), pero creen estar haciéndolo (cp. Mt. 23:3-7). Caen justo en la trampa de Jesús y, de este modo, proclaman que Dios está a punto de quitarles el reino para entregárselo a otra nación (Mt. 21:43).[55] Curiosamente, Isaías pretendía que la metáfora sirviera como artimaña para que Israel confesara su culpa. De esta manera, el uso que Jesús hace de la metáfora de la viña no reinterpreta Isaías 5, sino que más bien sigue la trayectoria que surge de cómo el profeta quería que se aplicara su alegoría.

El uso de la Roca por parte de Pablo en 1 Corintios 10:4

Pablo afirma en 1 Corintios 10:4 que la roca en el desierto era Cristo. Algunos afirman que esto se basaba en una tradición rabínica y que no tiene fundamento en el Antiguo Testamento.[56] ¿Reinterpretó Pablo el Antiguo Testamento?

Empezando por Moisés, observamos que los profetas aseveraron que Dios era la Roca que guiaba a Israel por el desierto, quien proveyó para ellos desde una roca (cp. Dt. 32:4). En este contexto, ellos implicaban que la segunda persona de la Trinidad podría estar involucrada, dado que Moisés y los escritores posteriores equiparan a la Roca con el Ángel de YHWH y con el Mesías (cp. Éx. 14:19; 23:20-23; Is. 28:16; Zac. 3:9). Por tanto, la declaración de Pablo respecto a que Cristo era la Roca que acompañó y proveyó para Israel es razonable (1 Co. 10:4).[57]

Además, en contexto, la lógica de Pablo no se enfoca meramente en Jesús como la Roca. Establece un paralelo entre la experiencia de Israel en el desierto con la Iglesia (cp. 1 Co. 10:1-6). Su uso de las deambulaciones por el desierto refleja las del Antiguo Testamento. En Salmos 95:7-11 y 78:8, los profetas aplican los fracasos de Israel en el desierto a aquella generación.

---

54. Pennington, *Reading the Gospels Wisely*, 201.
55. Turner, *Matthew*, 515-16; Nolland, *The Gospel of Matthew*, 875.
56. Enns, *Inspiration and Incarnation*, 150.
57. En realidad, la redacción precisa del apóstol implica que estaba siguiendo esta misma línea de pensamiento. No se limita a describir meramente cómo Dios los dirigió en su viaje, sino cómo la Roca los siguió (1 Co. 10:4). Este tipo de lenguaje se hace eco de lo que el Ángel de YHWH hizo en Éxodo 14:19.

Tenían que aprender y no ser como sus padres. Pablo continuó la exhortación exacta en 1 Corintios 10.

Por tanto, las afirmaciones de Pablo sobre Cristo, así como sus exhortaciones contextuales a los corintios, se basan en cómo los profetas desarrollaron y aplicaron los textos veterotestamentarios. En lugar de venir con nuevas ideas que el Antiguo Testamento nunca insinuó, Pablo sigue directamente lo que sus predecesores querían decir en sus escritos, así como su forma de aplicarlos. La lógica de ellos se ha convertido en la de él.

El uso que Pablo hace de la simiente en Gálatas 3:16

El uso de Pablo de la simiente en Gálatas 3:16 ha sido polémico. Él argumenta que el término no se refiere a un grupo plural (simientes), sino más bien a Cristo (la simiente). ¿Se encuentra esto en el contexto original de Génesis? En respuesta, hemos visto que los profetas han usado «simiente» de forma bastante extensa. Esto tiene sus orígenes en Génesis 3:15, donde el contexto es tanto corporativo como mesiánico por naturaleza. Ambas ideas se retoman en el pacto abrahámico. Dios le promete a Abraham que lo convertiría en una gran nación con numerosos descendientes (Gn. 12:2). Esta promesa también incluía al renuevo final, que haría todo esto posible: Cristo (cp. 22:18).[58] Moisés usa sustantivos y verbos en singular para exponer esta idea concreta. Alexander observa cómo los profetas siguen ese patrón gramatical y explica, de un modo más gráfico, cómo la Simiente cumpliría el plan de Dios (cp. Sal. 72:9; Mi. 7:17).[59]

La interpretación que Pablo hace de «simiente», en Gálatas 3:16, es sensible a la intención de Moisés. El apóstol no niega con esta declaración la pluralidad de la simiente. En otro lugar, reconoce que la promesa entraña numerosos descendientes (cp. Ro. 4:18). No obstante, el apóstol es consciente de otro hilo importante de pensamiento en los escritos de Moisés sobre la Simiente mesiánica. Los profetas retoman esto y Pablo lo mantiene. Todo esto demuestra con cuánto cuidado interpreta el apóstol el Antiguo Testamento, con una precisión al pie de la letra.

El uso de Jeremías 31:15 en Mateo 2:18

Jeremías 31:15 explica cómo Raquel llora por sus hijos desde Ramá. Mateo usa ese texto para describir el momento en que Herodes mata a los niños en Belén (Mt. 2:18). Dado que Jeremías 31:15 parece ser, en contexto, una reflexión sobre la pasada deportación de Israel, algunos sugieren que Mateo está sacando el texto de su contexto original.[60]

Aunque Jeremías 31:15 mismo no recuerda la historia, su función en el contexto es más complicada.[61] Jeremías 31:15 usa la pasada deportación de Israel para describir toda la época del exilio. Varias razones respaldan esto.

---

58. Bruce, *Galatians*, 172.
59. Alexander, «Royal Expectations», 210-12.
60. Longenecker, *Biblical Exegesis in the Apostolic Period*, 140-47.
61. Huey, *Jeremiah, Lamentations*, 273-74.

En primer lugar, el llanto de Raquel (מְבַכָּה) es un participio que denota una acción característica. Basándose en esto, Thompson sostiene que el llanto de Raquel podría haber empezado con la deportación inicial de Israel, pero continúa.[62] En segundo lugar, en este sentido, Dios le ordena a Raquel que deje de llorar (Jer. 31:16) en el contexto del nuevo pacto (Jer. 31:31). Esto reafirma que Raquel sigue llorando en el futuro. Su dolor impregna todo el período del exilio hasta que acabe con el establecimiento del nuevo pacto.

En tercer lugar, otros libros han usado, o usarán, los temas de Jeremías 31:15 para describir otras partes del exilio. Jeremías presenta a Raquel, la madre de todas las madres de Israel, llorando. Este simbolismo de las madres y la pérdida de los hijos es un descriptor repetido del exilio (cp. Lm. 2:12). De manera similar, Ramá es un lugar que marca repetidos acontecimientos exílicos. Jeremías mismo usa Ramá no solo para discutir el exilio del reino del norte, sino también la deportación del reino del sur (40:1). Otras profecías han usado esta ubicación para discutir el desastre masivo del exilio desde el principio (Os. 5:8) hasta el final (Is. 10:29).[63] Por tanto, los componentes de Jeremías 31:15 se han aplicado a diversas etapas del exilio. Esto también respalda que el texto es una descripción del dolor de todo el exilio; se relaciona con múltiples ejemplos de lo que tiene lugar durante esa era.

En consecuencia, Mateo es bastante razonable en su uso del Antiguo Testamento. Muestra otro caso de lo que Jeremías 31:15 está afirmando: el dolor del exilio para las madres de Israel y sus hijos.[64] Sin embargo, Mateo muestra que lo que Jeremías 31:15 expone ha alcanzado un punto crítico; se ha «cumplido». Esto no solo se debe al dolor del maltrato de Israel, sino también por la llegada del Renuevo profetizado por Jeremías, para llevar a cabo la restauración y el nuevo pacto (Mt. 2:23; cp. Is. 11:1; Jer. 23:5; nazareno puede significar «renuevo»).[65] Como declara Carson, las lágrimas de Raquel en Jeremías «alcanzan su apogeo y finalizan por las lágrimas de las madres de Belén. El heredero al trono de David ha llegado, el exilio ha acabado, el

---

62. Thompson, *The Book of Jeremiah*, 573; *IBHS*, §37.6e (626).

63. Huey, *Jeremiah, Lamentations*, 273-74. Algunos objetan en contra de Ramá como nombre de un lugar. Sin embargo, figura sin artículo como nombre de un lugar (Neh. 11:33). Además, a ciertos apelativos se les puede retirar el artículo. Véase GKC §125, 402. La presencia de un artículo puede marcar una ubicación singular y específica. Algunos pueden argumentar que el uso de Ramá es incidental, por su ubicación geográfica. De nuevo, lo más probable es que sea ambas cosas. Jeremías habla de la localización de Ramá, por su ubicación geográfica de ser el punto del exilio.

64. Carson, «Matthew», 95.

65. Véase Blomberg, *Matthew*, 70-71. Es curioso ver los contextos que se solapan y confirman, producidos por el uso que Mateo hace de diversos textos veterotestamentarios. El contexto en Jeremías del éxodo al nuevo éxodo confirma lo que observamos sobre Oseas. La apelación que el evangelista hace a las Escrituras al explicar que «nazareno» puede influir en que algunos asumieran que Jesús era Renuevo en la profecía de Jeremías (ya que nazareno puede significar «renuevo»). Una nota al respecto. Jeremías 23:5 usa el término צֶמַח para «renuevo», mientras que nazareno estaría relacionado con el hebreo נֵצֶר. Sin embargo, incluso en hebreo, estos dos términos están relacionados. En Isaías, parecen ser paralelos (cp. Is. 4:2). Este podría ser el antecedente también para Jeremías 23:5.

verdadero Hijo de Dios está aquí, y presentará el nuevo pacto ([Mt.] 26:28) prometido por Jeremías».[66]

De este modo, Mateo continúa con el tema del sufrimiento exílico, que se encontraba originalmente en Jeremías 31:15, y fue mantenido por los profetas. Entiende, asimismo, los elementos predictivos que rodean a Jeremías 31:15, y demuestra cómo el sufrimiento exílico culminante da paso a Aquel que ha venido para acabar con el exilio solitario. Mateo es, de nuevo, rigurosamente contextual.

El uso de Zacarías 11:4-13 en Mateo 27:6-10

Mateo apela a Zacarías 11:4-13 cuando discute la muerte de Judas. Afirma que es el cumplimiento de la profecía de Jeremías, donde se pagaron treinta monedas de plata por el campo del alfarero (Mt. 27:6-10). Dos cuestiones importantes giran en torno al uso que Mateo hace de Zacarías. La primera tiene que ver con si el texto de Zacarías era profético o no. La segunda es por qué cita Mateo a Zacarías, aunque declara que procedía de Jeremías. ¿Olvidó Mateo dónde se hallaba el texto bíblico?

Comenzaremos tratando la primera pregunta. ¿Es Zacarías 11:4-13 una profecía del futuro? Algunos comentaristas señalan que el pastor de Zacarías 11:4-13 era Zacarías, por lo que está representando algo que describe realidades presentes.[67] Numerosas dificultades (y, por tanto, numerosas opiniones) existen a la hora de identificar lo que Zacarías detalla.[68] Aunque las cuestiones son complejas, se puede argumentar que Zacarías pretendía que el capítulo 11 retratara realidades futuras. En primer lugar, Zacarías ha usado a los individuos de su época para presentar a un individuo mesiánico futuro. Por ejemplo, pone a Josué el sacerdote como analogía del Mesías llamándolo «Renuevo» y «Siervo» (Zac. 3:1-10; 6:9-15). Es posible que haga algo similar con Zorobabel (Zac. 4:7).[69] Las propias acciones de Zacarías como «pastor» siguen este patrón de usar personajes presentes para describir realidades futuras. En segundo lugar, el contexto de Zacarías 11:9 tiene un elemento predictivo sistemático. Además de las profecías a lo largo del libro (cp. Zac. 3:8-10; 6:9-15; 8:1-23), la sección específica de Zacarías 9–11 es profundamente escatológica (cp. Zac. 9:11-17; 10:5-7).[70] Incluso en el mismo capítulo, Zacarías parece predecir la caída de Jerusalén en el 70 d.C.[71] El contexto sugiere que Zacarías 11 estaría retratando el futuro. Finalmente, los eruditos reconocen que Zacarías 11 refleja Ezequiel 34, porque su explicación del pastor usa una redacción sumamente similar.[72] Dado

---

66. Carson, «Matthew», 95.
67. McComiskey, «Zechariah», 1191, 1194-95; Smith, *Micah–Malachi*, 272; Klein, *Zechariah*, 312-13.
68. McComiskey, «Zechariah», 1191, 1194-95.
69. Smith, *Micah–Malachi*, 206; Klein, *Zechariah*, 161.
70. Klein, *Zechariah*, 277-78.
71. Feinberg, *The Minor Prophets*, 325
72. Smith, *Micah–Malachi*, 271; Klein, *Zechariah*, 324. Smith observa ciertos contrastes en la redacción; sin embargo, esa podría ser la idea de Zacarías. Él muestra que Israel

que Ezequiel declara de forma explícita que el pastor es el nuevo David (Ez. 34:23), Zacarías también está hablando de este mismo individuo. Por lo tanto, el contexto amplio, inmediato e intertextual indica que el acto de hablar de Zacarías describe acontecimientos futuros sobre el Mesías. Por consiguiente, como concluye Klein, el uso de Zacarías mismo en Mateo es razonable. Es predicción-actualización.[73]

El problema más sustancial es la segunda cuestión importante. Mateo no afirma que está citando a Zacarías, sino a Jeremías. Aunque Mateo puede entender correctamente el significado de las palabras del contexto, ¿olvidó, acaso, de dónde procedía en realidad la cita? Algunas de las soluciones incluyen que el apóstol declara «Jeremías» como eslogan para todos los profetas o que Jeremías era el título de una sección del Antiguo Testamento.[74] Sin embargo, Mateo no hace esto típicamente. Afirma citar de Isaías (Mt. 3:3; 4:14) y Jeremías (Mt. 2:17), y lo hace de manera correcta.

Como con el ejemplo de Oseas más arriba, la elección que Mateo hace del pasaje y el lenguaje es intencional. Es un indicador de cómo razona. ¿Existe alguna razón por la que Mateo cite a Zacarías, pero afirme que el texto es de Jeremías? Blomberg señala que probablemente sea el uso de una yuxtaposición o conflación.[75] Como observamos con anterioridad, los escritores del Nuevo Testamento yuxtaponen los textos veterotestamentarios. Esto era similar a cómo sus homólogos del Antiguo Testamento interpretaron la revelación previa intertextualmente. Mateo podría haber estado pensando en Jeremías y Zacarías juntos. Esto tiene sentido, en particular porque menciona «sangre inocente» (αἷμα ἀθῷον; v. 4) y el «alfarero» (τοῦ κεραμέως; v. 7), términos hallados en Jeremías 19:1-13.[76] Por tanto, es probable que Mateo esté pensando en Zacarías 11, Jeremías 19, así como en algunos otros textos de Jeremías que tratan del alfarero (Jer. 18:1-11).[77] Así, la declaración de Mateo sobre Jeremías consiste en alertar a sus lectores sobre cómo él lee a Zacarías con Jeremías.

Sin embargo, ¿está esto justificado? Dicho de otro modo, ¿impuso Mateo esta conexión, o reconoció otra que ya existía? La hermenéutica profética entra ahora en juego. Zacarías 11:13 discute cómo Dios le ordenó a Zacarías que echara su salario (treinta monedas de plata) al alfarero (LBLA). Para empezar, podríamos preguntarnos por qué habla Zacarías del alfarero (11:13, LBLA). El detalle es, al parecer, superfluo. ¿Por qué le ordena YHWH a Zacarías que le eche el dinero *al alfarero* en lugar de deshacerse meramente del dinero?

La expresión específica hebrea «el alfarero» (הַיּוֹצֵר) solo aparece en dos

seguirá estando en el exilio por no haber aceptado al pastor, como profetizó Ezequiel. El lenguaje contrastante denota la intencionalidad de Zacarías para describir otro lado del mismo individuo.

73. Klein, *Zechariah*, 318.
74. Morris, *The Gospel according to Matthew*, 696
75. Blomberg, *Matthew*, 408.
76. *Ibíd.*
77. *Ibíd.*

textos: Jeremías 18–19 y Zacarías 11:13.[78] En Jeremías, el alfarero era un individuo a quien Dios usó para ilustrar su juicio soberano en el exilio. Dios puede tratar con Israel como el alfarero lo hace con la arcilla (18:6). El Señor también destroza una vasija creada por el alfarero para mostrar su juicio contra su pueblo (19:11). De esta forma, el alfarero es, en un sentido, como «el segador siniestro», emblema de la muerte, de modo que el alfarero es un emblema de juicio y exilio. Al aludir a él, la profecía de Zacarías le recuerda al pueblo su rechazo del Pastor, que lo conducirá más al exilio, en lugar de sacarlo de este. De hecho, Zacarías declara que, como resultado del rechazo del verdadero Pastor, Israel se encontrará con un falso líder, un pastor insensato (Zac. 11:15), que causará gran devastación en la nación (Zac. 11:16). Zacarías amplía la teología del exilio que Jeremías presentó primero. Muestra las ramificaciones de la predicción de Jeremías para todo el exilio de Israel.

Mateo retoma esta corriente de lógica. Como hemos observado, elabora su narrativa para no solo incluir elementos de Zacarías, sino también de Jeremías (compárese Mt. 27:4-7; Jer. 19:1-13). En contexto, Israel había esperado que el Mesías lo sacara de la opresión extranjera. Cuando Jesús ofreció el perdón del pecado, lo rechazaron. Sin embargo, al hacerlo, la ironía es clara: en realidad, se hundieron a mayor profundidad en el exilio. El dinero fue al alfarero, al «segador siniestro» del exilio. El plan de Dios avanza tal como Jeremías y Zacarías lo explicaron.[79]

Por consiguiente, Mateo no es extraño. Su mención de Jeremías es estratégica. Ayuda a trazar una teología del exilio desde Jeremías, pasando por Zacarías y hasta el momento del primer advenimiento de Cristo. En este contexto, la hermenéutica profética funcionaba de dos formas para ayudar a anclar la interpretación de Mateo. Demuestra que las palabras de Zacarías estaban anunciando, de hecho, al Mesías (p. ej., el uso que Zacarías hace del Pastor y Ez. 34). Más aún, el uso que Zacarías hace de Jeremías ayudó a sacar a relucir una teología del exilio que Mateo, a su vez, adelanta. Mediante una serie de claves textuales, Mateo lleva al lector a esta cadena de textos. Así, la hermenéutica profética continúa en la hermenéutica apostólica.

---

78. Algunos pueden señalar que Isaías 29:16 menciona al alfarero; sin embargo, se escribe de manera diferente (defectivamente). La forma singular de escribirlo vincula a Jeremías con Zacarías.
79. Blomberg, *Matthew*, 408. En la cita que Mateo hace de Zacarías 11:13, el término «campo» no se encuentra en el original. Fundamentalmente, esto no está en contradicción con lo que Zacarías declaró. Este profetizó que tirarían el dinero al alfarero. No especificó el porqué. Mateo, a través de la nueva revelación, meramente especifica que es por un campo. Este es otro ejemplo de cómo la revelación posterior se concentra en detalles particulares de la estructura establecida por la revelación previa. Además, la mención del campo puede ser, igualmente, una alusión irónica a Jeremías 32, que habla de que compró un campo (heredad) para señalar la esperanza del final del exilio. Esto confirma que Mateo lee a Zacarías y Jeremías juntos. Esto también confirma que la lógica respecto al exilio está presente. Tristemente, la compra de este «terreno» no sería con el mismo propósito esperanzador que tenía Jeremías. Israel no iba a ver el final del exilio, sino que se adentraría más en él. Véanse Davies y Allison, *Matthew*, 3:570; Morris, *The Gospel according to Matthew*, 697.

El uso de Salmos en Juan 19

Juan afirma que una diversidad de salmos (22:18; 34:20; 69:21) se cumplen en la muerte de nuestro Señor (cp. Jn. 19:24, 28, 36). Sin embargo, algunos cuestionan si David, quien experimentó y escribió sobre estos sufrimientos, sabía que Jesús experimentaría lo mismo. Al margen de la posibilidad de que uno de estos pasajes (Sal. 22) podría ser una profecía mesiánica, podemos hacer las observaciones siguientes.[80]

En primer lugar, cuando Juan habla de «cumplimiento», me remito a mis comentarios anteriores sobre el tema. Que se use ese lenguaje no exige que la profecía esté involucrada. Más bien habla fundamentalmente del cumplimiento de la intención de la revelación pasada.[81] De ahí que Juan no esté, necesariamente, realizando una afirmación de que todos los textos que cita sean predicciones de la muerte de Jesús (aunque, en algunos casos, eso podría ser cierto).[82]

En segundo lugar, y como he comentado antes, no se requiere el conocimiento exhaustivo de una ramificación futura para que un texto se utilice según la intención original del autor. La aplicación fiable se produce cuando se extrae una inferencia legítima a partir de la gama de implicaciones que el autor pretende. Y esto ocurre independientemente de que él supiera cómo respondería el lector. Cuando hoy vivimos el mandamiento de Juan de amarnos los unos a los otros, seguimos ateniéndonos a la intención de su texto, supiera él o no de nosotros y conociera él o no las acciones específicas que realizaríamos para cumplir ese mandamiento. Así, el problema hermenéutico consiste en demostrar si David establece las implicaciones que Juan extrajo legítimamente.

En tercer lugar, la intertextualidad del Antiguo Testamento ayuda a mostrar cómo pretendía David que su texto se moviera en esa dirección. El estudio de Johnston sobre Salmos resulta útil en esta exposición. El mismo señala que ciertos salmos pueden proveer un conocimiento profundo de la ideología real davídica y que, por tanto, son relacionables a Cristo.[83] Lo que

80. Véase Rydelnik, *Messianic Hope*, 110-12. Véase la discusión posterior sobre Salmos 16 y 22. David no cumplió todo lo que declara en el Salmo 22.
81. Moo, «The Problem of Sensus Plenior», 191; Thomas, «The New Testament Use of the Old Testament», 262-63; Moo, *The Letter of James*, 138.
82. Rydelnik, *Messianic Hope*, 110-12.
83. Véase Johnston, «Messianic Trajectories in the Royal Psalms», 74-75. Johnston afirma toda la noción de cómo la teología de David en los salmos es aplicable al Mesías. Su propio análisis de los salmos reales lo corroboran y proporciona una útil síntesis: «Los salmos reales proporcionan percepciones cruciales de la ideología davídica real del antiguo Israel. Aunque originalmente describía diversas características de la dinastía davídica histórica o celebraban la entronización real del rey davídico de aquel momento, hicieron una relevante contribución al fundamento para el mesianismo escatológico. Aunque no son una profecía directa sobre Jesús, son explícitamente aplicables a los reyes davídicos posteriores» (105). Aunque yo pueda discrepar con Johnston respecto a que esto esté en funcionamiento en la intención de David en ciertos textos (p. ej., Sal. 2; 110; consideraría que esto es directamente sobre el Mesías); no obstante, sus observaciones son un excelente análisis de lo que tiene lugar en los casos de más arriba.

sigue arma el caso para esa lógica general. Fundamentalmente, David escribió los salmos con una aplicabilidad general para cualquiera dentro de la comunidad. Después de todo, cantaban sus obras de manera corporativa y reiteraban sus sentimientos. Así, su piadoso sufrimiento pretende ser recapitulado hasta cierto punto por otros sufrientes piadosos. No solo nosotros usamos los salmos hoy de esta forma, sino que otros hacen lo mismo en el Antiguo Testamento, como por ejemplo Jonás (Jon. 2:4-7; cp. Sal. 69:1-2) y Habacuc (Hab. 3:1-13; cp. Sal. 68:19-21). Por consiguiente, la intención de David ya basa la aplicabilidad de estos salmos a Cristo. Jesús cumple el concepto del sufriente justo y esta podría ser la idea de Juan.[84]

La conexión puede ser aún más específica. Los salmos davídicos se abastecen con frecuencia de las promesas hechas a David en el pacto davídico (p. ej., Sal. 18:43-50; cp. 2 S. 7:9-14).[85] Esta conexión intertextual indica que estos salmos no son tan solo las reflexiones personales de David respecto a su dolor, sino más bien exposiciones parciales sobre la naturaleza del pacto davídico mismo. Así, ciertos salmos se explayan sobre el sufrimiento como parte de la teología del pacto davídico. Esto hace, por supuesto, que los salmos de David sean particularmente pertinentes para cualquier rey davídico, porque todos están bajo ese pacto. Sin embargo, podemos llevar esto un paso más lejos. En otros salmos, David sabe que el Mesías cumplirá dicho pacto (Sal. 110:1-3; cp. 2:7; 72:1-20).[86] Con esto, David escribe sobre la teología del pacto davídico y el sufrimiento, siendo plenamente consciente de que este pacto, con su teología asociada, llegará a un apogeo en Cristo. Los salmos de David son, pues, como mínimo, inherentemente aplicables al último pariente de David.

Esta trayectoria se mantiene y se agudiza cuando entendemos que los profetas entienden al Mesías como el nuevo David (Os. 3:5), quien recapitula su vida en ciertos aspectos (cp. Mi. 5:2). Los profetas posteriores también usan estos salmos para describir los sufrimientos del Mesías (Is. 53:3; cp. Sal. 22:6). Esto prueba que los profetas leen los salmos comprendiendo que inciden en el descendiente último de David y, a través de una nueva revelación, explican en mayor extensión esos detalles. La hermenéutica profética refina una ramificación particular de la teología pasada con vistas hacia el Nuevo Testamento.

Una vez más, estos componentes no exigen que David escribiera con el conocimiento absoluto de cómo moriría Jesús. Sin embargo, David escribió su texto de un modo inherentemente aplicable a Cristo. Era consciente de que su obra tendría ramificaciones sobre cualquier rey davídico, incluido el Mesías. Los profetas retoman esto y proporcionan más detalles de cómo se produciría esto. Dios permite que Juan siga esta lógica y observe el resumen preciso (aunque realzado) del lamento de David en el sufrimiento del Señor. Por tanto, Juan aplica el texto de forma *razonable y legítima* a esa

---

84. Cf. Carson, *The Gospel according to John*, 627.
85. House, *Old Testament Theology*, 406; Waltke, *Old Testament Theology*, 888-89.
86. Kaiser, «Psalm 72», 72.

ocasión. Ve y destaca cómo se cumple todo el sufrimiento asociado al pacto davídico.

Al concluir esta exposición en particular, puedo indicar que la intertextualidad de los Salmos (sobre todo con el pacto davídico) puede también ayudar en otros casos (cp. Hch. 1:20; cp. Sal. 69:25; 109:8).[87] Además, debería comentar un ejemplo más, porque ilustra la interconexión del Antiguo Testamento. En Juan 19:36, el apóstol observa que ni un solo hueso del cuerpo de Cristo se quebró, y afirma que esto cumple las Escrituras. Juan no provee técnicamente su fuente para esta cita. Así, algunos eruditos argumentan que se refiere al cordero pascual de Éxodo 12:46 y Números 9:12.[88] Ciertamente, esto tiene sentido dado el contexto de la crucifixión.[89] Otros, sin embargo, argumentan que Juan alude a Salmos 34:20, que habla sobre cómo libera Dios al justo.[90] ¿A qué texto se refiere Juan? Como sugiere Köstenberger, es probable que el apóstol se refiera a ambas líneas intertextuales del pensamiento del Antiguo Testamento.[91] No son mutuamente exclusivas, ya que en Isaías 53 se usa el simbolismo del cordero sacrificial (Is. 53:5-7) en el contexto del castigo y de la liberación de un rey davídico justo (Is. 53:4-5; cp. 2 S. 7:13-14).[92] Una vez más, Salmos 34:20, Éxodo 12:46 y Números 9:12 no predicen de forma explícita la muerte de Jesús, pero sí exponen ideas teológicas legítimamente vinculadas a la muerte de nuestro Señor en Isaías. El Nuevo Testamento prosigue con esta línea de pensamiento. El uso que Juan hace del Antiguo Testamento es bastante razonable cuando se tiene en cuenta la hermenéutica profética.

El uso que Pedro y Pablo hacen de Salmos 16:10 en Hechos 2:26-28; 13:35

En Hechos, tanto Pedro como Pablo apelan al Salmo 16. En realidad, interpretan el salmo básica y exactamente del mismo modo. Ambos lo usan como respaldo y profecía del Antiguo Testamento de que Jesús sería resucitado de entre los muertos (cp. Hch. 2:27-32; 13:35). Pedro incluso afirma que, como profeta, David sabía esto (Hch. 2:27-32).

La pregunta es si su uso del Salmo 16 coincide con la intención original de David. Los eruditos argumentan que el salmo trata su situación inmediata, y no tiene nada que ver con la resurrección o el Mesías. ¿Estaría hablando David mejor de lo que sabía? ¿Acaso Pedro y Pablo usaron el salmo de un modo no contextual?

En un principio, podemos observar que las palabras de David no parecen referirse a su situación inmediata. El lenguaje de ser abandonado

87. En Salmos 69:25 y 109:8, David condena a alguien que lo traicionó, basándose en las promesas que Dios le hizo en el pacto davídico. Esto establece un precedente de cómo se debería tratar a quien traiciona a un rey davídico. Por lo tanto, esto se aplica correctamente a Judas, quien traicionó al rey davídico supremo.
88. Carson, *The Gospel According to John,* 627.
89. *Ibíd.*
90. Köstenberger, *John,* 553.
91. *Ibíd.*
92. Young, *The Book of Isaiah,* 346.

(עֲזֹב + לְ) indica que se deja atrás a alguien.[93] De ahí que, no «dejarás mi alma en el Seol» no describe a David evitando la muerte. Más bien, supone que ha entrado en la muerte y que Dios no lo dejará allí, sino que lo sacará. Esto es lenguaje de resurrección, un concepto que el siguiente versículo podría reiterar, ya que habla de estar en la presencia de Dios para siempre (נְעִמוֹת בִּימִינְךָ נֶצַח, Sal. 16:11). Además, si el Salmo 16 trataba meramente con la situación inmediata, aquí la confianza de David sería extraña. En otros salmos, David espera justo lo contrario: puede descender al Seol, y lo hará (18:5; 30:3; 86:13; 116:3; 141:7). ¿Cómo puede afirmar una cosa en el Salmo 16 y lo contrario en otros salmos? La solución más sencilla es que habla de dos asuntos diferentes. Los otros salmos tratan del temor de David en su situación inmediata, pero Salmos 16:10 se ocupa de su confianza en su destino final. Por su lenguaje y en comparación con otros salmos, Salmos 16:10 habla de la resurrección.

Además, el Salmo 16 no solo trata de la resurrección, sino también del Mesías. Salmos 16:10 habla del santo de Dios (חָסִיד). Aunque «el santo» es relativamente frecuente, el santo de Dios (p. ej., «tu santo» o «su santo») parece ser un título más singular. *Nunca se refiere* a David, sino de forma explícita al Mesías (מְשִׁיחוֹ, 1 S. 2:9-10).[94] Algunos podrían objetar aún, argumentando que el paralelismo de Salmos 16:10 parece identificar al «santo» con David mismo. Sin embargo, la objeción no es necesariamente verdadera. Salmos 4:3 [heb., v. 4] menciona al «piadoso» (חָסִיד) y a David en paralelo, pero el «piadoso» no se refiere a David. En ese salmo, «el piadoso» se refiere a los santos en general. La obra de Dios para esos individuos es la base para su particular obra salvadora para David.[95] En ese caso, las ideas de las líneas son paralelas e intercambiables, pero los referentes siguen siendo diferentes. Ese tipo de paralelismo parece ser el caso exacto de Salmos 16.10. De ahí que exista un precedente de que «piadoso» tiene que ver con el Mesías y que el paralelismo facilita tal interpretación.

El conocimiento de David y el lenguaje paralelo que usa en otros salmos consolida esto. Por ejemplo, el salmo inmediatamente siguiente discute la resurrección (Sal. 17:15) con el lenguaje que otros profetas también usarán para describir este fenómeno (cp. Is. 26:19; Dn. 12:2).[96] David es muy consciente de la resurrección, y sus palabras son, en realidad, la base para su discusión adicional en el Antiguo Testamento.

---

93. En construcciones paralelas, las aves abandonan a sus polluelos en la tierra cuando desamparan a sus huevos en la tierra (Job 39:14). De manera similar, Dios abandona a Etiopía (Cus) a las aves cuando la deja atrás a merced de estas (Is. 18:6). Véanse Trull, «An Exegesis of Psalm 16:10», 310-11; Bierberg, *Conserva Me Domine*, 70-71.
94. Obsérvese aquí que parece haber un quiasma en 1 Samuel 2:9-10. La primera frase se ocupa del santo y la última también trata del Mesías. Entremedio, el versículo se concentra en aquellos que no son piadosos. Esto respalda que el Mesías y el Santo son paralelos. Una variante textual sugiere que «el santo» está, en realidad, en plural. El *kethiv* no solo respalda la interpretación singular, sino que también la LXX está en singular. Sin duda, el singular es original.
95. Craigie, *Psalms 1–50*, 80.
96. Kidner, *Psalms 1–72*, 90.

Además de esto, el lenguaje paralelo entre el Salmo 16, el Salmo 22 y Salmos 86:13 confirma también que el Salmo 16 trata de la resurrección escatológica y del Mesías. Salmos 16:10 comparte el mismo lenguaje de Salmos 86:13 respecto a que Dios libera al salmista del Seol.[97] Además, tanto el Salmo 16 como el Salmo 22 comparten el mismo término «dejar» o «desamparar» en cuanto a que Dios abandona a la persona a la muerte (cp. Sal. 22:1 y 16:10). Ambos pasajes también hablan de la presencia de Dios (פָּנֶה), su satisfacción (שֹבַע) y la plenitud de la vida (חַי) en estrecha proximidad (Sal. 16:11; 22:24-26). Estos factores sugieren que el Salmo 16 se superpone con los Salmos 22 y 86.[98]

Este lenguaje superpuesto es significativo. El Salmo 22 y Salmos 86:13 lo usan en contexto para tratar la resurrección escatológica y el Mesías. Kraus reconoce que tanto Salmos 86:13 como 22:24-26 [heb., vv. 25-27] utilizan un lenguaje similar para explicar la resurrección en un contexto escatológico donde las naciones rinden homenaje a Dios.[99] Además, el contexto de Salmos 22:24-26 [heb., vv. 25-27] hace hincapié en que la liberación de un hombre es responsable de esto. David no podría ser ese individuo, ya que nunca llevó a cabo nada de esto. De hecho, Dios nunca afirmó que David cumpliría este tipo de promesas. Más bien espera a su descendencia que cumplirá el pacto davídico (cp. 2 S. 7:12). Por consiguiente, el Salmo 22 está

---

97. Los Salmos 16 y 86 incluso comparten el término «santo o piadoso» (16:10; 86:2).

98. El solapamiento entre estos dos textos es sustancial. Por ejemplo, los dos salmos comparten las palabras santo (16:3; 22:3), complacencia/complacer (16:3; 22:8), nombre (16:4; 22:22), labios (16:4; 22:7 LBLA), porción/repartir (16:5; 22:18), suerte (16:5; 22:18), caer/echar (16:6; 22:18), noche (16:7; 22:2), corazón (16:9; 22:14), confiar (16:8; 22:5, 6, 9) y alma (16:10; 22:20, 29). Los paralelos de suerte y porción son particularmente relevantes ya que en ningún otro lugar del Salterio aparecen en paralelo fuera de los Salmos 16 y 22. En realidad parece ser a la inversa. El Salmo 22 lamenta que los enemigos hayan repartido la ropa del Mesías y echado suertes sobre ella. El Salmo 16 recoge cómo Dios es la porción del poeta y las suertes han caído bien para él. Esto puede significar que los Salmos 16 y 22 son imágenes especulares el uno del otro.

99. Kraus, *Psalms 60–150*, 183; Kraus, *Psalms 1–59*, 300. Kraus afirma de Salmos 86:12-13: «Las declaraciones de los vv. 12* y 13* tendrán que entenderse como un voto de agradecimiento. El peticionario jura que cantará un תודה, un cántico de acción de gracias a Jehová. Él ve *toda su aflicción ya vencida*. Merece la pena notar el entendimiento de la acción de gracias en el v. 12b*. *Dado que Jehová ha intervenido, como Él ha demostrado ser un Dios que ayuda, el receptor de su misericordia lo* «honrará» (כבד), *tomará parte en el homenaje escatológico universal que un día todas las naciones le brindarán al Dios de Israel al* «honrarle» (כבד, v. 12*), (183, las cursivas son mías).
   La explicación de Kraus respecto a Salmos 22:27-28 es también particularmente incisiva: «Especialmente en el versículo 28*, la relación a la tradición cúltica de Jerusalén se hace evidente. Jehová es honrado en Sión como מלך y como משל (véase más arriba, Intro. §10, 1). Él es el gobernante del mundo. Por consiguiente, Él merece la alabanza de las naciones. *Hasta los muertos están incluidos en el gran homenaje. Esto es lo más curioso, ya que, de otro modo, existiría una barrera insuperable en el AT: los muertos no tienen relación con Jehová, y no lo alaban (cp. Sal. 6:5*; 88:10-12*)*. שאול *es un lugar muy alejado del culto. Sin embargo, ahora la barrera está rota. Asimismo, los que duermen en la tierra (Dn. 12:2*) son incluidos en el homenaje a Jehová* (300, las cursivas son mías). Kraus reconoce la resurrección escatológica como parte de estos salmos.

relacionado con el Mesías, aunque no hable directamente de Él.[100] Así, en Salmos 86:13 y 22, David usa un lenguaje particular para discutir la teología del Mesías y la resurrección escatológica. Dado que David usa el mismo lenguaje en el Salmo 16, sin duda está exponiendo el mismo asunto. Estos pasajes paralelos más claros ayudan a dilucidar y confirmar la naturaleza del Salmo 16. En consecuencia, la intertextualidad del Salmo 16 afirma que trata del Mesías y de la resurrección.

Así, el Salmo 16 apunta a la resurrección. Su lenguaje es lo bastante claro como para distinguir el salmo de los demás pasajes donde David habla de sus circunstancias inmediatas. Desde el punto de vista lingüístico, es lo bastante claro como para hablar de la resurrección; y es lo bastante claro como para establecer textos paralelos intertextuales que hablan del Mesías y de la resurrección. En contexto, David sabía que estaba a salvo en esta vida, porque su destino escatológico también lo estaba en el Mesías. Pablo y Pedro no solo fueron consistentes en su uso del salmo, sino que también fueron precisos al hacerlo. No inventaron ideas ni las forzaron en el pasaje. Más bien entendieron cómo pensaba y escribía David. En este sentido, la hermenéutica profética continúa en la apostólica.

El uso que Santiago hace de Amós 9:11-12 en Hechos 15:15-17

En el Concilio de Jerusalén, Santiago apela al Antiguo Testamento para justificar la inclusión de los gentiles en el pueblo de Dios.[101] Sin embargo, su cita de Amós 9:11-12 tiene una redacción drásticamente diferente de lo que leemos en el Antiguo Testamento. En lugar de hablar sobre cómo Israel poseerá Edom (cp. Am. 9:11 en hebreo), Santiago cita de la LXX, que explica cómo el remanente del hombre buscará al Señor.[102] ¿Es este un caso en el que la traducción de Santiago (quizá defectuosa) hace que aplique incorrectamente un texto veterotestamentario?

Algunos pueden argumentar que la traducción griega tal vez demuestre la interpretación correcta del texto hebreo original.[103] Eso es posible, pero en este caso no es tan probable.[104] Santiago ni siquiera se ajusta a la traducción de la LXX. Discrepa de ella en ciertos puntos.[105] Por tanto, apelar meramente a la LXX como el original no es suficiente. No obstante, sigue habiendo una mejor solución. Santiago no afirma citar un solo texto, sino muchos. Asevera que «las palabras de los profetas» (nótese el plural) concuerdan (Hch. 15:15).

---

100. Patterson, «Psalm 22», 225. Patterson observa, con acierto, que el salmo tiene cualidad profética que se ve, con claridad, al final. Esto no puede restringirse a David solo. Véase también Gren, «Piercing the Ambiguities», 286. Gren arma un caso intertextual para que el Salmo 22 se aplique, al menos, de forma legítima al Mesías, aunque no sea directamente sobre Él.

101. Bock, *Acts*, 502-3.

102. *Ibíd.,* 503

103. Archer y Chirichigno, *Old Testament Quotations in the New Testament*, 155.

104. Marshall, «Acts», 591.

105. *Ibíd.,* 589. Véase la explicación posterior donde Santiago añade las palabras «después de esto volveré» (μετὰ ταῦτα ἀναστρέψω).

Esto podría justificar por qué Santiago no siempre se atiene a la traducción griega. Podría estar interpretando el Antiguo Testamento de manera intertextual, y entretejiendo múltiples textos. La hermenéutica profética podría estar así involucrada.

Al poner todo esto junto podemos formular dos preguntas. Primero, ¿por qué habla Santiago de todas las naciones en vez de Edom? Regresando al Antiguo Testamento, la mención que Amós hace de esta localidad podría aludir a Abdías. Ese libro trataba de cómo resolvería Dios escatológicamente el conflicto entre Israel y Edom.[106] El juicio de Edom va acompañado por la ira divina contra todas las naciones (Abd. 15) y, en última instancia, la victoria del reino de Dios sobre toda la tierra (Abd. 21). Edom representa, pues, a cómo tratará Dios a todas las naciones.[107] De ahí que, cuando Amós explica cómo poseerá Israel a Edom, el país es una metonimia (una entidad que alude a la totalidad) para todas las naciones. Esta percepción de Edom como representante de las naciones se encuentra a lo largo de toda la literatura profética (Ez. 36:5; Jl. 3:19 [heb., 4:19]).[108] De ahí que la sustitución que Santiago (o incluso la LXX) hace de Edom por todas las naciones no es errónea. Sigue la lógica de los profetas.

En segundo lugar, ¿por qué describe Santiago a estas naciones como en busca del Señor, cuando el contexto original de Amós parece involucrar juicio? La profecía de Amós no solo incluye juicio, sino también bendición. Israel no solo poseerá Edom, sino también a todas las naciones que llevan el nombre de Dios (Am. 9:12). Encontramos un lenguaje así en Joel 2:32, que habla sobre la salvación para todos los que invocan el nombre de Dios. En consecuencia, la redacción de Amós retoma la idea de Joel y da a entender que las naciones recibirán la salvación con Israel. Zacarías reitera esa imagen, y declara que todas las personas buscarán al Señor de los ejércitos en Jerusalén (Zac. 8:22). La traducción griega de Zacarías se corresponde con la traducción griega de Amós 9:12. Basándose en esto, Marshall y Glenny sugieren que el traductor de la LXX creía que había una asociación entre estos textos. Santiago también podría haber estado siguiendo esa conexión.[109] Esto refleja la manera en que el Antiguo Testamento contiene una línea de pensamiento respecto a cómo serán bendecidos los gentiles cuando el reino de Dios venga a la tierra. Este tema se desarrolla a lo largo de Joel, Amós y Zacarías; y la cita de Santiago sigue ese tema.

Así, Santiago no cita incorrectamente a Amós ni lo malinterpreta. Más bien, su cita reúne varios textos interrelacionados con Amós. Esto muestra su forma de participar en una teología bíblica de cómo trata Dios con las naciones, no solo en juicio, sino también en salvación. Santiago no afirma necesariamente que esto se haya cumplido. No usa el término

---

106. Busenitz, *Commentary on Joel and Obadiah*, 269-71.
107. Marshall, «Acts», 591.
108. Cooper, *Ezekiel,* 312. «Es evidente que Edom es especialmente relevante en 35:1–36:15 como «epítome de las naciones que buscaban derrocar a Israel y adquirir su territorio para sí»». Véase también Alexander, «Ezequiel», 6:916.
109. Marshall, «Acts», 592. Véase también Glenny, *Finding Meaning in the Text.*

«cumplimiento», sino más bien el lenguaje del acuerdo (συμφωνοῦσιν). En realidad, reconoce que la profecía de Amós y de otros profetas sucederán cuando Cristo regrese (obsérvese el lenguaje «Después de esto volveré», μετὰ ταῦτα ἀναστρέψω, Hch. 15:16).[110] No obstante, su uso del texto afirma que la inclusión de los gentiles en las bendiciones salvadoras formaba parte del plan de Dios en el Antiguo Testamento. Esto respalda lo que enseñan Amós y otros profetas.[111]

El uso que Pablo hace de Salmos e Isaías en Romanos 3:10-18

Pablo apela al Antiguo Testamento para demostrar que tanto los judíos como los gentiles están bajo pecado. La depravación es universal entre la humanidad.[112] A primera vista, el Antiguo Testamento parece apoyar esto con declaraciones «universales» de «no hay quien haga el bien» (Sal. 14:1-3; cp. Ro. 3:12) y «todos se desviaron» (Sal. 14:3; Ro. 3:12). No obstante, algunos objetan eso dado que el salmista mantiene esas descripciones contra los enemigos de Israel y no de los israelitas.[113] De ahí que estos versículos no respalden la depravación universal de la humanidad tal como sostiene Pablo. Extiende el significado (o la aplicación) de estos textos más allá de sus límites originales.

En respuesta a esto, para empezar, podemos observar que el salmista habla contra los enemigos de Dios, aplicando una declaración universal sobre la naturaleza de la humanidad. En Salmos 14:1-3, la frase «no hay quien haga el bien» (אֵין עֹשֵׂה־טוֹב) es paralela a la declaración «no hay Dios» (אֵין אֱלֹהִים). Si esto último es una declaración universal (y resultaría difícil de imaginarlo de otro modo), entonces lo primero también lo es. Existen otras indicaciones a partir del texto de que esto describe la necedad de la totalidad del mundo, de toda la humanidad.[114] Por ejemplo, el uso de los términos «hijos de los hombres» (בְּנֵי־אָדָם, v. 2), «todos» (הַכֹּל, v. 3), y «no hay ni siquiera uno» (אֵין גַּם־אֶחָד, v. 3). Aunque el salmista tenga categorías de los impíos y de los justos, las mismas no impiden una declaración sobre la naturaleza subyacente de todos.[115]

Por esa misma razón, los profetas posteriores retoman el mismo lenguaje para describir a los israelitas (cp. Is. 59:4-12; Jer. 5:1-6; 8:6; Mi. 7:2).[116] En esos textos, Dios no se limita a condenar a quienes son abiertamente

110. Bauckham, «James and the Gentiles (Acts 15:13-21)», 178.
111. Ibíd.; Marshall, «Acts», 592.
112. Mounce, Romans, 107
113. Thomas, «The New Testament Use of the Old Testament», 251.
114. Kraus, Psalms 1–59, 221
115. Ibíd., 223. Lo que refuerza adicionalmente esta idea es un análisis estructural del salmo. Salmos 14:1-3 parece ser una unidad literaria que tiene un inclusio de la frase אֵין עֹשֵׂה־טוֹב. Por otra parte, 14:4 comienza con una pregunta retórica, que parece designarlo como el comienzo de una nueva unidad. Como tal, 14:1-3 trata más con términos universales, mientras que 14:4ss trata con el grupo objetivo específico de los enemigos de Dios. La última sección del salmo no cambia la proclamación universal de lo anterior. En su lugar, ilustra o muestra el funcionamiento de esa idea universal.
116. Ibíd., 224.

impíos. Castiga también a los israelitas que se creían justos.[117] Esto es completamente razonable ya que, para empezar, las declaraciones del Salmo 14 eran universales.[118] Así, el Salmo 14 explica la depravación universal. Los profetas posteriores entienden esto y lo aplican consistentemente, no solo a los enemigos de Dios, sino también a los de Israel. Como indica Kraus: «Sin duda el Salmo 14 demuestra ser un salmo profético, cuyas aseveraciones deben verse y entenderse en el contexto de la profecía del AT (Mi. 7:2; Jer. 5:1ss.; 8:6; Is. 59:4».[119]

Esto prepara perfectamente para la llegada de Pablo. Los textos del Antiguo Testamento respaldan la afirmación general de Pablo respecto a que la humanidad es impía. Sin embargo, lo fascinante es que el apóstol no se limita a citar los Salmos 14 y 53, sino también Isaías 59:4-9 (cp. Ro. 3:15-16).[120] Como se ha expuesto, Isaías 59 es uno de los textos que emplean el Salmo 14 para condenar a aquellos de Israel que se creían justos. En Romanos, Pablo sigue la lógica de Isaías. Ciertos judíos estimaban ser justos, a diferencia de los gentiles (cp. Ro. 2:17). La idea de Pablo es que, aunque tenían el privilegio de recibir las profecías de Dios, seguían estando condenados porque no hay nadie justo (Ro. 3:1-2). Basándose en esto, Schreiner concluye que Pablo usa el Salmo 14 del mismo modo en que lo hizo Isaías.[121]

Así, Pablo interpreta cuidadosamente el Salmo 14. Sabía lo que significaba el pasaje. Al citar el Salmo 14 con Isaías 59, indica que también sabía cómo aplicaban ese texto profetas como Isaías. Mantiene esa aplicación precisa en sus propios escritos. Una vez más, en lugar de malentender el Antiguo Testamento, Pablo no solo conoce el contenido del Antiguo Testamento, sino cómo se interconecta. Su conocimiento y continuación de esta «cadena de textos» demuestran cómo la hermenéutica profética se convierte en hermenéutica apostólica.

El uso que Pablo hace de Isaías y Génesis en Gálatas 4:21-31

Ciertos eruditos apelan también a Gálatas 4:21-31 como ejemplo de la creatividad hermenéutica de Pablo.[122] Después de todo, el apóstol afirma que está alegorizando el texto (ἀλληγορούμενα, Gá. 4:24). Es difícil ver cómo Sara y Agar representan dos pactos. Por tanto, tal vez Pablo estaba asignando un «nuevo significado» o un «significado más profundo» al texto.

A los eruditos se les ha ocurrido una diversidad de formas de tratar estas preocupaciones. Algunos han argumentado que el apóstol usó el método de sus contemporáneos *en beneficio del argumento*.[123] Según esta opinión, el apóstol apelaría al texto y al enfoque de sus adversarios para desaprobarlos.

---

117. Smith, *Isaiah 40–66*, 590.
118. Kraus, *Psalms 1–59*, 224.
119. *Ibíd.*
120. Schreiner, *Romans*, 165.
121. *Ibíd.*
122. Véase la explicación en Longenecker, *Galatians*, 209.
123. Longenecker, *Galatians*, 206.

Por tanto, él no respalda este método, sino que más bien demuestra por qué sus oponentes están equivocados, con los propios términos de ellos.

Esto puede ser posible y, quizá, un factor en la solución. Sin embargo, también podemos hacer algunas observaciones más. Inicialmente, el término «alegoría» podría no contener todo el bagaje que le asignamos. Como señala Bruce, tal como la solemos presentar, la alegoría recién aparece en la interpretación cristiana con Orígenes.[124] Además, la «alegoría» de Pablo no coincide con lo que consideramos que es una alegoría. Por lo general, la alegoría resta énfasis al dato histórico del texto y argumenta que es una descripción de realidades más espirituales. Sin embargo, como observa Silva, el argumento de Pablo parece estar arraigado en los hechos históricos sobre Sara y Agar.[125] La alegoría de Pablo no es lo mismo que la alegoría contemporánea.

En cambio, Witherington observa que la alegoría paulina es un tipo específico de analogía o interpretación por capas. A diferencia de la «tipología», que compara elementos de naturaleza similar (p. ej., la tentación de Israel y la tentación del creyente), la alegoría compara componentes de categorías distintas, en este caso, la historia y la teología.[126] En esa línea, los eruditos han señalado que Pablo no afirma técnicamente haber interpretado el texto de forma alegórica, sino que más bien asevera que Génesis se *escribió* de esa forma.[127] En otras palabras, Pablo observa que Moisés escribió Génesis como una historia que expresa teología. En ese contexto, la aseveración de la alegoría por parte del apóstol no debería conducirnos de inmediato a la conclusión de que usó el Antiguo Testamento de forma no contextual. La noción paulina de la alegoría no es lo que nosotros tomamos por alegoría. Más aún, Pablo no afirma asignar un significado más profundo a Génesis, sino recoger uno que ya existe allí.

La pregunta es si la aseveración del apóstol es válida. ¿Acaso la aplicación teológica de Pablo surge de una implicación legítima del relato de Génesis? En respuesta, las historias de Génesis no narran meramente eventos históricos. En su lugar, recogen la forma en que Dios fundó y dio base a toda la nación. Como tal, las narrativas desarrollan la naturaleza del pacto

---

124. *Ibíd.*, 205-6; Bruce, *Galatians*, 217; Witherington, *Grace in Galatia*, 321-26.

125. Silva, «Galatians», 807-8.

126. Witherington, *Grace in Galatia*, 326. Por esta razón, algunos han etiquetado esto de «tipología». Sin embargo, como señala Witherington, Pablo conoce el término «tipo», y no lo usa aquí. Es probable que el uso de «tipo» en Pablo sea una analogía dentro de la misma categoría. Es la aplicación de una situación pasada a una presente de la misma circunstancia. De ahí que los creyentes puedan aprender de los fallos morales de Israel, porque ambos hemos recibido el privilegio espiritual (1 Co. 10:1-4) y somos responsables ante el mismo Dios (1 Co. 10:5). Sin embargo, el texto de Gálatas es una alegoría, porque aplica la verdad de una categoría a una realidad diferente. Lo que ocurrió históricamente se aplica al plano teológico de lo que sucede respecto a los pactos. No obstante, ambas son analogías, que es la razón por la que los eruditos desean usar el término «tipología» en este caso, y resulta útil entender cada término en este sentido fundamental.

127. Para más detalles sobre este argumento, véase Caneday, «Covenant Lineage», 53.

de Dios con Abraham.[128] En ese contexto, el método de Abram de obtener la promesa a través de Agar (Gn. 16:1-5) contrasta su fe en las promesas de Dios mencionadas con anterioridad (Gn. 15:6; cp. vv. 1-5). En última instancia, Dios mostrará que su provisión en Sara es la única forma de obtener la promesa de una descendencia; Isaac es el hijo escogido (Gn. 21:12; cp. Gn. 15:4).[129] De ahí que todo este episodio esté relacionado a confiar solo en la provisión de Dios (Sara), frente a depender de las estrategias propias (Agar).[130] Basándose en esto, el contraste de Pablo entre la fe y la ley/carne encaja muy bien con la teología de Moisés en Génesis.

Más aún, así es como el profeta Isaías interpreta Génesis. En el único otro texto veterotestamentario (aparte de Génesis) que se refiere a Sara, el profeta observa cómo intervino Dios en la vida de Sara como el fundamento para su forma de intervenir a favor de Israel (Is. 51:1-2).[131] Israel es pecaminoso (Is. 1:13-18; 50:1) y, por tanto, Jerusalén es estéril igual que Sara (Is. 54:1). No obstante, por la obra salvadora en el Siervo, la Jerusalén estéril daría a luz a muchos hijos. Esto cumpliría finalmente la promesa a Abraham de tener a una gran nación y muchos descendientes (Is. 54:1; cp. Gn. 12:2).[132] El cumplimiento final de la promesa llega por el mismo medio del cumplimiento inmediato: la obra de Dios solamente. Isaías interpreta Génesis como Moisés pretendía, y muestra las ramificaciones de su teología. En Génesis, la obra de Dios por medio de la fe tendrá su apogeo en su obra en el Siervo y en el nuevo pacto.

Esto es una preparación para la exposición de Pablo en Gálatas. El apóstol se está dirigiendo a algunos que dependen de la ley para obtener la promesa, en lugar de confiar en el nuevo pacto en Cristo (Gá. 3:1-4). Para el apóstol, los que se apoyan en la ley para ganar la promesa se vinculan con Agar. Como Pablo ya ha explicado, quienes usan la ley de tal manera no son de la fe. La ley vino después de la promesa, fuera de la tierra prometida (véase la alusión de Pablo a Arabia en Gálatas 4:25), y no contribuye a lograr el cumplimiento de las promesas de Dios (cp. Gá. 3:10-14, 17). Así, usar la ley para obtener las promesas de Dios es paralelo a los esfuerzos no autorizados de Abraham por medio de Agar. Ambos dependen del empeño humano para conseguir lo que solo Dios podría cumplir. Sin embargo, Él solo obra por medio de la fe,

---

128. House, *Old Testament Theology*, 71-76.
129. Véase Matthews, *Genesis 11:27–50:26*, 269. Matthews observa cómo Sara sensibiliza la narrativa de Agar-Sara y la promesa de Dios. «De una forma denigrante, se refiere a Agar simplemente como «esta sierva» y le niega a su hijo («no ha de heredar») cualquier reivindicación sobre la herencia abrahámica. «Con Isaac mi hijo» es la forma en que la madre afirma que solo Isaac es el heredero genuino. Por «herencia» (*yrš*), y aludiendo a 15:4, Sara apela a la palabra divina misma».
130. *Ibíd.*, 178.
131. Silva, «Galatians», 808-9.
132. Smith, *Isaiah 40–66*, 477; Brevard S. Childs, *Isaiah*, 427. Aunque Childs interpreta que Isaías 54:1 habla de Sara, y después aparece Sion más adelante, la relación es probablemente más sofisticada. En lugar de separar a ambos, podría ser mejor «ponerlos» en capas. Sion adopta el papel y el símbolo de la estéril Sara. La improductividad de Sion cumple, pues, la promesa para Israel de ser una gran nación por medio de Sara.

tal como ha demostrado en la vida de Sara. Más aún, Isaías especifica que en última instancia debe haber fe en la obra de Dios en el Mesías y en el nuevo pacto. De ahí que Pablo declare que quienes tienen esa clase de fe se vinculan con Sara en Génesis y con la Jerusalén celestial que encontramos en Isaías.[133] La analogía paulina es completamente razonable, porque no solo coincide con lo que Génesis 16 enseña, sino que también continúa con la línea precisa de pensamiento hallada en Génesis 16 e Isaías. Esto no debería ser una sorpresa, ya que él cita de ambos pasajes (cp. Gá. 4:27).

Por tanto, Pablo no hace un mal uso del texto veterotestamentario. No atribuye un extraño significado a Génesis 16–21. Su uso de la «alegoría» es uno donde compara la historia de Génesis con una verdad teológica sobre las operaciones divinas en su pacto. Sin embargo, esa comparación es completamente sólida, porque se basa de manera fundamental en cómo escribió Moisés la historia, y en el modo en que Isaías la usa. En este contexto, Pablo prosigue con la línea de pensamiento del Antiguo Testamento para mostrar que, en última instancia, se niega la ley misma al intentar usarla a favor de Dios (cp. Gá. 4:21). Como demuestra el Pentateuco, Dios no permite que forme parte de su pueblo nadie que esté fuera de la promesa (Gá. 4:30-31; cp. Gn. 21:10-12).[134] Este razonamiento demuestra la manera en que Pablo apela al Antiguo Testamento como fundamento de su propio argumento y de su lógica.

CONCLUSIÓN

¿Continúa la hermenéutica profética en la hermenéutica apostólica? Sostengo que las pruebas así lo sugieren. Los apóstoles afirman de diversas maneras que dependen de sus homólogos y que continúan su obra. Sus fórmulas introductorias presentan el Antiguo Testamento como la base para su razonamiento. Su autoanálisis sugiere que pensaban ser la continuación de los profetas. Su recopilación de textos sugiere que interpretaban al Antiguo Testamento de una forma muy similar a sus predecesores proféticos. Los apóstoles no socavan estas afirmaciones por su práctica. Tras un examen más minucioso de pasajes objetables, vemos que la hermenéutica profética se convierte en la hermenéutica apostólica. Los apóstoles asumen la lógica de sus predecesores como suya. Aquellas que tenían que ser pruebas contradictorias se convirtieron en realidad en un respaldo. Los apóstoles tuvieron en cuenta todas estas pruebas para interpretar y aplicar correctamente tanto las Escrituras como a los profetas.

A estas alturas podemos hacer dos observaciones concluyentes respecto al uso que el Nuevo Testamento hace del Antiguo, y la búsqueda de la lógica autoral. En primer lugar, deberíamos regresar a la cuestión de la nueva revelación. Algunos podrían objetar todavía esta noción de continuidad hermenéutica basándose en la mención del misterio o de otras declaraciones

---

133. Witherington, *Grace in Galatia*, 326
134. Fung, *The Epistle to the Galatians*, 214; Bruce, *Galatians*, 225.

de la nueva revelación (cp. Ro. 11:25; 1 Co. 2:7; 15:51; Ef. 1:9; 3:3; Col. 1:26; 1 Ts. 4:15).[135] Para ellos, esto significa automáticamente que los apóstoles tenían una hermenéutica especial, una muy distinta de la nuestra. Como explicamos en el capítulo 3, la nueva revelación se produce definitivamente y es crucial para desarrollar las implicaciones teológicas de ciertos textos. Los apóstoles no podrían hacer las aplicaciones y las conclusiones que hacen sin esa información adicional. Esto forma parte de su proceso como autores bíblicos. No obstante, observamos que dar una nueva revelación puede distinguirse de la hermenéutica. Añadir una nueva revelación no es exactamente lo mismo que la forma en que se interpreta lo que ya ha sido revelado. Una vez más, la pregunta clave es cómo interactúa hermenéuticamente la nueva revelación con la antigua.

En ocasiones, los apóstoles hablan de cosas no reveladas en el Antiguo Testamento (Ef. 3:5). Ninguna actividad hermenéutica tiene lugar en ese caso. Sin embargo, cuando los profetas y los apóstoles dieron una nueva revelación que se conectaba con el Antiguo, observamos que la misma no reinterpretaba la pasada revelación, sino que más bien resaltaba las implicaciones de ese texto, que a menudo eran definidas y refinadas por los anteriores escritores bíblicos. La nueva revelación encaja dentro de la trascendencia o las implicaciones de la revelación previa. Estas interacciones hermenéuticas no reflejan una hermenéutica especial, sino más bien una sólida, que trata cuidadosa y contextualmente el significado y la trascendencia. Una vez más, la nueva revelación no dicta una hermenéutica diferente. Más bien, la hermenéutica sólida de los apóstoles es el fundamento para que la nueva revelación funcione con la antigua. Es lo que hace que la revelación progresiva sea tan coherente.[136]

En segundo lugar, al continuar los apóstoles con la lógica de los profetas, la intertextualidad del Antiguo Testamento se convierte en la expresión textual de la lógica apostólica.[137] Los apóstoles suelen seguir el patrón de aplicación descubierto en la intertextualidad veterotestamentaria. El primer éxodo lleva a otro nuevo y a un nuevo David (Oseas), que Mateo recoge. La fe (o la falta de esta) en la historia de Sara y Agar se vincula con el Siervo y con el nuevo pacto en Isaías, que es una preparación para Pablo. Por consiguiente, los apóstoles no estaban aplicando un texto de formas que rompían el patrón de significado deseado de sus predecesores. Por el contrario, lo

---

135. Véanse Bruce, *1 and 2 Thessalonians*, 99; Moo, *The Epistle to the Romans*, 714; Fee, *The First Epistle to the Corinthians*, 800; Garland, *1 Corinthians*, 742.

136. Beale, *New Testament Biblical Theology*, 5-7.

137. Esto se opone a que la metodología del segundo templo sea el factor controlador, o incluso la noción del *sensus plenior* que hace que el factor controlador sea un significado más profundo. La continuación de la hermenéutica profética en la apostólica forma el fundamento por el cual llega la nueva revelación y se desarrolla de maneras específicas. Además, si las prácticas del segundo templo son paralelas al uso que el NT hace del AT, podría muy bien deberse a que es un uso razonable del texto. Como veremos en el siguiente capítulo, existen algunas distinciones importantes entre el uso que hacen los textos del segundo templo y los apóstoles.

aplicaban de maneras que especificaban aún más una esfera *dentro de* esos parámetros. Esto no solo demuestra cómo permanecen en la trascendencia pretendida por el autor original, sino también en cómo la serie de textos veterotestamentarios se convierte en la lógica misma del Nuevo Testamento.

En la búsqueda de la lógica autoral, personas como Moyise se han preguntado cómo se les ocurrieron a los apóstoles las presuposiciones que tenían o que aplicaron como lo hicieron. ¿Fue algo arbitrario o tan subjetivo que no podemos definirlo?[138] Nuestra exposición ilustra que su lógica, desde las presuposiciones a la conclusión, está relacionada en la forma en que el Antiguo Testamento se usa a sí mismo. No necesitamos construir nuestro propio marco teológico-bíblico, sino más bien seguir lo que ellos han provisto textualmente para nosotros en la revelación antecedente. Esto forma parte de «la lógica histórico-redentora» de Beale que explicamos al principio del libro. La búsqueda de la lógica autoral no solo es posible, sino textualmente cuantificable.

¿Qué impacto tiene todo esto en nuestra forma de estudiar la Biblia? Empezamos nuestro estudio preguntándonos si los apóstoles hicieron cosas extrañas con el Antiguo Testamento, y si así fuere, cómo afectó eso a nuestra propia hermenéutica. Esto nos lanzó en la búsqueda de la lógica autoral. A través de ese proceso, vemos que si entendemos cómo usaron los profetas el Antiguo Testamento, el uso que el Nuevo Testamento hace de este no es tan problemático como parecía en un principio. Cuando llegamos al Nuevo Testamento, no se ha producido ningún cambio hermenéutico. La continuidad hermenéutica de los profetas y de los apóstoles habla de una unidad hermenéutica en toda la Biblia. Los profetas y los apóstoles demuestran una preocupación fundamental por honrar la intención original del autor, y permanecen dentro del patrón deseado de significado que este estableció. Por consiguiente, no tenemos ninguna razón de emplear una nueva o novedosa metodología hermenéutica, debido a que se cambie de Testamento. Más aún, los apóstoles nos muestran su forma tan minuciosa de entender el Antiguo Testamento. Estaban inmersos en el contenido y la interconexión de la revelación previa. Eran, de hecho, hombres del Libro. Esto debería convencernos de lo familiarizados que debían de estar con esa parte de nuestra Biblia.

En ese sentido, tener esa comprensión del Antiguo Testamento, y del Antiguo en el Nuevo nos permite ver una dimensión adicional en el Nuevo Testamento. Así como la intertextualidad veterotestamentaria sacó a relucir su propio desarrollo teológico, el uso que el Nuevo Testamento hace del Antiguo hace aflorar su propia teología.[139] La continuidad entre los testamentos significa que muchos de los profundos conceptos del Antiguo Testamento se abren camino hasta el Nuevo. Entender cómo continúa la hermenéutica profética en la hermenéutica apostólica nos proporciona una estrategia para percibir mejor las profundidades teológicas del Nuevo Testamento.

---

138. Moyise, «Reply to Greg Beale», 55-58; Barclay, «The Paradox of the Cross in the Thought of St. Paul», 428
139. *Ibíd.*, 5-14.

6

▽ ▼ ▽

LA HERMENÉUTICA APOSTÓLICA

EL TEJIDO TEOLÓGICO DEL NUEVO TESTAMENTO

El capítulo anterior defendió la continuidad de la hermenéutica pro-fética en la hermenéutica apostólica. Al llegar a este punto, podemos comprobar la extensión de dicha continuidad y su impacto sobre el Nuevo Testamento.

En ciertos aspectos, estas cuestiones son paralelas a lo que discutimos sobre los profetas precedentes. Vimos el *modus operandi* de los profe-tas y observamos que eran exégetas y teólogos. Ahora nos toca analizar el *modus operandi* de los apóstoles, y ver cómo hicieron teología. Sospecho que, en este menester, al ser mayor nuestra familiarización con el Nuevo Testamento, sentimos la tentación de analizarlo por sí solo. Es posible que pretendamos divorciar el Nuevo Testamento del Antiguo.[1] Sin embargo, así como la intertextualidad veterotestamentaria mostró cómo los profe-tas desarrollaron la teología, la intertextualidad con el Antiguo Testamento también manifiesta la importancia con la que se desarrolla la teología del Nuevo. Parte de mi objetivo en este capítulo consiste en mostrar cómo la continuidad de la hermenéutica profética y la apostólica ayuda a producir el tejido teológico del Nuevo Testamento. Los apóstoles no solo prosiguen con la lógica de sus predecesores, sino que la usan para generar las profundida-des teológicas de sus escritos.

En este contexto, lo que hace que la teología de los apóstoles sea tan cohesiva es que usaron el mismo pasaje bíblico del mismo modo. Esta es otra observación que haremos en este capítulo, y es importante. Inicialmente, provee pruebas de que los apóstoles tenían una hermenéutica unificada. Yo sostendría que tal unidad también es indicativa de cómo los apóstoles conti-nuaron con minuciosidad la hermenéutica profética. Sin duda, los escritores neotestamentarios fueron consistentes entre sí, porque estaban sumamente en sintonía con la lógica de los profetas, y esto los llevó a pensar y usar el texto de la misma forma y con la misma exactitud.[2] Si este es el caso, eso provee pruebas sustanciales que demuestran que la hermenéutica profética prosi-gue en la hermenéutica apostólica en amplitud y profundidad. Los apóstoles

---

1. Bird, «Response to Peter Enns», 126. Bird menciona brevemente cómo muchos evangé-licos son «marcionitas reprimidos» o quieren deshacerse del Antiguo Testamento.
2. Lindars, *New Testament Apologetic*, 251. Lindars argumenta que la consistencia puede proceder de la *testomonia*; sin embargo, no existen pruebas de lo que él describe.

mantuvieron la lógica de los profetas hasta un nivel asombroso. Este tipo de realidad lleva a la búsqueda de la lógica autoral a un poderoso cierre.

UNA OBSERVACIÓN SOBRE EL ENFOQUE DE ESTE CAPÍTULO

El dilema de este capítulo está en compensar demasiado para un lado o para otro. El alcance y la complejidad del material (y las cuestiones relacionadas) son inmensos. ¿Qué se puede omitir legítimamente sin socavar la idea principal? ¿Cómo se organiza todo esto de forma adecuada? He de reconocer que la tarea de rastrear la lógica de la hermenéutica de los apóstoles es un tema para volúmenes, no para un capítulo. Con el fin de que nadie se pierda en los detalles que están por llegar, plantearé mi enfoque específico y mis metas particulares por adelantado.

Mi intención es analizar la lógica de cada escritor del Nuevo Testamento (es decir, los escritores de los Evangelios, Pablo, el autor de Hebreos, Santiago, Pedro, Juan, Judas).[3] En este contexto, expondré dos ideas principales. Primero, quiero rastrear cómo usó cada autor el Antiguo Testamento para manifestar su manera de entender la historia redentora. ¿Cada apóstol considera la revelación observando el panorama general, como hicieron los profetas de la antigüedad? ¿Comparten la misma visión de la historia redentora o se trata de un punto de vista general distinto?

En segundo lugar, también quiero mostrar que los apóstoles no solo pensaban en el panorama general del Antiguo Testamento, sino también en sus detalles. Me resulta imposible repasar cada pasaje. En su lugar, los textos veterotestamentarios que he seleccionado tienen un doble propósito. No solo pertenecen a ciertos temas teológicos, sino que también son usados por múltiples escritores neotestamentarios. Los temas y los textos que examinaremos son la cristología (Sal. 2; 110; Is. 53), la eclesiología (Sal. 118; Is. 28:16; el tema del nuevo Adán/la humanidad), la soteriología (Gn. 15:6; Lv. 18:5; Is. 53; Hab. 2:4), y la moralidad (la ley y Lv. 19:18). Conforme nos acerquemos a estos pasajes, también podemos preguntar cómo usa estos textos un apóstol en particular, y comparar eso con los demás autores neotestamentarios. Si coinciden en su forma de verlos, este será el testimonio de una metodología altamente unificada.

---

3. Afirmo que el apóstol Juan escribió el Evangelio de Juan. Sin embargo, he tratado sus epístolas y el libro de Apocalipsis por separado. De ahí que lo mencione dos veces en la lista, una en los Evangelios y otra en sus epístolas y en Apocalipsis. Aunque algunos podrían considerar a Pablo el autor de Hebreos, en aras de evitar una extensa explicación en ambos sentidos, los he mantenido aparte. Además, menciono a estos autores por su orden de aparición canónica, y no cronológica. Como afirmo más adelante, es posible que los Evangelios se escribieran más tarde que ciertas epístolas; no obstante, ellos proporcionan conceptualmente el fundamento de (y la información que recopilaron precedió a) dichas epístolas, de manera que es adecuado situarlos primero. A lo largo del capítulo, intento indicar en las notas al pie dónde podría la cronología aclarar la discusión.

En conjunto, si podemos mantener estas dos cuestiones principales en mente, le proporcionaremos sentido a la discusión y constataremos la unidad de la lógica hermenéutica de los apóstoles. A partir de ello, podremos observar que la continuidad hermenéutica conduce a una gran teología.

CRISTO, LOS EVANGELIOS Y HECHOS

Empezando por Cristo, los Evangelios y Hechos encajan completamente por dos razones. Como veremos, la primera es que los Evangelios resumen el argumento del Antiguo Testamento y Hechos explica la transición a la era de la Iglesia. De ahí que sea lógico empezar por estos libros ya que recogen el «comienzo» de la era neotestamentaria.

La segunda razón es que, aunque sabemos que Jesús es el Hijo de Dios, Dios hombre, hacedor de milagros espectaculares y nuestro Salvador, también es el intérprete magistral del Antiguo Testamento. Después de todo, conocía las Escrituras mejor que sus contemporáneos desde temprana edad (Lc. 2:41-50). Como expusimos en el capítulo anterior, Él es la culminación del oficio profético (He. 1:1-2). Más aún, como veremos, su uso del Antiguo Testamento se vuelve fundamental para todos aquellos a los que envía (cp. Jn. 20:21).[4] Así, la naturaleza esencial de los Evangelios y Hechos los hace idóneos (por no decir imprescindibles) para el comienzo de nuestro estudio.

Una nota adicional al empezar la exposición de esta sección. Lo que viene a continuación será más complicado que las demás explicaciones. Se debe a que no solo cubre mayor cantidad de material, sino también a que tenemos que presentar ciertos textos veterotestamentarios que no consideramos con anterioridad. Ruego paciencia mientras sentamos las bases para este capítulo de diversas formas.

Historia redentora

¿Pensaban los escritores de los Evangelios en términos del panorama general cuando usaron las Escrituras? El principio de los Evangelios indica la comprensión y la continuación del argumento hallado en el Antiguo Testamento. Como ya mencionamos, la genealogía de Mateo completa las genealogías de Génesis (5:1-32) y Rut (4:13-22), designando el linaje final de la Simiente prometida en Génesis 3:15.[5] Marcos (1:2-3) y Lucas (3:4-6) citan a Isaías 40:3 y Malaquías 3:1 para resumir la historia del exilio de Israel. Para ellos, Juan el Bautista es la voz que clama en el desierto para preparar el camino del Señor.[6] El Evangelio de Juan está arraigado por completo en el Antiguo Testamento ya que comienza con «en el principio» (cp. 1:1). Juan considera que la vida de Cristo es la inauguración de la nueva creación, tema

---

4. Reconozco que, técnicamente, este es el registro de los escritores de los Evangelios sobre Cristo. No obstante, tiene que haber aún una implicación de que Jesús usara realmente el Antiguo Testamento de ese modo (vinculación histórica). Moyise, *Jesus and Scripture*, 107-17.
5. Morris, *The Gospel according to Matthew*, 19.
6. France, *Gospel of Mark*, 56.

que se extiende desde Génesis hasta Isaías.[7] Así, los comienzos de los Evangelios retoman ideas veterotestamentarias claves, y siguen desde donde las dejó el Antiguo Testamento.

El resto de la vida de Cristo también se ve como la culminación (y, por tanto, dentro) del argumento formulado por los profetas: su vida es la actualización de las profecías, las promesas y la teología veterotestamentarias. El Espíritu desciende sobre Jesús en su bautismo (Mt. 3:13-17) y manifiesta lo que se discutió en Isaías 11:2. Simultáneamente, Dios declara que Jesús es el Hijo y el Siervo, según Salmos 2:7 e Isaías 42:1. Después de esto, Cristo va al desierto, donde la dinastía davídica habitó temporalmente a causa del exilio (cp. Mi. 1:15). Jesús es el nuevo David, y se enfrenta a las mismas pruebas que él (1 S. 24–26) e Israel (Nm. 12–14; cp. Dt. 7–8) para demostrar que puede representar a su pueblo y resucitar la dinastía real. Los hechos milagrosos y compasivos de Jesús cumplen la profecía (cp. Mt. 8:17; 12:20; Jn. 2:17; cp. Sal. 69:9; Is. 42:3; 53:4). Incluso la geografía de su ministerio es relevante según Isaías (Mt. 4:15; cp. Is. 9:1).

Más obvio aún, la muerte de Cristo cumple la profecía del Antiguo Testamento (Jn. 19:37; cp. Zac. 12:10), así como la función de Jesús como el nuevo David (Mt. 27:46; cp. Sal. 22:1) y el Siervo sufriente (Mr. 10:45; cp. Is. 53:11). Como declara Juan una y otra vez, esto sucedió «para que la Escritura se cumpliese» (cp. 19:28). Su muerte cierra una era, y su resurrección inaugura otra nueva. Sucede el primer día de la semana, en alusión al primer día de una nueva creación (Lc. 24:1). Köstengberger observa cómo se asocia esto al simbolismo del jardín (es decir, Jesús es confundido con un hortelano) que puede recordar en un sentido al nuevo Adán (Jn. 20:15) y un regreso al Edén (cp. Gn. 2:8).[8] Otras apariciones postrresurrección de Cristo aluden también a la reversión de Génesis 3. Por ejemplo, Jesús abre los ojos a Cleofas y a su amigo, en el camino a Emaús. Como observa Ortlund, la frase «les fueron abiertos los ojos» (διηνοίχθησαν οἱ ὀφθαλμοὶ, Lucas 24:31) es única, y solo ocurrió con anterioridad cuando los ojos de Adán y los de la mujer fueron abiertos en el jardín (Gn. 3:7). En Génesis, fue para su vergüenza. En Lucas, esto se revierte para salvación, gracias al Señor resucitado.[9] Es una ilustración de cómo los escritores de los Evangelios usaron la resurrección para promover la narrativa histórica redentora de las Escrituras. En consecuencia, los relatos de los Evangelios han usado el Antiguo Testamento para mostrar cómo progresa la historia redentora. Ellos eran conscientes de la obra de desarrollo del panorama general, y la continuaron, como hicieron sus predecesores.

Al mismo tiempo, suceden nuevos desarrollos no previstos en el Antiguo Testamento. Podemos encuadrarlo hablando de lo que «falta» y de lo que es «nuevo y añadido». Por una parte, aunque Cristo ha venido, Israel

---

7. Köstenberger, *John*, 25.
8. Wyatt, «"Supposing Him to Be the Gardener" (John 20:15)», 21-38; Köstenberger, *A Theology of John's Gospel and Letters*, 337, 349.
9. Ortlund, «And Their Eyes Were Opened, and They Knew», 717-28.

no está restaurado tal como preveía el Antiguo Testamento (cp. Is. 2:1-4; 11:1-9; 53-54; Am. 9:11-15). Es evidente que esa parte falta, como dejaron en claro los discípulos cuando se preguntaban cuándo restauraría Cristo el reino de Israel (Hch. 1:6). Por otra parte, los Evangelios y los Hechos aportan una nueva entidad al argumento: la Iglesia. Los que están en la Iglesia proclaman la salvación y la esperanza de Dios para el pueblo judío (Hch. 3:19). Como tal, la Iglesia es el instrumento de Dios para este tiempo (Hch. 4:12; 11:26).

La pregunta es si estas piezas que faltan y las añadidas cambian el argumento veterotestamentario. Sin duda, la respuesta es un rotundo «no». Los Evangelios y los Hechos siguen retratando el «fin» de la historia redentora consistente con lo que los profetas describieron. El Evangelio de Lucas describe que la venida de Cristo cumplirá las promesas de los pactos davídico y abrahámico (Lc. 1:69-73), lo que incluye la liberación nacional y la restauración espiritual (Lc. 1:75-79). El discurso de Jesús en el monte de los Olivos (Mt. 24–25) entreteje diversas profecías veterotestamentarias (Is. 27:13; Dn. 7:9-13; 12:1; Zac. 9:14) para describir un gran período de tribulación para los que están en Jerusalén e Israel. Después de esto, Cristo vendrá e introducirá una gran liberación (cp. Mt. 24:29-31). En Hechos, la Iglesia no declara un nuevo argumento, sino que más bien proclama esperanza para Israel. La nación debería arrepentirse para que Cristo regrese y establezca los tiempos de refrigerio (Hch. 3:19-21), término que alude a la expectativa veterotestamentaria de cómo corregirá Dios al mundo (Is. 60:1-22; 65:17).[10] En vez de empezar con un argumento divergente, la Iglesia participa facilitando el mismo plan histórico-redentor. Son las primicias (cp. Hch. 2:1-4) las que demuestran que la historia se halla en realidad en los últimos tiempos (Hch. 2:17-21; Jl. 2:28-32 [heb. 3:1-5] y que Israel debería arrepentirse, entonces, a la luz del Día inminente del Señor (Jl. 2:32). En lugar de crear un nuevo plan o argumento, la Iglesia participa profundamente en él. De hecho, la comisión que el Señor les dio, repite lo que proclamó Isaías (Hch. 1:8; cp. Is. 49:6).[11]

Aunque esta explicación es un breve resumen, espero haber demostrado que los apóstoles estudiaron las Escrituras detenidamente, en términos del panorama general. Los escritores de los Evangelios moldearon sus propias narrativas a la luz de cómo convergió el Antiguo Testamento para retratar la historia redentora; siguieron con el argumento y demostraron cómo culminaba en Cristo. Aun cuando añadieron detalles imprevistos, esos componentes «faltantes» y «adicionales» no contradicen ni reinterpretan lo que se declaró con anterioridad. Más bien, los apóstoles mantienen el mismo argumento y señalan cómo estos nuevos factores ayudan a que este plan sea para la gloria de Dios. Todo esto demuestra que los escritores de los Evangelios operan con la misma lógica del «panorama general» de sus predecesores. Tal paradigma está entretejido en las narrativas, que sacan a relucir cómo

---

10. Bock, *Acts*, 176; Peterson, *The Acts of the Apostles*, 182.
11. Bock, *Acts*, 64.

cada aspecto de la vida de Cristo es plenamente profundo y teológico, porque completa los conceptos y las expectativas del Antiguo Testamento.

Pasajes individuales

Cristología (Sal. 2; 110; 118; Is. 28:16; 53)

Al empezar a ver cómo manejaron los escritores de los Evangelios los pasajes individuales, podemos hacer una observación interesante y relevante. Su uso del Antiguo Testamento parece surgir de cómo empleó Jesús el Antiguo Testamento.[12] El uso que nuestro Señor hace de los textos cristológicos así lo manifiesta. Por ejemplo, Jesús se autoidentifica como la Piedra, elemento profetizado en Salmos 118:22 e Isaías 28:16 (cp. Mt. 21:42), y Pedro reitera esta descripción en Hechos 4:11. Jesús se presentó como el Siervo que viene a morir por muchos (Mr. 10:45; cp. Is. 53:11). Los evangelistas ven otras conexiones entre la vida de Cristo y las profecías sobre el Siervo (cp. Mt. 8:17; Mr. 10:33; Jn. 12:38). Esta lógica sobre Isaías 53 continúa en Hechos, donde Pedro describe a Jesús como el Siervo, y emplea el término de la LXX de Isaías 53 (παῖς, Hch. 3:13; 4:30). Bock observa que tanto Pedro como Pablo describen a Jesús como el Justo, un término distintivo para el Siervo en Isaías 53:11 (δίκαιος, Hch. 3:14; 7:52; 22:14).[13] La obra de Jesús como el Siervo se repite también en el sermón de Pablo, en Hechos (Hch. 13:38; cp. Is. 53:11). En esos ejemplos podemos ver cómo la manera en que interpretaba Jesús las profecías mesiánicas del Antiguo Testamento continúa en cómo los escritores de los Evangelios interpretaban y usaban el Antiguo Testamento. En consecuencia, la hermenéutica profética conduce a la propia hermenéutica de Cristo y, a continuación, a la lógica de los apóstoles. Esa continuidad alimenta un rico entendimiento de la persona y la obra de Cristo.

Dos pasajes adicionales pueden demostrar este patrón (y sirven de preparación para el resto de la lógica del Nuevo Testamento): Salmos 2 y 110. Respecto al primero, algunos cuestionan que sea un salmo mesiánico.[14] Varias pruebas respaldan su naturaleza mesiánica. En primer lugar, y de manera fundamental, los conceptos idealizados presentados en el salmo apuntan a un soberano mesiánico, que describe el reinado de este monarca como de dominio indiscutible, definitivo, global (Sal. 2:8-9).[15] Solo el Mesías podría cumplir todo esto por completo, y así lo describe el salmo. En segundo lugar, los profetas lo confirman usando frases de este salmo en su descripción del Mesías y de la escatología. Por ejemplo, los profetas

---

12. O, dicho con mayor exactitud, cómo registraron la forma en que Jesús usó el Antiguo Testamento. Me gustaría argumentar que su forma de describir a Jesús en todo es precisa y, que así, los apóstoles basaron su utilización del Antiguo Testamento en lo que Él dijo. Véase Moyise, *Jesus and Scripture*, 107-17.
13. Bock, *Acts*, 176.
14. Longman, «Messiah», 13--20.
15. Wilson, *Psalms*, 112. Wilson reconoce que este salmo tiene presente el cumplimiento de las promesas davídicas y hasta abrahámicas.

declaran que el Mesías reinará hasta los confines de la tierra, una frase utilizada en Salmos 2:8 (אַפְסֵי־אָרֶץ, cp. Is. 52:10; Mi. 5:4; Zac. 9:10). Finalmente, la estructura del Salterio sugiere incluso un énfasis mesiánico. Grant señala cómo algunos de los salmos de la *Torá* (Sal. 1; 19; 119) van sistemáticamente acompañados por salmos reales y mesiánicos (Sal. 2, 18, 118).[16] Quienes recopilaron los salmos al principio también eran conscientes de la naturaleza mesiánica de este salmo. Todo esto respalda la naturaleza mesiánica del Salmo 2.[17] El salmo mismo apunta a Él, y los profetas prosiguen con esta interpretación. En resumen, el Salmo 2 recoge cómo el conflicto entre Dios y los reyes humanos alcanza su apogeo cuando Dios establece a su rey supremo, el Mesías.[18] El Señor le declarará al Mesías: «Mi hijo eres tú; yo te engendré hoy» (Sal. 2:7). Esto anticipa las realidades neotestamentarias, como confirman los profetas posteriores.

El Nuevo Testamento cumple, a su vez, con esta expectativa. Dios revela que este gobernante culminante no es otro que su Hijo, Jesús. Esto tiene lugar en la inauguración del ministerio de Cristo en su bautismo (Mt. 3:13-17), así como en la transfiguración (Mt. 17:1-13). Por consiguiente, Dios asocia el concepto del Salmo 2 con el ministerio terrenal de Cristo y con la gloria escatológica. El Señor afirma particularmente lo segundo, cuando les pide a los discípulos que no hablen de la trasfiguración hasta después de su resurrección (Mt. 17:9).[19]

Hechos mantiene esta lógica. La iglesia primitiva también correlaciona el Salmo 2 con el ministerio terrenal de Cristo. Las gentes sí se amotinaron cuando Pilato y Herodes conspiraron para matar a Jesús (Hch. 4:25-28; cp. Sal. 1-2). Participan en la confabulación descrita en el Salmo 2. La Iglesia se inspira en este salmo para adquirir valentía, porque como proclama ese texto, Dios está en control (Hch. 4:29-31). Más adelante en Hechos, Pablo apela al Salmo 2 para hablar de la gloria escatológica de Cristo en su resurrección (cp. Hch. 13:33), tal como lo hicieron los Evangelios (cp. Mt. 17:1-13). Es importante que recordemos en explicaciones posteriores esta lógica respecto a la resurrección y el Salmo 2 es importante recordarla para discusiones posteriores (cp. Ro. 1:4; He. 1:5). En cualquier caso, Pablo y la iglesia primitiva interpretaron el Salmo 2 tal como se pretendía, según la lógica de los profetas y de los escritores de los Evangelios. Esta continuidad alimenta una teología de la soberanía de Dios y de la supremacía de Cristo.

Ahora pasamos a explicar el Salmo 110. Jesús aplica el pasaje a sí mismo (Mt. 22:44). Salmos 110:1 habla de cómo YHWH le declara al señor de David que se sentará a su derecha. Jesús declara que esto da a entender su

16. Grant, *The King as Exemplar: The Function of Deuteronomy's Kingship Law in the Shaping of the Book of Psalms*, 20-27, 41-70.
17. Kaiser, *The Messiah in the Old Testament*, 96-99; Grant, *The King as Exemplar: The Function of Deuteronomy's Kingship Law in the Shaping of the Book of Psalms*, 9, 239; Hamilton, *God's Glory in Salvation through Judgment*, 280-81
18. Kaiser, *The Messiah in the Old Testament*, 97-99.
19. Morris, *The Gospel according to Matthew*, 442

superioridad sobre David.[20] ¿Concuerda esto con la intención original de David? ¿Quién es el señor de David? Como expusimos en un capítulo anterior, David era consciente del Mesías y hablaba de Él.[21] Más aún, el lenguaje de Salmos 110:1 habla de uno mayor que David. A lo largo de los Salmos, David usa de forma exclusiva el pronombre «mi» para hablar de sus enemigos (Sal. 27:2; 38:11) o de Dios mismo (cp. Sal. 18:1; 23:1). Si David es consistente en Salmos 110:1, «mi Señor» se refiere, pues, a uno mayor que David e igual a Dios mismo. Esto respalda que David hablara de manera intencional del Mesías en este texto. Además, el Salmo 110 se inspira en Génesis 14 (Melquisedec) para describir un sacerdocio real de un orden superior al de Leví. Tan noble ideal también coincide con el Mesías. Además de esto, los profetas imaginaban a un individuo mesiánico que fuera sacerdote y rey a la vez (Ez. 21:27 [heb. Ez. 21:32]; Zac. 6:9-15). Es probable que esta idea surja de Salmos 110:4, que habla de alguien que es rey y sacerdote, y que pertenece a la orden de Melquisedec. Esto indica que los profetas interpretan el Salmo 110 con naturaleza mesiánica. Todo esto argumenta que el Señor de David es el Mesías. Por tanto, el uso que Jesús hace del salmo encaja con precisión con la intención del Salmo 110.

Hechos sostiene esta lógica. En Hechos 2:34-35, Pedro identifica a Jesús (no a David ni a Salomón) como el referente del salmo. Aunque Jesús usa el versículo para demostrar su mesianidad y su deidad, Pedro se sirve de esto para confirmar la identidad y el plan de Dios para esta era. En ese momento, Jesús se sienta a la diestra de Dios y aguarda la victoria final sobre sus enemigos (Hch. 2.34-35; cp. Sal. 110:1). La aseveración de Jesús se basa más en la primera parte de Salmos 110:1, mientras que la de Pedro se fundamenta en la segunda mitad del versículo. No obstante, la interpretación esencial de Salmos 110:1 es la misma. Este versículo (y salmo) es sobre el Mesías y sobre cómo Dios establece su reinado. En consecuencia, Jesús y el apóstol emplean este salmo para hablar de la identidad, la grandeza, el reinado de Cristo y el plan de Dios. Su aplicación del texto demuestra cómo se inspiraron los escritores neotestamentarios en el Antiguo Testamento para su teología.

De la cristología a la eclesiología (Hijo del hombre/nuevo Adán)

En el Nuevo Testamento, la cristología suele asociarse a la eclesiología (el estudio de la iglesia), porque la Iglesia es el cuerpo de Cristo (1 Co. 12:12-13). Las alusiones del Antiguo Testamento son usadas, en ocasiones, en relación con este tema. Jesús, como el segundo Adán, y la Iglesia como la nueva humanidad presentan un ejemplo de cómo funciona todo ello.

Ya explicamos cómo la noción de un segundo Adán empieza en Génesis 3:15. El enfoque de Moisés se refuerza y se desarrolla en individuos como

---

20. Blomberg, *Matthew*, 337. Blomberg observa, con razón, que esto se refiere en última instancia a que el Mesías no podía ser meramente un descendiente humano de David. Para un examen más técnico de las cuestiones que rodean a este texto, véase Bock, *Luke 9:51-24:53*, 1635-36.

21. Véase discusión en el capítulo 5. Véase también Rydelnik, *Messianic Hope*.

Noé y Abraham. David se autodescribe en esos términos (Sal. 8:4; cp. Sal. 72:8-9), y hasta Daniel alude a esto en Daniel 7.[22] A la luz del contexto de la creación, la frase «uno como un hijo de hombre» en Daniel 7:9-13 alude, probablemente, a Adán.[23] El Antiguo Testamento anticipa a un hijo de hombre que es el nuevo Adán.

Así, cuando Jesús usa «Hijo del hombre», no se trata de un mero título de humanidad y humildad. También es uno de gran poder, porque habla de su conquista y su victoria escatológicas finales. Asimismo, es uno con el que se describe como el segundo Adán. Es algo que los escritores de los Evangelios retoman de diversas formas. Lucas vincula a Cristo con Adán, a través de su genealogía (Lc. 3:38).[24] Juan liga a Cristo con Adán al retratarlo como el hortelano tras la resurrección (Jn. 20:15).[25] Hechos mantiene esta descripción de Cristo. Las palabras de despedida de Esteban afirman que vio al Hijo del Hombre en el cielo, como en Daniel 7:13 (cp. Hch. 7:56). El llamado de Pablo en el camino de Damasco también lo confirma. Conzlemann observa cómo la experiencia de Pablo con el Cristo resucitado es un paralelo de la propia experiencia de Daniel en varios sentidos (Hch. 9:7; cp. Dn. 10:7).[26] Los Evangelios y Hechos afirman la expectativa veterotestamentaria respecto a que Jesús es el nuevo Adán.

Como tal, Él es la base por la cual la Iglesia es una nueva humanidad. Por esta razón, Juan y Lucas describen a la Iglesia en términos de Génesis 2:7 y de la creación de Adán. Al final de Juan, Jesús sopla sobre sus apóstoles, y señala así la venida del Espíritu Santo (Jn. 20:22). Carson observa que un acto así también alude a Dios insuflando vida en Adán (Gn. 2:7).[27] Da a entender que la venida del Espíritu inaugurará una nueva humanidad. Hechos confirma esta lógica. Lucas reseña cómo empezó la Iglesia en Pentecostés. En ese momento, el Espíritu descendió y el estruendo de un fuerte viento recorrió la casa (Hch. 2:2). El término para «viento» ($\pi\nu o \hat{\eta}\varsigma$) no aparece en muchos textos. Sí figura en Génesis 2:7, un texto que explica cómo hizo Dios a Adán.[28] A partir de esto, Bock concluye que la creación de la Iglesia es paralela a la creación de Adán.[29] La Iglesia es una nueva humanidad. Así como Adán no era ni judío ni gentil, en el nuevo Adán tampoco hay judío ni gentil. Esto empieza a explicar la imaginería de otra creación,

22. Dempster, *Dominion and Dynasty*, 140-47; Craigie, *Psalms 1–50*, 108; Kraus, *Psalms 1–59*, 180. Kraus comenta, de manera interesante, que el orador actúa como el primer hombre. Si reconocemos la exactitud del título escrito, David actuaría entonces como una extensión de Adán.

23. Lacocque, «Allusions to Creation in Daniel 7», 129. Véase discusión en el capítulo 3.

24. Bock, *Luke 1:1–9:50*, 360.

25. Wyatt, «"Supposing Him to Be the Gardener" (John 20, 15)»; Köstenberger, *A Theology of John's Gospel and Letters*, 337, 349.

26. Bock, *Acts*, 357-58; Conzelmann, *Acts*, 71.

27. Carson, *The Gospel of John*, 651.

28. Bock, *Acts*, 97.

29. Bock, *Acts*, 97; Bruce, *Acts*, 50. Bruce también compara el acontecimiento con el incidente de los huesos secos de Ezequiel 37, que es un eco de la creación original del hombre por parte de Dios.

utilizada para incorporar a los gentiles a la Iglesia (Hch. 10:11-12). Este contexto del Antiguo Testamento nos informa de la relevancia de que los judíos y los gentiles se vuelvan uno en la Iglesia. La Iglesia es las primicias de la nueva creación.[30]

Textos soteriológicos (Is. 53 y Lv. 18:5)

He cubierto brevemente Isaías 53 cuando traté con los textos cristológicos. Sin embargo, este capítulo también tiene implicaciones sobre los asuntos soteriológicos. La autoaplicación que Jesús hace de la profecía convierte a Isaías 53 en una lente interpretativa sobre su muerte. Una y otra vez, los escritores de los Evangelios aluden a Isaías 53 para demostrar cómo la cruz trata con la muerte sacrificial y sustitutiva de Cristo por el pecado (Mt. 26:28; cp. Is. 53:1-12). Esto no solo sucede para los judíos, sino también para los «muchos» (judíos y gentiles) (Mr. 10:45: cp. Is. 53:11). Todo esto ilustra cómo nos ayuda el Antiguo Testamento a entender la naturaleza salvadora de la obra de Cristo. Establece, asimismo, el fundamento para el trato que darán posteriormente los apóstoles al texto.

Otro pasaje es también pertinente para esta exposición. Aunque no se repite en otros lugares de los Evangelios ni en Hechos, el uso que Jesús hace de Levítico 18:5 («Guardaréis mis estatutos y mis ordenanzas, los cuales haciendo el hombre, vivirá en ellos»; Lucas 10:25-28) es bastante relevante, porque más tarde las epístolas usarán el mismo texto (Ro. 10:5; Gá. 3:12). Por esta razón, he escogido explicar esto aquí. Cuando Jesús viaja a Jerusalén, un intérprete de la ley inquiere sobre qué hacer para obtener la vida eterna (Lc. 10:25). Jesús le confirma que debe seguir la ley y el amor a Dios y al prójimo (Lc. 10:27-28). Nuestro Señor cita entonces Levítico 18:5, y afirma que cumpliendo esto, el hombre vivirá (cp. v. 28).[31]La manera como Jesús usa el Antiguo Testamento es complicada. Por una parte y, a primera vista, parece estar defendiendo una especie de salvación basada en obras. Esto iría en contra del tenor de otros textos neotestamentarios (cp. Ef. 2:8-9). Por otra parte, si hay algún otro uso implicado, ¿cómo cuadra esto con Levítico 18:5, que parece argumentar que quienes cumplen los mandamientos de Dios vivirán?

Para resolver esta pregunta, deberíamos regresar al contexto original de Levítico 18:5 y, a la vez, considerar cómo lo utilizaron los profetas posteriores. Originalmente, Levítico 18:5 forma parte de la exhortación de Dios de no practicar la inmoralidad sexual de los coetáneos de Israel (Lv. 18:1-4). En su lugar, deben atenerse a los preceptos de Dios, y solo así experimentarán la bendición del pacto (Lv. 18:5). Como tal, este versículo no se refiere en origen a la salvación o a la vida eterna, sino a una vida terrenal bendecida.[32] En este contexto, la frase «los cuales haciendo el hombre, vivirá»

---

30. Bock, *Acts*, 95; Bruce, *Acts*, 49. En Hechos 2:1, Pentecostés, como Día de las Primicias, establece a la Iglesia como primicia de lo que está por venir.
31. Bock, *Luke 1:1–9:50*, 1024.
32. Wenham, *The Book of Leviticus*, 253.

es una expresión de la necesidad de una obediencia completa a la ley de Dios.[33] Refuerza la norma inflexible de Dios. Aquí se podría deducir que no vivir según esta norma resulta en muerte o castigo.[34]

Dios ha exhortado a su pueblo a través de este versículo a una obediencia absoluta al pacto. ¿Cómo usan este versículo los profetas posteriores? Los principales ecos del versículo se producen en Ezequiel 18:9; 20:11; y Nehemías 9:29. En cada uno de esos casos hay dos verdades. Primeramente, todos usan Levítico 18:5 para condenar a la nación. Dios le dio la ley a Israel por la cual podían obtener las bendiciones del pacto, pero la nación se rebeló contra ella (cp. Ez. 18:1-3; 20:11-25; Neh. 9:29-30). En segundo lugar, los escritores usan estos versículos para apuntar a una esperanza futura, una esperanza que la ley misma señalaba. Las declaraciones sobre un nuevo corazón y espíritu (Ez. 18:31-32), la compasión de Dios (Neh. 9:31-32), y el regreso del exilio (Ez. 20:31-32), todo se hace eco de Deuteronomio 30:1-6, donde Dios promete que la ley dará paso a un tipo de nuevo pacto donde ocurrirán todas estas cosas.[35]

Por consiguiente, los profetas mantienen la idea original de Levítico 18:5. Siguen considerando que es la norma para la bendición del pacto de la que se habló originalmente. Al mismo tiempo, aplican lógicamente sus implicaciones a su situación. Israel no puede cumplir esa norma y, por tanto, debe esperar que llegue un nuevo pacto, como indicó Moisés (cp. Dt. 30:1-6). Esta es la lógica profética que rodea al texto.

Con esto en mente, podemos ver lo que hizo Jesús. Al intérprete de la ley que deseaba saber cómo conseguir la vida eterna, nuestro Señor le reitera la norma divina a partir de la ley. Usa Levítico 18:5 para reforzar que este es el verdadero estándar de la santidad de Dios. Sin embargo, la alusión sugiere que nadie puede cumplir ese estándar. Para empezar, apunta a la necedad de preguntar cómo obtener la vida eterna, cuando es algo que solo la intervención de Dios en el nuevo pacto puede hacer. El intérprete de la ley parece entender el dilema en el que se encuentra, e intenta mitigar la norma de la ley preguntando: «¿Quién es mi prójimo?» (Lc. 10:29).[36] Jesús sigue la lógica de los profetas respecto a Levítico 18:5. Israel fue incapaz de cumplir la ley, y necesitaron que Dios actuara en el nuevo pacto. El intérprete sigue estando en el mismo apuro.

¿Aboga Levítico 18:5 por una salvación basada en las obras? La respuesta es no. Levítico 18:5 explica la obediencia del pacto para ganar la vida terrenal (no eterna). ¿Abusó Jesús de la intención de Levítico 18:5 al usarlo en la discusión sobre la vida eterna? Otra vez, ese no es el caso. Levítico 18:5 todavía discute los estándares de Dios, y los profetas usaron esta declaración para mostrarle a Israel que ellos nunca podrían satisfacer la santidad de

---

33. Rooker, *Leviticus*, 241; Hartley, *Leviticus*, 293.
34. Rooker, *Leviticus*, 241.
35. Martyn, «Habakkuk 2:4 and Leviticus 18:5», 5; Sprinkle, «Law and Life»; Willitts, «Leviticus 18:5 in Galatians 3:12», 5.
36. Bock, *Luke 1:1–9:50*, 1026.

Dios y señalarles el nuevo pacto y la vida eterna. Ellos se enfocaron en una implicación legítima e importante de Levítico 18:5. Jesús hace lo mismo con el intérprete. Así, nuestro Señor se inspira en la lógica de los profetas. Por consiguiente, esto será la preparación para el uso que Pablo haga de ello en sus epístolas.

La moralidad (el uso de la ley)

La forma en que el Nuevo Testamento maneja la ley es uno de los usos más controvertidos del Antiguo Testamento. ¿Deberían estar los creyentes bajo la ley y, de no ser así, cómo se aplica la ley a nuestra vida? Trataré este tipo de preguntas de un modo más completo en el capítulo siguiente. Sin embargo, los cimientos de la respuesta deben ver cómo usó Jesús la ley y cómo preparó el camino para que sus seguidores también lo hicieran. Todo esto surge de la exposición previa que hicimos sobre la ley.

En este sentido, es necesario ver cómo la ley se relaciona con la historia redentora. Los profetas (empezando por Moisés) entendían que Dios pretendía que la ley avanzara hacia el nuevo pacto (cp. Dt. 30:1-6). En este contexto, Moisés anticipa a un profeta como él que vendrá (Dt. 18:18), y Deuteronomio concluye con esa misma expectativa (Dt. 34:10). El Antiguo Testamento acaba con alusiones en retrospectiva a Elías y a Moisés, dos importantes profetas, y proporciona la anticipación respecto a otro mayor aún por llegar (Mal. 4:5-6). Argumenté en el último capítulo que el apogeo de los profetas es Cristo mismo (He. 1:2-4; cp. Jn. 1:21).

Todo esto es la preparación para cuando Cristo suba al monte e imparta el Sermón del monte (Mt. 5:1-7:29). Los ecos de Moisés y de la dación de la ley desde el monte Sinaí son relevantes.[37] Presenta a Jesús como una especie de nuevo Moisés y el profeta esperado por los escritores del Antiguo Testamento. A la luz de esto, Cristo viene a cumplir la ley (Mt. 5:17). Esto también está en línea a la forma en que Moisés y los profetas anticiparon que la ley se movía hacia el nuevo pacto. En consecuencia, como revela el sermón de Cristo, Él no niega el tenor ni la enseñanza de la ley mosaica, sino que en realidad exige que esos principios se vivan hasta sus ramificaciones más plenas.

El uso posterior que Jesús hace de la ley se atiene a este paradigma. Otros pasajes muestran cómo habrá una nueva ley en vigor. Vemos que nuestro Señor declara que todo alimento es limpio (Mr. 7:19) y proclama el verdadero significado del Sabbat (Mr. 2:27-28). Una vez más, estas proclamaciones no contradicen la intención de Moisés en la ley, sino que la cumplen. Aunque la letra de la ley pueda estar desvaneciéndose, su enseñanza y lo que ella representaba permanecen para siempre en su forma más plena. Por ese motivo, Cristo mantiene aún los principios de la ley relativos al adulterio, al divorcio, al asesinato y al matrimonio (Mt. 5:21-32). No se abrogan, sino que se llevan a buen término como se indicó más arriba (cp. Mt. 5:17). Después de todo, como el Señor señalará, Dios no ha cambiado, y

---

37.   Blomberg, *Matthew*, 97; Allison, *The New Moses*.

así nuestras vidas ante Él deben ser santas, como debían de ser en el Antiguo Testamento (cp. Mt. 5:48; Lv. 19:2). Las formas específicas en que vivimos la santidad de Dios, así como la capacidad de hacerlo, han cambiado con el nuevo pacto, pero sigue habiendo una continuidad fundamental por la inmutable naturaleza de Dios mismo.

En este sentido, nuestro Señor declara la expresión más completa de la ley: amar al prójimo (Lv. 19:18) y a Dios (Dt. 6:4-6). Esto resume la ley (Mt. 22:36-39).[38] De hecho, el propio sermón de Moisés sobre la ley parece extraer estos énfasis de la estructura misma del Decálogo (cp. Dt. 10:17-21).[39] Los profetas también sacan a relucir estas ideas con respecto a cumplir la letra de la ley (Is. 1:11-13; Jer. 7:22-23; Ez. 37:27; Os. 6:1-3; Mi. 6:8; Zac. 7:1-7).[40] Jesús sigue el énfasis de los profetas sobre la ley, pero también eleva estas afirmaciones cuando muestra que el verdadero amor se preocupa por sus enemigos (Mt. 5:44; Lc. 6:27, 35). Por consiguiente, Jesús interpreta la ley tal como siempre se designó que se hiciera, tanto en sus propias afirmaciones como respecto a su función en la historia redentora. La interpretación profética de la ley continúa y se cumple en Cristo.[41]

La forma en que Jesús interpreta la ley continúa en Hechos (y en las epístolas). El concilio de Jerusalén es un ejemplo de ello. Por una parte, el concilio reconoce que los gentiles no han de sujetarse a las normativas de la ley (Hch. 15:23-29). Los apóstoles entienden su función en la historia redentora. Por otra parte, a los gentiles se les prohíben ciertas prácticas que resultarían ofensivas para los judíos (Hch. 15:29).[42] En este contexto, los apóstoles también demuestran haber entendido lo que la ley enseñaba sobre el amor. El modo en que Jesús comprendía la ley y el amor forman las bases de cómo tratan los apóstoles con la ley.

Síntesis

Los escritores de los Evangelios sirven de base importante para nuestra manera de pensar sobre la lógica del Nuevo Testamento. La exposición anterior ilustra que su pensamiento estaba en continuidad con el Antiguo Testamento. No hacen un mal uso de él, sino que más bien identifican su apogeo de pleno derecho (y esperado) en Cristo. Así es como entienden el argumento de las Escrituras y como aplicaron la profecía, la promesa y la ley. El Antiguo Testamento proporciona, pues, la sustancia teológica a lo que sostenían los autores neotestamentarios. La continuidad de la hermenéutica conduce a la teología.

---

38. Blomberg, *Matthew*, 104. Véase Carson, «Matthew», 140-45. El tratamiento que Carson hace de toda esta cuestión es excelente.

39. Merrill, *Deuteronomy*, 204.

40. Thompson, *The Book of Jeremiah*, 287-88; Garrett, *Hosea*, 158-59; Klein, *Zechariah*, 217.

41. Como explicaremos más adelante, la noción de que Cristo cumple la ley denota cómo manifiesta e interpreta plenamente la ley. Lo hace de un modo no antitético a la ley (Él no vino a abolir), sino más bien para mostrar cuál fue siempre su intención. Véanse Blomberg, *Mathew*, 103; Morris, *The Gospel according to Matthew*, 108.

42. Bock, *Acts*, 513.

A nivel central, el uso que Cristo hace del Antiguo Testamento se convierte en el punto de partida de cómo discutieron el Antiguo Testamento los escritores de los Evangelios. Sus afirmaciones se convierten en la base en la que fundamentan su uso de la revelación anterior. De este modo, vemos cómo la hermenéutica profética avanza hacia Cristo, y continúa hacia los apóstoles. Cristo es central como apogeo de los profetas. Esta sección vincula, así, el Antiguo Testamento con el Nuevo, y es la preparación para el resto del canon neotestamentario.

PABLO

La historia redentora

Pablo usa el Antiguo Testamento con vistas al panorama general de la historia redentora. Por ejemplo, narra la línea argumental de Abraham e Israel en Gálatas 3–4 para demostrar que la promesa de Dios llegó primero al patriarca, y que la ley no lo niega (Gá. 3:17). Su argumento en Romanos es de naturaleza histórico-redentora. El apóstol explica que todos están bajo el pecado, y que Dios solo ha actuado en el «ahora» (Ro. 3:19-21), de manera escatológica, para justificar a los impíos (Ro. 3:26-27).[43] Este flujo de pensamiento trae a nuestra mente lo que señalan los profetas: el Antiguo Testamento aguarda que Cristo venga a traer salvación, cumpla las promesas del pacto y ponga fin al exilio (cp. Is. 52:13–53:12; Jer. 23:5; 31:31; Ez. 34:11-31; Zac. 6:9-15). En consecuencia, la lógica de Pablo en Romanos tiene sus raíces en la historia redentora. Como él afirma, su evangelio procede de lo que se había escrito antes (Ro. 1:2). Pablo integra su entendimiento del plan de Dios con el argumento del Antiguo Testamento. Carson observa que la cuidadosa comprensión del apóstol respecto a la historia redentora y su cronología es una parte crucial de su hermenéutica.[44]

En este contexto, Pablo es consistente con los escritores de los Evangelios al considerar a la Iglesia como un nuevo «añadido» a este plan. El apóstol declara que la Iglesia es un misterio (Ef. 1:9; 3:3-9) no revelado a las generaciones pasadas. Los judíos y los gentiles son copartícipes de la promesa de Dios (Ef. 3:6). El concepto paulino de misterio afirma que la Iglesia es un nuevo desarrollo.

No obstante, igual que sus predecesores, Pablo mantiene que el advenimiento de la Iglesia no hace que la historia redentora cambie de rumbo. En su lugar, la Iglesia es la moderadora del mismo argumento descrito en el Antiguo Testamento, que se mantiene en los Evangelios y en Hechos. Pablo describe a la Iglesia como la posesión preciosa de Dios, un lenguaje que se usa respecto al estatus y la función de Israel para Dios (Tit. 2:14; cp. Éx. 19:6).[45] Por consiguiente, en esta era, la Iglesia establece un paralelo con la función de Israel mientras la nación tiene el corazón endurecido. Como tal,

---

43. Schreiner, *Romans*, 180.
44. Beale y Carson, *Commentary on the New Testament Use of the Old Testament*, xxvi.
45. Knight, *Pastoral Epistles*, 328.

da continuación a la funcionalidad del templo, que ha sido parte de la obra de Dios en el mundo desde la Caída (1 Co. 3:16; cp. Gn. 28:19; Éx. 40:38; 1 R. 8:1-11).[46]

Al mismo tiempo, la Iglesia también facilita la salvación de Israel (Ro. 11:11-14), que conduce al cumplimiento de las promesas divinas de la resurrección de entre los muertos y de una creación totalmente nueva (Ro. 11:15). En esta exposición, el apóstol cita Isaías 59:20 para mostrar que sigue contemplando el panorama general a través de la lente del Antiguo Testamento. En este sentido, la opinión de Pablo respecto al fin corresponde a sus antepasados. En 2 Tesalonicenses 2, al apóstol afirma las profecías de Daniel, las mismas que Jesús afirmó en Mateo 24:15-29. Todo esto demuestra cómo el pensamiento de Pablo respecto al plan de Dios está inmerso en el Antiguo Testamento. Indica, asimismo, que su percepción de la historia redentora sigue la lógica de los profetas y de Cristo mismo.

Queda un punto significativo. Pablo considera su propio ministerio a la luz de todo el argumento. Su llamamiento participa directamente en el más grande plan de Dios de la inclusión de los gentiles (Gá. 1:16). Como resultado, sus explicaciones teológicas (Gá. 2:14), sus actividades (Ro. 15:16; 2 Co. 9:12-15) y sus exhortaciones están relacionadas con la realización de este llamado (Ef. 4:1). De ahí que Pablo no solo analice detalladamente las Escrituras, sino que también las escriba, a la luz del panorama general. Esto no solo muestra la continuación de la lógica de sus predecesores, sino también que escribe con objetivos histórico-redentores mayores, incluso cuando trata situaciones específicas.[47]Esto proporciona universalidad a sus escritos para la Iglesia de todos los tiempos.

Pasajes individuales

Cristología (Sal. 2, 110, 118; Is. 28:16; 53)

¿Cómo maneja Pablo los textos veterotestamentarios anteriormente usados de manera cristológica? Podemos empezar con los salmos que ya explicamos antes. En Romanos 1:4, Pablo alude al Salmo 2 cuando describe a Cristo como Hijo de Dios en poder, en virtud de la resurrección. Esto encaja con el modo en que los Evangelios y los Hechos han vinculado este salmo con Cristo y la resurrección (Mt. 13:13-15; 17:1-7; Mr. 9:2-8; Hch. 4:28-31; 13:33-34).[48]

Además, Pablo alude a Salmos 110:1 en Efesios 1:20-22, donde discute cómo Cristo está ahora sentado a la diestra de Dios. El apóstol se sirve de ese salmo para explicar la era en la que vivimos ahora. Cristo tiene la victoria y todas las cosas están sujetas a Él (Ef. 1:22), pero seguimos aguardando el tiempo en que todo se reúna en Cristo (Ef. 1:10). Esto se corresponde con

---

46. Beale, *Temple and the Church's Mission*, 259-68.
47. Esto es paralelo a la mentalidad de los profetas anteriores a Pablo (véase exposición en el capítulo 4).
48. Schreiner, *Romans*, 40.

lo que Pedro afirmó con anterioridad (Hch. 2:34-35).[49] Una vez más, Pablo concuerda con la lógica de las Escrituras de sus predecesores. Sin embargo, en su uso del Salmo 110, el apóstol no coincide meramente con la lógica de sus predecesores, sino que sigue desarrollando sus consecuencias. Proclama que la Iglesia debe reflejar el triunfo de Cristo, y dar testimonio de Él, tal como se describe en dicho salmo (cp. Ef. 1:22–2:10). De este modo, aclara las ramificaciones de la cristología iniciada en el Antiguo Testamento, que alcanzó su apogeo en Cristo, y fue ampliada por Pedro.[50]

Asimismo, hablamos de cómo retrataron Jesús y los escritores de los Evangelios a Jesús como la piedra, según Isaías 28:16 y Salmos 118:22. Pablo también lo hace. En Romanos 9, el apóstol confronta a los judíos de su época, que confiaban en su forma de observar la ley en lugar de confiar en Cristo. Tropezaron con Él, la Piedra que Dios había erigido para su salvación (Ro. 9:31-33).[51] El uso paulino de Isaías 28:16 coincide con el contexto original del profeta, así como el propio uso que Jesús hizo de ese texto. Nuestro Señor apeló a ese pasaje para mostrar cómo tropezaron los judíos con Él (Lc. 20:17-18).[52] La lógica de Pablo da continuidad tanto a la hermenéutica profética como a la apostólica al explicar la naturaleza de Cristo desde el Antiguo Testamento.

A propósito de Isaías, el texto definitivo para esta exposición específica es Isaías 53. Pablo no solo identifica a Jesús como el Siervo, como lo hacen los Evangelios y Hechos (cp. 3:13, 26), sino que también trata las implicaciones teológicas de ello. El apóstol apela a Isaías 53 para explicar cómo es humillado Cristo (Fil. 2:7; cp. Is. 53:3), que fue entregado por las transgresiones (Ro. 4:25; cp. Is. 53:4-5), que asegura la justificación (Ro. 4:25; cp. Is. 53:11), que justifica a los muchos (Ro. 5:19; cp. Is. 53:11), y que hace la paz mediante su muerte (Col. 1:20; cp. Is. 53:5).[53] Pablo construye la cristología mediante su exposición de Isaías 53, que está en línea con la intención de Isaías y de cómo han reflexionado los Evangelios y Hechos sobre el texto. Todos los ejemplos de más arriba ilustran cómo el apóstol continuó con la lógica de sus predecesores y elaboró la teología del Antiguo Testamento para hablar de Cristo.

De la cristología a la eclesiología (Sal. 118:22; Is. 28:16; tema del nuevo Adán)

En línea con sus predecesores, Pablo declara de manera explícita que Cristo es el nuevo Adán (Ro. 5:14; 1 Co. 15:45). Usa Salmos 8:6 para

---

49. Bock, *Acts*, 134
50. Esto no significa necesariamente que el sermón de Pedro, en Hechos, se le explicara deliberadamente a Pablo. Como mínimo, ambos desarrollan la naturaleza del Salmo 110 de manera independiente. Además, Pablo pudo conocerlo a partir de una tradición derivada del discurso de Pedro, y sostenida por la iglesia primitiva
51. Moo, *The Epistle to the Romans*, 629; Schreiner, *Romans*, 540.
52. *Ibíd.* En la época de Isaías, Israel confiaba en sus propias estratagemas en lugar de confiar en la Piedra que el Señor estableció (Is. 28:16).
53. Dunn, *Romans 1–8*, 224; Moo, *The Epistle to the Romans*, 289; Hofius, «Fourth Servant Song», 180-82.

demostrar cómo Cristo tendrá el dominio originalmente prometido al hombre a través de Adán (1 Co. 15:27; Ef. 1:22).[54] Él no solo se limita a confirmar esto, sino que ahonda en sus implicaciones. El estatus de Cristo como segundo Adán es la base para la salvación y la justificación (Ro. 5:14-21), así como la glorificación (1 Co. 15:45). Como sus predecesores, Pablo también conecta a Cristo, como el nuevo Adán, con la Iglesia, como la nueva humanidad. Pablo define a la Iglesia como un nuevo hombre en Cristo (Ef. 2:5). Emplea, asimismo, el lenguaje de la creación (Gn. 1:26-28) para describir la misión de la Iglesia (Col. 1:10).[55] Con ello explica la relevancia de la unidad entre judíos y gentiles en el seno de la Iglesia, una parte relevante de la teología del apóstol. Así, la lógica paulina sobre Cristo y la Iglesia refleja cómo han pensado sus predecesores, y ayuda a moldear su eclesiología.

El apóstol aplica una lógica similar de la cristología a la eclesiología, con la noción de que Jesús es la piedra angular. Como sus antecesores, el apóstol alude a Salmos 118:22 e Isaías 28:16 al describir así a Jesús (Ef. 2:20-22; cp. Mt. 21:42; Hch. 4:11). En ese contexto, Pablo expone sobre las implicaciones de esto. Así como el nuevo Adán conduce a una nueva humanidad, que Jesús sea la piedra angular significa que quienes están en Él son piedras edificando un nuevo templo (Ef. 2:20-22). Esta expansión está en concierto con los contextos originales de Salmos 118:22 e Isaías 28.16. El simbolismo de la piedra forma parte de una discusión más amplia del templo (cp. Sal. 118:22).[56] Por tanto, si Cristo es la piedra angular del templo, los que están en Él se vuelven parte de esa estructura. Pablo solo lleva la lógica a su conclusión.[57] Al hacer eso, el apóstol muestra cómo continúa la Iglesia con el propósito del templo, al dar testimonio de la presencia perpetua de Dios sobre la tierra. Esto explica por qué debemos ser llenos del Espíritu (Ef. 5:18), y glorificar a Dios en nuestro cuerpo (1 Co. 6:19-20).[58] Así como Dios llenó el templo con su gloria, la santificación demuestra esa misma realidad al mundo que observa. El uso del Antiguo Testamento proporciona el propósito detrás de lo que la iglesia es y hace.

La soteriología (Lv. 18:5; Is. 53/Gn. 15:6; Hab. 2:4)

En este tema discutimos con anterioridad Isaías 53 y Levítico 18:5. Ya hemos enumerado varios textos cuando Pablo expuso sobre Isaías 53. Para esta discusión, nos centraremos en cómo afianza su uso de esta profecía en ciertas cuestiones soteriológicas. Pablo usa Isaías 53 para establecer la

---

54. Fee, *The First Epistle to the Corinthians*, 758.
55. Beale, «Colossians», 842-46.
56. Allen, *Psalms 101–150*, 167; Cahill, «Not a Cornerstone».
57. De nuevo, algunos pueden objetar el aplicar semejante lenguaje a los gentiles, cuando eran los judíos quienes estaban principalmente en vista. Sin embargo, la situación histórico-redentora muestra que la Iglesia es un referente legítimo, porque ellos forman parte del pueblo de Dios. La aplicación se extiende lógicamente a ellos. Al tratar la relevancia, podemos ver el valor de este texto en situaciones paralelas.
58. Beale, *Temple and the Church's Mission*, 252.

expiación penal sustitutiva. Cristo cargó con el pecado (1 Co. 15:3; Gá. 1:4; Ef. 5:2; Fil. 2:7-8; Tit. 2:14), y la ira de Dios (Ro. 3:25-26) por su pueblo.[59] Esto es exactamente lo que encontramos en los Evangelios. Pablo mantiene la lógica de sus predecesores y de sus contemporáneos para desarrollar su soteriología.

Su uso soteriológico de Isaías 53 también provee alguna base para la discusión de la justificación. Algunos han debatido si la justificación se refiere principalmente a las cuestiones del pecado y la salvación o a la membresía de uno en la comunidad de fe. ¿Es soteriológica o sociológica?[60] El entendimiento paulino del Siervo provee la argumentación para la visión soteriológica. En Isaías, el profeta afirma que el Siervo justifica a muchos (Is. 53:11). En contexto, esto se relaciona con el pecado y la desobediencia. Pablo usa Isaías 53:11 para describir la obra de justificación de Jesús (Ro. 4:25; 5:15; cp. Is. 53:11). Así, el entendimiento que Isaías tenía de la justificación pervive en la comprensión del apóstol. La justificación es soteriológica, aunque conlleve implicaciones para las cuestiones de la comunidad (p. ej., estatus de los gentiles entre los judíos).[61] Todo esto ilustra cómo el desarrollo del Antiguo Testamento en el Nuevo es parte del rico tejido teológico de la segunda mitad de las Escrituras.

El uso paulino de Levítico 18:5 funciona de un modo similar. Él cita Levítico 18:5 tanto en Gálatas 3:10-14 como en Romanos 10:4-5. Los eruditos reconocen que estos dos pasajes son notablemente difíciles.[62] Pablo usa Levítico 18:5 para demostrar que la fe en la promesa de Dios es el único camino (Gá. 3:14), y el fin de la ley es Cristo (Ro. 10:4). Sin embargo, Levítico 18:5 declara casi lo contrario: cualquiera que cumpla la ley vivirá. El dilema es aquí parecido a la tensión en la cita de Levítico 18:5 que Jesús le hace al intérprete de la ley. Por consiguiente, como en aquel caso anterior, la lógica profética en torno a Levítico 18:5 ayuda a resolver las tensiones en el argumento paulino. Como hemos indicado, los profetas y nuestro Señor se sirvieron de este texto para comunicar el estándar de Dios y, al mismo tiempo, mostrar la desesperanza de Israel respecto a cumplirlo alguna vez. Esto apunta a la necesidad del nuevo pacto. Es precisamente lo que ocurre tanto en Gálatas como en Romanos. Pablo cita Levítico 18:5 para mostrar el santo requisito de la ley, pero sabe que esto demuestra (según sus predecesores) la incapacidad de Israel. Apunta, por tanto, a la necesidad de fe en Cristo (Gá. 3:13-14) y, al hacerlo, muestra por qué Cristo es el fin de la ley (Ro. 10:4). El argumento de Pablo en Gálatas y Romanos engrana muy bien con lo que hemos visto antes. Pablo usa Levítico 18:5, como lo hicieron Jesús

---

59. Schreiner, «Penal Substitution View», 82-93; Chou, *I Saw the Lord*, 159-60.

60. Wright, *Justification: God's Plan and Paul's Vision*, 120-22; Dunn, «Echoes Intra-Jewish Polemic», 459-77; Schreiner, «Perfect Obedience», 151-60; Moo, «Interaction with the New Perspective», 186-87.

61. Para una explicación más completa, véanse Chou, *I Saw the Lord*, 160-62; Witherington, *Grace in Galatia*, 175.

62. Véase Willitts, «Leviticus 18:5 in Galatians 3:12», 106, para una explicación y documentación plenas de esto.

y los profetas, para exponer un importante punto soteriológico sobre la salvación únicamente en Cristo, tan solo por fe.[63]

Me gustaría añadir dos pasajes a esta exposición sobre soteriología: Génesis 15:6 y Habacuc 2:4. No se alude a estos en los Evangelios; sin embargo, otros apóstoles los usarán de maneras aparentemente distintas a Pablo (He. 10:38; Stg. 2:23). De ahí que sea adecuado tocarlos en esta discusión sobre la hermenéutica de los apóstoles. Podemos establecer el fundamento para este debate estableciendo la naturaleza de esos textos veterotestamentarios.

Empezaremos discutiendo Génesis 15:6. Abram creyó a Dios, y Él se lo acreditó como justicia. Podemos hacer varias observaciones sobre este versículo:

1. El contexto de Génesis 15:6 no solo se refiere a la respuesta de Abram a Dios y a sus promesas, sino también a que el pacto se inicia con él y, por tanto, con Israel. La narrativa funciona como presentación del fundamento de la nación.

2. Wenham observa, con acierto, que la forma del verbo "creer" indica que la fe de Abram no era un acto de una sola vez, sino constante.[64] El contexto también lo destaca. Por ejemplo, Mateo observa que Moisés describe más adelante cómo Dios probó la fe de Abraham (Gn. 22:1) con su mandamiento de sacrificar a Isaac. Al final, Abraham creyó y temió a Dios (Gn. 22:12).[65] De ahí que la gramática y el contexto indiquen que la fe de Abraham era perdurable. Esto será particularmente importante para toda la exposición sobre cómo usaron los apóstoles Génesis 15:6.

3. Esta fe era en Dios, y recalca la obra de Dios para cumplir en lugar del esfuerzo de Abram. Como observa Mateo, cualquier noción de fe como una obra meritoria es ajena al contexto.[66]

4. En el contexto, Dios no consideraba que las obras de Abram (es decir, cumplir el pacto) fueran justas. En su lugar, fue su confianza en la actividad de Dios que se vincula a su posición justa.[67] Las obras no tienen nada que ver.

---

63. Sprinkle, «Law and Life», 292-93; Willitts, «Leviticus 18:5 in Galatians 3:12», 105-22.
64. Wenham, *Genesis 1–15*, 329; *IBHS* §32.2.3e (533-34).
65. Matthews, *11:27–50:26*, 264. «R. W. L. Moberly identifica que «el temor al Señor» de Abraham es un equivalente hebreo de lo que los cristianos quieren decir cuando aluden a la «fe»... La prueba no surge de la necesidad del conocimiento divino, sino que es el requisito del logro de la fe del hombre. Al presentar el desafío, el hombre podría expresar su fe de un modo concreto; ahora bien, la fe potencial se produce, y consolida para el patriarca la promesas que Dios ha venido asegurando que sucederían (cp. Stg. 2:21-23)». Véase también, Moberly, *Bible, Theology, and Faith*, 79-80.
66. Matthews, *Genesis 1–11:26*, 168; *IBHS* §32.2.3e (533-34).
67. *Ibíd*. Esto está en contraste con otros textos (Dt. 6:25; 24:13; Sal. 106:30-31) donde las acciones nos son acreditadas como justicia. En los últimos casos, no se trata de obras de

5. Con la construcción hebrea específica, la justicia está relacionada con el estatus judicial de Abram.[68] La justicia responde a la pregunta de si uno está en buenos términos con los demás. Como Hamilton confirma, la fe fue la forma en que Abram consiguió estar a bien ante el Señor.[69]

Por lo tanto, Génesis 15:6 establece un importante precedente para la nación. El pacto y su estatus delante del Señor no se basan en las obras, sino que llegan a través de una confianza perdurable en YHWH. El pueblo verdadero de Dios reconoce que, en última instancia, solo el Señor puede cumplir sus promesas a su pueblo.

Pablo usa Génesis 15:6 en dos epístolas (Ro. 4:3, 20-22; Gá. 3:6). En ambos libros, Abraham sirve como precedente de que Israel (y hasta los gentiles, cp. Ro. 4:9-11) debe confiar en Cristo para la salvación y no en sus propias obras. Servirse de Abram como precedente es adecuado, ya que Moisés parece plantear que la narrativa de Génesis es fundamental para la nación. Algunos cuestionan que esto sea realmente una buena «opción» dado que el enfoque de Pablo es sobre la salvación, pero la salvación de Abram no está a la vista en Génesis 15:6. Sin embargo, sí lo está su justicia, que se refiere a su condición judicial. Como argumenta Moo, aunque el término «salvación» no esté presente, este concepto específico de justicia es soteriológico por naturaleza y, por tanto, el uso de Génesis 15:6 es adecuado.[70]

Una nota final: Pablo parece concentrarse en el acto inicial de fe de Abram presentado en Génesis 15:6 como lo que cualquiera necesita tener para entrar en el pacto.[71] Sin embargo, como se ha indicado más arriba, la forma verbal de este pasaje implica un acto continuo de fe. Por lo tanto, el énfasis paulino se centra en un aspecto o componente de la fe en Génesis 15:6. No obstante, la explicación del apóstol en el contexto no limita esta noción de creencia o confianza continuada. Después de todo, en Romanos 4, él mismo nos recuerda que Abram persistió en su confianza en Dios

justicia para salvación, sino más bien de la obediencia del pacto. Respecto a Abraham, lo interesante es que el hecho de que su fe le fuera contada como justicia sucede *antes* del establecimiento del pacto. Es otra forma en la que Génesis 15:6 se diferencia de estos textos. En resumen, los pasajes citados más arriba tratan de la obediencia a la ley de Dios mientras se está en el pacto. Génesis 15:6 tiene que ver con llegar a ser justo en la relación propia con Dios, fundamentalmente antes de entrar en un pacto. Esto último es de naturaleza soteriológica, mientras que lo primero trata más de la perseverancia.

68. Wenham, *Genesis 1-15*, 50. «Sin embargo, no se describe a Abram efectuando justicia. Más bien es su fe la que se cuenta por justicia. Por lo general, la justicia resulta en la absolución del juez divino. Aquí, la fe, la respuesta correcta a la revelación de Dios, es lo que cuenta. Como aclara el resto de la historia, esta fe conduce a la acción justa (p. ej., Gn. 18:19), pero de todo el Antiguo Testamento solo aquí se cuenta como justicia».

69. Hamilton, *The Book of Genesis Chapters 1-17*, 427.

70. Moo, «Genesis 15:6 and the New Testament», 155-56.

71. Chisholm, «Evidence from Genesis», 40-41. En el fluir del texto, la fe de Abram lo justifica delante del Señor y, de ese modo, es elegible para entrar en el pacto con Él.

respecto a Sara y al nacimiento de Isaac (Ro. 4:18-22). Por tanto, el uso paulino de Génesis 15:6 se ciñe a su intención original. Esta porción ayuda a reforzar el argumento del apóstol de que la justificación siempre ha sido solo por fe.

Podemos pasar de Génesis 15:6 a una discusión sobre Habacuc 2:4. Lo fascinante es que este versículo parece aludir intertextualmente a la fe de Abram. El profeta retoma el lenguaje de fe y justicia de Génesis 15:6.[72] El contexto de Habacuc 2:4 también habla de los caldeos (Hab. 1:6). La elección del término caldeo (en lugar de babilonios) puede retomar los humildes orígenes de Abram que era de Ur de los caldeos (Gn. 11:28). Como Israel está a punto de ir al exilio, al mismo lugar de procedencia, Dios le recuerda a su pueblo que la fe «del principio» es la fe a la que tiene que ser fiel ahora, al «final».

De manera específica, Habacuc contrasta a la persona orgullosa, cuya alma no es recta, con el justo (צַדִּיק), que vive por su fidelidad (בֶּאֱמוּנָתוֹ) (Hab. 2:4). Podemos analizar este versículo mediante el examen de los paralelos entre «el justo» y aquel cuya «alma no es recta», además del «orgullo» frente a la «fidelidad».[73] El paralelo entre «el no recto» y «el justo» refuerza que la rectitud es una idea judicial similar a lo que hemos observado en Génesis 15:6.[74] Estas palabras se usan juntas sistemáticamente en contextos relacionados con el estatus correcto de la persona delante del Señor (cp. Dt. 9:5; 32:4; Sal. 32:11; 33:1; 64:10).[75] Por tanto, esto se relaciona de nuevo con la situación de uno delante del Señor.[76] El paralelo entre el orgullo y la fidelidad indica que Habacuc define a esta última como una dependencia singular en Dios.[77] Al contrario del orgulloso que nunca respeta a Dios, el justo es «fiel» (בֶּאֱמוּנָתוֹ) en confiar sistemáticamente en Él.[78] Los que poseen esta singular

---

72. Robertson, *The Books of Nahum, Habakkuk and Zephaniah*, 175-77. Tanto «fe» como «fidelidad» comparten la misma raíz (אמן). Véase la explicación posterior por la cual estas dos ideas están estrechamente relacionadas en este contexto.

73. Los eruditos difieren sobre el funcionamiento exacto del paralelismo. Zemek sugiere que «justo» y «orgullo» son paralelos, como lo son «fidelidad» y «no recto». Sin embargo, podría existir aquí un quiasmo en el texto ya que «recto» y «justo» es un par perfecto (cp. Dt. 9:5; 32:4; Sal. 32:11; 33:1; 64:10). Por tanto, el paralelismo antitético simple no queda descartado por el quiasmo de este versículo. En su lugar, ambos son complementarios y, por ello, Robertson, Zemek y yo mismo llegamos a la misma conclusión respecto a la naturaleza de «fidelidad» en este versículo. Ellos argumentan que el contexto del orgullo sugiere que lo que está a la vista es la fidelidad en confiar en Dios. Mi punto de vista es que un «contexto» así queda reforzado al ver la estructura quiástica del versículo que contrasta directamente «fidelidad» y «orgullo». Véanse *Ibíd.*, 178; Zemek, «Interpretive Challenges Relating to Habakkuk 2».

74. Robertson, *The Books of Nahum, Habakkuk and Zephaniah*, 175-77.

75. Merrill, *Deuteronomy*, 190. En este caso, esto trata de la moralidad (impiedad frente a justicia), lo que proporciona un estatus o base para que Dios bendiga.

76. Zemek, «Interpretive Challenges Relating to Habakkuk 2», 53; Robertson, *The Books of Nahum, Habakkuk and Zephaniah*, 175-78.

77. Zemek, «Interpretive Challenges Relating to Habakkuk 2», 52-54; Robertson, *The Books of Nahum, Habakkuk and Zephaniah*, 175-78.

78. Robertson, *The Books of Nahum, Habakkuk and Zephaniah*, 60.

dependencia en el Señor sobreviven a su ira en el exilio.[79] Vivirán por cuanto experimentarán la liberación escatológica de Dios. Como lo expresa un erudito, el justo ha de tener una «fe fiel».[80] Esto encaja con el eco que el texto se hace de Génesis 15:6 y de la fe de Abraham. La fe persistente de Abram debe convertirse, al final, en la fe de los israelitas. Solo entonces seremos justos delante del Señor y escaparemos a su ira.[81]

Como el uso que hace de Génesis 15:6, Pablo utiliza Habacuc 2:4 en dos textos (Ro. 1:17; Gá. 3:11).[82] Tanto Romanos como Gálatas insisten en la exclusividad de la fe. En Romanos, la justicia de Dios se revela de fe para fe; se manifiesta exclusivamente por fe.[83] En Gálatas 3:10-14, nadie es justificado por la ley, porque el justo vivirá por la fe. Habacuc 2:4 es un texto sólido en ambos casos, dada su intertextualidad. Como hemos explicado, enlaza en retrospectiva con la fe de Abraham y demuestra, de principio a fin, que Israel debe aferrarse a confiar en Dios y no en sí mismo para su justicia. Esta lógica es una preparación para los argumentos paulinos respecto a la exclusividad de la fe tanto en Romanos como en Gálatas. Es curioso que en ambas epístolas se mencione Génesis 15:6 (Ro. 4:3; Gá. 3:6) en una proximidad relativamente estrecha con Habacuc 2:4 (Ro. 1:17; Gá. 3:11). Tal vez todo el argumento de Pablo sobre la fe y la justicia se establezca siguiendo la lógica del Antiguo Testamento.

Así como Pablo usa Génesis 15:6, el uso que hace de Habacuc 2:4 se concentra en el acto inicial de depender de Dios. Sin embargo, tampoco excluye una fe persistente. El contexto que rodea el uso de Habacuc 2:4, tanto en Romanos como en Gálatas, lo confirma. En Gálatas, la idea de la apelación de Pablo a Habacuc consiste en hacer frente a los que empiezan en fe, pero después acaban con obras (Gá. 3:2-3). La tesis del apóstol es que el camino que uno inicia en fe determina cómo debería acabar. De ahí que la fe explicada en Habacuc 2:4 conduzca a depender del Espíritu después de ser salvo (Gá. 2:20; 5:16).[84] La fe está vinculada a la santificación. Romanos emplea Habacuc 2:4 de manera similar. Habacuc 2:4 participa en la idea principal del libro respecto al poder de la salvación de Dios. Sin embargo,

---

79. *Ibíd.*, 177-78. Robertson ve, con razón, que «por su fidelidad» alude a «vivir» y no a «justo» en este contexto.

80. Zemek, «Interpretive Challenges Relating to Habakkuk 2», 53.

81. Véase Robertson, *The Books of Nahum, Habakkuk and Zephaniah*, 177-78. Robertson reconoce que este texto no declara explícitamente la fuente exacta de la justicia propia (ya que está fuera de nosotros mismos). No obstante, el eco de Génesis 15:6 (que Robertson retoma) responde a una pregunta así. Dios cuenta la fe como justicia. De ahí que Habacuc 2:4 afirme la forma en que uno sobrevivirá al exilio, pero también implica la forma en que uno se vuelve justo. Van de la mano porque, al final, solo el justo permanecerá y estas dos realidades interrelacionadas se consiguen por medio de una verdadera fe perdurable. En este sentido, tanto el paralelismo como el contexto intertextual sugieren que la «fidelidad» se vive en referencia con la «fe».

82. La traducción paulina de Habacuc 2:4 se corresponde estrechamente con el original, y difiere de la traducción de la LXX.

83. Moo, *The Epistle to the Romans*, 76.

84. Witherington, *Grace in Galatia*, 235.

esta justificación por fe produce resultados como la paz (Ro. 5:1) y la transformación por el Espíritu (Ro. 8:13).[85] Una vez más, aunque el uso que Pablo hace de Habacuc 2:4 se centra en la justificación, sus implicaciones no pueden divorciarse de manera absoluta de cómo se vive la vida cristiana de acuerdo a la lógica de Pablo.[86]

La exposición anterior no solo demuestra consistencia hermenéutica, sino también partes de la soteriología de Pablo. Trata el pecado, el perdón, la justificación y que la salvación no procede de las obras del hombre, sino estrictamente de la gracia de Dios. Como afirman Pablo y Pedro, junto con Joel (cp. Hch. 2:21; Ro. 10:13), cualquiera que invoque el nombre del Señor será salvo (Jl. 2:32 [heb., 3:5]). No es poca doctrina. La continuidad de la lógica hermenéutica ayuda a producir componentes vitales de la soteriología del Nuevo Testamento.

Moralidad (la ley y Lv. 19:18)

Al discutir la ley en su conjunto, Pablo declara que el nuevo pacto cumple el viejo (2 Co. 3:6-18). Los creyentes ya no están bajo la ley para obedecer sus normas particulares (Gá. 5:1). El tiempo de la transformación interna previsto por Moisés y los profetas ha llegado en Cristo (2 Co. 3:18; Gá. 4:4-7; 5:1-6). Según observamos, es lo que el Antiguo Testamento anticipaba y lo que los Evangelios y Hechos expresan. La lógica paulina se corresponde firmemente con la de otros escritores bíblicos.

Esta lógica compartida sigue en cómo trata Pablo otros aspectos de la ley. Por ejemplo, sus exposiciones de la libertad cristiana mantienen la forma de pensar del concilio de Jerusalén a través de la ley y del amor. Como ya explicamos, en Hechos reconocieron que los creyentes no están bajo la ley, pero deseaban que los gentiles fueran sensibles con los judíos (Hch. 15:22-29). Pablo tiene esta misma lógica cuando habla de la libertad cristiana (Ro. 14–15; 1 Co. 8–10). Nuestra libertad de la ley no puede usarse para el pecado ni causar que otros tropiecen. Pablo refleja la lógica de sus contemporáneos respecto a la ley, y proporciona directrices prácticas para vivirla.

El apóstol piensa en leyes individuales exactamente como lo hizo Cristo. Como mencionamos antes, Jesús sabía que la ley apuntaba a mayores realidades teológicas. Por esta razón, nuestro Señor proclamó que la ley contra el adulterio no tenía que ver meramente con dicho acto, sino con toda lujuria (Mt. 5:28). Del mismo modo, la ley de no matar no se limita al acto del homicidio, sino a cualquier acto de odio (Mt. 5:21-22). Pablo razona del mismo modo. Entiende que la ley sobre no poner bozal al buey describe el principio de equidad (cp. 1 Co. 9:9; 1 Ti. 5:18; cp. Dt. 25:1-4). Como Cristo, el apóstol confirma los principios morales subyacentes a la ley (Ro. 7:7;

---

85. Contra Cranfield, *The Epistle to the Romans*, 100-2. Cranfield cree que el versículo estructura en realidad la epístola. No estoy afirmando eso aquí. Más bien, esa justificación conduce de forma conceptual a la santificación en el argumento de Pablo. De ahí que Habacuc 2:4 no pueda separarse de esa explicación, ya que tiene ramificaciones al respecto. Véase la discusión en Moo, *The Epistle to the Romans*, 78.
86. Moo, *The Epistle to the Romans*, 78.

13:9; cp. Mt. 5:21-32). Esto viene de una perspectiva básica compartida por ambos: El creyente ya no está bajo la ley, sino que ahora puede, y debería, vivir todo lo que esta representaba, por el poder del Espíritu (Ro. 7:6).[87] Todo esto muestra que Pablo examina la ley como lo hacía Cristo.

Estos paralelos van un paso más allá. Jesús cita Levítico 19:18 como núcleo central de la ley. Pablo cita el mismo texto exactamente con la misma lógica. Declara que amar al prójimo como a uno mismo es el resumen de todos los demás mandamientos (Ro. 13:9). Toda la ley se cumple en esa noción (Gá. 5:14). Así, Pablo comparte por completo la misma lógica de Cristo y los demás apóstoles respecto a la ley. Como expusimos, todo esto surge de cómo la estableció el Antiguo Testamento para que funcionara en el plan de Dios. Pablo prosigue con esta lógica y, de este modo, ayuda a que los creyentes entiendan las formas prácticas en que deberían vivir a la luz de su libertad de la ley, y a la luz de su empoderamiento para vivir el espíritu de la misma.

Síntesis

¿Concuerda la hermenéutica de Pablo con la de los profetas y con la de los escritores de los Evangelios? Observamos que el apóstol comparte el mismo panorama general que sus predecesores, los escritores del Antiguo y el Nuevo Testamento. Además, en pasajes específicos, interpreta los textos exactamente como otros escritores bíblicos, y hace suya su lógica. Sin embargo, esto no significa que se limite a repetir la misma información. Más bien, en cada caso sigue desarrollando las implicaciones de dichas ideas. Su uso de Levítico 18:5 resalta aún más la necesidad de confiar en la obra de Cristo y en cómo Él cumple la ley. Sus comentarios sobre el cumplimiento de la ley muestran, aún más, la dinámica de la libertad cristiana de la que habló en un principio el concilio de Jerusalén. Asimismo, su debate sobre Cristo explica la gloria de su dominio y de la naturaleza soteriológica de su muerte. Considera que la Iglesia es la nueva humanidad y el nuevo templo, y de este modo agudiza nuestro entendimiento respecto a su propósito y a los detalles de cómo podemos vivir una vida acorde con ese llamado. Incluso nuestro limitado examen del uso que Pablo hace del Antiguo Testamento muestra que sigue la lógica profética y apostólica, y que esto se convierte en el semillero de importantes partes de su teología.

EL AUTOR DE HEBREOS

La historia redentora

El escritor de Hebreos (a quien llamaré *Auctor*) es claramente consciente de la historia redentora. La considera en dos eras importantes: la era del antiguo pacto y la del nuevo. Ya hemos observado esto en las primeras palabras con las que explicamos cómo la obra de Dios, en los profetas anteriores, llega ahora a su apogeo en su Hijo (He. 1:1-2). El uso que hace

---

87. Schreiner, *Romans*, 353; Moo, *The Epistle to the Romans*, 421.

Auctor de la ley refleja esta perspectiva. Él comprende que el nuevo pacto ha amanecido (8:1-12) y como tal hay un nuevo sacerdocio (7:11) y un nuevo sistema (7:12). Esto también implica que lo viejo desaparecerá (8:13). Esta perspectiva de lo viejo llegando a su punto álgido en lo nuevo es lo que hemos visto en Cristo y en Pablo. La lógica histórico-redentora de *Auctor* sigue a la de otros escritores bíblicos.

El autor de Hebreos no se limita a pensar en el amplio alcance de la historia redentora. También es consciente de cómo los detalles de la revelación pasada se entretejen para formar el plan divino. Hebreos 11 es un ejemplo de ello. El salón de la fama de la fe no solo resalta ejemplos del Antiguo Testamento, sino que también muestra cómo la fe jugó un papel crucial en el plan histórico-redentor de Dios. Lane comenta:

> Conforme se desarrolla la lista, las unidades individuales empiezan a centrarse en los acontecimientos redentores de la historia y no en la persona y el carácter de los modelos. Como ha observado M. R. D'Angelo, «La expresión "por la fe" no presenta cada ejemplo, sino cada evento» (Moses, 25). Así, 11:8-19 no es un mero resumen de la vida, carácter y fe de Abraham. Es, asimismo, una historia sucinta de la promesa de Dios considerada en términos del llamado de Abraham y su migración a Canaán (11:8-10), la concepción de Isaac (11:11-12), el aplazamiento del cumplimiento de la promesa (11:13-16), y el mandamiento de sacrificar a Isaac (11:17-19)…
>
> Así, la lista de aquellos de los que Dios dio testimonio se ha transformado en una lista de testigos cuya fe da testimonio a la generación presente respecto a la realidad de las bendiciones esperadas por los cristianos. El resumen de la historia sagrada en términos de sus vidas, sus actos y sus muertes provee una prueba convincente de la función que la fe y la fidelidad desempeñan en la historia de la redención. Como tal, las muestras de fe acreditadas funcionan como testigos de Dios que procuran persuadir a la comunidad cristiana de la realidad de la recompensa sobre la cual aseguraron la conducta de sus vidas (así, D'Angelo, Moses, 24-26; cp. Kuss, 166; 171, 180, 185).[88]

Todo esto reitera que el escritor de Hebreos reflexionó sobre las Escrituras y entendió la historia redentora. Comprende el pasado en interés del presente.

Además, el uso de las Escrituras que hace *Auctor* indica que sabe hacia dónde se dirige la historia redentora. Lo hemos expresado de pasada al mencionar el concepto de *Auctor* en cuanto al reposo escatológico que se basaba en una diversidad de textos veterotestamentarios (4:1-11; cp. Gn. 2:1-4; Sal. 95). Junto con este Sabbat escatológico, *Auctor* proclama una ciudad venidera (He. 13:14), y un reino inamovible donde Cristo mora y reina (He. 12:27-28). Como el concepto del reposo, esas ideas también están arraigadas en los textos del Antiguo Testamento (véanse He. 1:10; 12:26-28; cp. Sal. 102:26-27; Hag. 2:6-7). Esto también coincide con la perspectiva de que la era de la Iglesia no desvía el argumento, sino que facilita y anticipa el mismo final.

---

88. Lane, *Hebrews 9–13*, 319-320.

En conjunto, el escritor de Hebreos capta el panorama general. Utiliza las Escrituras con una consciencia de la historia redentora, y con el fin de reiterar el plan divino para la historia. Entiende el flujo arrollador de la narrativa veterotestamentaria, su apogeo en el Nuevo Testamento y su anticipación del cumplimiento escatológico discutido en el Antiguo, y facilitado por Cristo. Este punto de vista no es exclusivamente suyo, sino que sigue a los profetas y a Cristo, a la vez que se corresponde con otros apóstoles. Su perspectiva hermenéutica sobre el macronivel mantiene la hermenéutica profética y apostólica.

Pasajes individuales

Cristología (Sal. 2, 110; Is. 53)

En un libro que exalta la supremacía de Cristo, *Auctor* usa con frecuencia el Antiguo Testamento para demostrar su grandeza. ¿Cómo emplea los textos cristológicos de los Salmos 2 y 110, en comparación con quienes le precedieron? El escritor de Hebreos aplica el Salmo 2 a Cristo para demostrar que es el Hijo de Dios y que es superior a los ángeles (He. 1:5). Esto se halla en el contexto de la ascensión de Cristo tras su resurrección (He. 1:3).[89] La utilización que hace *Auctor* del Salmo 2 refleja la lógica exacta de Hechos (4:26-29) y Pablo (Ro. 1:4).[90] De manera similar, el autor de Hebreos emplea la misma lógica exacta de quienes le precedieron respecto al Salmo 110. *Auctor* usa Salmos 110:1 para demostrar el dominio y la victoria de Jesús. Está sentado a la diestra de Dios (He. 1:3), una posición que ningún ángel podría ocupar jamás (He. 1:13). Esto también está vinculado con la resurrección como en la lógica de Pedro y de Pablo (cp. Hch. 2:35; Ef. 1:10). Fundamentalmente, el escritor de Hebreos no difiere de sus contemporáneos ni de sus predecesores en su utilización de los Salmos 2 o 110.

Sin embargo, aunque esta utilización de Salmos 110:1 encaja con sus antepasados, *Auctor* va un paso más allá en la exposición sobre las implicaciones del Salmo 110. No solo explica este versículo 1, sino también el 4, donde se alude al Mesías como sacerdote según el orden de Melquisedec.[91] Al hacer eso, *Auctor* toma parte en la relación entre Salmos 110:4 y la descripción de Melquisedec en Génesis 14. Esto también confirma cómo interpreta el Antiguo Testamento con vistas a los detalles de un pasaje y a la intertextualidad. Basándose en esto, concluye que el oficio sacerdotal de Cristo es superior al de los levitas, porque es eterno (He. 7:16) y por su jura-

---

89. Lane, *Hebrews 1–8*, 15.
90. Esto no considera la cuestión de si Jesús es hijo eternamente. Tampoco contempla cómo se relaciona el Hijo eternamente con el Padre, sino cómo cumple Cristo la función de rey davídico. Véanse Schreiner, *Hebrews*, 65; Moo, *The Epistle to the Romans*, 50; Schreiner, *Romans*, 43-44.
91. Como hemos explicado, esto se justifica, ya que existe un amplio precedente de que el salmo habla del Mesías. Más aún, los profetas ya presagiaron sobre alguien que era sacerdote y rey según las líneas del Salmo 110 (cp. Ez. 21:27; Zac. 6:9-15). Siguiendo esta lógica, *Auctor* debate cómo hablaba de Cristo Salmos 110:4.

mento (He. 7:22). Así, la interpretación de *Auctor* respecto al Salmo 110 es consistente con sus predecesores, pero expone aún más sobre el pasaje. Esta porción no solo trata de la condición de rey del Mesías, sino también de su ministerio sacerdotal.

Finalmente, resulta interesante que *Auctor* solo aluda una vez a Isaías 53 en su libro (He. 9:27-28), aun cuando esté repleto de citas veterotestamentarias y explique el sacrificio de Jesús. No obstante, su uso de Isaías 53 encaja con sus predecesores. *Auctor* sigue interpretando que Isaías 53 trata de Cristo, y muestra cómo Él carga con los pecados de muchos (lenguaje de Is. 53:4, 11) para asegurar la salvación eterna de su pueblo. Los efectos escatológicos de la obra del Siervo sufriente son claros en el contexto original (Is. 53:11-12).[92] De ahí que el uso de *Auctor* se conforme a la intención original y a la lógica de sus contemporáneos. En realidad, Evans sugiere que la alusión más «ocasional» a Isaías 53 podría deberse a que es muy conocido.[93] Si este es el caso, la lógica respecto a Isaías 53 podría ser bastante generalizada entre los autores de las Escrituras y de sus primeros lectores.

En términos generales, *Auctor* interpreta los textos cristológicos del Antiguo Testamento de forma intertextual y consistente con su uso en el pasado y en el presente. Como Pablo, no se limita a reiterar los desarrollos de sus predecesores, sino que los amplía por el bien de su audiencia (tanto en lo práctico como en lo teológico). Explica el Salmo 110 de manera más completa, al discutir no solo la condición de rey de Jesús, sino también la de sacerdote. Aplica las glorias del Mesías en el Salmo 2 para instar a sus lectores a aferrarse a su Salvador. Incluso en estos breves ejemplos podemos observar que el uso que *Auctor* hace del Antiguo Testamento produce una rica cristología en sus escritos.

De la cristología a la eclesiología (tema del nuevo Adán)

Los escritores anteriores establecieron una conexión entre Cristo como el nuevo Adán y la Iglesia como la nueva humanidad. Lo mismo ocurre en el uso de *Auctor* respecto al Salmo 8 en Hebreos 2. En ese salmo, David vincula su propio oficio real con la función de Adán sobre la creación. Por consiguiente, Pablo usó ese pasaje para hablar del papel de Cristo como un nuevo Adán (cp. 1 Co. 15:22, 27; Ef. 1:22). El autor de Hebreos cita el mismo pasaje con la misma lógica. Aunque la intención de Dios para el hombre era el dominio, no lo vemos todavía. No obstante, Cristo ha obtenido ese resultado al volverse temporalmente un poco menor que los ángeles (He. 2:8-9).[94] Como el nuevo Adán, Cristo asegura el destino de su pueblo como la nueva

---

92. Oswalt, *Isaiah 40–66*, 413.
93. Evans, «Isaiah 53 in the Letters of Peter, Paul, Hebrews, and John», 162-63. La alusión «casual» se refiere a una alusión con una introducción formal.
94. Lane, *Hebrews 1–8*. 47. Lane observa con razón que el término מֵאֱלֹהִים puede denotar a los ángeles o a Dios mismo. La LXX lo traduce como refiriéndose a los ángeles, y bastantes traducciones modernas a Dios. La traducción de la LXX podría ser la correcta, porque el salmista no se dirige nunca a Dios, y después lo hace en tercera persona. Si hubiera querido hablar de Dios, habría declarado «Tú lo hiciste menor que *tú mismo*».

humanidad en una nueva creación (cp. He. 2:5). El uso que *Auctor* hace del Salmo 8 sigue la lógica de sus predecesores.

Soteriología (Hab. 2:4)

La forma en que *Auctor* usa Habacuc 2:3-4 en Hebreos 10:37-38 es un tanto problemática. Inicialmente nos encontramos con el asunto de cómo traduce los versículos. Su redacción difiere del TM, de la LXX y de Pablo.[95] Como ya explicamos, el texto hebreo habla del que «se enorgullece» y del «justo». *Auctor* traduce el que «se enorgullece» como «el que retrocede». ¿Corresponde realmente «el que retrocede» al «que se enorgullece»? ¿Está trabajando *Auctor* con una idea completamente diferente de lo que Habacuc 2:4 declaró originalmente?

Al responder a esta pregunta, podemos observar, para empezar, que *Auctor* adaptó parte de la LXX para que estuviera más en la línea de lo que afirma Hebreos.[96] Por ejemplo, la LXX traduce «el justo·vivirá por *mi fe*" (ὁ δὲ δίκαιος ἐκ πίστεώς μου ζήσεται, las cursivas son mías), pero *Auctor* cambia «mi fe» a «fe», que combina mejor con el hebreo. Por tanto, parece tener la idea original en mente. Sobre esta base, la traducción de *Auctor* de «el que retrocede» puede transmitir adecuadamente el sentido del original, de modo que enlace con lo que ha explicado en el contexto. Retroceder no solo denota una falta de perseverancia, sino también rechazo y deserción.[97] *Auctor* ha descrito a esta clase de individuos. Ellos son los que deambularon en el desierto (corazón endurecido; cp. He. 3:15; Sal. 95:8), así como los que tuvieron la arrogancia de pisotear la obra del Hijo (He. 10:29). Así, para *Auctor,* la persona que «retrocede» en Habacuc 2:4 es análoga a quien retrocede de Cristo y, por tanto, lo menosprecia. Señala a quien prefiere su pecado y persiste en él en lugar de amar a Cristo (cp. He. 10:26).[98] Lane asevera, con acierto, que este es el epítome del orgullo.[99] En la teología de Hebreos, la falta de perseverancia es un acto de arrogancia. De ahí que la traducción de *Auctor* siga contrastando con el carácter de la confianza y el orgullo. Como concluye Lane, el escritor de Hebreos sigue trabajando con las ideas originales de Habacuc 2:4.[100]

Una vez explicado esto, todavía podemos preguntar cómo usa *Auctor* Habacuc 2:4 en su argumento. En el contexto, el autor de Hebreos les

---

95. Como expusimos, el sentido del hebreo contrasta a dos individuos: el orgulloso y el justo. En la LXX, la noción es significativamente diferente. La traducción griega describe a un libertador venidero que, si retrocediera, Dios no se deleitaría en él sino en el justo que vivirá por la fidelidad de Dios. La traducción de Pablo no incluye el contraste, sino que se limita a declarar que el justo vivirá por la fe. Pablo encaja más con el TM que con la LXX. La traducción que *Auctor* hace de Habacuc 2:3 se refiere a Aquel que viene como el Mesías. Esto es adecuado ya que Habacuc mismo hablará de tal individuo en Habacuc 3:1-15. Obsérvese el paralelo entre Habacuc 3:13 y Génesis 3:15.
96. Véase Guthrie, «Hebrews», 983.
97. Lane, *Hebrews 9–13*, 305.
98. Lane, *Hebrews 9–13*, 306; Bruce, *Hebrews*, 275.
99. Bruce, *Hebrews*, 274.
100. *Ibíd.*, 273–74; Lane, *Hebrews 9–13*, 306.

recuerda a sus lectores que es necesario que perseveren (He. 10:36). Los justos son los que persisten y los que experimentarán la redención y la recompensa escatológicas (He. 10:39).[101] Este uso de Habacuc 2:4 parece diferir de Pablo. El uso que el apóstol hace de este versículo recalca la exclusividad de la fe como medio de tener un estatus correcto ante el Señor. Esto parece estar más relacionado con la conversión que con la perseverancia, que es en lo que *Auctor* se centra en Hebreos 10:37-38.[102] ¿Existe aquí un conflicto o alguna contradicción?

Podemos hacer dos observaciones sobre esto. En primer lugar, el concepto original de Habacuc 2:4 puede, en realidad, incluir tanto la idea de Pablo como la de *Auctor*. Como se ha discutido, Habacuc 2:4 describió la fidelidad propia de depender de Dios en lugar de tener un carácter orgulloso e independiente. En resumen, la idea es de una «fe fiel». El énfasis de Pablo recae sobre el aspecto de la «fe» en la «fe fiel». La salvación solo viene de confiar en la obra unilateral de Dios y no en los esfuerzos propios.[103] Sin embargo, el hincapié de *Auctor* está sobre «fiel» del término «fe fiel». Esta dependencia debe perdurar hasta el final. Ambas implicaciones son legítimas, porque son parte de lo que expuso Habacuc 2:4.

En segundo lugar, ya mencionamos asimismo que el propio uso que Pablo hace de Habacuc 2:4 permitió esta implicación de perseverancia. Su criterio de fe está relacionado con cómo se vive la vida cristiana (cp. Gá. 3:10-14; 5:16). En la mente de Pablo, la forma en que uno empieza es la manera como termina (Gá. 3:1-5). Así, todo el contexto que rodea el uso paulino de Habacuc 2:4 en Gálatas se acomoda al énfasis de *Auctor*. Del mismo modo, este encaja a la perfección con Pablo. No resta énfasis a la fe; después de todo, el capítulo siguiente —el salón de la fama de la fe— ¡resalta la importancia y la centralidad de esta!

Por consiguiente, el uso que *Auctor* hace de Habacuc 2:4 tiene una similitud fundamental con la forma en que Pablo interpreta el texto. Ambos creen que trata de una fe perdurable en Dios, y con una posición correcta ante Él. De ahí que permanezca una unidad hermenéutica fundamental. Dicho esto, ambos pueden, por el bien de su audiencia, sacar implicaciones ligeramente distintas del texto. Los énfasis son distintos para confrontar y alentar a sus lectores; sin embargo, son variaciones del mismo tema, por así decirlo.

Esto ilustra que cuando hablamos de «parámetros de relevancia» o de un abanico de implicaciones, en realidad existe toda una gama. No obstante, todo está arraigado en las ideas originales del texto. Una vez más, aunque esta porción muestra diversidad de aplicación, también destaca una unidad fundamental de método, una que entendía el significado original del texto y que aplicaba sus implicaciones de forma correcta a la situación entre manos. Expresado de otro modo, *Auctor* y Pablo juntos especificaron ambas caras

---

101. Schreiner, *Hebrews*, 335; Guthrie, «Hebrews», 984. De hecho, el famoso «salón de la fama de la fe» servirá de ilustración de esta realidad (cp. He. 11).
102. Guthrie, «Hebrews», 984.
103. Moo, *The Epistle to the Romans*, 78.

de Habacuc 2:4 y nos proporcionan la exposición más plena de ese texto. Sus exposiciones correctas del Antiguo Testamento hacen, por tanto, una contribución teológica única e importante.

Moralidad (la ley)

El uso que *Auctor* hace de la ley es más general que citar alguna ley en particular.[104] Como se ha explicado más arriba, el autor de Hebreos cree que el sistema de la ley y del antiguo pacto se desvanece a la luz del surgimiento del nuevo (He. 8:13). Este entendimiento de la discontinuidad del antiguo pacto, en la era de la Iglesia, concuerda tanto con las expectativas veterotestamentarias sobre el pacto mosaico como con la forma en que los escritores neotestamentarios consideraron, en consecuencia, la ley. La caracterización más amplia que *Auctor* hace de la ley encaja con sus contemporáneos y con sus predecesores.

Síntesis

Hebreos está repleto de citas y alusiones veterotestamentarias. Sé que solo he tratado unas cuantas, pero son estratégicas para este estudio. El uso que *Auctor* hace de los pasajes seleccionados no solo es una prueba de cómo él interpretaba el Antiguo Testamento intertextualmente, sino de que también mantenía la lógica de sus contemporáneos. Aun cuando difiere ligeramente de algún otro respecto al uso de un texto, sigue habiendo una unidad hermenéutica fundamental entre ellos. Sus aplicaciones surgen de la misma estructura de pensamiento. Todo esto desarrolla el mensaje de Hebreos. El hermoso tapiz del salón de la fama de la fe, la gloria de Cristo como mejor mensajero y mejor sacerdote, así como las ricas exhortaciones para resistir en la luz del final, todo da testimonio de cómo la continuidad de la hermenéutica produce una teología increíble.

SANTIAGO

La historia redentora

La salutación en Santiago señala que está al tanto de su situación histórico-redentora en curso. Se dirige a las doce tribus de la diáspora (Stg. 1:1). Podemos hacer dos observaciones sobre esto. En primer lugar, Santiago mantiene el argumento veterotestamentario de Israel. Las doce tribus mencionadas en el saludo se refieren a los creyentes judíos.[105] Con anterioridad vimos cómo los profetas entretejieron un argumento que se refería a la nación de Israel. Los Evangelios (Lc. 1:68-79), Hechos (1:6) y Pablo (Ro. 11:26) también explican el plan de Dios para esa nación en su forma de interpretar el panorama general. La referencia de Santiago a los judíos en este texto mantiene esa misma perspectiva. Martin argumenta, con razón,

---

104. Véase Moyise, *The Later New Testament Writings and Scripture*, 81–110. Moyise no observa menciones importantes a leyes particulares en el libro de Hebreos.
105. Martin, *James*, 8; Davids, *James*, 64.

que los creyentes judíos son la prueba de que las doce tribus no han salido del plan de Dios, sino que siguen permaneciendo como remanente, incluso en la era de la Iglesia.[106] En segundo lugar, Santiago también es consciente de la realidad histórico-redentora del exilio. La diáspora se refiere a todos los judíos que vivían fuera de la Tierra Prometida, dado que el exilio había tenido lugar.[107] Como hemos expuesto, el argumento del Antiguo Testamento acabó con la realidad de que el exilio continuaba.[108] Los Evangelios y Hechos declaran que el exilio no ha acabado aún (Mt. 27:6-7; Hch. 1:1-11). Santiago se ve a sí mismo y a su audiencia dentro de dicho argumento. Precisamente por esta razón tienen lugar las pruebas; el final escatológico del exilio no se había producido aún (Stg. 1:3-4). En general, la salutación de Santiago afirma componentes del argumento (es decir, Israel) y mantiene la continuidad de la trama (el exilio).

Además, Santiago sabe hacia dónde se dirige la historia redentora. Su uso de las Escrituras así lo refleja. Como Hechos (2:1-4) y Pablo (Ef. 1:13-14), Santiago considera esta era como las primicias de la creación (Stg. 1:18). La obra de Dios en el presente es un ejemplo de la nueva creación futura.[109] De esta forma, la era de la Iglesia es una bisagra sobre la que gira el presente hacia lo escatológico. Por consiguiente, sus exhortaciones señalan a los lectores la cercanía del regreso de Cristo (Stg. 5:8-9), y usan la terminología empleada por Jesús y otros apóstoles (Mt. 24:33; Ro. 13:11-12; 1 P. 4:7).[110] Asimismo, alude a los pasajes veterotestamentarios (5:1-6; cp. Is. 2:6-20; 13:6) y a las palabras de nuestro Señor (cp. Mt. 6:19) para explicar el juicio que aguarda a los impíos y la esperanza para los justos. Esto prueba que, como sus predecesores, Santiago entendió el panorama general. No solo continúa con la lógica de los profetas que lo precedieron, sino que también prosigue con la forma en que Cristo ha desarrollado esas ideas. Más aún, sus pensamientos respecto al panorama general coinciden con otros apóstoles.[111] Todo esto ilustra la unidad de la lógica de los escritores bíblicos.

Conexiones individuales

Soteriología (Gn. 15:6)

Para ser técnicos, la epístola de Santiago se escribió antes que las de Pablo. Por tanto, deberíamos afirmar que el uso posterior que Pablo hizo de Génesis 15:6 parece estar en conflicto con cómo usó Santiago este pasaje

106. Martin, *James*, 9.
107. Moo, *The Letter of James*, 50.
108. Véase la explicación del capítulo 4 respecto a la historia redentora en Nehemías. El comentario de House refleja que Israel esperaba un tiempo futuro en que el exilio llegaría a una conclusión, como ocurrió con las deambulaciones por el desierto.
109. Moo, *The Letter of James*, 80
110. *Ibíd.*, 223-24. Es sumamente probable que Santiago se escribiera antes. Si este es el caso, algunos de los Evangelios todavía no se habían escrito. No obstante, Santiago todavía podía referirse a las tradiciones subyacentes y precisas de lo que nuestro Señor afirmó, y que acabó codificándose por escrito.
111. *Ibíd.*

con anterioridad.[112] Santiago usa este texto para demostrar que Abraham fue justificado por las obras (Stg. 2:21-23). Pablo afirma que el versículo demostraba que Dios justifica basándose tan solo en la fe (Ro. 4:5-20). ¿Habrán leído Génesis 15:6 de maneras opuestas?

Una mirada más de cerca a Santiago puede empezar a resolver estas cuestiones. El principal problema en la exposición es la naturaleza de la fe salvadora (Stg. 2:14). ¿Acaso la fe que no produce obras es, en realidad, el tipo de fe que Dios usa para redimir?[113] ¿O será que está tan vacía como que afirmas que ayudarás a alguien y, al final, no lo haces (2:16)?

Para ilustrar cómo opera la fe (y que produce obras), Santiago cita a Abraham, un hombre cuyas obras lo justificaron (Stg. 2:21).[114] El apóstol narra cómo el casi sacrificio de Isaac a manos de Abraham es la maduración (τελειόω) de su fe (v. 22b); el acontecimiento cumple lo que Dios declara en Génesis 15:6 (Stg. 2:23).[115] Esta noción de «cumplimiento» resulta útil para ver la perspectiva de Santiago y compararla con Pablo. Santiago hace hincapié en el cumplimiento de Génesis 15:6 y, por tanto, los efectos o las ramificaciones de la fe en este pasaje. Pablo recalca la fe misma de Génesis 15:6. A riesgo de simplificar en exceso, uno se centra en la causa (Pablo) y el otro, en el impacto (Santiago).[116]

Lo importante es ver que ambos razonan siguiendo la misma línea de pensamiento del Antiguo Testamento. Ya explicamos que la forma verbal de Génesis 15:6 expresa que la fe de Abram era perseverante o perdurable, y no un acto de una sola vez. El contexto de Génesis así lo respalda. Dios pone a prueba la confianza de Abraham, quien casi sacrifica a Isaac (Gn. 22:1-14). De ahí que Pablo recalque de forma adecuada el énfasis de Génesis 15:6 en la fe solamente como medio de llegar a ser justo ante Dios. Sin embargo, como este versículo también trata con una fe perdurable, Santiago también les recuerda esta realidad a sus lectores. Son dos caras de la misma moneda. Ambas implicaciones son ciertas con respecto a este texto.

Aunque pueden tener énfasis distintivos, las teologías de Pablo y Santiago en torno a Génesis 15:6 están en armonía. Sin lugar a duda, ambos consideran la necesidad exclusiva de la fe en la salvación. Pablo afirma esto con claridad (Ro. 4:1-5). Santiago también lo hace. Como hemos observado, su tesis no concierne a las obras, sino en realidad a la naturaleza de la *fe* salvadora (Stg. 2:21). Ambos también comunican cómo debe perseverar la fe.

---

112. Para una explicación sobre el fechado, véase Moo, *The Letter of James*, 25.

113. *Ibíd.*, 122; Richardson, *James*, 128.

114. Moo, *The Letter of James*, 141. Véase nota 117 para la explicación adicional sobre la idea de la justificación por las obras. Santiago podría tener en vista la escena de un tribunal escatológico (cp. Mt. 12:37) que valida que ellos tenían fe salvadora. La prueba de esta validación es el modo en que ha obrado la fe. De ahí que Santiago y Pablo suelan diferenciar las cuestiones a lo largo del mismo eje de estar a bien con Dios. Pablo afirma que Dios justifica por fe, algo que Santiago reconoce (Stg. 2:23), y Santiago enfatiza cómo es esta fe en el día postrero, algo con lo que Pablo concuerda. Ambos insisten de este modo en la justificación exclusivamente por fe.

115. *Ibíd.*, *The Letter of James*, 137-38.

116. Moo, «Genesis 15:6 and the New Testament», 159-60.

Este es el énfasis de Santiago, pero Pablo también lo expone en el contexto de su cita de Génesis 15:6 (Ro. 4:19-22). Además, ambos usan «justicia» como si se refiriera al estatus de uno ante Dios. Así es como pensaron Moisés y Habacuc de esa idea, que continúa en Pablo (Ro. 4:2-3) y Santiago (2:23-24).[117] Todo esto demuestra que Santiago y Pablo podrían haber hecho hincapié en distintos aspectos de la fe para su audiencia, pero que su entendimiento general de la misma y de Génesis 15:6 es el mismo. Esta unidad contextual refleja una comprensión consistente del significado de ese texto.

Como con el uso de Habacuc 2:4, existe diversidad en la aplicación de un texto. Esto ilustra que existen legítimamente varias implicaciones de un texto. Sin embargo, esa diversidad se basa en una unidad hermenéutica subyacente hallada en el Antiguo Testamento mismo. Aunque el autor neotestamentario podría necesitar confrontar un exceso por encima del otro, todos ellos se remontan a la plena verdad de lo que ya fue establecido en el Antiguo Testamento. En este caso, la fe perdurable de Abraham confronta tanto a una mentalidad de justicia basada en las obras como a una fe vacía. Pablo y Santiago usan el texto del modo adecuado y de maneras que permiten el énfasis del otro. Así, ambos interpretaron y entendieron estrechamente el Antiguo Testamento. Sus lógicas respecto a sus implicaciones se corresponden.

En realidad, cuando damos un paso atrás y consideramos cómo se usan Habacuc 2:4 y Génesis 15:6 en el Nuevo Testamento, podemos observar cómo estos diversos usos son esencialmente paralelos. Pablo aplica ambos pasajes a las cuestiones de la justificación, mientras que Hebreos y Santiago lo hacen al asunto de perseverar en esa fe. Con ello, existe un patrón general en la forma en que los apóstoles aplicaron estos textos. Aun en esa supuesta diversidad, existe una consistencia en la lógica. De nuevo, esto se remonta a que ambos textos veterotestamentarios influyen en ambas cuestiones. Esto sostiene que los apóstoles tenían una metodología y un acercamiento unificados al Antiguo Testamento.

En consecuencia, es necesario prestar atención a la gama completa de implicaciones del texto del Antiguo Testamento. El énfasis de Santiago forma parte de lo que precisamos escuchar respecto a la naturaleza de la fe. Su aplicación de Génesis 15:6 proporciona una contribución única a la teología del Nuevo Testamento.

---

117. Moo, *The Letter of James*, 122. La idea que Santiago tenía de la rectitud tiene un componente judicial, porque habla de una fe que salva. Incluso así, Santiago y Pablo creen en la justificación por la fe. La forma en que Santiago relaciona la fe y las obras (como se explicó más arriba) así lo demuestra. Las obras resultan de la fe cuando esta alcanza su cumplimiento o su más completa expresión. Como tal, las obras apuntan en retrospectiva a la fe genuina salvadora, la única que puede salvar. En consecuencia, la «justificación de las obras» de Santiago alude en última instancia al examen escatológico de las obras para apuntar y vindicar a la fe salvadora. La justificación siempre es exclusivamente por la fe, pero en el tribunal final, la fe propia habrá producido un fruto que se notará y que probará que uno siempre tuvo la fe que por sí sola salva y nos reconcilia con Dios.

Moralidad (la ley y Lv. 19:18)

En un contexto que se ocupa de la parcialidad, Santiago les recuerda a sus lectores la ley que tienen que seguir: la ley real de amar al prójimo como a uno mismo (Stg. 2:8). Santiago se refiere a Levítico 19:18 (amar al prójimo), un pasaje que Jesús (Mr. 12:31) y Pablo (Gá. 5:14) discuten.[118] ¿Cómo se compara su uso con el de ellos?

La descripción que Santiago hace de la «ley real» se refiere a la manera en que Cristo, el verdadero rey, da la ley de su reino basado en el Antiguo Testamento.[119] Como tal, la referencia de Santiago de Levítico 19:18 sigue la lógica intertextual del Antiguo Testamento que avanza hacia Cristo. Además, Santiago usa este estándar para tratar la cuestión de la parcialidad y la unidad, los mismos temas que Pablo también tocará con el mismo texto (cp. Gá. 5:14).[120] De este modo, la descripción de Santiago respecto a Levítico 19:18 se corresponde con lo que Cristo ha hecho y coincide con cómo usan el texto otros apóstoles. Existe un acercamiento hermenéutico consistente.

Síntesis

Santiago prosigue con la lógica hermenéutica de sus predecesores. Aun en los ejemplos limitados podemos observar que Santiago entiende el panorama general y rastrea su uso del Antiguo Testamento a partir del Antiguo, a través de Cristo y hasta Él mismo. Una vez más, incluso en las ocasiones en que se producen énfasis distintos, observamos que el Antiguo Testamento prepara implicaciones complementarias. Santiago manifestó que interpretaba el Antiguo Testamento del mismo modo que los profetas que lo precedieron. Y como sus contemporáneos. Esto, a su vez, se relaciona con la teología de la perseverancia, la esperanza, la santificación y el amor.

PEDRO

Historia redentora

Pedro usa las Escrituras con pleno conocimiento de la historia redentora. Sus palabras de apertura describen a los creyentes como los dispersados (1 P. 1:1). En otros lugares de 1 Pedro, el apóstol los describe como extranjeros y peregrinos (1 P. 2:11). Esta terminología alude al Antiguo Testamento y a la noción de estar en el exilio (Dt. 28:36).[121] Otras alusiones al Antiguo Testamento también respaldan esta idea. Por ejemplo, Pedro habla del juicio que empieza por la casa de Dios (1 P. 4:17). Hace referencia a Ezequiel 9:6, que explica cómo empieza Dios el juicio del exilio de su pueblo desde el templo.[122] Del mismo modo, la mención que el apóstol hace de Babilonia

---

118. De nuevo, no estoy afirmando que Pablo viniera antes que Santiago. No obstante, es una declaración verdadera que Pablo expuso este pasaje.
119. *Ibíd.*, 112.
120. Dado que Santiago vino antes que Pablo, podría ser más adecuado afirmar que, en realidad, el énfasis paulino se corresponde con Santiago. Véase *Ibíd.*, 25.
121. Michaels, *1 Peter*, 49:8.
122. Ibíd., 226.

en 1 Pedro 5:13 es importante. Michaels percibe que puede sugerir que el pueblo de Dios sigue atrapado en el exilio babilonio, y aguarda la liberación final prometida por Dios.[123] Todo esto demuestra que Pedro visualiza a su audiencia (y a sí mismo) como parte del exilio de Israel.[124] Como Santiago, Pedro considera que el exilio prosigue desde el Antiguo Testamento hasta la era de la Iglesia. Como sus predecesores, el apóstol usa las Escrituras con una conciencia histórico-redentora.

Además, Pedro ve el final de la historia en consonancia con los profetas, con Cristo y con los apóstoles. Al comentar sobre escatología, Pedro alude y cita del Antiguo Testamento en sus exhortaciones respecto al día del Señor (2 P. 3:10) y de cielos nuevos y la tierra nueva (v. 13) (cp. Is. 13:6; 65:17; Mal. 4:5 [heb. 3:23]). Pedro interpretó esos textos con vistas al plan mayor de Dios. Su escatología está basada y coincide con la de Isaías y otros profetas veterotestamentarios. Asimismo, ciertas frases en la exposición de Pedro (p. ej., el tema del ladrón en la noche, 2 P. 3:10) se hacen eco de la propia descripción de Cristo (cp. Mt. 24:43) así como de la de Pablo (1 Ts. 5:2). Pedro incluso menciona su acuerdo con Pablo (2 P. 3:15). Con esto, Pedro no solo sigue a los profetas, sino también a Cristo y a los apóstoles, en su razonamiento a través del panorama general.

Por tanto, Pedro entiende que los textos veterotestamentarios se relacionan con el panorama general. Como otros escritores bíblicos, percibe su situación a la luz de esa narrativa. Más aún, la lógica histórico-redentora de Pedro es idéntica a la de sus predecesores y sus contemporáneos. Como hemos visto, su formulación de la amplitud de la historia redentora no solo se corresponde con los profetas, sino también con Cristo y los demás apóstoles. Esta demuestra una lógica unida entre los autores bíblicos.

Pasajes individuales

Cristología (Is. 53)
Pedro cita Isaías 53 en 1 Pedro 2:21-25. Sin caer en la repetición excesiva, Pedro interpretó el texto como lo hicieron Cristo (Mr. 10:45), Hechos (Hch. 3:13), Pablo (Ro. 4:25) y el autor de Hebreos (He. 9:28). Consideró el texto como una descripción del Señor Jesús y de su obra en la cruz (1 P. 2:24). Apeló a estas descripciones veterotestamentarias para proveer un modelo para que los creyentes lo imiten en el sufrimiento (1 P. 1:21). Esta aplicación específica encaja con Pablo, quien también apela al sufrimiento de Cristo como modelo para nuestra humildad (Fil. 2:5-11; cp. Is. 53:11). Así, el uso que Pedro hace de Isaías 53 es consistente con la forma en que sus predecesores y sus contemporáneos interpretaron y aplicaron el texto.

De la cristología a la eclesiología (Sal. 118.22; Is. 28:16)
Podemos comentar de un modo similar sobre el uso que Pedro hace del

---

123. Ibíd., 251
124. Schreiner, *1, 2 Peter, Jude*, 50.

símbolo de la piedra en Salmos 118:22 e Isaías 28:16. Como sus predecesores, aplica estos textos a Cristo (1 P. 2:7). Incluso usa el texto para exponer cómo tropezarán algunos con la Piedra (1 P. 2:8), que es exactamente lo que también afirmó nuestro Señor (Mt. 21:44). Por tanto, el uso petrino del Antiguo Testamento corresponde con lo que se hizo con anterioridad. Los profetas, Cristo y Pedro comparten la misma lógica subyacente tanto de la interpretación, como de la aplicación.[125]

Al mismo tiempo, Pedro usa esto para mostrar que los creyentes son una comunidad de piedras designadas para la adoración y el testimonio (1 P. 2:4-5). Observamos esta misma lógica en Pablo, quien describe a la Iglesia como el templo que se está edificando sobre Cristo, la piedra angular (Ef. 2:20-22). Pedro y Pablo coinciden estrechamente.[126] Pedro usa esta metáfora para destacar la diferenciación de la Iglesia con el mundo y la conducta adecuada para este «templo santo». Los creyentes deberían vivir de diversas formas (1 P. 2:12–3:7) de manera de dar testimonio de Cristo (1 P. 3:15). De esta forma, Pedro edifica sobre la teología del templo. Aunque Pablo usa el simbolismo para exponer la función de la Iglesia en la historia redentora, Pedro muestra otra cara de la metáfora bíblica: las ramificaciones prácticas de cómo debería vivir la Iglesia.

Síntesis

Pedro usa el Antiguo Testamento mucho más de lo que he mencionado aquí.[127] Eso prueba la influencia prevalente de esas Escrituras sobre su lógica y sus escritos. En los ejemplos examinados observamos que Pedro prosiguió con la lógica de los profetas, de Cristo y de los apóstoles. Interpretó el Antiguo Testamento fundamentalmente del mismo modo que sus predecesores. Incluso aplicó la revelación anterior como lo habían hecho otros (p. ej., 1 P. 2:7-8; Ef. 2:20-22). De ahí que Pedro esté plenamente dentro de la continuidad de la hermenéutica profética a la apostólica. Eso establece las bases para la propia teología única de Pedro de cómo debería vivir la Iglesia según su llamamiento, en un período de exilio y mientras aguarda su esperanza futura.

JUDAS

La historia redentora

Para ser un libro breve, Judas se refiere con frecuencia a la revelación pasada, y parte de este uso trata con su lógica respecto al panorama general. En la famosa «doxología de Judas», el apóstol les recuerda a los creyentes que Dios los preservará hasta el final (Jud. 24), y que toda «gloria, majestad, imperio y potencia» pertenecen a Dios en Cristo Jesús (v. 25). Green observa cómo el lenguaje de la doxología de Judas se hace eco de diversos textos

---

125. Schreiner, *1, 2 Peter, Jude*, 112.
126. *Ibíd.*, 492. Aunque son palabras diferentes, Schreiner reconoce el solapamiento.
127. Moyise, *The Later New Testament Writings and Scripture*, 42-59, 67-71.

veterotestamentarios (cp. Dt. 6:4; 32:15; Sal. 55:19; Dn. 4:1), y comparte algunas afinidades particulares con Daniel.[128] Este profeta previó al Hijo del Hombre recibiendo gloria, honor y un reino (Dn. 7:9-14). Judas alude a esto con el fin de señalarles a los creyentes el momento del apogeo del plan de Dios descrito en Daniel. Usa las Escrituras para ayudar a que los creyentes vean el panorama general y tengan esperanza.

Además, Judas describe el regreso de Cristo como un momento en que Él viene con los ángeles a ejecutar juicio (Jud. 14-15). Sin embargo, esa descripción no procede de las Escrituras, ¡sino de *1 Enoc!* Esto suscita un problema. ¿Creía Judas que *1 Enoc* pertenecía a las Escrituras? De no ser así, ¿por qué citó Judas de este libro? ¿Cómo afecta esto a nuestro entendimiento de su lógica hermenéutica?

Como señalan muchos comentaristas, la cita que Judas hace de *1 Enoc* no significa necesariamente que creyera que todo el libro pertenecía a las Escrituras. Primeramente, es posible que no existiera un texto estable de *1 Enoc* hasta después de la época de Judas. Por tanto, es posible que Judas estuviera citando una tradición y no un documento formal.[129] Aunque hubiera citado de una forma de *1 Enoc,* eso no requiere que el apóstol creyera que todo el libro fuera canónico. Como señala Bauckham, los qumranianos citaban de *1 Enoc* y no creían que fuera parte de sus Escrituras.[130] Como otros observan, Pablo cita de Arato (Hch. 17:28) y Epiménides (Tit. 1:12), aunque no indica que fueran inspirados.[131] En su lugar, los escritores bíblicos identifican, según la inspiración del Espíritu, que estas declaraciones eran ciertas en y por sí mismas. En este caso, Judas sabía que el Enoc mencionado en Génesis afirmó en realidad lo que Judas recoge en Judas 14-15.

Sin embargo, el uso que Judas hace de *1 Enoc* no es aleatorio y, en realidad, puede demostrar su cuidadosa interpretación de las Escrituras en lugar de desaprobarlas. Judas modifica los versículos citados de *1 Enoc.* De hecho, son distintos en ambas versiones (la etíope y la aramea) del *1 Enoc* que tenemos hoy.[132] ¿Por qué hizo esto Judas? Yo argumentaría que sus modificaciones ponen estos versículos más en línea con los escritos del Antiguo y el Nuevo Testamento.[133] Las palabras de Judas 14-15 se hacen un tremendo eco de la revelación previa. Por ejemplo, que el Señor venga con innumerables santos nos recuerda a Deuteronomio 33:2, Daniel 7:10, Zacarías 14:5 y Mateo 16:27.[134] Estos cuatro textos discuten el apogeo escatológico de la

---

128. Green, *Jude and 2 Peter,* 134-36.
129. Schreiner, *1, 2 Peter, Jude,* 469.
130. Bauckham, *2 Peter, Jude,* 96.
131. Knight, *Pastoral Epistles,* 298.
132. Davids, *The Letters of 2 Peter and Jude,* 77.
133. Dependiendo de cuándo se escribiera Judas, ciertos libros del NT podrían no haberse escrito aún. Se podría argumentar todavía que había tradiciones precisas que más tarde se codificarían en estos libros. Judas sigue modificando la tradición de *1 Enoc* también. Véase Schreiner, *1, 2 Peter, Jude,* 409.
134. Davids, *The Letters of 2 Peter and Jude,* 77. Además, Judas cambia el tema de la frase de *1 Enoc* de Dios a «Señor» (Jesús). Esto también muestra que pone este texto más en línea con la teología bíblica.

historia con una figura mesiánica que viene con los ángeles. El juicio contra los impíos (mencionado en Judas 15) repite una variedad de declaraciones de los profetas (Is. 24:8; 57:21; Sof. 3:5) y de los apóstoles (cp. 1 P. 4:18; 2 P. 2:5-7; 3:7). Dicho de otro modo, la cita de Judas de *1 Enoc* se modifica para reflejar toda una línea de pensamiento teológico bíblico que nos habla de la sobrecogedora ira de Cristo que empezará a su regreso. En consecuencia, Judas usó *1 Enoc* retóricamente para citar las Escrituras (aunque *1 Enoc* no pertenezca a las Escrituras). Puede ser algo similar a cómo usamos la cita concisa de un autor de hoy para resumir una serie de pasajes bíblicos que señalan un tema o una verdad de las Escrituras.[135]

Uno podría preguntar todavía por qué usa Judas *1 Enoc*. ¿Por qué no limitarse a usar esos textos veterotestamentarios o las declaraciones por Jesús? Los eruditos sugieren que esto podría resultar polémico ya que los oponentes de Judas podrían haber valorado *1 Enoc*.[136] A la luz de la explicación anterior, yo añadiría tres factores a la hora de discernir la lógica de Judas. En primer lugar, sabía que la porción de *1 Enoc* citada era objetivamente exacta. Así, citó la verdad (aunque no todo *1 Enoc* sea verdad).[137] En segundo lugar, sabía que las palabras de Enoc condensaban una rica teología bíblica del juicio escatológico que abarcaba desde el Pentateuco hasta los apóstoles. Por tanto, la cita de *1 Enoc* es retóricamente eficaz. En tercer lugar, su elección de la cita de Enoc se debe a que este vino primero. Estableció el fundamento para todo el símbolo de la ira de Dios que Judas transmite. Esto no solo se debe a que Judas sabía que el profeta afirmó esto cronológicamente antes (véase el primer punto), sino también por la lógica bíblico-teológica de que el juicio de Dios en el Diluvio es el fundamento para el juicio final. Isaías compara la ira final de Dios en el exilio y la liberación en la época de Noé (Is. 54:9). Jesús continúa con esta lógica, y afirma algo similar (Mt. 24:38); también lo hace Pedro (2 P. 2:5). Es probable que el uso que hace Judas de *1 Enoc* también tenga esta perspectiva en mente. Su idea consiste en que Dios advirtió desde el principio mismo sobre su ira de los postreros días. No hay excusa, y por tanto los creyentes y los falsos maestros deberían prestar atención. El juicio vendrá y nadie que distorsione la fe será salvo.[138]

Regresando al punto principal de esta subsección, el uso que Judas hace de *1 Enoc* no socava el que hace de las Escrituras, sino que en realidad demuestra la similitud de la consciencia de Judas respecto a la interrelación de las Escrituras, y que esa intertextualidad formaba una imagen compuesta del apogeo de la historia redentora. Rastrear el juicio a partir de Moisés, a través de los profetas y hasta Cristo y los apóstoles es la naturaleza misma de cómo continúa la hermenéutica profética en la hermenéutica apostólica. Judas operó, pues, con la misma lógica que quienes fueron antes que él. Esa

---

135. *Ibíd.*, 77-80.
136. Schreiner, *1, 2 Peter, Jude*, 469.
137. Las modificaciones que Judas hace de *1 Enoc* no socavan esta aseveración. Bajo la inspiración del Espíritu, estos cambios no solo podrían haber puesto el documento más en línea con otros textos bíblicos, sino con lo que afirmó la persona histórica de Enoc.
138. Davids, *The Letters of 2 Peter and Jude*, 77-80

continuidad mantiene una consciencia del plan mayor de Dios para la historia.

Pasajes individuales

Judas no contiene alusión alguna a los textos de muestra que he seleccionado. Esto no significa que no se refiera en absoluto al Antiguo Testamento. Además de los ejemplos de más arriba, Judas hace frecuentes alusiones al Antiguo Testamento. Puedo hablar brevemente de tres de ellas aquí. En primer lugar, alude a las deambulaciones en el desierto como ejemplo del juicio de Dios contra los incrédulos (Jud. 5). Ese mismo ejemplo es usado por Pablo (1 Co. 10:1-3) y por *Auctor* (He. 3:7–4:11). En realidad, es así como los escritores mismos del Antiguo Testamento aplicaron ese acontecimiento (cp. Sal. 78:1-72; 95:8-11). El uso que Judas hace del Antiguo Testamento demuestra que continuó en la lógica de los profetas y de los apóstoles.

En segundo lugar, también apela a Sodoma y Gomorra como otro ejemplo del juicio de Dios (Jud. 7). Los profetas explican el asunto de estas ciudades siguiendo la misma línea (Is. 1:9-10; 3:9; Jer. 50:40), como lo hacen Jesús (Mt. 11:23-24) y Pedro (2 P. 2:6). De nuevo, la aplicación de los profetas se convierte en la de los escritores del Nuevo Testamento.

En tercer lugar, Judas compara a los falsos maestros con Balaam (Jud. 11). Es una buena comparación, ya que este intentó oponerse a Israel y a Dios por dinero.[139] Los profetas recuerdan a sus lectores la historia de Balaam con el fin de mostrar cómo los defendió Dios contra este hombre perverso (Dt. 23:4-5; Jos. 24:9-10; Neh. 13:2; Mi. 6:5). Los escritores del Nuevo Testamento recalcan la maldad de ese mismo hombre (cp. 2 P. 2:15; Ap. 2:14). Aunque este énfasis es ligeramente distinto al del Antiguo Testamento, ambos énfasis son ciertos en la narrativa de Balaam. Esto también ilustra que la relevancia de un texto incluye toda una gama de implicaciones. No obstante, los profetas y los apóstoles comparten el mismo cuidado esencial por el significado original y hacen las mismas implicaciones legítimas de la revelación anterior. Más aún, lo interesante es que el uso que Judas hace de Balaam encaja tanto con el de Pedro (2 P. 2:15) como con el de Juan (Ap. 2:14). Esto también demuestra lo estrechamente que se corresponden los apóstoles en su pensamiento hermenéutico.

Síntesis

Aunque Judas es un libro breve, está lleno de alusiones veterotestamentarias. Esto reitera la noción de que el Antiguo Testamento influye extensivamente en los escritos neotestamentarios. Aunque no cita de los ejemplos que he seleccionado, sí alude a los pasajes utilizados tanto en el Antiguo como en el Nuevo Testamento. Al explicarlos brevemente, descubrimos que con frecuencia están relacionados con las aplicaciones precisas de sus predecesores y sus contemporáneos. Esto demuestra que compartían

---

139. *Ibíd.*, 65. La misma lógica sirve para Coré y Caín, quienes se opusieron a los mandamientos de Dios y nombraron su propia orden.

la misma lógica hermenéutica de otros escritores bíblicos. Fue un buen exégeta del texto. Además, su continuidad hermenéutica produce una teología inmensa que les da esperanza a los santos y proporciona severas advertencias del juicio escatológico de Dios. Por su intertextualidad, Judas afirma muchas cosas mediante pocas líneas. De este modo, es un profundo teólogo por pleno derecho.

JUAN

Historia redentora

Al tratar con 1–3 de Juan y Apocalipsis, el uso que Juan hace de las Escrituras para reunir el panorama general es, en sí mismo, masivo. En realidad, todo el libro de Apocalipsis es una enorme tarea a ese respecto. Aunque no puedo explicar esto de forma exhaustiva, sí puedo remitir al lector a una diversidad de volúmenes que tengo.[140] Además, podemos recordar la idea de todas estas exposiciones al examinar el uso que Juan hace del Antiguo Testamento a un macronivel. Estamos preguntando si Juan pensó en el panorama general. También inquirimos si reflexionó en él del mismo modo que sus predecesores.

A estas preguntas, incluso un estudio preliminar respondería de manera afirmativa. Juan consideraba que su audiencia vivía los últimos días. Beale ha observado, y con razón, que la frase «después de estas [cosas]» (μετὰ ταῦτα, cp. Ap. 1:19) es una alusión a Daniel y refiere a esa idea.[141] Esto corresponde a lo declarado por los escritores inspirados anteriores. El Antiguo Testamento anticipó los días postreros (Dt. 4:30; Dn. 2:28; Jl. 2:28 [heb. 3:1]). En Hechos, Pedro anuncia que esos días han llegado (Hch. 2:16-17), mentalidad esta que mantienen Pablo (2 Ti. 3:1) y *Auctor* (He. 1:2). Por tanto, la declaración de Juan respecto a los últimos días sostiene lo que han afirmado el Antiguo y el Nuevo Testamento. Prosigue con la lógica profética y apostólica, y apunta a la culminación del plan de Dios.

En este contexto, el resto de Apocalipsis retrata el final de la historia y aquello que los creyentes están aguardando. Las descripciones juaninas del fin están inmersas en el simbolismo del Antiguo Testamento. Por ejemplo, la visión inaugural donde nuestro Señor recibe el rollo incorpora las visiones de Isaías (Ap. 4:8; cp. Is. 6:1-3), Ezequiel (Ap. 4:8; cp. Ez. 1:1-28) y Daniel (Ap. 4:4-5–5:14; cp. Dn. 7:9-13).[142] La cantidad de tiempo que Juan asigna a la parte del período tribulacional (tres años y medio) corresponde a lo que afirma Daniel (Ap. 11:2-9; cp. Dn. 12:7). La bestia (Ap. 13:1) y su guerra contra los santos (Ap. 13:7) también se hace eco de la profecía de Daniel (Dn. 7:8, 21). Las señales y los prodigios en el cielo, como las

---

140. Beale, *Revelation*; Osborne, *Revelation*; Beale, *John's Use of the Old Testament in Revelation*; Fekkes, *Isaiah and Prophetic Traditions*; Kowalski, «Transformation of Ezekiel in John's Revelation»; Ruiz, *Ezekiel in the Apocalypse*.

141. Beale, *Revelation*, 180-81.

142. Osborne, *Revelation*, 229; Beale, *Revelation*, 322-26; Chou, *I Saw the Lord*, 200-1.

estrellas que se oscurecen, es una alusión a Isaías (Ap. 6:12; cp. Is. 2:13-10) y otros profetas (cp. Jl. 2:10) y alude al éxodo (Éx. 10:21-29). Conforme avanza la trama de Apocalipsis, se produce un enfrentamiento escatológico en el que la tierra sale a pelear contra el Salvador (Ap. 19:18-19). Este parece ser un eco de la batalla de Gog y Magog en Ezequiel (cp. Ez. 39:18-20).[143] En general, Juan se inspira en Daniel y en otros escritos veterotestamentarios para formar la estructura narrativa y el simbolismo de Apocalipsis. Esto prueba que Juan entiende el panorama general, y usa las Escrituras en consecuencia. En realidad, entreteje las Escrituras antecedentes como lo hicieron sus predecesores.

Esto no solo sucede en la descripción juanina del juicio escatológico de Dios, sino también en los resultados positivos de la salvación y el reino. En Sion existe un remanente que canta alabanzas a Dios (Ap. 14:1-3). Esto se hace eco de Isaías 2:2-4, que describe el dominio de Dios en Jerusalén sobre el mundo. El reino milenial, en Apocalipsis 20:1-6, demuestra que Dios gobierna sobre todas las naciones en Cristo según Daniel 7:11-12.[144] En este contexto llega el cumplimiento de otras profecías respecto al dominio de Dios sobre la tierra (Zac. 14:9-21; Am. 9:11-15; Jl. 3:18-21 [heb. 4:18-21]). En ese momento, la gloria de Dios llenará la tierra, como Isaías (Is. 6:3) y Ezequiel (Ez. 43: 2-4) proclamaron (cp. Ap. 18:1-2).[145] Más aún, su pueblo reinará como declaró Daniel (Dn. 7:27) y Pablo reiteró (2 Ti. 2:12). El retrato que Juan hace del reino milenial y de la victoria de Dios se inspira a su vez profundamente de la revelación pasada y sigue el argumento en lugar de desviarse de él. Incluso la conclusión de aquella era lo hace. Satanás es liberado para engañar a las naciones (Ap. 20:8-10), y esto se hace eco de cómo engañó la serpiente antigua a la mujer (Gn. 3:13). Sin embargo, el segundo Adán no falla donde lo hizo el primero. Se demuestra que Jesús es el nuevo Adán que reina sobre todos en todo.[146] Una vez más, Juan es consciente del plan mayor de Dios y usa las Escrituras en consecuencia.

El eco juanino del Antiguo Testamento prosigue hasta el final mismo de la línea argumental. La descripción que el apóstol hace del estado eterno también es consistente con la forma en que los profetas y los apóstoles retrataron la historia redentora. Son el cielo y la tierra nuevos, que Isaías declaró (Is. 65:17) y Pedro reiteró (2 P. 3:13). Los ecos de la revelación pasada (Ap. 21:12-14; cp. Ez. 48:31-34; Hch. 1:2-6) muestran que el estado eterno será una celebración sempiterna de la obra de Dios en Cristo, a lo largo de la historia redentora. La eternidad transcurrirá adorando a Aquel que aseguró la redención y la gloria eternas. Los profetas y los apóstoles también previeron esto (Ap. 21:23; cp. Is. 24:23; véase también Ap. 22:3; cp. Dn. 7:14; 1 Ti. 6:16).[147]

---

143. Thomas, *Revelation 8-22 Commentary*, 355.
144. Bauckham, *Theology of Revelation*, 106-7.
145. Osborne, *Revelation*, 635; Beale, *Revelation*, 892.
146. Bauckham, *Theology of Revelation*, 107.
147. Chou, *I Saw the Lord*, 230.

En general, Apocalipsis no da una conclusión divergente a la línea argumental. En su lugar, Juan usa con frecuencia el Antiguo Testamento para mostrar que su historia está inmersa en la trama veterotestamentaria. Sin embargo, no se limita a aludir al Antiguo, sino que continúa usando esos mismos textos como lo hicieron sus colegas apóstoles. Juan tenía en mente el panorama general y entretejió toda una diversidad de textos proféticos que demuestran que interpreta la Escrituras intertextualmente como quienes lo precedieron. Su obra demuestra la completa continuidad hermenéutica de los profetas y los apóstoles. Describe el apogeo que ambos han previsto. Es la culminación de la historia y la teología.[148]

Aunque esto ilustra de nuevo la continuidad hermenéutica, yo debería señalar una implicación de esto. A saber, parte de nuestra dificultad al discernir el libro de Apocalipsis se debe a nuestra falta de entendimiento respecto a la fuente de la que Juan sacó su imaginería: el Antiguo Testamento. La escatología es complicada, por lo que nos exige saber. Sin embargo, la continuidad hermenéutica también nos muestra que, si entendemos la imaginería y los conceptos del Antiguo Testamento, esto nos ayuda a comprender realmente lo que Juan nos enseña en el último libro de las Escrituras. En cualquier caso, las extensas alusiones juaninas al Antiguo Testamento sirven de ilustración de cómo continúa la hermenéutica profética en la apostólica.

Pasajes individuales

Moralidad (Lv. 19:18)

En primer lugar, a través de 3 Juan y de Apocalipsis se hace un abundante uso del Antiguo Testamento, y la discusión de más arriba es un ejemplo al respecto. No obstante, aparte de los pasajes de muestra, Levítico 19:18 es el texto principal usado por Juan. El apóstol explica el mandamiento de Cristo de amarse unos a otros (2 Jn. 5). Por una parte, afirma que es un «mandamiento antiguo» (1 Jn. 2:7). Por otro lado, dice que es un «mandamiento nuevo» (1 Jn. 2:8). ¿Cómo pueden ser ciertas ambas cosas? La continuación de la hermenéutica profética en la apostólica puede ayudar a resolver este problema.

El mandamiento no es «antiguo» tan solo porque procede del Antiguo Testamento (Lv. 19:18), sino también porque Jesús ya había hablado con anterioridad sobre ese texto y sobre la naturaleza del amor. Esto se describe en Juan 13, y la audiencia de Juan era muy consciente de ello.[149] Era la palabra que ellos conocían desde el principio (1 Jn. 2:7b). La alusión de Juan a las palabras de Jesús en Juan 13 manifiesta que está al tanto de las palabras del Señor, y podría insinuar que las está ampliando. Esto se confirma en su decla-

---

148. Beale, *Revelation*, 366; Chou, *I Saw the Lord*, 207.
149. Kruse, *The Letters of John*, 82-83; Akin, *1, 2, 3 John*, 38:97-98. Yarborough reconoce que la «antigüedad» de la ley se remonta hasta Levítico 19:18 y aun más allá. Véase Yarbrough, *1–3 John*, 97. Eso ancla aun más esta discusión en Levítico 19:18.

ración de que la ley es «nueva». Juan explica que esta novedad existe, porque el nuevo pacto ha amanecido, y ha permitido que los creyentes amen en un mayor nivel (1 Jn. 2:8b).[150] Jesús habló precisamente así sobre Levítico 19:18 en Juan 13:34.[151] La exposición de Juan sobre «antiguo» y «nuevo» muestra que él piensa en el amor del mismo modo en que Jesús usó Levítico 19:18 con anterioridad. Jesús anuncia este nuevo pacto de amor, y ahora los lectores de Juan lo han experimentado.[152] En consecuencia, Juan sigue la lógica de lo que articularon los profetas (Lv. 19:18; cp. Dt. 6:5-6; Dt. 30:1-6), Cristo proclamó (Mt. 5:17; Jn. 13:34) y otros apóstoles lo mantuvieron (Gá. 4:4-6; He. 8:13; Stg. 2:8). Esa lógica ayuda a formular la teología juanina del amor.

Síntesis

Nuestra breve exposición indica que Juan era un profundo pensador bíblico. Conocía bien la revelación anterior, y alude a ella con frecuencia en sus escritos. Apocalipsis prueba que estaba inmerso en cómo se interrelacionaban las Escrituras para formar el panorama general, y mantiene el mismo final de la historia que sus predecesores. Sus epístolas demuestran que él pensaba en la ley y el amor a través de cómo las previsiones del Antiguo Testamento tenían su apogeo en Cristo, quien proporcionó una nueva ley de amor. Resulta absolutamente fascinante que la forma de pensar de Cristo respecto al amor en el Nuevo Testamento no solo es la manera de pensar de Juan sobre ello, sino el modo preciso en que lo expresaron otros escritores del Nuevo Testamento. Esto testifica de cómo la hermenéutica profética continúa en la hermenéutica apostólica, y cómo esta última está en realidad unificada. Todo esto produce parte del material más denso por el que abrirse paso a través del Nuevo Testamento. El uso del Antiguo Testamento en el Nuevo es extenso y ayuda a formar el tejido de la teología neotestamentaria.

CONCLUSIÓN

Inicialmente preguntamos si la continuidad hermenéutica era generalizada y, de ser ese el caso, cómo moldeó al Nuevo Testamento. Puedo sintetizar

---

150. Kruse, *The Letters of John*, 82-83; Akin, *1, 2, 3 John*, 38:97-98.
151. Carson, *The Gospel according to John*, 484. Carson afirma: «El *nuevo* mandamiento no es «nuevo», porque nunca antes se hubiera dicho algo igual. El pacto mosaico había ordenado dos mandamientos de amor: «Y amarás a Jehová tu Dios de todo tu corazón, y de toda tu alma, y con todas tus fuerzas» (Dt. 6:5); «No te vengarás, ni guardarás rencor a los hijos de tu pueblo, sino amarás a tu prójimo como a ti mismo. Yo Jehová» (Lv. 19:18). Jesús enseñó que toda la ley y los profetas estaban resumidos en estos dos mandamientos (Mr. 12:28-33; *cp.* Ro. 13:8-10; Gá. 5:14). Juan mismo puede reconocer en otro lugar que, en ciertos aspectos, este no es un «nuevo mandamiento» en absoluto (1 Jn. 2:7-8). ¿Por qué debería comunicar, pues, que es «nuevo»? Su novedad no solo está vinculada al nuevo estándar («Como yo os he amado»), sino con el nuevo orden que manda y, a la vez, ejemplifica» (484).
152. Smalley, *1, 2, 3 John*, 51–57. Como señala Smalley, Jesús anticipa la inauguración del nuevo pacto, pero los lectores de Juan lo han experimentado. Esto denota una progresión en la historia redentora.

una respuesta a estas preguntas en tres puntos. Primero, la idea de que la hermenéutica apostólica es una continuación de la profética es generalizada. La explicación anterior muestra que esto no solo se limita a ciertos autores neotestamentarios, sino que más bien existe en la lógica de todos los escritores neotestamentarios. Ellos entendieron la revelación bíblica a la luz de la historia redentora, y en sus detalles. Vieron cómo Cristo continuó y fue el apogeo de la lógica de los profetas. Todo esto fue la preparación para su propio uso del Antiguo Testamento. De esta forma, la hermenéutica profética continúa en la hermenéutica apostólica.

En segundo lugar, lo que fortalece esta idea es que los apóstoles mismos son extraordinariamente consistentes entre sí en su forma de interpretar y aplicar las Escrituras. Como se ha explicado con anterioridad, la intención de un autor incluye significado y trascendencia. Esto último concierne a la gama de inferencias legítimas que surgen de las ideas declaradas del autor. De ahí que, cuando tratamos la trascendencia de un texto, prevemos un espectro de aplicaciones. En ocasiones hemos visto en este estudio diversas implicaciones que surgen del significado del autor (cp. nuestra exposición sobre Génesis 15:6 y Habacuc 2:4). Esto es completamente permisible y esperado.

No obstante, la inmensa mayoría de ejemplos presentaron aplicaciones básicamente idénticas del mismo texto. Examinamos el uso que los apóstoles hicieron de pasajes como Salmos 2, 110 y 118, así como Isaías 53 y Levítico 19:18. Estos casos serían los ejemplos más fáciles para encontrar diferencias hermenéuticas entre los apóstoles; sin embargo, descubrimos lo contrario. Los apóstoles no solo interpretaron estos pasajes de la misma manera, sino que también los aplicaron exactamente del mismo modo. Esto es particularmente sorprendente, cuando contrastamos la unidad hermenéutica de los apóstoles con sus contemporáneos durante el período del segundo templo. En su estudio sobre cómo usaban en Qumrán el Antiguo Testamento, Fitzmyer lo expresa con acierto:

> No existe prueba alguna en Qumrán de una exégesis sistemática y uniforme del Antiguo Testamento. El mismo texto no siempre recibía la misma interpretación (véanse las variantes en C. D. vii y xix, y compárense con el uso de Nm. xxiv 17 y Amós ix 11 en diferentes contextos). Tampoco aparece patrón alguno en las citas veterotestamentarias en los textos del Qumrán como las que C. H. Dodd ha detectado en el Nuevo Testamento.[153]

---

153. Fitzmyer, «Old Testament Quotations in Qumran», 331. Fitzmyer sigue argumentando que los apóstoles hicieron algo parecido a los del Qumrán. Sin embargo, los descubrimientos en este caso muestran que debe de haber al menos algo diferente, ya que hay una exégesis uniforme sustancial en el NT, mientras que la del Qumram está menos controlada. Además, algunos de los usos a los que apela Fitzmyer podrían ser deducciones lógicas del texto endémico para un uso adecuado del AT. En un caso así, el solapamiento no se debe a que usaran los mismos métodos idiosincráticos, sino más bien una metodología razonable usada incluso en la actualidad y por cualquier lector sensible. Una vez hechas estas salvedades respecto a los descubrimientos de Fitzmyer, sus observaciones sobre Qumrán, en contraste con las observaciones de Dodd sobre el NT, son sustanciales.

A la luz de la cita de Fitzmyer podemos ver que la uniformidad de los apóstoles es excepcional y, por tanto, nada menos que extraordinaria. Las similitudes metodológicas superficiales no podrían producir jamás semejante unidad. En su lugar, esto manifiesta que los apóstoles tenían un método hermenéutico y una lógica hermenéutica subyacentes profundos. Como hemos observado en este capítulo, esta lógica procedía de su consciencia perceptiva de cómo escribieron y usaron los profetas las Escrituras. El Espíritu hizo que los apóstoles estuvieran tan en sintonía con la lógica de los profetas que llegaron a las mismas conclusiones y aplicaciones. Su continuidad hermenéutica con sus predecesores impulsa la consistencia entre ellos. Esto no solo refleja la continuidad del Antiguo Testamento en el Antiguo, o la del Antiguo Testamento en el Nuevo, sino incluso la del Nuevo Testamento en el Nuevo. Con esto, la búsqueda de la lógica autoral es completa. La consistencia de las aplicaciones de los apóstoles muestra que existe una lógica hermenéutica sistemática en las Escrituras.

En tercer lugar, este razonamiento consistente de usar el Antiguo Testamento produce una teología rica y cohesiva en el Nuevo. Aunque me he mantenido lejos de los detalles, hemos tocado los temas de la cristología, la eclesiología, la escatología, la moralidad y la soteriología. No son cuestiones secundarias dentro del Nuevo Testamento.[154] El uso del Antiguo Testamento afianza la conceptualización de los apóstoles en estos temas y provee el fundamento para sus exposiciones teológicas. Asimismo, proporciona la estructura, los propósitos, el lenguaje y las ideas que el Nuevo Testamento aplicará de manera adecuada a la luz de una nueva era en Cristo.[155] Incluso permite que sus exposiciones se sinteticen unas en otras, porque comparten un fundamento consistente de la lógica de los profetas (véase el punto anterior). Semejante desarrollo teológico no solo se encuentra en la teología bíblica (p. ej., el nuevo Adán, la historia redentora), sino también en la sistemática (p. ej., la soteriología, la cristología, la moralidad). De ahí que el Antiguo Testamento moldea el Nuevo Testamento y su mensaje. De esta forma, podemos afirmar que la continuidad hermenéutica ayuda a producir el tejido teológico del Nuevo Testamento.

Aunque no he sido exhaustivo, el muestreo de los textos de más arriba ayuda a armar este caso. Otros eruditos han llegado a conclusiones similares.[156] Además, lo que hemos observado con anterioridad no socaba la

---

154. Beale, *New Testament Biblical Theology*, 21; Scobie, «The Structure of Biblical Theology», 187-94. Scobie argumenta en favor de la estructura del orden creativo de Dios, del Siervo de Dios (Cristo), del pueblo de Dios y del camino de Dios (ética). Este capítulo ha tratado unos cuantos de esos temas.

155. En este sentido, podemos explicar también cómo funcionan la continuidad y la discontinuidad. Al final, ambos comparan y contrastan las realidades del Nuevo Testamento con las del Antiguo. Esto da por sentado que tenemos un entendimiento de lo que el Antiguo Testamento significaba en origen. Esto es continuidad hermenéutica.

156. Schreiner, *New Testament Theology*; Beale, *New Testament Biblical Theology*; Thielman, *Theology of the New Testament*. Véase en particular, Beale, *New Testament Biblical Theology*, 16.

inspiración, sino que más bien depende de ella. Como he venido repitiendo, los autores bíblicos son los que leen los textos y quienes los revelan. El Espíritu está presente, desde luego, en el proceso revelador. Él revela una nueva información que encaja bien hermenéuticamente con la revelación previa. Al mismo tiempo, el Espíritu también debe estar involucrado en la interpretación o el proceso hermenéutico. Debe asegurarse de que los autores humanos interpreten la revelación anterior lo bastante bien como para que sirva de preparación para lo que Él les revelaría a ellos y por medio de ellos. Sin duda, en estos casos Él se asegura de que los autores bíblicos no caigan en el error hermenéutico.[157] Los guía a la verdad (Jn. 16:13).[158] Esto también respalda la noción de que los profetas y los apóstoles eran consistentes con el estándar hermenéutico que proclamaban y, por tanto, los unos con los otros. Más aún, la consistencia extraordinaria que hemos observado más arriba es un testimonio de la autoría divina de las Escrituras.

A la luz de esto, ¿cómo interpretamos? La explicación anterior reitera cómo la continuidad de la hermenéutica profética en el Nuevo Testamento puede formar la teología del Nuevo. En ocasiones, podemos interpretar que el Nuevo Testamento está divorciado del Antiguo, pero eso es un error. El Nuevo Testamento puede decir mucho con poco, porque saca y desarrolla la información del depósito del Antiguo. Si quiere ser un mejor intérprete del Nuevo Testamento, necesita ser un mejor intérprete del Antiguo. Si hacemos eso, podemos ver aún mejor la riqueza de la teología del Nuevo Testamento.

---

157. Hamilton, *What Is Biblical Theology?*, 14-19.
158. Köstenberger, *John*, 473. La verdad se refiere principalmente a la revelación de Dios. Por implicación, ¿sería verdad la revelación de Dios si contuviera un error (hermenéutico)? Esto parecería estar fuera del carácter del «Espíritu de verdad».

7

▼ ▼ ▼

LA HERMENÉUTICA CRISTIANA

INTERPRETAR COMO ELLOS LO HACÍAN
Y CON LA MISMA INTENCIÓN

CÓMO INTERPRETABAN ELLOS, Y LA BÚSQUEDA DE LA LÓGICA AUTORAL

Empezamos este libro con la búsqueda de la lógica autoral. Procuramos ver cómo pensaron y escribieron los autores bíblicos, y cómo podemos aprender de ellos. Examinamos la hermenéutica de los profetas y de los apóstoles en los capítulos anteriores, y recogimos ciertas percepciones de cómo interpretarlos mejor. Ahora, al intentar sintetizar lo que aprendemos de ellos, es adecuado resumir cómo interpretaron, pensaron y escribieron.

Fundamentalmente, los profetas y los apóstoles estaban centrados en la intención autoral. No solo afirmaban esto con fórmulas introductorias, sino que lo demostraron en su práctica. En este contexto, los profetas eran exégetas y teólogos. Prestaron atención a las ideas principales y al contexto literario e intertextual de la revelación pasada. Incluso se concentraban en sus detalles al pie de la letra. Su rigurosa obra muestra que les preocupaba el significado. Los profetas también entendían que los textos tenían implicaciones intencionadas en la vida y la teología. Sabían que, en ocasiones, estas implicaciones se habían desarrollado a lo largo de la revelación progresiva. De esta forma, a los profetas también les importaba la trascendencia pretendida de un texto. Como resultado, siguieron la lógica de sus predecesores y, a través de la nueva revelación, expusieron sobre estas implicaciones. Porque conocían la teología y el plan de Dios, no solo escribieron para confrontar su situación presente, sino también con vistas al futuro. Aunque no conocían el porvenir de forma exhaustiva, los profetas sentaron las bases para que individuos posteriores (los profetas, Cristo y los apóstoles) explicaran sus ideas con mayor detalle.

El Nuevo Testamento no distorsiona ni se desconecta de esta lógica, sino que la mantiene y la completa. Ellos también fueron exégetas que prestaron atención a las frases y las palabras individuales, así como al contexto de un pasaje. Los apóstoles también fueron teólogos que conocían el panorama general de las Escrituras; estaban al corriente de las interrelaciones del Antiguo Testamento, y mediante una nueva revelación desarrollaron las ideas, las ramificaciones y los temas destacados con anterioridad por sus predecesores. Donde las conclusiones de los apóstoles nos desconciertan, en

realidad encontramos su lógica expresada con fidelidad en la intertextualidad del Antiguo Testamento. En lugar de devaluar la intención autoral, ellos
dependían de ella. Esto nos ayuda a rastrear su teología.

En resumen, los escritores bíblicos interpretan las Escrituras con cuidado.
No lo hacen fuera de contexto, sino que descifran la revelación anterior en su
contexto firmemente intencionado. Los autores bíblicos entendieron cómo
los autores anteriores habían relacionado sus escritos de manera intertextual
con la revelación antecedente. Esto situaba esos textos en contextos teológicos más amplios y dentro del plan de Dios. Como resultado, en sus propios
escritos los profetas y los apóstoles siguieron la lógica de sus predecesores,
y desarrollaron aún más la trascendencia teológica de la revelación pasada.
Esto, a su vez, sienta las bases para que la revelación futura siga esa trayectoria. La lógica del escritor se expresa literalmente en la intertextualidad de las
Escrituras. Es la continuidad entre la hermenéutica profética y la apostólica.

CÓMO INTERPRETAMOS: MÁS QUE UNA GUÍA DE REFERENCIAS CRUZADAS

La hermenéutica cristiana en la continuidad de los escritores bíblicos

Al intentar modelar nuestra interpretación según la de los escritores
bíblicos, debemos recordar concentrarnos en cómo interpretaban. A lo
largo de este libro, hemos venido repitiendo que los profetas y los apóstoles eran *intérpretes* de las Escrituras y quienes las *revelaron*. Como también
expusimos, ambos aspectos desempeñan una función distinta, aunque relacionada, en la búsqueda de la lógica autoral. Los escritores bíblicos miraron a
la revelación anterior de forma intertextual, en retrospectiva, para ver su significado, así como las implicaciones teológicas y su trayectoria. Así es como
lo hacían. Su interpretación sirve de plataforma para el desarrollo adicional.
A través de una nueva revelación, los escritores bíblicos añadieron información a las Escrituras que definía y detallaba aquellas implicaciones teológicas
de un texto. Esto tiene que ver con su forma de revelar. Una vez más, la
pregunta de la hermenéutica no consiste en cómo revelaban los escritores
bíblicos la nueva información, sino en cómo interpretaban la que ya había
sido revelada. Cuando consideramos si podemos imitar su hermenéutica,
en lo que nos deberíamos concentrar es en el «aspecto de la interpretación»
de su lógica.

Con esto en mente, si consideramos un manual de hermenéutica estándar, percibiremos la necesidad de hablar sobre el contexto histórico, el
género, el contexto, la gramática y el estudio de palabras. Los libros de texto
también se centrarán en la prioridad de la intención autoral, tanto en su significado como en sus implicaciones sobre la vida.[1] En la introducción nos

---

1.   Véanse Kaiser, *Toward an Exegetical Theology*; Zuck, *Basic Bible Interpretation*;
     Köstenberger y Patterson, *Invitation to Biblical Interpretation*; Blomberg, *A Handbook of
     New Testament Exegesis*.

preguntamos si era legítimo. ¿Cómo demostramos que dicha metodología es correcta y que no estamos interpretando un texto de más o de menos?

Si nos detenemos y pensamos en cómo interpretaban su Biblia los escritores bíblicos, es extraordinariamente similar a lo que nos han enseñado. Se preocupaban por la intención autoral. Prestaban atención a la historia y al plan de Dios.[2] Conocían tanto el contexto literario como el intertextual.[3] Estudiaban con esmero la gramática y las palabras.[4] Entendían que las ideas (el significado) de la revelación pasada tenían implicaciones y consecuencias (trascendencia).

La hermenéutica de los escritores bíblicos refleja cómo creían que la Biblia comunica. Esto nos explica cómo deberíamos interpretarla. Podemos tener la confianza que necesitamos para estudiar un pasaje a partir de sus antecedentes históricos y al pie de la letra, porque es la forma en que los profetas y los apóstoles creían que funciona la Biblia. Así es como interpretamos las Escrituras y, por tanto, es como ellos expresaban sus ideas en las Escrituras. Así expresaban su intención. En consecuencia, no solo nos han indicado que categoricemos de forma adecuada la palabra de verdad (2 Ti. 2:15), sino que nos han mostrado cómo hacerlo. Su método hermenéutico no frustra todo lo que hemos aprendido tradicionalmente. En su lugar, su metodología lo sustancia.

Esto debería ser inmensamente consolador para nosotros. No estamos siguiendo ningún método aleatorio. En su lugar, deberíamos confiar en que la metodología hermenéutica tradicional es correcta. Además, el ejemplo de los profetas y de los apóstoles debería convencernos de atesorar y leer las Escrituras con tanta intensidad como ellos. Por tanto, volvamos a esos libros hermenéuticos que podamos tener, refresquemos nuestra memoria sobre cómo estudiar las Escrituras y, a continuación, hagámoslo con gran celo.[5] No necesitamos una nueva hermenéutica, sino más bien practicar cuidadosamente la que ya tenemos. Al actuar así, nos centramos en aquello en lo que los escritores bíblicos se concentraron cuando interpretaban las Escrituras: la intención autoral. De ese modo, convertimos sus pensamientos en los nuestros. Interpretamos como ellos lo hicieron. Repetimos el método hermenéutico que ellos empleaban. Su lógica se convierte así en la nuestra.

---

2. Hemos observado esto, por ejemplo, en su consciencia histórico-redentora (véanse los capítulos 4 y 6). También lo vemos de forma específica en la profecía de las 70 semanas de Daniel (véase capítulo 3).

3. Casi cada ejemplo citado en este libro lo demuestra. Se puede ver esto en cómo Mateo cita a Jeremías y a Zacarías juntos (capítulo 6), cómo yuxtaponen los apóstoles una diversidad de textos (capítulo 5), cómo los profetas amplían unos sobre otros en el caso del pacto davídico (capítulo 3).

4. Los ejemplos de esto incluyen la exposición sobre la «viña» como símbolo de la nueva creación, así como de la nación de Israel, y la «simiente». Para esto, véanse los capítulos 3 y 6.

5. Algunas obras excelentes incluyen (aunque no se limitan) a Köstenberger y Patterson, *Invitation to Biblical Interpretation*; Zuck, *Basic Bible Interpretation*; Stein, *A Basic Guide to Interpreting the Bible*; Duvall y Hays, *Grasping God's Word*; Kaiser, *Toward an Exegetical Theology*.

Todo esto sucede porque seguimos su intención, como ellos lo hicieron con sus predecesores. De este modo, la hermenéutica profética y la apostólica se convierten en la hermenéutica cristiana.

Dicho esto, puedo suplementar la exposición tradicional con el discernimiento obtenido por medio de este estudio. A menudo, considerar otros pasajes podría limitarse a la práctica de «cruzar referencias». A veces, esto ocurre al final del proceso hermenéutico. Sin embargo, la interrelación de las Escrituras juega un papel mucho más generalizado en la lógica de los escritores bíblicos. La intertextualidad informa sobre cómo entendían ellos la historia, así como el contexto literario, las frases y las palabras de las Escrituras. Examinar cómo podemos discernir de forma práctica la intertextualidad en estos ámbitos nos puede ayudar a interpretar mejor la intención de los escritores bíblicos. Después de todo, queremos asegurarnos de conseguir toda la información que ellos deseaban en el texto. Por lo tanto, es necesario que hagamos algo más que cruzar referencias cuando buscamos otros textos. Se está produciendo un «inspirado cruce de referencias», y al discernir esto podemos mejorar nuestra comprensión de su intención.

Contexto histórico

Con esto en mente, podemos proceder a exponer cómo pensaba el escritor bíblico a través del trasfondo histórico. El autor no vive en un vacío. Entender el mundo en el que vive nos ayuda a comprender mejor sus escritos. Así estudiamos cómo, en el texto que tenemos entre manos, se involucran diversos ámbitos de la cultura, la política, la geografía, las religiones/ideologías, las naciones y los acontecimientos históricos.[6] Estas consideraciones realzan el realismo de un pasaje y nos ayudan a asociar las circunstancias del autor original y las de la audiencia.[7] Asimismo, agudizan nuestro entendimiento de las cuestiones y de las ideas con las que trata el autor, y también las palabras, las frases y la lógica que emplea.[8] En última instancia, los trasfondos históricos crean una pintura del mundo que rodea al autor, algo que ayuda a explicar el propósito de su escrito (libro o pasaje), así como las ideas particulares a las que apela o a las que se enfrenta.

El trabajo intertextual de los profetas y de los apóstoles añade otra capa a esto. Como hemos visto, los escritores bíblicos no se limitan a interactuar con su cultura y su historia, sino que también las interpretaban de manera teológica. Entendían que Dios estaba obrando en la historia, y que sus vidas formaban parte de una historia mayor. Como tal, no solo escribieron con vista a su audiencia inmediata, sino también a participar en el avance del plan divino. De ahí que no solo estemos considerando lo que sucedía en torno al autor en el momento de escribir, sino también cómo se veía a sí mismo en esta coyuntura particular de la historia redentora. Estamos buscando esa

---

6. Köstenberger y Patterson, *Invitation to Biblical Interpretation*, 93-94; Duvall y Hays, *Grasping God's Word*, 100; Zuck, *Basic Bible Interpretation*, 79-97.

7. Blomberg, *A Handbook of New Testament Exegesis*, 64-66.

8. Köstenberger y Patterson, *Invitation to Biblical Interpretation*, 94.

situación histórico-redentora. Eso proporciona un conocimiento profundo adicional de las cuestiones teológicas más importantes hacia las que escribían.

Por ejemplo, no solo estamos intentando entender el acontecimiento del regreso de Israel desde Babilonia en el 538 a.c., sino que también procuramos captar cómo entendieron teológicamente los escritores de Esdras o Nehemías sus circunstancias. Contemplan este momento como una «segunda oportunidad» que Dios le concedió a Israel con el fin de que viviera para Él (cp. Neh. 9:31-32). Sin embargo, la pregunta es si este regreso marca o no la finalización del exilio (cp. Is. 60:1-22).[9] House observa que los libros de Esdras y Nehemías responden a esto y declaran que, aunque Dios es fiel, el exilio no ha acabado aún (cp. Neh. 9:36). Esto prepara el camino para que la historia continúe (en el Nuevo Testamento).[10] Por consiguiente, la situación histórico-redentora nos ayuda a ver que estas «hermosas historias» sobre construir el muro y el templo, también encierran una teología de la fidelidad de Dios y el exilio.

Del mismo modo, las epístolas de Pablo no solo necesitan basarse en las circunstancias de su vida, sino también en cómo encaja su misión dentro del plan mayor de Dios. Como explicamos brevemente en el último capítulo, Pablo entendió que su llamamiento era para los gentiles (Gá. 1:16). Esto era parte del programa más amplio de Dios para mostrar la gloria de su Siervo a los confines del mundo (cp. Is. 42:6-7; Hch. 1:8). Sus epístolas funcionan para cumplir esta misión (Gá. 4:11; Fil. 2:16; 1 Ts. 3:5).

Esto resalta la manera en que interpretamos las epístolas paulinas. Podríamos considerar que sus escritos han surgido de razones puramente pragmáticas, a saber, escribió una carta por una situación en la iglesia. Esto es verdad y no queremos deshistorizar las cartas de Pablo. Los trasfondos históricos nos ayudarán a entender mejor su intención, y cómo se ocupa de una situación específica, de manera particular.

Sin embargo, un esfuerzo así no está separado de la misión global de Pablo. No solo escribió sus cartas para tratar las necesidades pragmáticas del momento, sino también las necesidades teológicas manifestadas por dicha situación. Reconoció que las circunstancias de una iglesia en particular eran una oportunidad histórico-redentora para tocar problemas más amplios que moldearían a la Iglesia universal durante los años subsiguientes. Por esta razón precisa, desea que sus escritos sean leídos por otras congregaciones (Col. 4:16), e insta a los líderes a transmitir lo que han aprendido a las generaciones futuras (2 Ti. 2:2). Como hemos expuesto, Pablo sabía que estaba escribiendo las Escrituras, y esto es provechoso para todos (2 Ti. 3:16).[11] De ahí que si leemos una epístola paulina y *nos limitamos* a pensar: «En esta carta, Pablo trata los problemas de los filipenses», perderemos el punto. Ese

---

9. House, *Old Testament Theology*, 512, 522.
10. *Ibíd.*, 522.
11. Kruger, *Canon Revisited*, 175-89. Véase también nuestra explicación anterior en el capítulo 5.

es un medio (¡aunque uno esencial!) para un fin; un fin definido por cómo entiende Pablo el panorama general del plan divino y por cómo encaja su misión en la historia redentora. Por tanto, comprender la historia redentora ayuda a mostrar cómo cada una de estas cartas hacen una contribución teológica mayor de lo que podíamos haber esperado originalmente. Schreiner lo expresa muy bien:

> Así, sus cartas [las de Pablo] formaban parte de su obra misionera, escritas para alentar a los creyentes a continuar en su fe recién hallada. La función fortalecedora de sus cartas no implica que fueran instrucciones garabateadas con premura, que carecieran de organización o coherencia. Que trataran circunstancias específicas tampoco sugiere que el apóstol escribiera erráticamente, y ofreciera cualquier consejo que pareciera ayudar a sus iglesias en el momento. Lo que lo convirtió en un misionero tan eficiente es que escribió sus cartas a partir de las convicciones profundas y bien reflexionadas que sostenía. Estas certezas lo afianzaban a él y a sus iglesias cuando atravesaban las tormentas en las que la falsa enseñanza y la conducta inmoral amenazaban la supervivencia de las iglesias. La influencia de Pablo fue duradera precisamente porque trataba las circunstancias específicas de las iglesias desde una cosmovisión que era poderosamente coherente.[12]

Además, así como la historia no moldea solo el propósito global de un libro, sino también sus ideas específicas, la historia redentora también lo puede hacer. La consciencia histórico-redentora de los escritores bíblicos da forma a su pensamiento sobre los temas y conceptos bíblicos particulares. Por ejemplo, observamos que los escritores de los Evangelios escudriñaban la vida de Cristo a la luz de cómo encajaba en el panorama general. Estar al tanto de la historia redentora les permite identificar y comunicar la trascendencia de varios sucesos de su época en la tierra. Asimismo, observamos cómo afectó a la forma en que los escritores neotestamentarios usaron la ley. Sabían que Cristo era la meta y el cumplimiento de la ley (cp. Mt. 5:17; Ro. 10:4). Esto daba forma a cómo se relacionaban los apóstoles con la ley y cómo la aplicaban. Más adelante ampliaremos nuestros comentarios sobre este tema particular, pero, por ahora, lo que antecede ilustra que la historia redentora ayuda a formar la manera en que los escritores bíblicos reflexionan en las implicaciones, los problemas y los detalles teológicos particulares. Por tanto, será necesario que seamos también conscientes de esto.

Al llegar a este punto podríamos preguntarnos: «¿Cómo entiendo la situación histórico-redentora y capto su trascendencia en un pasaje?». A continuación, unos cuantos pasos:

1. Familiarizarnos más con el argumento. Esto nos capacitará a ver cómo cada pieza de la revelación contribuye a la formación de dicha trama. Por lo tanto, leer más nuestra Biblia y ver cómo los profetas

---

12. Schreiner, *Pauline Theology*, 39.

y los apóstoles entretejen todo esto es esencial (cp. Neh. 9:1-38; Sal. 78; 105-6; Dn. 9:1-19; Hch. 13:13-41; Gá. 3–4). Afortunadamente, el Señor también proveyó maestros que recorrieran esta senda antes que nosotros, y proveyeran los resultados de sus propios estudios. Leerlos puede iluminarnos también.[13]

2. Basándonos en esto, deberíamos entender en qué punto del argumento se encuentra el autor, y cómo contribuye al programa de Dios en esa era. Podemos ver cómo los detalles particulares de un texto y sus circunstancias históricas son «aptos» en su contribución para lograr lo que Dios tenía en mente para ese tiempo. ¿Cómo cumple un libro, de forma única, los propósitos divinos en un momento dado? Además, también observamos cómo la historia redentora puede moldear los detalles de un texto. Un contexto así nos explicaría por qué ocurrían ciertas cosas (como los milagros). Los factores histórico-redentores también pueden afectar a la forma en que un escritor usa la revelación anterior y sus ramificaciones teológicas. Por ejemplo, ¿cómo cambia el uso de la ley después de que Cristo vino?

3. Finalmente, entender la historia redentora no solo proporciona comprensión respecto al punto en que se encuentra el escritor, sino también de la dirección hacia la que se mueve la historia. Como se ha explicado, los profetas y los apóstoles estaban bien conscientes de esto. Aquí es donde podemos empezar a formular la pregunta de la direccionalidad. Una vez comprendido cómo se posicionó el autor en la historia redentora, ¿cómo sienta las bases para el futuro? ¿Cómo sitúa sus ideas particulares para que funcionen en el programa mayor de Dios? ¿Hacia dónde se dirige este proceso y por dónde empieza (o continúa)?

En general, el trasfondo histórico da forma al propósito del libro respecto a las circunstancias inmediatas. Asimismo, ayuda a formular ideas específicas y conceptos con los que interactuará un autor bíblico. Todo esto es vital, y la perspectiva teológica de los escritores bíblicos sobre la historia no le resta nada a esto, sino que le añade. El trasfondo histórico-redentor moldea la función de un libro en el plan divino. De ese modo, ayuda a formular el propósito teológico del libro. Determina la forma en que los escritores bíblicos tratarán los temas específicos y la trascendencia de ciertos detalles en el texto.[14] Esto apunta, también, a cómo preparan sus ideas para que tengan

---

13. Hamilton, *God's Glory in Salvation through Judgment*; Dempster, *Dominion and Dynasty*; Goldsworthy, *According to Plan: The Unfolding Revelation of God in the Bible*. Aunque podríamos distinguir ciertos detalles de algunos de estos enfoques, resultan útiles para ejercitar la mente a fin de pensar en el panorama general. Véanse también McClain, *The Greatness of the Kingdom*; Kaiser, *Promise-Plan of God*.

14. House, «Old Testament Narrative», 245.

ramificaciones en el plan de Dios. Los escritores de las Escrituras, guiados por el Espíritu, pensaron de manera histórica e histórico-redentora, y nosotros también deberíamos hacerlo con el fin de seguir su intención.

Contexto literario

El contexto literario tiende un puente entre los objetivos más generales de un libro y el contenido que logra dicha meta. De ahí que, tradicionalmente, no solo estudiemos el contexto inmediato que rodea a un texto, sino también cómo encaja en todo el libro.[15] En general, esto nos proporciona toda una estructura que nos ayuda a ver cómo un versículo o un texto ayudan, con precisión, a demostrar una idea en un párrafo o capítulo que, a su vez, participa en el cumplimiento del propósito de la totalidad del libro. Definir la función de un texto dentro del flujo del libro es el objetivo del contexto literario.

Los eruditos también reconocen que el contexto va mucho más allá del nivel de un libro. Ahí es donde encaja la intertextualidad. Los profetas y los apóstoles interpretaron y escribieron a la luz de una diversidad de otros pasajes. Esos textos externos proveen ideas teológicas adicionales, y hasta una lógica integrada que informa al escritor cuando está exponiendo su idea.

Por tanto, cuando estudiamos el contexto de un pasaje, es necesario que recordemos que no estamos buscando tan solo el entorno inmediato del texto. Ni siquiera nos estamos limitando a indagar buenas referencias que respalden un tema del pasaje. Estamos averiguando el contexto mayor al que el autor apela intencionalmente. A partir de esto, descubrimos cómo puede él haber recurrido a otros conceptos importantes para reforzar su idea. Asimismo, podemos ver un patrón de lógica a partir del texto o los textos a los que se refiere, que ayuda a moldear su propia lógica en el texto.

Este análisis particular es importante. Hemos dicho que «el contexto es rey» y que esto no es una subestimación. Hemos observado que el contexto intertextual nos ayudó a entender mejor la riqueza del Antiguo Testamento. Las historias y las profecías eran exposiciones de teología. Observamos también cómo se relacionaba el Antiguo Testamento con el Nuevo, para convertirse en el tejido teológico de la segunda mitad de las Escrituras. Si queremos entender su sustancia teológica, es necesario que realicemos el duro trabajo de estudiar el contexto en el que reflexionaron los escritores bíblicos, y que prepararon para nuestro entendimiento.

¿Cómo examinamos este contexto literario intertextual?

1. Es necesario que recopilemos todos los puntos. Debemos comprobar si el autor establece relaciones con textos anteriores. Como explicamos con anterioridad, existe una diversidad de criterios para armar el caso al que un autor hizo alusión.[16] Inicialmente, esto se

---

15. Kaiser, *Toward an Exegetical Theology*, 69-85.
16. Véase explicación en el capítulo 2.

basa en «la distinción lingüística». Es necesario demostrar que el lenguaje es lo bastante directo como para provocar que se piense en un texto (o textos) en vez de en otros. A continuación, mediante la comprobación de que el contexto encaje o incluso dependa de esta información anterior, debemos demostrar que el autor aludió al otro texto de manera deliberada.[17]

Podemos reproducir el proceso anterior y asegurarnos de haber recopilado todos los puntos, todos los textos interrelacionados involucrados. Un autor puede aludir a múltiples textos en sus escritos. También podría citar un texto que, a su vez, aluda a múltiples pasajes antecedentes. Podría hacer ambas cosas. En cualquier caso, nuestra tarea consiste en asegurarnos de haber identificado todos los pasajes interconectados.

2. Entonces, empezamos a conectar los puntos. Esto se ocupa de cómo la revelación se construye sobre sí misma. Las siguientes preguntas pueden ayudar en esta tarea:

- ¿Proporcionan una interpretación explícita del texto? De ser así, ¿cuál?
- ¿Se centran en una implicación? Si es así, ¿cuál es esa implicación y cómo la desarrollan?
- ¿Cómo sientan las bases para una revelación futura o cómo la prevén? ¿Cuál es la direccionalidad de estos textos?

Responder a estos tipos de preguntas nos ayuda a ver cómo construyeron los profetas y los apóstoles una teología y una lógica desde un pasaje y a través de todo el canon.

3. A continuación, conectamos los puntos del pasaje que tenemos entre manos. ¿Cómo contribuye la conexión intertextual (conexiones intertextuales) al texto que estamos estudiando? Las preguntas siguientes nos pueden ayudar a ver el valor de la lógica del autor:

- ¿Cómo amplía el autor la lógica y la teología de sus predecesores?
- ¿Cómo usa esto para contribuir a su argumento en el contexto inmediato, así como a la totalidad del libro?
- Al aludir a la revelación previa, ¿cómo desarrolla también su obra la teología en la que se inspira?

---

17. Hays, *Echoes of Scripture*, 29-32; Beetham, *Echoes of Scripture*, 12-32. De nuevo, la lista más completa de criterios de Hays incluye la disponibilidad del texto fuente, el volumen del eco (la claridad lingüística de la alusión), la recurrencia (¿repitió el autor la alusión en algún otro lugar?), la coherencia temática (¿encaja contextualmente con el argumento del autor?), la plausibilidad histórica (¿lo habrían entendido los lectores de este modo?), la historia de la interpretación (¿concuerdan otros eruditos?) y la satisfacción (¿contribuye bien a los propósitos del escritor?).

- ¿De qué forma prepara su obra para la revelación posterior (si es aplicable)? ¿Existe una direccionalidad en este texto?

No somos los primeros en identificar las alusiones de un texto bíblico y en establecer la naturaleza de sus conexiones. Aunque he alentado a que seamos «más que "cruzadores" de referencias», las personas que han recopilado las referencias cruzadas en tu Biblia lo han hecho basándose, en ocasiones, en los criterios que he indicado más arriba. Por tanto, es un buen lugar por donde empezar. Las concordancias (electrónicas o impresas) también se pueden usar para efectuar búsquedas rápidas sobre palabras o frases que puedan manifestar correspondencias. Varios comentarios también se han referido a cómo los escritores bíblicos apelan a un contexto literario más amplio, y pueden ayudarnos a descubrir las formas en que el autor citó los demás versículos y la esencia de cómo los «usó». Ciertas obras están dedicadas a esta tarea en concreto.[18] Una gran cantidad de recursos están disponibles para ayudarnos a pasar por los distintos pasos bosquejados más arriba.

Esta sección indica que no podemos solo limitarnos a considerar el contexto alrededor del texto. La manera de pensar y de escribir de los profetas y los apóstoles indica que con frecuencia se han extendido a otras piezas de revelación. Para entender por completo su intención, deberíamos buscar esas conexiones. Al hacerlo podemos «conectar más puntos», y conseguir una imagen más cabal del razonamiento completo del autor.

Estudio de palabras

El estudio de palabras se usa para determinar el matiz concreto de un término dentro del contexto.[19] Parte de este proceso consiste en ver cómo se utiliza una palabra a lo largo de las Escrituras.[20] Así, en ocasiones, podemos descubrir que una palabra está en realidad asociada a un tema teológico en desarrollo dentro de la revelación progresiva. Quiero ser cuidadoso al decir que una palabra no denota necesariamente una idea teológica inherentemente.[21] La «salvación» no siempre denota nuestra comprensión de cómo somos salvados de la ira de Dios por medio de la fe (cp. 1 Ti. 4:16) y la «simiente» no siempre discute Génesis 3:15.

No obstante, los autores pueden usar ciertos términos de manera sistemática para recordar a sus lectores un tema particular y cómo los escritores anteriores expusieron sobre este concepto.[22] Los ejemplos de esto incluyen la metáfora de la viña (cp. Sal. 80:14; Is. 5:2; Ez. 17:7-8; 19:10; Jn. 15:1-5), el

---

18. Archer y Chirichigno, *Old Testament Quotations in the New Testament*; Beale y Carson, *Commentary on the New Testament Use of the Old Testament*; Hamilton, *God's Glory in Salvation through Judgment*; Goldsworthy, *According to Plan: The Unfolding Revelation of God in the Bible*. Véanse también todos los volúmenes de la serie New Studies in Biblical Theology.
19. Kaiser, *Toward an Exegetical Theology*, 105-8.
20. Köstenberger y Patterson, *Invitation to Biblical Interpretation*, 626-30.
21. Carson, *Exegetical Fallacies*, 45-47.
22. Kaiser, *Toward an Old Testament Theology*, 36-40.

concepto de la simiente (Gn. 3:15; 2 S. 7:10-14; Gá. 3:16) y la metáfora del águila (Éx. 19:4; Sal. 103:5; Is. 40:31). Este desarrollo de la teología se basa en cómo usa el autor una palabra en contexto. Esto no solo afirma que las Escrituras son precisas al pie de la letra, sino también que el estudio de palabras puede formar parte de los criterios lingüísticos por los cuales identificamos cómo entretejieron los autores sus textos y sus mensajes.[23] Realizar el estudio de palabras con esto en mente puede ayudarnos a descubrir importantes asociaciones en las Escrituras.

Al llegar a este punto también puedo señalar que la intertextualidad no requiere términos idénticos para generar una conexión. Los eruditos han observado que los sinónimos también funcionan, así como las frases y los temas que se identifican con la idea original de un texto.[24] Por ejemplo, incluso aunque se empleen palabras distintas, la imagen de alguien que «herirá las sienes» del enemigo (cp. Nm. 24:17) recordaría la promesa de Génesis 3:15.[25] Una vez más, estamos buscando factores lingüísticos que nos llevarían a recordar un texto anterior. En general, los estudios de palabras pueden apuntar a conexiones intertextuales, pero también deberíamos asegurarnos de considerar palabras sinónimas o descubrir frases que nos proporcionen un vínculo entre ciertos textos.

¿Y qué?

He intentado proveer varias estrategias prácticas que nos ayuden a interpretar las Escrituras más como los autores bíblicos. Fundamentalmente, las prácticas de los escritores bíblicos afirman nuestras prácticas exegéticas estándar. Además, sus prácticas nos recuerdan que la intertextualidad suplementa nuestra comprensión de los antecedentes históricos, del contexto literario y de los estudios de palabras.

Sin embargo, para algunos, esto es solo parecido a un ejercicio académico. Cabría preguntarse: «¿A quién le importa?». ¿Qué sentido tiene esto? Todo esto se remonta a la pregunta que formulamos al principio respecto a cómo conectar la exégesis con la teología. ¿Cómo sabemos qué lección quiere el autor que saquemos de un texto? Esta pregunta es particularmente pertinente para los textos que no hacen declaraciones proposicionales. Podemos entender con mayor facilidad la importancia teológica de las afirmaciones de la verdad flagrante, como «Grande es YHWH» (Sal. 145:3) o «Dios es amor» (1 Jn. 4:8) o «por gracia sois salvos por medio de la fe» (Ef. 2:8). Son expresiones del hecho teológico. Sin embargo, las historias, los poemas o las profecías nos causan a menudo problemas, porque no conllevan frases declarativas tan claras. ¿Existe alguna teología en esos pasajes? De ser así, ¿cómo la discernimos?

Nuestros descubrimientos en la búsqueda de la lógica autoral son la respuesta. Al indicarnos otros textos, el autor nos da claves de su propia lógica,

---

23. Hays, *Echoes of Scripture*, 29-32
24. Hamilton, *God's Glory in Salvation through Judgment*, 76-77.
25. *Ibíd.*

así como las ideas teológicas con las que está trabajando en su propio escrito. Por consiguiente, los textos aludidos sirven como puntos de afianzamiento que son la base de nuestra propia interpretación de la literatura no proposicional. *Nos señalan las ideas que el autor pretendía que entendiéramos mejor en su obra.*

Como ya se ha expuesto, una intertextualidad así nos ayuda a ver cómo se manifiesta la fidelidad de Dios en la conquista, cuando Él cumple sus promesas (Jos. 23:14). Podemos ver la gloriosa naturaleza de las promesas davídicas en el reino de Salomón (1 R. 4:25). Podemos ver la belleza del pacto davídico en los Salmos (Sal. 72; 89). Podemos ver la teología de Jesús como el nuevo Adán (cp. Lc. 3:38). Esto empieza a mostrarnos que los diversos textos no son meras ilustraciones de principios morales, sino también explicaciones de cómo se desarrolla la teología en el plan de Dios. Por tanto, al comprender el modo de pensar y de escribir de los autores, tenemos una mejor estrategia para ver cómo funciona la teología en los textos con los que no nos sentimos tan cómodos (en particular como occidentales) a la hora de extraer de ellos una teología.

Sin embargo, la intertextualidad no solo ayuda a entender la teología de la literatura no proposicional. Después de todo, también se produce en otros géneros que contienen bastantes proposiciones (p. ej., la literatura legal y epistolar). En dichos casos, el contexto intertextual entretejido por el autor nos ayuda a conectar sus declaraciones proposicionales con otros temas bíblico-teológicos y la historia mayor del plan divino. Esto puede proporcionar el trasfondo subyacente de por qué se nos ordena vivir de una cierta forma.[26] Puede ilustrar cómo se vive un cierto tema teológico en un momento dado de la historia redentora.[27] Puede hacer aflorar el valor de la obediencia relativa al plan mayor de Dios.[28] Es posible que también ayude a completar la lógica del razonamiento subyacente a ciertas declaraciones proposicionales, y hacer aflorar cómo impactan esas verdades en otros temas e ideas en la teología.[29] En última instancia, los profetas nunca escribieron sobre teología desde un vacío; la intertextualidad puede, pues, ayudar a complementar la plena naturaleza y las consecuencias de las declaraciones proposicionales. Esto no solo nos ayuda a entenderlas mejor, sino también a ser transformados por ellas y vivirlas.

Así, la respuesta a la pregunta «¿y qué?» es «¿y qué?». La intertextualidad

---

26. Compárese con nuestra anterior exposición sobre cómo se usa el simbolismo del templo con la santificación. La alusión bíblico-teológica ayuda a explicar la trascendencia de glorificar a Dios en el propio cuerpo, a la luz de que la iglesia es su templo. Véase Beale, *Temple and the Church's Mission*, 252.

27. También podemos observar cómo ciertas verdades, como la santidad de Dios, son practicadas desde el Antiguo Testamento al Nuevo. Esto será importante para nuestra discusión en la aplicación.

28. Compárese con la discusión sobre la imaginería del templo. Véase también en Pablo la exposición sobre la Iglesia como la nueva humanidad, en el capítulo 6. La unidad de los judíos y los gentiles facilita el propósito mayor de demostrar que el evangelio resuelve el problema del pecado para toda la humanidad.

29. Véase la discusión paulina en Gálatas 3:10-14 y el uso de Levítico 18:5 como un ejemplo.

nos ayuda a ver el «¿y qué?» teológico de cualquier texto determinado. Nos ayuda a construir un puente entre la exégesis y la teología al meditar en los pensamientos de los escritores, después de ellos. Como hemos visto, los profetas y los apóstoles son exégetas y teólogos. Establecen el puente entre la exégesis y la teología en virtud de su lógica intertextual. Con frecuencia desarrollaron la teología rastreando cómo se interconectaban los textos en las Escrituras. Nuestra tarea consiste simplemente en reflexionar en sus pensamientos y, al ver cómo entretejían las Escrituras, cruzamos el mismo puente entre la exégesis y la teología, que era su intención original. De ese modo, no solo sabemos lo que querían decir, sino también su influencia sobre las cuestiones y los temas teológicos.

Dicho esto, quiero sugerir cinco precauciones importantes al final de esta exposición. En primer lugar, no todos los textos de las Escrituras tendrán una conexión intertextual con [el o] los textos anteriores. Una vez más, volvemos a la intención autoral. Solo queremos identificar una asociación cuando el autor la hace. Seguimos su intención. La falta de alusiones en un texto o versículo en particular no significa que el pasaje esté desconectado por completo de la teología, del panorama general o de otra revelación. Podríamos descubrir que el autor establece una conexión intertextual en el contexto inmediato de un pasaje. Esto *podría* tener repercusión sobre el texto que tenemos entre manos. El contexto general de un libro en la historia redentora debería al menos tener alguna influencia en todo el contenido del mismo. El texto mismo podría ser proposicional, y hacer una declaración teológica. Por tanto, sigue habiendo muchas formas de establecer conexiones y discernir la teología. No obstante, no queremos forzar una conexión cuando no la hay. Queremos escuchar y someternos a la intención del autor dual y no a la nuestra. Si hemos aprendido algo de la hermenéutica de los profetas y de los apóstoles es que ellos afirmaron «como está escrito». Aseveraron que permanecieron consistentes con la intención original. Nuestra interpretación de las Escrituras debería serlo también.

En segundo lugar, tal como se menciona en este estudio, defiendo que la revelación *antecedente* documenta nuestra interpretación del texto que estudiamos. Esto es, a su vez, parte de la noción total de la intención autoral. Los autores de las Escrituras no pueden extraer de la revelación lo que todavía no existe. Moisés no puede usar el material de Mateo. En su lugar, los escritores aluden en retrospectiva a lo que se ha escrito.[30] Aunque esta actividad suele establecer las bases para la revelación futura, he argumentado que la revelación anterior moldea la posterior, y no a la inversa. Este es el concepto preciso de la hermenéutica profética que continúa en la apostólica. De ahí que esta noción del contexto no sea lo mismo que interpretar a «nivel del canon», lo que permite que todo el canon (tanto la revelación antecedente como la posterior a un texto) moldee el significado (en lugar de

---

30. Compárese con Hays, *Echoes of Scripture*, 30. Esto trata con el criterio de Hays de «disponibilidad».

la trascendencia) de un pasaje.[31] Este tipo de interpretación puede conducir fácilmente a la eiségesis, y es necesario evitar que el análisis intertextual
tropiece con ello.[32] Un enfoque saludable sobre la intención del autor se ocu-
pará de esta inquietud.

En tercer lugar, en este sentido nada de lo que he afirmado más arriba
puede hacerse aparte del proceso exegético normal. Los antecedentes históricos, el género, el contexto literario, la crítica textual, la sintaxis y el estudio
de palabras siguen siendo necesarios. El análisis intertextual no es una fórmula mágica, y cuando uno se limita a ello, en realidad fracasará. Existe
una importante tensión entre los detalles exegéticos y sus relaciones intertextuales. A menudo podemos centrarnos en las minucias, y excluir cómo
se relaciona con el programa del escritor. Como tal, podemos perdernos
cómo el texto produce teología. Por otra parte, si permitimos que el contexto
intertextual controle el texto demasiado, podemos tergiversar lo que el texto
afirma en realidad.[33] Podemos erradicar todos aquellos detalles que proveen
el desarrollo y la belleza de la teología explicada. Realmente estaríamos realizando una forma de eiségesis. No estoy abogando aquí a favor de una cosa
u otra, sino de un imperativo de tanto/como. Después de todo, los profetas
y los apóstoles hicieron ambas cosas. Entrar en un enfoque de una cosa u
otra rechaza la forma en que ellos interpretaron las Escrituras. Si tenemos
que aceptar la manera en que ellos interpretaron las Esscrituras, también
debemos hacerlo con la exégesis y la intertextualidad (que se encuentra dentro de la exégesis, técnicamente hablando). Este método completo ayuda a
construir un puente entre los detalles y el panorama general, la exégesis y la
teología, incluidas la interpretación (significado) y la aplicación (trascendencia). Y es que, aunque yo hable mucho de teología, en última instancia,
los escritores de las Escrituras creían que esta verdad transforma.

En cuarto lugar, la intertextualidad trata sobre la precisión. Sin lugar a
duda, se puede interpretar la Biblia y obtener su significado general sin la
intertextualidad. Nuestro objetivo consiste en conseguir *todo* lo que el autor
pretende. De modo que debemos ser precavidos al afirmar que la intertextualidad proporciona un significado «oculto» o que sin dominarla uno
nunca comprenderá el texto. Sencillamente esto no es verdad. La intertextualidad nos ayuda a ser mejores intérpretes de las Escrituras, personas que
obtengan de una forma más plena todo lo que los escritores bíblicos querían
decir en un texto.

En quinto lugar, entiendo que interpretar la Biblia de esta forma no es
un esfuerzo baladí. Exige una comprensión del panorama general (la historia redentora) así como de las conexiones detalladas entre los textos. Para

---

31. Véase Kaiser, *Toward an Exegetical Theology*, 79–83. Contra Childs, *Introduction to the
    Old Testament as Scripture*, 76. Me siento agradecido a Kaiser por el principio de la reve-
    lación precedente.
32. Kaiser, *Toward an Exegetical Theology*, 81-83.
33. Esta es una acusación contra algunos en la nueva perspectiva sobre Pablo. Véase Moo,
    «The Climax of the Covenant», 394. Véanse los ensayos en Carson, O'Brien y Seifrid,
    Justification and Variegated Nomism.

que nadie caiga en la desesperación por parecerle la tarea demasiado grande, añadiré que, aunque esto es lo que un buen estudio bíblico requiere, nosotros (y aquí me incluyo yo también) nos estamos moviendo en esa dirección. Todos tenemos que empezar por algún lugar, por lo que es necesario ser pacientes cuando comenzamos. Es posible que nunca captemos a la perfección todo lo que está de este lado del cielo, pero podemos acercarnos cada día más a esa meta. Como en todos los ámbitos de la santificación, no hemos alcanzado la perfección, sino que seguimos adelante, «al premio del supremo llamamiento» (cp. Fil. 3:14). En lugar de desalentarnos, podemos estar agradecidos. Darnos cuenta de cuánto no sabemos amplifica la profundidad de las Escrituras. Cada vez que estudiamos una parte de las Escrituras, nos desplazamos hacia la meta de conocerlas mejor, porque ahora entendemos mejor una parte de ellas, una parte que contribuye a la totalidad. Más aún, cada vez que estudiamos, aprendemos la verdad profunda y deberíamos ser agradecidos por cada nueva lección aprendida.

CUESTIONES ESPECIALES

«Conectar los puntos» no solo nos ayuda a cerrar la brecha entre la exégesis y la teología, sino que también nos ayuda a resolver ciertos problemas en la interpretación. Aunque las observaciones adquiridas en este estudio no resolverán por completo estos asuntos, seguirán siendo de gran utilidad y nos ayudarán a enfocarnos en ellos. Después de todo, el uso que el Nuevo Testamento hace del Antiguo, Cristo en el Antiguo Testamento, el uso de la ley y la naturaleza de la aplicación giran en torno a cómo los autores interpretaban, pensaban y escribían. Debido a esto, entender su lógica juega un papel vital en la resolución de algunas tensiones en estos asuntos. Muestra la importancia de estudiar la interconexión de las Escrituras.

Uso del Antiguo Testamento en el Nuevo

Sería negligente de mi parte si no comentara el uso que el Nuevo Testamento hace del Antiguo como una implicación de este estudio. Después de todo, este ha sido el impulso de toda esta empresa. Gran parte de lo que he declarado confirma la metodología y los descubrimientos de otros como Beale, Kaiser, Carson, Hamilton y Bock.[34] Además, creo que contribuye de cuatro maneras a nuestra forma de pensar sobre el asunto.

En primer lugar, este estudio ilustra que la lógica de los escritores bíblicos está articulada textualmente. Una de las razones por las que el uso que el Nuevo Testamento hace del Antiguo es difícil, se debe a que nos desconcierta cómo ha analizado el texto. Nos parece extraño o aleatorio. Sin

---

34. Véase particularmente el método de Beale en Beale, *Handbook*, 42-43. Véanse también, Bock, «Evangelicals and the Use of the Old Testament in the New, Part 2», 315-19; Carson, *Collected Writings on Scripture*, 280-83; Beale, *Handbook*, 2-13; Kaiser, «Single Meaning, Unified Referents», 88-89; Hamilton, «The Skull Crushing Seed of the Woman», 30-31; Caneday, «Curse of the Law», 185-209.

embargo, como hemos observado, los apóstoles a menudo construyen sobre la lógica de sus predecesores. Esto explica por qué el uso que el Nuevo Testamento hace del Antiguo puede ser tan desconcertante a veces. Los apóstoles descansan sobre una lógica articulada en pasajes que no hemos estudiado o en los que no hemos reflexionado. Podríamos pensar que el uso que los escritores del Nuevo Testamento hacen del Antiguo es una novedad cuando, en realidad, el Antiguo Testamento ya ha explicado y reiterado esa aplicación particular de la revelación anterior. Podríamos pensar que el Nuevo Testamento saca de contexto al Antiguo cuando, en realidad, no hemos considerado bastante el contexto.

Permítanme dar una sencilla ilustración de lo que ha sucedido. En un momento u otro, algunos de nosotros hemos entrado en medio de una conversación. La falta de contexto nos puede llevar a experimentar, a menudo, ciertos momentos incómodos. Lo que hemos hecho en el uso del Antiguo Testamento en el Nuevo es entrar en el final de una conversación de básicamente más de un milenio (textos que se relacionan intertextualmente con otros textos) y hemos acusado a todos excepto a nosotros mismos de ser torpes en la hermenéutica.

En lugar de ser aleatoria o subjetiva, la lógica de los apóstoles es definida textualmente. Los escritores del Nuevo Testamento desarrollan a menudo una cadena de textos veterotestamentarios interconectados que proporciona gran información sobre las ideas y las implicaciones con las que los apóstoles están tratando. De ahí que no necesitemos especular sobre su lógica. En su lugar, su lógica es expresada y se construye en un texto tras otro del Antiguo Testamento. Solo necesitamos interpretar la conversación completa. Podemos codificar la lógica de los apóstoles y, al hacerlo, observar que el uso neotestamentario de un pasaje no es extraño, sino más bien bastante entendible y hasta relativamente esperado.[35]

En segundo lugar, este estudio muestra que la elección del texto por parte de los apóstoles es intencional y relevante. ¿Por qué escogieron los escritores del Nuevo Testamento un texto específico del Antiguo? En primer lugar, ni siquiera podríamos pensar que esta sea una pregunta importante. Quizá fuera el único pasaje que le viniera a la mente o que coincidiera de forma retórica con sus intenciones. No obstante, nuestro estudio ha ilustrado que si el apóstol fue tan «simple», podría haber elegido pasajes más obvios. Por ejemplo, ¿por qué cita Mateo a Oseas 11:1 para hablar del éxodo desde Egipto? Citar del libro de Éxodo mismo sería más sencillo. De un modo similar, ¿por qué habla Pablo en Gálatas 4:21-31 de Agar y Sara desde el punto de vista de Isaías 54:1? Citar estrictamente de Génesis tiene mucho más sentido. La misma idea se aplica a los ejemplos en los que un apóstol cita un único texto, pero lo presentará como aquello que declaran los profetas (plural) (cp. Mt. 2:23; Hch. 15:15). ¿Por qué escoge el autor un texto, pero dice que muchos profetas dijeron lo mismo?

---

35. Compárese con la exposición anterior en los capítulos 4 y 5. «Prever de forma relativa» no significa que lo anticiparan por completo, sino más bien que el fundamento del uso neotestamentario del Antiguo estaba presente en el Antiguo.

Todo el concepto de una cadena de textos ayuda a responder estas preguntas. Fundamentalmente, su elección de un texto[s] suele a apuntar a una línea de pensamiento veterotestamentario. Que Mateo escogiera a Oseas señala a cómo usó el profeta el éxodo en vez de escoger al éxodo en sí mismo. Pablo cita a Isaías y Génesis en Gálatas 4 y esto indica que desea interpretar estos pasajes juntos. Estas observaciones respaldan la tesis de Dodd respecto a un «contexto más amplio del Antiguo Testamento», así como la noción de la *metalepsis* (un texto indicativo de un todo) de Hays. Más aún, en ocasiones, la elección de un texto por parte de los apóstoles no solo apunta a toda una línea de pensamiento, sino que también a la contribución específica del mismo a toda esa cadena de textos. Oseas desarrolla de forma única la teología del éxodo al correlacionar la filiación, el nuevo David y un nuevo éxodo. Pablo apela a Isaías, quien ha desarrollado ciertas implicaciones de la fe, del nuevo pacto y del Mesías a partir de Sara en Génesis.

Así, la selección que los apóstoles hacen de un texto es estratégica y no casual. Esto ayuda a agudizar nuestra metodología, al enfrentarnos al uso que el Nuevo Testamento hace del Antiguo. Reflexionar en por qué seleccionó el escritor un cierto texto nos obliga a considerar las propiedades exclusivas o la contribución de ese pasaje. Al hacerlo, podemos comprender mejor cómo pensaba el apóstol.

En tercer lugar, la continuidad de la hermenéutica profética y la apostólica nos ayuda a identificar la relevancia teológica del uso que el Nuevo Testamento hace del Antiguo. Con frecuencia explicamos este tema para resolver si este uso se realizó de forma justificable. Sin embargo, no solo deberíamos debatir por qué pueden hacer lo que hicieron, sino por qué lo hicieron, en primer lugar. La hermenéutica profética produce una teología importada, desarrollada y, en ocasiones, «completada» en el Nuevo Testamento. El uso que Mateo hace de Oseas no es meramente justificado, sino que describe a Cristo como el nuevo David y el nuevo Moisés que llevará a cabo una liberación definitiva para su pueblo. Pablo emplea Génesis e Isaías para demostrar la exclusividad de la fe de principio a fin. Que Jesús naciera en Belén cumple una profecía en Miqueas 5:2 (heb., v. 1) que demuestra que Él es el nuevo David que revivirá a la dinastía davídica.[36] Los ejemplos que figuran en este estudio manifiestan que el uso que hicieron los apóstoles del Antiguo Testamento no solo justificó la teología, sino que la produjo.

En consecuencia, al no reflexionar en la lógica de los profetas, no solo hemos subestimado el Antiguo Testamento, sino también el Nuevo. Así, nuestro objetivo no consiste en una mera absolución de los escritores bíblicos por su error hermenéutico, sino también en entender el «¿y qué?» teológico de su uso de las Escrituras. Queremos conocer su intención. La continuidad de la hermenéutica profética en la apostólica ayuda en esta tarea.

En cuarto lugar, nuestra exposición sobre hermenéutica podría proporcionar cierta claridad respecto a una repercusión del uso del Antiguo Testamento en el Nuevo; es decir, cómo deberíamos interpretarlo ahora.

---

36. *Ibíd.*, 64; Morris, *The Gospel according to Matthew*, 39.

Algunos argumentan que como los apóstoles usaron tipología o alguna otra metodología, nosotros deberíamos adoptar el mismo enfoque para cada pasaje. Eso no es exactamente así. Observamos una distinción entre interpretación y revelación. Dicho de otro modo, los escritores bíblicos no solo son intérpretes de las Escrituras, sino también autores. Cuando ellos interpretaban la revelación pasada, observamos que la manejaban con cuidado. Sin embargo, también dieron nueva revelación que definió y expuso con legitimidad las repercusiones teológicas particulares de un texto. Así es como se desarrolla la teología. Es necesario que seamos precavidos al imitar cómo interpretaron en lugar de cómo escribieron la nueva revelación. No contamos con nueva información para resaltar nuevas repercusiones teológicas de la revelación pasada. En su lugar, nuestra tarea consiste en buscar lo que los autores ya han revelado, las implicaciones que establecen, las relaciones que formaron legítimamente y, en ese sentido, las ramificaciones teológicas que adelantan. Como se ha explicado antes, los escritores bíblicos interpretan las Escrituras preocupándose por la intención del autor. Nuestra tarea consiste en hacer lo mismo y expresar todo lo que ellos entretejieron para nosotros. Conectamos los puntos que ellos establecieron; no creamos otros nuevos. La inmensa teología ya está ahí, no necesitamos (ni podemos) añadir algo nuevo.

En este sentido, los ejemplos a lo largo de este estudio ilustran cómo el uso del Antiguo Testamento en el Nuevo abre nuestros ojos a las profundidades de las Escrituras. Esos pasajes merecen el tiempo que les dedicamos para estudiar y extraer sus profundidades. No es mi objetivo volver a escribir aquí la forma en que estudiamos el uso del Antiguo Testamento en el Nuevo, sino proporcionar estrategias suplementarias para analizarlo mejor. Las ideas anteriores nos ayudan a entender mejor el contexto pleno, la lógica, la importancia teológica y las implicaciones hermenéuticas del uso que hacen los apóstoles del Antiguo Testamento.

El uso de la ley para el creyente

Como maestro del Antiguo Testamento, una de las preguntas más frecuentes que me formulan tiene que ver con cómo aplicamos la ley veterotestamentaria a aquellos que viven bajo el nuevo pacto. El asunto es polémico y complejo. Sin embargo, volver al enfoque de la hermenéutica profética en la hermenéutica apostólica nos puede ayudar a abrirnos paso en esta cuestión.

La intertextualidad señala dos factores importantes al tratar con este asunto. En primer lugar, los profetas y los apóstoles entendieron que Dios tiene un plan para toda la historia. Por consiguiente, estaban al tanto de cómo participaba la ley en la historia general de la redención. Ya hemos explicado con anterioridad que Moisés e Isaías anticipaban que llegaría finalmente una nueva ley, a la luz de la obra del Siervo (Dt. 18:18; 30:1-6; 34:10-12; Is. 54:6). Comenzará una era cuando se logre el «propósito» de la ley, de manera que esta se haya cumplido.

Por tanto, como indicamos en el capítulo anterior, no debería sorprendernos que Pablo o el autor de Hebreos aparezcan y afirmen que ya no estamos «bajo la ley» (Ro. 6:14-15), o que con el sacrificio de Cristo deba ponerse en marcha un nuevo sistema (He. 7:12). Tampoco debería asombrarnos que nuestro Señor declare limpios todos los alimentos (Mr. 7:19). Ellos afirman lo que el Antiguo Testamento estableció, desarrolló y anticipó. La ley está en vigor por una cierta razón, en una cierta era de la historia redentora. Esto cambiará cuando el Siervo venga a hacer su obra. Porque ha llegado el nuevo pacto, los creyentes ya no están sujetos a cumplir las leyes del Antiguo Pacto.[37] Nos encontramos en una etapa concreta del plan de Dios, anticipada por los profetas y proclamada por los apóstoles, en la que no es obligatorio. La intertextualidad a nivel del «panorama general» nos ayuda a estructurar una respuesta a esta pregunta.

A estas alturas, algunos podrían objetar e inquirir si están permitidos el homicidio, el adulterio o la adoración a otros dioses. Esto nos lleva al segundo factor intertextual. Parte de la asunción en el debate es que la ley *encarna de forma inherente e independiente* la autoridad moral de Dios. Si ya no estamos bajo la ley, entonces dejamos de tener una autoridad moral sobre nosotros. Sin embargo, la ley es mucho más completa que eso. Moisés la escribió con indicaciones de que es un documento intertextual. Proporciona las aplicaciones específicas de cómo vivir la verdad hallada en la revelación anterior.

Podemos ilustrar esto a través de los Diez Mandamientos. En este contexto, el ejemplo más claro de intertextualidad es el cuarto mandamiento respecto al Sabbat. Moisés declara de manera explícita que la razón por la que Israel tiene que observar el día de reposo es porque Dios descansó, como fue revelado con anterioridad (Gn. 1–2). Esto establece el paradigma de que las leyes son en realidad *aplicaciones y demostraciones de realidades teológicas trascendentes, que fueron establecidas en la creación.* Podemos ver este patrón intertextual en varios mandamientos. Por ejemplo, en el segundo mandamiento, Dios le advierte a Israel que no se haga imagen de Él ni de nada de lo que esté arriba en el cielo (בַּשָּׁמַיִם מִמַּעַל), ni abajo en la tierra (בָּאָרֶץ מִתָּחַת), ni en las aguas debajo de la tierra (בַּמַּיִם מִתַּחַת לָאָרֶץ). Este tipo de lenguaje es paralelo a la redacción de la actividad de Dios en los días dos y tres (cp. Gn. 1:3-13). Nuestras vidas deben reflejar la distinción entre Creador y creación. El tercer mandamiento respecto al nombre de Dios parece hacerse eco de la preocupación por dar nombres (Gn. 1:5, 8, 10) que se halla en el relato de la creación. Dios tiene derecho a dar nombre y a no dar nombre al sol, la luna y las estrellas para demostrar su supremacía sobre ellos (Gn. 1:14-15).[38] A la luz de esto, tratar la supremacía y el nombre de Dios con respeto es obligatorio.

El quinto mandamiento de honrar al padre y a la madre parece hacerse eco de la estructura de la familia establecida en Génesis 2:24.[39] Una vez más, este mandamiento parece estar aplicando lo que Dios ordenó en la creación.

---

37. Edwards, *The Gospel according to Mark*, 213; Schreiner, *Pauline Theology*, 322.
38. Matthews, *Genesis 1–11:26*, 154-55.
39. Hamilton, *God's Glory in Salvation through Judgment*, 99.

Un ejemplo final es el décimo mandamiento de no codiciar. En Génesis 3, el deseo de la mujer por el fruto es el mismo término que «codiciar». Más aún, el lenguaje de Deuteronomio 5:21 (תַחְמֹד... תִתְאַוֶּה) es paralelo al de Génesis 3:6 (תַאֲוָה ... נֶחְמָד). Esto demuestra que el décimo mandamiento se hace eco de los actos de la mujer en Génesis 3:6. Al retomar el lenguaje de este versículo en el décimo mandamiento, Moisés muestra por qué Israel no puede codiciar ahora en un mundo posterior a la caída. Ellos representan aquello que Dios ordenó originalmente en la creación y está en contra de todo lo que se asocie con su desaparición. En este sentido, aplica una lección establecida en Génesis para Israel.

Lo que antecede sugiere que la ley es un documento altamente intertextual. Como tal, la intención de Moisés para ella no es tan solo que proporcione mandamientos vinculantes, sino más bien que le enseñe a Israel cómo vivir (y apuntar a) la forma en que Dios ordenó que fuera el mundo en la creación. Esto concuerda con la palabra «torá», que significa señalar o enseñar.[40] Este tipo de instrucción no es solo de nombre, sino que los ejemplos de más arriba muestran que la ley opera de esta forma. Moisés vinculó la ley a verdades mayores que no cambian con el tiempo. Los escritores del Nuevo Testamento mantuvieron el mismo paradigma interpretativo. Citaron la ley para instruir a las personas sobre la naturaleza inmutable del Creador (cp. Ro. 7:7).[41] Jesús y Pablo también utilizan la ley en este sentido, para señalar realidades más amplias. A Dios no solo le preocupa el buey, sino también el pastor (1 Co. 9:9-10; 1 Ti. 5:18). A Dios no solo le inquieta el acto adúltero, sino también el problema de la lujuria (Mt. 5:27-28). Estas extrapolaciones de la ley tienen un sentido particular si, para empezar, ella fue intertextual. Siempre apuntó al estándar supremo de la perfección originalmente hallada en esa creación «buen[a] en gran manera» (cp. Gn. 1:31). Así, las leyes del Antiguo Testamento enseñan importantes lecciones perpetuamente vinculantes. Establecen la naturaleza de su incesante relevancia.

Los dos factores intertextuales anteriores destacan que, aunque podamos no estar bajo la ley misma, seguimos estando bajo aquello a lo que esta apuntaba: el carácter de Dios y lo que Él estableció en la creación. Schreiner lo expresa bien:

> No obstante, no son normativas tan solo por aparecer en el pacto mosaico, porque este ya ha dejado de existir. Al parecer son normativas, porque expresan el carácter de Dios.[42]

Esto provee una base para cómo debemos enfocarnos en estudiar la ley. Por intención, y hasta por título, la ley es un maestro. Instruye. La intertextualidad lo saca a relucir. Muestra cómo la ley es teológica en naturaleza.

---

40. Véase Éxodo 15:25, donde el término denota «mostrar» o «señalar». Véase Sarna, *Exodus*, 84. Sarna establece esta conexión, pero Stuart expresa mejor la teología de esto. Véase Stuart, *Exodus*, 367.
41. Schreiner, *40 Questions about Christians and Biblical Law*, 104.
42. *Ibíd.*, 94.

Desarrolla las implicaciones prácticas del carácter de Dios y lo que Él ordenó en la creación. Muestra de forma específica cómo la teología profundiza en cada aspecto de la vida de Israel. De este modo nos puede proporcionar un paradigma para abarcar nuestras prioridades y nuestra cosmovisión. Si la ley es un maestro, nuestra tarea consiste en aprender de él, y vivir estas lecciones. En este contexto, es necesario recordar que no estamos bajo la ley. De ahí que no podamos vivir siempre lo que esta ordenaba con precisión. Otras veces, nuestras aplicaciones de la ley podrían ser idénticas con lo que prescribe la ley mosaica. Sin embargo, esto no se debe a que estemos obligados a cumplirla. En su lugar, seguimos la lógica que la ley pretende. Vemos cómo enseña sobre el carácter y la creación de Dios y sus ramificaciones. A continuación, aplicamos esos principios a nuestras vidas. Al vivir las implicaciones de esas verdades en todo su alcance, cumplimos la intención de la ley. Un enfoque así continúa la lógica de la misma, ya que prosigue en Cristo y en los apóstoles. Interpreta la ley de la manera en que se designó que operara.

Una ilustración sería quizá útil aquí. Nuestros padres podrían habernos impuesto ciertas normas. Tal vez nos decían que nos acostáramos a una cierta hora o que comiéramos vegetales. Cuando abandonamos el hogar, y dejamos de estar «bajo su techo», no estamos obligados a seguir la letra de sus leyes. No obstante, podríamos pensar que es una buena idea dormir y comer sano. No hacemos estas cosas porque estamos bajo sus reglas, sino porque creemos que estas nos enseñaron buenos hábitos.

Del mismo modo, los profetas y los apóstoles sabían que, en relación con el panorama general, ya no estamos bajo la ley del pacto mosaico. El niño se ha convertido en un hijo y ya no necesita a su tutor (cp. Gá. 4:1-3). Al mismo tiempo, los escritores bíblicos entendieron también cómo funcionaba la ley intertextualmente. Sabían que, como maestro, estaba vinculada de forma inherente a la revelación de Dios respecto a sí mismo y a su creación. Por tanto, los profetas y los apóstoles apelan al espíritu de la ley o de los principios subyacentes a esta como verdades que seguimos viviendo, como las del nuevo pacto (cp. Is. 1:11-13; Jer. 7:22-23; Os. 6:1-3; Mi. 6:8; Zac. 7:1-7; Gá. 5:14; 1 Jn. 2:7-8).[43] Esa lógica demuestra ser bastante útil en cómo interpretamos y aplicamos la ley a nuestra vida. De este modo, la hermenéutica profética continúa en la apostólica, que se convierte en nuestra estructura interpretativa.

El Mesías en el Antiguo Testamento

Otra importante cuestión interpretativa es cómo predicar o enseñar a Cristo a partir del Antiguo Testamento. ¿Cómo podemos honrar la afirmación del Nuevo Testamento respecto a que Cristo se encuentra a lo largo de los libros de Moisés y en los profetas (cp. Lc. 24:27), y sin embargo no forzar a Cristo en los textos veterotestamentarios?[44]

---

43. Rosner, *Paul and the Law*, 218-19. A esto es a lo que Rosner se refiere con no leer la ley como una ley de pacto, sino como profecía y sabiduría.
44. Como ejemplo de esto, podría citar el cordón de grana de Rahab como un tipo de Cristo. Véase también Greidanus, *Preaching Christ*, 2–3, para una explicación adicional de abusos. Véase la explicación anterior sobre Lucas 24:27.

Una vez más, esas preguntas vuelven a la búsqueda de la lógica autoral, a lo que los profetas y los apóstoles sabían, y a cómo escribieron. Como ya hemos explicado, ciertos eruditos suponen a veces que los profetas no eran conscientes del Mesías, porque no tenían una sofisticación teológica así, o porque estaban demasiado arraigados en su tiempo como para pensar en asuntos mayores.[45] Nuestros descubrimientos han observado que tales afirmaciones son erróneas. Los profetas eran conocedores de los conceptos teológicos complejos, como un individuo mesiánico, desde el principio mismo. Escribieron con vistas al plan de Dios, de manera que sus textos preparaban intencionalmente para futuras ramificaciones en la historia redentora. Nuestras explicaciones sobre la intertextualidad de Génesis 3:15, la manera como se define el pacto davídico en los profetas y cómo se sirvió Oseas del éxodo demuestran que Moisés y los profetas entretejieron una imagen sofisticada sobre el Mesías. La teología mesiánica forma parte de la lógica de los escritores veterotestamentarios. Este conocimiento y la intertextualidad sustancian el carácter generalizado de las profecías mesiánicas en el Antiguo Testamento (p. ej., Gn. 3:15; 49:10; Nm. 24:17; Sal. 16:10; 22; Is. 52:13–53:12; Mi. 5:2).

Con esto no pretendo decir que cada versículo del Antiguo Testamento concierna de un modo directo a Cristo. La hermenéutica profética no solo confirma que el Mesías es una parte importante del Antiguo Testamento, sino que define cómo Cristo está presente en él. Aunque profetizan sobre el Mesías, los profetas no convirtieron cada texto en cristocéntrico. Es necesario que nos aseguremos de encontrar a Cristo en el Antiguo Testamento de la forma que ellos pretendían.

En este sentido, volvemos a conectar los puntos. Podemos observar dos formas en que los profetas relacionaron el Antiguo Testamento con Cristo. Primero, lo hacen a un macronivel. Entendieron que la línea argumental de las Escrituras posee cristotelicidad (Cristo es el fin o la meta del argumento). En el principio mismo, Moisés establece este fin. Profetiza sobre la Simiente, quien resolvería la maldición de la creación y del mal (Gn. 3:15; 49:10-11; Nm. 24:17-19). Los profetas posteriores muestran cómo Dios preserva la línea de la Simiente en Israel y después en la familia de David. Sin embargo, los profetas no observan que algún individuo histórico de dicho linaje sea el Mesías. Los reyes de Israel y Judá fallaron, y la nación se sumió en el exilio. No obstante, los escritores veterotestamentarios saben que la historia se mueve hacia un último rey davídico que gobernará el mundo, y vencerá la maldad (cp. Sal. 72:9; 110:4-5). Ese individuo mesiánico se ocuparía del pecado (Is. 53:1-11) y cumpliría las promesas de Dios para Israel y el mundo (cp. Is. 11:1-10; 60:1-22).

Por el contrario, al final del argumento del Antiguo Testamento (cp. Esdras y Nehemías), los profetas testifican de la falta de un cumplimiento así. Siguen esperando al Mesías. Malaquías saca provecho de esta situación histórico-redentora al proclamar que vendrá un mensajero a anunciar la

---

45. Véase explicación en Rydelnik, *Messianic Hope*, 3-7.

venida de este individuo (Mal. 4:5). El final del Antiguo Testamento mira a Cristo y al Nuevo Testamento. Lucas retoma a partir de aquí (cp. Lc. 1:5-25). Desde el principio (cp. Gn. 3:15) hasta el final, la línea argumental veterotestamentaria anticipa a Cristo y muestra cómo el plan de Dios se dirige hacia Él en un macronivel.

Por consiguiente, en lugar de intentar forzar a Cristo en cada texto, podemos reducir el objetivo y ver cómo relacionan los profetas los textos individuales a esa línea argumental mayor. Con ello, podemos ver cómo lleva adelante Dios su plan hacia Cristo. Al rastrear cómo entretejen los profetas la historia del Antiguo Testamento, podemos ver cómo predicar y enseñar a Cristo, ya que el Antiguo Testamento se dirige hacia Él.

En segundo lugar, en un micronivel, los profetas entretejen las cadenas de textos y temas individuales que enlazan con Cristo. Esto sucede de una diversidad de maneras. Como ya hemos observado, los profetas profetizaron sobre el Mesías. El modo en que ciertos textos construyen a partir de textos mesiánicos anteriores ayuda a demostrar que son predicciones mesiánicas (cp. Nm. 24:17; Sal. 110:6; con Gn. 3:15). Además, ciertas cadenas textuales en el Antiguo Testamento desarrollan cómo la segunda persona de la Trinidad participa del plan divino. Lo constatamos en toda la exposición sobre la Roca, el Ángel del Señor, que dirigió a Israel en el desierto (cp. Dt. 32:4; Sal. 78:16, 35; Is. 8:14; cp. 1 Co. 10:4).[46]

Más allá de la profecía o la participación directas, la intertextualidad del Antiguo Testamento puede manifestar cómo los profetas preparan sus mensajes para la llegada del Mesías. Por ejemplo, los profetas vinculan ciertos pasajes con el pacto davídico que, por tanto, se aplica a todos los reyes davídicos, pero en particular a Cristo (Sal. 69:9, 25; 109:8; cp. Jn. 2.17; Hch. 1:20). Los profetas posteriores incluso tejen esos textos del pacto davídico con sus propias profecías de Él (cp. Sal. 22; Is. 53). Así, los textos que interconectan y exhiben el pacto davídico son un conducto clave para ver cómo se desarrolla la teología de Cristo en el Antiguo Testamento. Los profetas formulan también otras cadenas de texto. El tema del pastor (Sal. 23) enlaza con el Mesías a través de Ezequiel 34:1-23. Los pasajes de la viña respecto a Israel parecen conectarse con la dinastía davídica (cp. Ez. 19:10; Jn. 15:1). Los profetas relacionan el sistema sacrificial con la obra del Siervo (Is. 53:4-6). En consecuencia, una variedad de temas y conceptos están vinculados con Cristo en el Antiguo Testamento, en preparación para el Nuevo.[47] Con esto, existe gran

---

46. Véanse las explicaciones sobre esto en los capítulos 3-4.

47. Una vez más, en todos estos casos, los profetas están resaltando las implicaciones legítimas de la revelación anterior. El sistema sacrificial provee la naturaleza de la justicia de Dios que el Mesías satisface. El Salmo 23 proporciona la naturaleza de Dios como Pastor. Esto retoma el rol de Dios como Pastor en el pasado, y la función del reino davídico como tal. En consecuencia, incluso se pueden ver las implicaciones mesiánicas inherentes a ese texto. Si este es el caso, Ezequiel lo retoma naturalmente para presentar al Pastor como el nuevo David. De forma similar, la metáfora de la viña describe el estado de Israel, a quien representa el rey davídico. Basándose en esto, es lógico aplicar la viña al rey, como hace Ezequiel. Todos estos casos son inferencias lógicas establecidas por

preparación teológica para Cristo en esa primera parte de la Biblia. El espacio me prohíbe una mayor ilustración, pero otros han recorrido esa senda.[48] Más aún, usted también puede descubrir estas conexiones mesiánicas por sí solo, al reunir varios textos veterotestamentarios.

Por consiguiente, la exposición de más arriba demuestra que en nuestra preocupación por «ver a Cristo en cada texto» no solo podemos hacer una eiségesis innecesaria, sino también perdernos dónde y cómo se encuentra a Cristo genuinamente. Los profetas entretejieron textos de diversas maneras, con el fin de contribuir de manera deliberada a la incesante explicación sobre el Mesías. Además de la profecía directa, las conexiones en el nivel del argumento de las Escrituras, así como en las alusiones individuales de un texto, manifiestan cómo los profetas escriben sobre su Salvador y lo anticipan. Incluso pueden mostrar cómo participó la segunda persona de la Trinidad en la historia redentora. Los profetas sabían lo que hacían. Esto significa que, al acercarnos al Antiguo Testamento para buscarle allí, podemos tener confianza. Solo necesitamos conectar los puntos, ver cómo se entrecruzan con Cristo, y mostrarle a la gente cómo avanza intencionalmente el Antiguo Testamento en esa trayectoria. Al seguir la lógica de los profetas podemos rastrear estos desarrollos y ver, con éxito, cómo se debate profundamente sobre Cristo en el Antiguo Testamento.

Aplicación

El tema de la aplicación es difícil y, a la vez, tan vital. Quizá la primera pregunta que podríamos hacernos es si en realidad podemos aplicar la Biblia. Después de todo, la Biblia es un libro antiguo y hablaba de cuestiones de aquellos días. ¿Tiene alguna incidencia en lo que sucede hoy? La búsqueda de la lógica autoral trata esta interrogante. Observamos que los profetas y los apóstoles escribieron con direccionalidad. Sabían que sus textos entrañaban ramificaciones (trascendencia) para las generaciones venideras. De ahí que hablaran a través de las circunstancias inmediatas y al panorama general. Intencionalmente deseaban que sus escritos moldearan nuestras vidas hoy. La aplicación es posible.

Dicho esto, es preciso que seamos cuidadosos con nuestra forma de aplicar las Escrituras. Como mencionamos antes, la intención de un autor incluye significado y trascendencia. Además, el significado conduce a la trascendencia. Esto es una espada de dos filos. Por una parte, nos recuerda que la comprensión verdadera de las Escrituras sin aplicación es insuficiente. Por otra parte, también refuerza que la aplicación que no coincide con la intención del autor es, en realidad, una aplicación errónea. Las «buenas lecciones

---

una nueva revelación. Por tanto, podemos afirmar que la revelación precedente tiene ciertas implicaciones mesiánicas o incidencias sobre lo que el Mesías hará. Podemos confirmar que la revelación anterior establece conceptos que tendrán pertinencia sobre lo que Cristo llevará a cabo.

48.   Rydelnik, *Messianic Hope*; Kaiser, *The Messiah in the Old Testament*; Alexander, «Royal Expectations», 191-212; Satterthwaite, «David in the Books of Samuel», 41–65; Provan, «The Messiah in the Books of Kings», 67-85.

morales» sacadas de los textos equivocados pueden hacernos sentir bien o impulsarnos a llevar vidas piadosas. No obstante, si nuestra aplicación no mora en la pretendida relevancia de un texto, en realidad ignoramos lo que Dios desea que aprendamos y vivamos a partir de dicho pasaje. Es necesario que seamos cuidadosos para que nuestras aplicaciones de los textos honren lo que dice el autor.

¿Cómo lo hacemos? La búsqueda de la lógica autoral puede ayudarnos aquí. Nos recuerda cómo interpretaron y aplicaron las Escrituras los escritores bíblicos. Esto refleja cómo creían fundamentalmente que las Escrituras comunicaban y cómo debían usarse. Inspeccionar sus distintos usos de las Escrituras puede ayudarnos a hacernos una idea de cómo aplicaron la Biblia. El siguiente esquema es mi propio intento de sintetizar la naturaleza general de sus aplicaciones. Esto nos puede ayudar a estructurar nuestro propio enfoque para aplicar el texto.

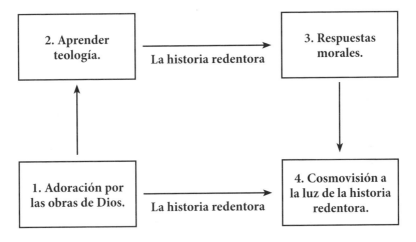

Esquema 1.1 Formas en que los escritores bíblicos aplicaban las Escrituras

1. *Adoración por las obras de Dios.* Un texto puede, en sí y de por sí, describir un acontecimiento o realidad que puedan ser apreciados. Esto es especialmente verdad en las narrativas. Sin duda podemos aprender la teología que está actualizada a través de los sucesos descritos (véase el punto siguiente). No obstante, parte de la intención del autor puede ser que nos maravillemos ante las obras de Dios. El uso que los profetas hacen de las Escrituras apunta a esta aplicación. Por ejemplo, nos encargan que meditemos en los maravillosos actos de Dios (Sal. 145:4-6). Asimismo, vimos con anterioridad que los profetas contaron la historia por el bien de la doxología (cp. Neh. 9:1-3). Por tanto, nosotros también adoramos al Dios que realizó esos prodigios en el pasado. Cuando leemos los Evangelios, podemos apreciar lo que hizo Cristo. Sanó a los leprosos (Mt. 8:2-4), murió por nuestros pecados (Lc. 23:26-43) y resucitó (Lc. 24:1-12).

Deberíamos asombrarnos ante esas realidades. Una lógica similar surge de las narrativas veterotestamentarias (p. ej., maravillarnos ante el cruce del Mar Rojo: Éx. 14:1-31; cp. Éx. 15:1-27). Los escritores bíblicos reflexionaron sobre la revelación pasada para darle gracias a Dios por lo que Él ha hecho. Si adoptamos su lógica, tenemos que estar muy agradecidos por la completa revelación de los actos poderosos, compasivos, justos y llenos de gracia de Dios.

2. *Aprender teología.* La mayoría de las veces, los textos nos proporcionan gran información teológica. Por ejemplo, las epístolas nos enseñan sobre la doctrina. Las Escrituras nos proveen preciosas promesas que valoramos. Más aún, a lo largo de este libro observamos cómo los escritores bíblicos eran teólogos por su forma de relacionar sus textos con la revelación pasada, y desarrollaron ciertos temas teológicos. Su obra intertextual pretendía enseñarnos teología. En consecuencia, cuando vemos cómo las Escrituras se construyen sobre las Escrituras, aprendemos verdades sobre la persona de Dios, cómo ordena la realidad (teología sistemática) y cómo se desarrolla el plan de Dios (teología bíblica). Entender estas verdades son aplicación en y por sí mismas.

Aquí es donde necesitamos reconsiderar ligeramente la aplicación. Podríamos sentirnos inclinados a pensar que la aplicación pertenece tan solo a la realización de acciones morales o a aprender lo que está bien y lo que está mal. Sin embargo, en la Biblia, parte de cómo aplicaron las Escrituras los escritores bíblicos consistía en cómo pensaban ellos. Los salmistas meditaban en los actos de Dios y en lo que estos reflejaban teológicamente sobre Él (Sal. 71:17; 77:12; 145:1-7). El autor de Hebreos expone varios textos veterotestamentarios para desafiarnos con profundos pensamientos sobre la supremacía de Cristo (He. 1:1-14; cp. Sal. 2:7; 45:6; 102:25; 110:1). Entender más a Dios y su plan es un acto de adoración y vital para la vida. No deberíamos descuidar este aspecto de la lógica de los escritores bíblicos.

3. *Respuestas morales.* Ciertos textos no solo enseñan teología, sino que muestran cómo deberíamos responder en la práctica. La santidad de Dios exige una vida santa (1 P. 1:13–3:7). La promesa de Dios debería proporcionarnos esperanza y confianza (1 P. 1:13). Las narrativas también ilustran legítimamente lo correcto y lo incorrecto. De diversas formas, el narrador evalúa las acciones de los personajes en la historia (cp. 2 R. 17:7-18). Como tal, su juicio moral forma parte de su intención al escribir. Por esta razón, los escritores posteriores usan las historias pasadas para advertirle al pueblo de Dios sobre las consecuencias de la desobediencia (Sal. 95:7-8). Pablo declara, con razón, que estos textos sirven hoy de modelos para nosotros (cp. 1 Co. 10:6). La moralidad podría no ser

el único punto de una historia o profecía, aunque sigue siendo parte de su mensaje. Todo esto para señalar que las Escrituras contienen implicaciones morales.

Dicho esto, deberíamos examinarlo un poco más. ¿Qué deberíamos hacer si un mandamiento es cultural o está situado en un cierto punto de la historia redentora? Esto sucede. Lo observamos con la ley. Las historias pueden proveer otro ejemplo. No siempre debemos hacer exactamente lo que hacen los personajes. Otro ejemplo aparece en Filipenses. ¿Cómo manejamos el mandamiento por el cual se les pide a Evodia y Síntique que estén en paz (Fil. 4:2)? ¿Es necesario decirles a estas mujeres, ahora fallecidas, que se lleven bien? Sin duda, los escritores bíblicos especifican aplicaciones contenidas en situaciones muy específicas.

La búsqueda de la lógica autoral puede ayudar aquí. Incluso en estos casos recordamos a los profetas y a los apóstoles que escribieron sabiendo que el trato que daban a las circunstancias en curso tendría incidencia en el futuro. Toda Escritura es útil (2 Ti. 3:16). De ahí que podamos aplicar todavía los principios y las implicaciones de lo que escribieron para nuestras vidas. Ya ilustramos esto en nuestra exposición anterior de la ley. De este modo, la historia redentora y la cultura cumplen una función en la aplicación. Precisamente por esto, situé el punto 3 de nuestro esquema bajo la línea de la historia redentora.

Sin embargo, ¿cómo sabemos si un mandamiento de las Escrituras es cultural o si está vinculado a la historia redentora frente a lo que es universal? La búsqueda de la lógica autoral puede ayudarnos también a responder esta pregunta. Carson provee una explicación excelente:

> De modo que cuando Dios le ordena al pueblo que rasgue sus vestiduras y vista cilicio y cenizas, ¿estas acciones concretas son una parte tan grande de la esencia del arrepentimiento que sin ellas no habría un verdadero arrepentimiento? Cuando Pablo nos indica que nos saludemos unos a otros con ósculo santo, ¿quiere decir que no hay saludo cristiano verdadero sin ese beso?
>
> Cuando examinamos la lógica de estas acciones, y nos preguntamos si las cenizas y el beso están o no relacionados de forma integradora en la revelación de Dios, vemos el camino hacia delante. No hay teología del beso; sí hay una teología de amor mutuo y de comunión comprometida entre los miembros de la iglesia. No hay una teología de cilicio y cenizas; sí hay una teología de arrepentimiento que exige una tristeza radical y un cambio profundo.
>
> Si este razonamiento es correcto, tiene incidencia tanto en el lavamiento de los pies como en cubrirse la cabeza. Aparte de que el lavamiento de pies solo aparezca una vez en el Nuevo Testamento, como mandamiento del Señor, el acto mismo está teológicamente vinculado en Juan 13

a la urgente necesidad de humildad en medio del pueblo de Dios, y ante la cruz. De manera similar, no hay una teología de cubrirse la cabeza, pero sí una profunda y recurrente indicación de lo que indicaba esta expresión corintia del siglo I: las relaciones adecuadas entre hombres y mujeres, entre maridos y esposas.[49]

La explicación de Carson gira en torno a ver temas bíblico-teológicos importantes de las Escrituras frente a algo que es una aplicación de dicha teología. Ciertos mandamientos son el tema teológico que recorren las Escrituras. Debemos aplicarlos fundamentalmente en una correspondencia de uno a uno. Sin embargo, algunos mandamientos son individuales y derivan de esos temas. Son aplicaciones particulares de ideas teológicas más amplias. Por tanto, estos mandamientos pueden ser culturales y estar vinculados a una situación histórico-redentora específica. En esos casos, la intención del autor es que las generaciones posteriores entiendan cómo seguir su patrón de lógica en lugar de su estipulación precisa. Con esto, nuestra tarea se remonta de nuevo a conectar los puntos. Necesitamos ver cómo un texto/mandamiento particular está situado intertextualmente en las Escrituras. Es preciso determinar si un mandamiento es una repetición de un tema o si es algo dentro de un cierto tema de las Escrituras y proporciona una aplicación específica de esa idea mayor.

Todavía queda mucho por especificar y calificar, sobre todo a la luz de los abusos de esas ideas. Lo haré en breve. Es suficiente decir que, por ahora, la reacción práctica/moral a la teología es una respuesta que los escritores han pretendido en sus escritos. Debemos reflexionar cuidadosamente en esto.

4. *Cosmovisión a la luz de la historia redentora.* Finalmente, los textos tienen ramificaciones sobre el moldeamiento de la historia redentora. Entender dónde ha estado el plan de Dios y hacia dónde se va dirigiendo nos ayuda a saber dónde encajamos en su programa y cuál es nuestro propósito en él. Nehemías usó las Escrituras con este fin. Una vez narrada la historia de Israel, la nación supo que necesitaba renovar el pacto. Ese era su propósito en aquella época (cp. Neh. 9:1-38). Del mismo modo, los profetas y los apóstoles escriben para que entendamos nuestro lugar en el plan de Dios. Esto puede suceder en un amplio sentido. Podemos comprender las promesas de Dios hacia nosotros, cómo se desarrollará la historia (Ap. 4–19) y cómo deberíamos vivir en general a la luz de ello (Ap. 2–3). Esto puede suceder en un nivel específico. El trasfondo del templo nos ayuda a conocer mejor nuestra función como templo en el plan de Dios (1 Co. 3:16; 2 Co. 6:16). Los antecedentes de Adán y de un

---

49. Carson, «Must I Learn How to Interpret the Bible?», 20-22.

nuevo Adán nos ayudan a entender la relevancia de ser una nueva humanidad (Ef. 2:15). La forma de operar de Dios en su plan nos ayuda a saber cómo ser santificados (Gá. 3–4). Los escritores bíblicos entretejieron los textos para mostrar la amplitud de la historia redentora o los temas teológicos específicos que ayudan a entender nuestro propósito general en esta vida, así como el propósito de Dios en mandamientos particulares. Nos informan de cómo debemos actuar ahora si nuestras vidas han de contar. Como le digo a mis estudiantes, la pregunta no es de qué forma es relevante la Biblia para nosotros; la pregunta que Dios formulará es si nosotros fuimos o no relevantes para ella. Por esta razón, no deberíamos descuidar una aplicación así de los textos.

Observaciones finales sobre la aplicación

Las categorías de más arriba son útiles para moldear las preguntas que podemos formular para pasar del significado a la trascendencia. No obstante, un texto dado no tiene por qué reunir cuatro componentes. Aunque más arriba he proporcionado una síntesis, no puedo suplantar el enfoque inductivo acentuado por el libro. La exposición anterior puede darnos algunas buenas preguntas para formular pero, al final, tenemos que entrar en la lógica del autor para determinar con exactitud qué está ocurriendo. En ocasiones, el indicador de la estrategia de un autor se produce por medio de su elección del género. Por ejemplo, una narrativa puede presentar los hechos pasados de Dios ante los cuales debemos maravillarnos (punto 1), una teología que resulta de aquellas acciones de las que necesitamos aprender (punto 2) y una contribución al argumento de las Escrituras que informa cómo entendemos nuestro lugar en este mundo (punto 4). Las secciones expositivas de una epístola podrían reforzar cierto desarrollo en la teología que precisamos entender (punto 2). La parte exhortativa de una epístola podría enfatizar una respuesta moral a la teología (punto 3), que resulta de una teología presentada con anterioridad en el libro (punto 2). Nuestra tarea consiste en determinar cómo razonaba el autor mientras escribía, cómo reflexionó en las implicaciones/aplicaciones de la revelación previa y cómo continuó con ese patrón en su propio escrito. Esto nos ayuda a ver cómo el texto se vincula con la teología y, a partir de ahí, los tipos particulares de aplicaciones que el autor deseaba que hiciéramos. Los puntos establecidos más arriba pueden ayudarnos a guiar nuestro pensamiento a ese respecto.

En este sentido, aunque he advertido en contra de usar la revelación posterior para comunicar el significado de un texto (ya que los autores anteriores no pueden citar a otros posteriores), nuestra forma de tratar la aplicación es una historia totalmente diferente. Como ya he mencionado antes, al ocuparnos de las aplicaciones morales o cuestiones de cosmovisión (puntos 3 y 4), hemos de incluir la cultura y la historia redentora. ¿Cómo sabemos si lo estamos haciendo bien? La revelación posterior puede proveernos una guía de cómo incorporar a la aplicación las nuevas situaciones histórico-redentoras y culturales. Después de todo, parte de la hermenéutica de los escritores bíblicos consiste en cómo detectan y, además, definen ciertas ramificaciones y aplicaciones de un texto bíblico. En consecuencia, la revelación posterior nos ayuda a ver cómo aplicar correctamente las Escrituras, porque nos ilustra cómo son considerados los avances en la historia redentora para aplicar la teología a la vida.

Por tanto, al ver cómo usó un texto la revelación anterior, y después cómo la revelación posterior utilizó ese mismo texto, podemos observar una «trayectoria» completa o paradigma de lógica que nos proporciona un patrón por el cual podemos aplicar con precisión las implicaciones de dicho pasaje. Nos da una serie de ejemplos de cómo vivieron las personas la verdad inmutable en distintas etapas de la historia redentora y de las culturas. Esto puede informarnos sobre cómo aplicar la verdad en nuestra cultura diferente, en una fase tal vez distinta de la historia redentora.

Requisitos de la aplicación: Cuidado con la trayectoria de la hermenéutica

He hablado de trayectoria, y es necesario hacer una importante salvedad. Otros han usado la «hermenéutica de la trayectoria» para argumentar que si un autor estuviera aquí hoy, habría aprobado ciertas prácticas, aunque estas contradijeran lo que había estipulado antes. Algunos ejemplos de esto sería el liderazgo de las mujeres en el ministerio (1 Ti. 2:9-15), así como la homosexualidad (1 Co. 6:9-11). El argumento es que los escritores bíblicos adelantaron una trayectoria de igualdad y amor tal, que en el presente los autores incluirían a las mujeres en el pastorado y aceptarían otras prácticas (como la homosexualidad).[50] Unos pocos eruditos han respondido de forma extensa a estas afirmaciones.[51] Curiosamente, tales exposiciones se remontan a la lógica del autor. ¿Existe esta hermenéutica de la redención, la liberación y la igualdad, como algunos sugieren?[52]

Mi simple respuesta es que la continuidad de la hermenéutica profética y apostólica establece un claro argumento en las Escrituras, donde la creación (Gn. 1-2) avanza hacia la Caída (Gn. 3) y después a una nueva creación (Is. 65:17; Jer. 31:31; Gá. 6:15; 2 Co. 5:17; Ap. 21:1), paralela a la creación anterior a la caída (cp. Is. 11:1-10).[53] En esencia, se trata del paraíso perdido al paraíso recuperado. En este contexto, las epístolas del Nuevo Testamento son bastante cercanas a nosotros en el esquema de la historia redentora. En realidad, no hay mucha trayectoria entre nosotros y esos textos. *Los eruditos que apelan a una trayectoria hermenéutica a este respecto tienen un recorrido*

---

50. Webb, *Slaves, Women & Homosexuals*; Fowl, *Engaging Scripture*, 119-26; Johnson, *Scripture & Discernment*, 144-48.
51. Véanse Schreiner, «William J. Webb's Slaves, Women & Homosexuals»; Reaoch, *Women, Slaves, and the Gender Debate*; Grudem, «Redemptive-Movement Hermeneutic.»
52. Webb, *Slaves, Women & Homosexuals*, 146-47; Longenecker, *New Testament Social Ethics for Today*, 86-87; Stendahl, *The Bible and the Role of Women*, 32-37.
53. Hamilton, *What Is Biblical Theology?*, 31-32.

distinto al de los escritores bíblicos. Mi uso de la «trayectoria» en la hermenéu-
tica no respalda, en modo alguno, tales metodologías.

En su lugar, sugeriría que quienes usan «trayectoria» de la manera como
hemos explicado más arriba, en realidad han conectado mal los puntos.
Sugeriría esto a tres niveles. Primero, la trayectoria hermenéutica no evalúa
de forma adecuada dónde ha habido una trayectoria. Carson nos recuerda
más arriba que identificar los temas bíblicos es una forma importante de
ver una aplicación universal frente a una aplicación cultural. Argumentaría
que la cuestión del matrimonio (Gn. 2:24; Mt. 19:5), así como el papel de la
mujer (Gn. 2:18; Ef. 5:22; 1 Ti. 2:12-14) son algunos de esos temas bíblicos
generales que, en realidad, empiezan desde la creación y recorren el Nuevo
Testamento. En consecuencia, la trayectoria no está arraigada en el amor
ni en la igualdad, como algunos han expuesto. Además, tal amplitud argumenta que estos mandamientos son vinculantes para siempre. La trayectoria
hermenéutica conecta los puntos erróneamente respecto a cómo desarrollan
las Escrituras estos temas particulares.

Segundo, la trayectoria hermenéutica no evalúa como es debido hacia
dónde se dirige la trayectoria. Como explicamos, el razonamiento de Pablo
está inmerso en cómo se mueve la línea argumental bíblica para equipararse
a una creación original. Sin embargo, la trayectoria hermenéutica sugiere
que la postura de Pablo habría evolucionado a la luz de los desarrollos presentes.[54] Proponen, así, un argumento distinto, uno que no se dirige a la
creación original, sino a una clase de pensamiento superior del día presente.[55] Esto es totalmente diferente de lo que Pablo imagina. Por consiguiente,
la trayectoria hermenéutica conecta mal los puntos respecto a cómo entiende
el apóstol el panorama general.

Tercero, dado que la trayectoria hermenéutica malinterpreta el recorrido
histórico-redentor, también ocurre lo mismo respecto a cómo se relacionan
los pasajes específicos del Nuevo Testamento con dicha trayectoria. En un
principio, los textos concernientes a las mujeres en el ministerio (Gn. 2:18;
Ef. 5:22; 1 Ti. 2:12-14) y a la homosexualidad (Ro. 1:26-28) hacen referencia
retrospectivamente a la creación.[56] De forma sistemática, en lugar de conectar con una trayectoria de libertad o igualdad, estos textos están inmersos en
la trayectoria que he descrito en los dos puntos anteriores.[57] Por esas razones,
estos pasajes no están proporcionando mandamientos que puedan cambiar,
sino más bien algo fijo como la teología de la creación. Esto suscita otra
cuestión. En esencia, la hermenéutica de la trayectoria intenta argumentar
a favor de un paralelo entre la ley mosaica y las afirmaciones neotestamentarias. Sostiene que, así como la ley anticipó su cumplimiento, la ética del
Nuevo Testamento podría eclipsarse. Sin embargo, el Antiguo Testamento

---

54. Webb, *Slaves, Women & Homosexuals*, 146-47; Longenecker, *New Testament Social Ethics for Today*, 86-87; Stendahl, *The Bible and the Role of Women*, 32-37.

55. Reaoch, *Women, Slaves, and the Gender Debate*, 136-40.

56. Schreiner, *Romans*, 94.

57. Contra Webb, *Slaves, Women & Homosexuals*, 146-47; Longenecker, *New Testament Social Ethics for Today*, 86-87; Stendahl, *The Bible and the Role of Women*, 32-37.

especificó que cuando Cristo venga, se pondrá en marcha una nueva ley (Dt. 30:1-6; Jer. 31:31-34). El Nuevo Testamento no hace esa afirmación, sino que se constituye como vinculante y útil para la iglesia (Ef. 2:20; 2 Ti. 2:1-2; cp. 2 Ti. 3:16-17).[58] En este sentido, la trayectoria hermenéutica ha conectado los puntos de forma equivocada al construir su recorrido, y la han convertido en una trayectoria incorrecta.

En cualquier caso, el mal uso de la trayectoria no niega que exista una trayectoria histórico-redentora. Como algunos han señalado, no deberíamos confundir un «*movimiento* hermenéutico-redentor» con una hermenéutica sensible a la *historia redentora*.[59] Esta última es la que estamos buscando tener. Solo necesitamos seguir la trayectoria establecida por la continuidad desde la hermenéutica profética a la apostólica.[60] Ver cómo un pasaje enlaza tanto con la revelación anterior como con la posterior nos ayuda a percibir un patrón lógico del funcionamiento de la teología en la historia redentora. Esto nos ayuda a vivir esas Escrituras de un modo más preciso en la intención del autor, en vez de ignorarla, como harían algunos. Después de todo, como hemos observado, la hermenéutica profética y la apostólica tenían que ver con cómo *vivir con precisión* las ramificaciones de la Palabra de Dios en lugar de *vivir aparte* de esas realidades.

CONCLUSIONES FINALES

¿Qué es la «hermenéutica cristiana»? Al comienzo de este estudio pensábamos que sería más necesaria una metodología radicalmente diferente en lugar de una hermenéutica gramático-histórico-literal, debido a cómo usaron las Escrituras los escritores bíblicos. Para responder a esta pregunta, nos dedicamos a la búsqueda, y ahora debemos formular la pregunta: «¿Cómo interpretaron los escritores bíblicos su Biblia?».

De nuevo queremos conocer su *hermenéutica* o saber cómo manejaron lo que se había revelado, y no cómo revelaron detalles adicionales a las implicaciones de un texto. Dado que no somos autores de las Escrituras, no podemos añadirles información teológica. En su lugar, tratamos lo que se ha revelado y, por ello, queremos ver cómo entendieron ellos lo que estaba escrito.

Al hacerlo, descubrimos que los autores bíblicos exigieron y manifestaron respeto por la intención autoral. Se preocuparon del trasfondo histórico, del contexto literario, de la gramática y de las palabras de las Escrituras. Supieron también cómo interrelacionaron los escritores precedentes sus escritos con otros textos en una variedad de niveles. Eran muy conscientes del significado de las Escrituras y la «usaron» de un modo que se ceñía a la intención original.

---

58. Véase la explicación en el capítulo 5 respecto a cómo los apóstoles se consideraban ellos mismos la continuación de los profetas, y estimaron los escritos del Nuevo Testamento como las Escrituras.
59. Schreiner, «William J. Webb's Slaves, Women & Homosexuals», 54.
60. Reaoch, *Women, Slaves, and the Gender Debate*, 11. La apelación de Reaoch a permitir que «las Escrituras interpreten a las Escrituras» es útil a este respecto.

Su enfoque al interpretar la revelación anterior no es distinto de lo que se expresa en nuestro manual de hermenéutica estándar. Su método justifica por qué nuestro acercamiento a las Escrituras es correcto. Más aún, su lógica nos mostró cómo funcionan las Escrituras, y así, la intertextualidad de la Biblia ayuda a afilar nuestra metodología tradicional para llegar a la intención de los escritores bíblicos. Incluyeron su perspectiva intertextual, y por ello podemos ver cómo los autores bíblicos escribieron con vistas a la historia redentora con un contexto interconectados con otros textos, y hasta con palabras que aluden a temas bíblico-teológicos. Así desarrollan ideas teológicas complejas que son una preparación para que los escritores posteriores expandan sobre sus ideas. Hablaron de cuestiones teológicas que trascendieron su propio tiempo. La sensibilidad a la intertextualidad nos ayuda a construir un puente entre la exégesis y la teología, porque seguimos las conexiones que establecen. Su obra intertextual no solo demuestra que hicieron teología, sino también cómo obtenemos nosotros su mensaje teológico.

Este proceso de «conectar los puntos» en la intertextualidad ayuda a resolver ciertas cuestiones especiales en la hermenéutica. Las preguntas sobre el uso que el Nuevo Testamento hace del Antiguo, el uso de la ley, el Mesías en el Antiguo Testamento y la aplicación giran en torno a la intención y a la lógica del autor. La intertextualidad nos ayuda a ver cómo se define textualmente la lógica del autor. Con esto, tenemos un sólido fundamento de cómo pensaban y, así, cómo respondemos a estas preguntas. «Conectar los puntos» podría ser un simple método, pero tiene gran poder de resolución.

Esto conduce a este pensamiento final: Aunque la hermenéutica cristiana es clara en su enfoque (la intención autoral) y en su método exegético, esto no significa que su ejecución sea simple. Nuestra tarea, como los profetas y los apóstoles antes que nosotros, consiste en interpretar el texto para obtener la intención del autor, y esto es complejo. La exégesis, así como el análisis de todos los textos involucrados en la lógica del autor, implica un gran esfuerzo. No obstante, espero que este capítulo nos ayude a ver que podemos conseguir la lógica histórico-redentora de la que se habla al principio del libro. Se expresa textualmente por medio de cómo los escritores bíblicos aludieron una y otra vez a la revelación. Podemos y debemos descubrir esta lógica, entender mejor la intención del autor, y pensar sus pensamientos después de ellos. Ahora tenemos ante nosotros un esfuerzo, y es necesario que nos empleemos a fondo para plantear correctamente la Palabra de Dios (2 Ti. 2:15).

8

▼ ▼ ▼

LA SOFISTICACIÓN DE LAS ESCRITURAS, LOS PRIMEROS TEÓLOGOSY LA HERMENÉUTICA DE LA RENDICIÓN

Iniciamos la búsqueda de la lógica autoral preguntándonos cómo estudiar la Biblia y, por consiguiente, cómo estudiaron los escritores bíblicos la suya. A lo largo de todo este libro, intentamos resolver esto, considerando cómo los autores bíblicos «conectaron los puntos» de las Escrituras.

Al final, alguien podría suscitar algunas preguntas: ¿Habré tratado todas las cuestiones? No. Existen muchos otros factores de consideración al ocuparse del uso que el Nuevo Testamento hace del Antiguo.[1] O también, ¿habré cubierto cada pasaje polémico? No. Como he declarado en otro lugar, eso requeriría varios tomos. ¿Habré incluido cada pasaje («punto») en mi explicación de las cadenas bíblico-teológicas particulares de los textos o los temas? No; tengo por seguro que no.

Sin embargo, este es mi planteamiento. Existe una razón por la que estoy «pasando por alto» tantas cosas: La intención de los autores bíblicos es sofisticada. Lo que hemos observado a lo largo de este libro es que estos escritores son intérpretes y autores complejos y cuidadosos de las Escrituras. Las entendieron con una precisión inmensa, desde su contexto intertextual, hasta la última palabra. Entretejieron con esmero varios pasajes (que, a su vez, están entretejidos con diversas porciones) para formular una teología profunda bajo la supervisión del Espíritu. Por lo tanto, ellos sentaron las bases para que los escritores posteriores hicieran lo mismo y, de esta forma, las Escrituras poseen una complejidad combinada. Captar esta complejidad en un solo libro es imposible. Lo único que puedo hacer es alertarnos del hecho central: existe y es necesario que la entendamos y la vivamos.

En este sentido, algunos pueden acusar a mi libro de ser «otro libro más sobre teología bíblica». Desde una perspectiva, tienen razón. Sin embargo,

---

1. Véase la explicación en el primer capítulo. Como se declaró allí, mi enfoque ha estado en cómo piensan los autores de las Escrituras. No obstante, esto no denigra la importancia de esas otras cuestiones.

desde otro ángulo mi objetivo es hacer algo más fundacional. Mi propósito no solo consiste en cómo hacemos la teología bíblica sino, también, de manera más importante, *por qué* podemos hacerla. Efectuamos la teología bíblica y la sistemática porque los profetas y los apóstoles fueron los primeros teólogos. Pensaron y escribieron teniendo la teología en mente, mientras desarrollaban los temas, ideas e implicaciones de los textos más tempranos. Sus escritos son intertextuales y, por tanto, teológicos por naturaleza. Sus escritos relacionan, de forma natural, la exégesis con la teología, porque esta era su intención, su forma de pensar y de escribir. No fabricamos nuestra propia teología. En su lugar, cuando hacemos teología, estamos descubriendo básicamente lo que ya hicieron los escritores bajo la inspiración del Espíritu, y lo aplicamos a nuestra forma de pensar y de vivir. En mi mente, la búsqueda de la lógica autoral es, pues, (parte de) la justificación para toda la empresa teológica. Hacemos teología, porque los escritores lo hicieron primero para nosotros. La verdadera teología es la imitación perfecta del propio pensamiento de los escritores bíblicos en las Escrituras.

¿Cómo ganamos discernimiento de su sofisticación teológica? No necesitamos fabricar nuestra propia hermenéutica. La búsqueda de la lógica autoral demuestra que los escritores bíblicos nos han enseñado a interpretar. Ellos lo hacen como afirmaron, y como nos exigieron hacerlo (2 Ti. 2:15). Su forma fue sistemática; no hay cambio hermenéutico en las Escrituras. Esta consistencia hermenéutica demuestra que las Escrituras tienen una exigencia respecto a cómo deben ser interpretadas. Los profetas y los apóstoles las interpretaron del modo en que escribieron y como nosotros deberíamos entenderlas. Se han integrado en las Escrituras del modo en que estas deberían ser interpretadas. La Biblia viene con «hermenéutica incluida». Tal vez no siempre hagamos las cosas bien, pero eso no significa que no exista un estándar. Más bien, los escritores bíblicos han establecido ese nivel. Para el cristiano, nuestra hermenéutica debe ser, pues, de rendición y obediencia, que se incline ante el modo en que el Autor ha exigido que sus hijos interpreten y busquen lo que Él ha pretendido de manera confluente, a través del autor humano.

En el momento en que nos sometemos, desbloqueamos la verdadera profundidad de las Escrituras, porque nos concentramos en el núcleo central de la hermenéutica profética y apostólica: la intención autoral. Fundamentalmente, a ellos les importaba la intención del autor, y es necesario que su intención autoral sea importante para nosotros. De este modo, tenemos los pensamientos de los escritores bíblicos después de ellos, pensamientos que interpretan la Biblia con precisión y profundidad, como siempre se pretendió que se hiciera. En ese momento, la hermenéutica profética, apostólica y cristiana se convierte en la nuestra propia.

BIBLIOGRAFÍA

Akin, Daniel L. *1, 2, 3 John*. NAC. Nashville: Broadman & Holman Publishers, 2001.

Alexander, Philip S. "Enoch, Third Book of». En *ABD*, 2:522-26.

Alexander, Ralph. «Ezekiel». En *Expositor's Bible Commentary*, editado por F. Gaebelein, 6:737-996. Grand Rapids: Zondervan Publishing, 1979.

Alexander, T. D. «Further Observations on the Term "Seed" in Genesis». *TynBul* 48 (1997): 363-67.

_____. «Genealogies, Seed, and the Compositional Unity of Genesis». *TynBul* 44 (1993): 255-70.

_____. «Royal Expectations in Genesis to Kings: Their Importance for Biblical Theology». *TynBul* 49 (1998): 191-212.

Allen, Leslie C. *Ezekiel 20–48*. WBC. Dallas: Word Books, 1998.

_____. *Psalms 101–150*. WBC. Dallas: Word Books, 2002.

_____. *The Books of Joel, Obadiah, Jonah, and Micah*. NICOT. Grand Rapids: Eerdmans Publishing, 1976.

Allison, Dale C. *The New Moses: A Matthean Typology*. Minneapolis: Fortress Press, 1993.

Archer, Gleason y Gregory Chirichigno. *Old Testament Quotations in the New Testament*. Chicago: Moody Press, 1983.

Austel, Hermann. «The United Monarchy: Archaeology and Literary Issues». En *Giving the Sense: Understanding and Using Old Testament Historical Texts*, editado por David M. Howard, Jr. y M. A. Grisanti, 160-78. Grand Rapids: Kregel, 2003.

Barclay, J. «The Paradox of the Cross in the Thought of St. Paul». *SJT* 42 (1989): 427-28.

Barker, K. L. y W. Bailey. *Micah, Nahum, Habakkuk*. Nashville: Broadman and Holman, 1998.

Bartelt, Andrew H. «The Centrality of Isaiah 6(-8) Within Isaiah 2–12». *Concordia Journal* 30, nro. 4 (1 octubre, 2004): 316-335.

Barthes, Roland. *The Pleasure of the Text*. Traducido por Richard Miller. Nueva York: Hill and Wong Publishing, 1975.

Bateman IV, Herbert W. «Introduction». En *Jesus the Messiah: Tracing the Promises, Expectations, and Coming of Israel's King*, editado por Herbert W. Bateman IV, Darrell L. Bock, y Gordon H. Johnston, 17-36. Grand Rapids: Kregel, 2012.

Bauckham, Richard J. *2 Peter, Jude*. WBC. Dallas: Word Books, 1998.

_____. «James and the Gentiles (Acts 15:13-21)». En *History, Literature and Society in the Book of Acts*, editado por Ben Witherington III, 154-84. Cambridge: Cambridge University Press, 1996.

_____. The *Theology of the Book of Revelation*. Cambridge, England: Cambridge University Press, 1993.

Bauer, Walter, Frederick W. Danker, W. F. Arndt y F. W. Gingrich. *Greek-English Lexicon of the New Testament and Other Early Christian Literature*. 3ª ed. Chicago: University of Chicago Press, 2000.

Beal, Timothy K. «Intertextuality». En *Handbook of Postmodern Biblical Interpretation*, editado por A. K. Adam, 28. St. Louis: Chalice Press, 2000.

Beale, G. K. *A New Testament Biblical Theology: The Unfolding of the Old Testament in the New.* Grand Rapids: Baker, 2011.

_____. «A Surrejoinder to Peter Enns». *Themelios* 32, nro. 3 (2007): 14-25.

_____. «Colossians». En *Commentary on the New Testament Use of the Old Testament*, editado por D. A. Carson y G. K. Beale, 841-70. Grand Rapids: Baker, 2007.

_____. «Did Jesus and His Followers Preach the Right Doctrine from the Wrong Texts? An Examination of the Presuppositions of Jesus's and the Apostles' Exegetical Method». En *The Right Doctrine from the Wrong Texts?*, editado por G. K. Beale, 387-404. Grand Rapids: Baker, 1994.

_____. *The Erosion of Inerrancy in Evangelicalism: Responding to New Challenges to Biblical Authority.* Wheaton, IL: Crossway Books, 2009.

_____. *Handbook on the New Testament Use of the Old Testament: Exegesis and Interpretation.* Grand Rapids: Baker, 2012.

_____. *John's Use of the Old Testament in Revelation.* JSNTSup. England: Sheffield, 1999.

_____. «Myth, History, Inspiration: A Review Article of Inspiration and Incarnation by Peter Enns». *JETS* 49 (2006): 287-312.

_____. «Questions of Authorial Intent, Epistemology, and Presuppositions and Their Bearing on the Study of The Old Testament in the New: A Rejoinder to Steve Moyise». *IBS* 21 (1999): 152-80.

_____. *The Book of Revelation: A Commentary on the Greek Text.* NIGTC. Grand Rapids: Eerdmans Publishing, 1999.

_____. *The Temple and the Church's Mission: A Biblical Theology of the Dwelling Place of God.* NSBT. Downers Grove, IL: InterVarsity Press, 2004.

_____. «The Use of Hosea 11:1 in Matthew 2:15: One More Time». *JETS* 55 (2012): 697-715.

_____, y D. A. Carson, «Introduction». In *Commentary on the New Testament Use of the Old Testament*, editado por G. K. Beale and D. A. Carson, xxiii–xxviii. Grand Rapids: Baker, 2007.

Beecher, Willis J. *The Prophets and the Promise.* Grand Rapids: Baker, 1975.

Beetham, Christopher. *Echoes of Scripture in the Letter of Paul to the Colossians.* Leiden: Brill, 2010.

Bellis, Alice O. «Habakkuk 2:4b: Intertextuality and Hermeneutics». En *Jews, Christians, and the Theology of the Hebrew Scriptures*, editado por Joel S. Kaminsky, 369-85. Atlanta: Society of Biblical Literature, 2000.

Berlin, Adele. *Esther.* JPSTC. Philadelphia: Jewish Publication Society, 2001.

Betz, Hans D. *Galatians: A Commentary on Paul's Letter to the Churches in Galatia.* Hermeneia. Philadelphia: Fortress Press, 1979.

Bierberg, Rudolph Philip. *Conserva Me Domine: Psalm 16 (15).* Washington, DC: The Catholic University of America Press, 1945.

Bird, Michael F. «Response to Peter Enns». En *Five Views on Biblical Inerrancy*, editado por J. Merrik y Stephen M. Garrett, 124-28. Grand Rapids: Zondervan, 2013.

Block, Daniel I. *The Book of Ezekiel 1–24.* NICOT. Grand Rapids: Eerdmans Publishing, 1997.

_____. *The Book of Ezekiel 25–48*. NICOT. Grand Rapids: Eerdmans Publishing, 1997.

Blomberg, Craig. *A Handbook of New Testament Exegesis*. Grand Rapids: Baker, 2010.

_____. *Matthew*. NAC. Nashville: Broadman & Holman Publishers, 1992.

Bock, Darrell. *Acts*. BECNT. Grand Rapids: Baker, 2007.

_____. «Evangelicals and the Use of the Old Testament in the New, Part 1». *BibSac* 142 (1985).

_____. «Evangelicals and the Use of the Old Testament in the New, Part 2». *BibSac* 142, nro. 568 (octubre 1985): 306-19.

_____. *Luke Volume 1: 1:1–9:50*. BECNT. Grand Rapids: Baker, 1994.

_____. *Luke Volume 2: 9:51–24:53*. BECNT. Grand Rapids: Baker, 1996.

_____. «Single Meaning, Multiple Contexts and Referents: The New Testament's Legitimate, Accurate, and Multifaceted Use of the Old». En *Three Views on the New Testament Use of the Old Testament*, editado por Kenneth Berding y Jonathan Lunde, 105-51. Counterpoints Series. Grand Rapids: Zondervan, 2008.

Boda, Mark J. «Figuring the Future: The Prophets and Messiah». En *The Messiah in the Old and New Testaments*, editado por Stanley E. Porter. Grand Rapids: Eerdmans Publishing, 2007.

Borland, James A. *Christ in the Old Testament*. Chicago: Moody, 1978.

Boyarin, Daniel. «Daniel 7, Intertextuality, and the History of Israel's Cult». *HTR* 105, nro. 2 (abril 2012): 139-162.

Breneman, M. *Ezra, Nehemiah*. NAC. Nashville: Broadman and Holman Publishers, 1993.

Brevard S. Childs. *Isaiah*. OTL. Louisville: Westminster John Knox Press, 2001.

Brown, Raymond E. «The History and Development of the Theory of *Sensus Plenior*». *CBQ* 15 (1953): 141-62.

Broyles, Craig C. «Traditions, Intertextuality, and Canon». En *Interpreting the Old Testament: A Guide for Exegesis*, editado por Craig C. Broyles, 157-76. Grand Rapids: Baker, 2001.

Bruce, F. F. *1 and 2 Thessalonians*. WBC. Waco, TX: Word Books, 1982.

_____. *Commentary on the Epistles to the Hebrews*. NICNT. Grand Rapids: Eerdmans Publishing, 1964. Publicado en español por Libros Desafío con el título *La Epístola a los Hebreos*.

_____. *The Book of the Acts*. NICNT. Grand Rapids: Eerdmans Publishing, 1988. Publicado en español por Libros Desafío con el título *Hechos de los Apóstoles*.

_____. *The Epistle to the Galatians: A Commentary on the Greek Text*. NIGTC. Grand Rapids: Eerdmans Publishing, 1982. Publicado en español por Editorial Clie con el título *Un comentario de la epístola a los Gálatas*.

Busenitz, I. A. *Commentary on Joel and Obadiah*. Mentor Old Testament Commentary. Geanies House, Reino Unido: Christian Focus Publications, 2003.

Butler, Trent C. *Joshua*. WBC. Dallas: Word Books, 1998.

Cahill, M. «Not a Cornerstone! Translating Ps. 118:22 in the Jewish and Christian Scriptures». *RB* 60 (1999): 345-57.

Caneday, Ardel B. «Covenant Lineage Allegorically Prefigured: "Which Things Are Written Allegorically" (Galatians 4: 21–31)». *Southern Baptist Journal of Theology* 14 (2000): 50-77.

_____. «The Curse of the Law and the Cross: Works of the Law and Faith in Galatians 3:1-14». *Trinity Journal* 10 (1992): 185-209.

Carson, D. A. *Collected Writings on Scripture*. Wheaton, IL: Crossway Books, 2010.

_____. *Exegetical Fallacies*. 2ª ed. Grand Rapids: Baker, 1996.

_____. «Matthew». En *EBC*, 8:3-602.

_____. «Must I Learn How to Interpret the Bible». *Modern Reformation* 5, nro. 3 (1996): 18-22.

_____. *The Gospel According to John*. PNTC. Grand Rapids: Eerdmans Publishing, 1991.

_____, P. T. O'Brien y Mark A. Seifrid, eds. *Justification and Variegated Nomism*. Vol. 2. 2 vols. Grand Rapids: Baker, 2004.

Ceresko, Antony R. «The Rhetorical Strategy of the Fourth Servant Song (Isaiah 52:13–53:12)». *CBQ* 56 (1994): 42-55.

Childs, Brevard. *Introduction to the Old Testament as Scripture*. Philadelphia: Fortress, 1999.

Chisholm, Robert B. «Evidence from Genesis». En *The Coming Millennial Kingdom*, editado por Donald K. Campbell y Jeffrey L. Townsend, 35-54. Grand Rapids: Kregel, 1997.

Chou, Abner. *I Saw the Lord: A Biblical Theology of Vision*. Eugene, OR: Wipf & Stock Publishers, 2013.

Christensen, Duane L. *Deuteronomy 21:10–34:12*. WBC. Nashville, TN: Thomas Nelson Publishers, 2002.

Ciampa, Roy E. y Brian S. Rosner. «1 Corinthians». En *Commentary on the New Testament Use of the Old Testament*, editado por G. K. Beale y D. A. Carson, 695-752. Grand Rapids: Baker, 2007.

Collins, Adela Yarbro y John Joseph Collins. *King and Messiah as Son of God: Divine, Human, and Angelic Messianic Figures in Biblical and Related Literature*. Grand Rapids: Eerdmans Publishing, 2008.

Collins, Jack. «A Syntactical Note (Genesis 3:15): Is the Woman's Seed Singular or Plural?». *TynBul* 48 (1997): 139-48.

Conzelmann, Hans. *Acts of the Apostles: A Commentary on the Acts of the Apostles*. Editado por Eldon Jay Epp y Christopher R. Matthews; traducido por James Limburg, A. Thomas Kraabel y Donald H. Juel. Hermenia. Philadelphia: Fortress Press, 1987.

Cooper, Lamar E. *Ezekiel*. NAC. Nashville: Broadman and Holman, 1994.

Couch, Mal. *An Introduction to Classical Evangelical Hermeneutics: A Guide to the History and Practice of Biblical Interpretation*. Grand Rapids: Kregel, 2000.

Craigie, Peter C. *Jeremiah 1–25*. WBC. Dallas: Word, Incorporated, 1998.

_____. *Psalms 1–50*. 2ª ed. WBC. Nashville: Thomas Nelson, 2004.

_____. *The Book of Deuteronomy*. NICOT. Grand Rapids: Eerdmans Publishing, 1976.

Cranfield, C. *The Epistle to the Romans*. 2 vols. ICC. Edimburgo: T&T Clark, 1979.

Davids, Peter H. *The Epistle of James: A Commentary on the Greek Text*. NIGTC. Grand Rapids: Eerdmans Publishing, 1982.

_____. *The Letters of 2 Peter and Jude*. PNTC. Grand Rapids: Eerdmans Publishing, 2006.

Davies, W. D. y Dale C. Allison. *A Critical and Exegetical Commentary on the Gospel according to Saint Matthew*. 2 vols. ICC. Edimburgo: T&T Clark, 1997.

Dempster, Stephen G. *Dominion and Dynasty: A Theology of the Hebrew Bible*. NSBT. Downers Grove, IL: InterVarsity Press, 2003.

Derrida, Jacques. *Of Grammatology*. Traducido por Gayatri Chakravorty Spivak. Baltimore: Johns Hopkins University Press, 1997.

DeVries, Simon J. *1 Kings*. 2ª ed. WBC. Dallas: Word Books, 2004.

DeYoung, Kevin. *Taking God at His Word: Why the Bible Is Knowable, Necessary, and Enough, and What That Means for You and Me*. Wheaton, IL: Crossway, 2014. Publicado en español por Portavoz con el título *Confía en su Palabra: Por qué la Biblia es necesaria y suficiente y lo que eso significa para ti y para mí*.

Dillard, Raymond B. y Tremper Longman. *An Introduction to the Old Testament*. Grand Rapids: Zondervan Publishing, 1994.

Dodd, C. H. *According to the Scriptures: The Substructure of New Testament Theology*. Inglaterra: Fontana Books, 1965.

Dunn, James D. G. «Echoes of Intra-Jewish Polemic in Paul's Letter to the Galatians». *JBL* 112, nro. 3 (1993): 459-477.

————. *Romans 1–8*. WBC. Dallas: Word Books, 1998.

Durham, John I. *Exodus*. WBC. Nashville, TN: Thomas Nelson, 1987.

Duvall, J. y J. Hays. *Grasping God's Word: A Hands-on Approach to Reading, Interpreting, and Applying the Bible*. Grand Rapids: Zondervan, 2005.

Edwards, James R. *The Gospel according to Mark*. PNTC. Grand Rapids: Eerdmans Publishing, 2002.

Ellis, Earle E. *Paul's Use of the Old Testament*. Grand Rapids: Baker, 1981.

Enns, Peter. *Inspiration and Incarnation*. Grand Rapids: Baker, 2005.

————. «Response to Greg Beale». *Themelios* 32, nro. 3 (2007): 5-13.

————. «חק». In *NIDOTTE*, 2:250-51.

Evans, Craig A. «Isaiah 53 in the Letters of Peter, Paul, Hebrews, and John». En *The Gospel According to Isaiah 53: Encountering the Suffering Servant in Jewish and Christian Theology*, editado por Darrell L. Bock y Mitch Glaser, 145-70. Grand Rapids: Kregel, 2012.

Fee, Gordon D. *The First Epistle to the Corinthians*. NICNT. Grand Rapids: Eerdmans Publishing, 1987.

Feinberg, Charles. «The Virgin Birth in the Old Testament and Isaiah 7:14». *BibSac*, nro. 119 (1968): 251-58.

Feinberg, Charles L. *The Minor Prophets*. Chicago: Moody Press, 1948.

Fekkes, Jan. *Isaiah and Prophetic Traditions in the Book of Revelation: Visionary Antecedents and Their Development*. JSNTSup. Sheffield: JSOT Press, 1994.

Fensham, C. *The Books of Ezra and Nehemiah*. NICOT. Grand Rapids: Eerdmans Publishing, 1982.

Fish, Stanley E. *Is There a Text in This Class? The Authority of Interpretation Communities*. Cambridge, MA: Harvard University Press, 1980.

Fishbane, Michael. *Biblical Interpretation in Ancient Israel*. Oxford: Clarendon Press, 1985.

————. *Haftorat*. JPS Bible Commentary. Filadelfia: Jewish Publication Society, 2002.

————. «Types of Biblical Intertextuality». En *Congress Volume*, editado por A. Lemaire y M. Saebo, 39-44. Leiden: Brill, 1998.

Fitzmyer, Joseph A. «Use of Explicit Old Testament Quotations in Qumran Literature and in the New Testament». *NTS* 7 (1961): 297-333.

Fowl, Stephen E. *Engaging Scripture: A Model for Theological Interpretation*. Eugene, OR: Wipf & Stock, 2008.

France, R. T. *Gospel of Matthew*. NICNT. Grand Rapids: Eerdmans Publishing, 1971.

_____. «The Formula-Quotations of Matthew 2 and the Problem of Communication». *NTS* 27 (1981): 233-51.

_____. *The Gospel of Mark: A Commentary on the Greek Text*. NIGTC. Grand Rapids: Eerdmans Publishing, 2002.

Fung, R. Y. *The Epistle to the Galatians*. NICNT. Grand Rapids: Eerdmans Publishing, 1988.

Gadamer, H. G. *Truth and Method*. 2ª ed. Nueva York: Continuum Impacts, 1975.

Garland, David E. *1 Corinthians*. Baker Exegetical New Testament Commentary. Grand Rapids: Baker, 2003.

Garrett, Duane A. *Hosea, Joel*. NAC. Nashville: Broadman & Holman, 1997.

_____. *Proverbs, Ecclesiastes, Song of Songs*. NAC. Nashville: Broadman & Holman Publishers, 1993.

Gentry, Peter J. «Daniel's Seventy Weeks and the New Exodus». *SBJT* 14 (2010): 26-44.

_____. *Kingdom through Covenant: A Biblical-Theological Understanding of the Covenants*. Wheaton, IL: Crossway, 2012.

George, Timothy. *Galatians*. NAC. Nashville: Broadman and Holman, 1994.

Gesenius, Wilhelm, E. Kautzsch y A. Cowley. *Gesenius' Hebrew Grammar*. Oxford: Clarendon Press, 1910.

Gignilliat, Mark. «Theological Exegesis as Exegetical Showing: A Case of Isaiah's Figural Potentiality». *International Journal of Systematic Theology* 12, nro. 2 (abril 2010): 217-232.

Glenny, W. Edward. *Finding Meaning in the Text: Translation Technique and Theology in the Septuagint of Amos*. Leiden: Brill, 2009.

Goetze, Albrecht. «The Nikkal Poem from Ras Shamra». *JBL* 40 (1941): 353-73.

Goldingay, J. E. *Daniel*. WBC. Dallas: Word Books, 2002.

Goldsworthy, Graeme. *According to Plan: The Unfolding Revelation of God in the Bible*. Downers Grove, IL: InterVarsity Press, 1991. Publicado en español por Andamio con el título *Estrategia divina: Una teología bíblica de la salvación: el desarrollo de la revelación divina en la Biblia*.

_____. *Preaching the Whole Bible as Christian Scripture: The Application of Biblical Theology to Expository Preaching*. Grand Rapids: Eerdmans Publishing, 2000.

Gottwald, Norman K. «Immanuel as the Prophet's Son». *VT* 8, nro. 1 (1 enero, 1958): 36-47.

Grant, James A. *The King as Exemplar: The Function of Deuteronomy's Kingship Law in the Shaping of the Book of Psalms*. Atlanta: Society of Biblical Literature, 2004.

Green, Gene L. *Jude and 2 Peter*. BECNT. Grand Rapids: Baker, 2008.

Greidanus, Sidney. *Preaching Christ from the Old Testament: A Contemporary Hermeneutical Model*. Grand Rapids: Eerdmans Publishing, 1999.

Gren, Conrad R. «Piercing the Ambiguities of Psalm 22:16 and the Messiah's Mission». *JETS* 48 (2005): 283-99.

Grisanti, Michael A. «The Davidic Covenant». *The MSJ* 10 (1999): 233-250.

Grudem, Wayne. «"A Redemptive-Movement Hermeneutic" and "Gender Equality and Homosexuality" por William J. Webb (en Discovering Biblical Equality)». *Journal of Biblical Manhood and Womanhood* 10, nro. 1 (2005): 97-118.

_____. Systematic Theology: An Introduction to Biblical Doctrine. Grand Rapids: Zondervan, 1994. Publicado en español por Vida con el título *Teología sistemática: Una introducción a la doctrina bíblica*.

Guthrie, George. «Hebrews». En *Commentary on the New Testament Use of the Old Testament*, editado por G. K. Beale y D. A. Carson, 919-96. Grand Rapids: Baker, 2007.

Hagner, Donald. *Matthew 1-13*. WBC. Dallas: Word Books, 1993.

Hamilton Jr., James M. *God's Glory in Salvation through Judgment*. Wheaton, IL: Crossway, 2010.

_____. «The Messianic Music of the Song of Songs: A Non-Allegorical Interpretation». *WTJ* 68, no. 2 (1 septiembre, 2006): 331-345.

_____. «The Seed of the Woman and the Blessing of Abraham». *TynBul* 58 (2007): 253-73.

_____. «The Skull Crushing Seed of the Woman: Inner-Biblical Interpretation of Genesis 3:15». *SBJT* 10 (2006): 30-54.

_____. «"The Virgin Will Conceive": Typological Fulfillment in Matthew 1:18-23». En *Built Upon the Rock: Studies in the Book of Matthew*, editado por John Nolland y Daniel Gurtner, 228-47. Grand Rapids: Eerdmans Publishing, 2008.

_____. «Was Joseph a Type of the Messiah? Tracing the Typological Identification between Joseph, David, and Jesus». *SBJT* (2008): 52-77.

_____. *What Is Biblical Theology?: A Guide to the Bible's Story, Symbolism, and Patterns*. Wheaton, IL: Crossway, 2013.

Hamilton, Victor P. *The Book of Genesis Chapters 1–17*. NICOT. Grand Rapids: Eerdmans Publishing, 1990.

_____. *The Book of Genesis Chapters 18–50*. NICOT. Grand Rapids: Eerdmans Publishing, 1995.

Hartley, John. *Leviticus*. WBC. Dallas: Word Books, 1992.

Hays, Richard B. *Echoes of Scripture in the Letters of Paul*. New Haven, CT: Yale University Press, 1989.

Hendricks, Howard G. G. *Living by the Book: The Art and Science of Reading the Bible*. Chicago: Moody Publishers, 2007.

Hengel, Martin. *The Four Gospels and the One Gospel of Jesus Christ: An Investigation of the Collection and Origin of the Canonical Gospels*. Harrisburg, PA: Trinity Press International, 2000.

Hirsch, E. D. *Validity in Interpretation*. New Haven, CT: Yale University Press, 1967.

Hofius, Otfried. «The Fourth Servant Song in the New Testament Letters». In *The Suffering Servant: Isaiah 53 in Jewish and Christian Sources*, editado por Bernd Janowski y Peter Stuhlmacher, 163-88. Grand Rapids: Eerdmans Publishing, 2004.

Hossfeld, Frank-Lothar y Erich Zenger. *A Commentary on Psalms 101–150*. Editado por Klaus Baltzer. Traducido por Linda M. Maloney. Hermeneia. Minneapolis: Fortress Press, 2011.

House, Paul R. *1, 2 Kings*. NAC. Nashville: Broadman and Holman, 1995.

_____. «Examining the Narratives of Old Testament Narrative: An Exploration in Biblical Theology». *WTJ* 67 (2005): 229-45.

_____. *Old Testament Theology*. Downers Grove, IL: InterVarsity Press, 1998.

Howard, David M. *Joshua*. NAC. Nashville: Broadman and Holman, 1998.

Huey, F. B. *Jeremiah, Lamentations*. NAC. Nashville: Broadman and Holman, 1993.

Huizenga, Leroy Andrew. *The New Isaac: Tradition and Intertextuality in the Gospel of Matthew*. Supplementos al Novum Testamentum. Leiden: Brill, 2009.

Hurtado, Larry W. «Christ.» En *Dictionary of Jesus and the Gospels*, editado por Joel B. Green, Scott McKnight y I. H. Marshall. Downers Grove, IL: InterVarsity Press, 1992.

Jobes, Karen H. *1 Peter*. BECNT. Grand Rapids: Baker, 2005.

Johnson, Dennis E. *Him We Proclaim: Preaching Christ from All the Scriptures*. Phillipsburg, NJ: P & R Publishing, 2007.

Johnson, Luke Timothy. *Scripture & Discernment: Decision-Making in the Church*. Nashville: Abingdon Press, 1996.

Johnston, Gordon H. «Messianic Trajectories in Genesis and Numbers». En *Jesus the Messiah: Tracing the Promises, Expectations, and Coming of Israel's King*, editado por Herbert W. Bateman IV, Darrell L. Bock y Gordon H. Johnston, 37–58. Grand Rapids: Kregel, 2012.

_____. «Messianic Trajectories in God's Covenant Promise to David». En *Jesus the Messiah: Tracing the Promises, Expectations, and Coming of Israel's King*, editado por Herbert W. Bateman IV, Darrell L. Bock y Gordon H. Johnston, 59-74. Grand Rapids: Kregel, 2012.

_____. «Messianic Trajectories in the Royal Psalms». En *Jesus the Messiah: Tracing the Promises, Expectations, and Coming of Israel's King*, editado por Herbert W. Bateman IV, Darrell L. Bock y Gordon H. Johnston, 75-106. Grand Rapids: Kregel, 2012.

Kaiser, Walter C., «Psalm 72: An Historical and Messianic Current Example of Antiochene Hermeneutical Theoria». *JETS* 52 (2009): 257-270.

_____. «Single Meaning, Unified Referents: Accurate and Authoritative Citations of the Old Testament by the New Testament». En *Three Views on the New Testament Use of the Old Testament*, editado por Kenneth Berding y Jonathan Lunde, 45-89. Counterpoints Series. Grand Rapids: Zondervan, 2008.

_____. «The Eschatological Hermeneutics of "Epangelicalism": Promise Theology». *JETS* 8 (1970): 92-96.

_____. *The Messiah in the Old Testament*. Grand Rapids: Zondervan, 1995.

_____. *The Promise-Plan of God: A Biblical Theology of the Old and New Testaments*. Grand Rapids: Zondervan, 2008.

_____. *The Use of the Old Testament in the New*. Eugene, OR: Wipf and Stock, 1985.

_____. *Toward an Exegetical Theology: Biblical Exegesis for Preaching and Teaching*. Grand Rapids: Baker, 1998.

_____. *Toward an Old Testament Theology*. Grand Rapids: Zondervan, 1978.

Keil, Carl F. y Franz Delitzsch. *Commentary on the Old Testament*. Peabody, MA: Hendrickson, 2002.

Kidner, Derek. *Genesis*. TOTC. Downers Grove, IL: InterVarsity Press,

_____. «Isaiah». En New Bible Commentary, editado por Gordon J. Wenham, Alec Motyer y D. A. Carson. Downers Grove, IL: InterVarsity Press, 1994.

_____. *Psalms 1–72*. TOTC. Downers Grove, IL: InterVarsity Press, 1973.

_____. *Psalms 73–150*. TOTC. Downers Grove, IL: InterVarsity Press, 1973.

Kim, Seyoon. *The Origin of Paul's Gospel*. Tübingen, Alemania: J. C. B. Mohr, 1981.

Klein, George L. *Zechariah*. NAC. Nashville: Broadman and Holman, 2008.

Klink III, Edward W. y Darian R. Lockett. *Understanding Biblical Theology: A Comparison of Theory and Practice*. Grand Rapids: Zondervan, 2012.

Knibb, Michael A. «Messianism in the Pseudepigrapha in the Light of the Scrolls». *Dead Sea Discoveries* 2, nro. 2 (1 junio, 1995): 165-184.

Knight, George W. *The Pastoral Epistles: A Commentary on the Greek Text*. NIGTC. Grand Rapids: Eerdmans Publishing, 1992.

Knowles, M. P. «The Rock, His Work Is Perfect». *Vestus Testamentum* 39 (1989): 307-22.

Köhler, Ludwig, Walter Baumgartner, M. E. J. Richardson, Johann Jakob Stamm. *The Hebrew Aramaic Lexicon of the Old Testament*. 2 vols. Leiden: Brill, 2000.

Körtner, Ulrich H J. «Markus Der Mitarbeiter Des Petrus». *Zeitschrift Fur Die Neutestamentliche Wissenschaft Und Die Kunde Der Alteren Kirche* 71, nro. 3–4 (1 enero, 1980): 160-173.

Köstenberger, Andreas J. *A Theology of John's Gospel and Letters*. Grand Rapids: Zondervan, 2009.

_____. *John*. BECNT. Grand Rapids: Baker, 2004.

_____, y Richard Duane Patterson. *Invitation to Biblical Interpretation: Exploring the Hermeneutical Triad of History, Literature, and Theology*. Grand Rapids: Kregel, 2011.

Kowalski, Beate. «Transformation of Ezekiel in John's Revelation». En *Transforming Visions*, editado por William A. Tooman y Michael A. Lyons, 279-311. Eugene, OR: Pickwick, 2010.

Kraus, Hans-Joachim. *Psalms 1–59*. Continental Commentary. Mineápolis: Fortress Press, 1993.

_____. *Psalms 60–150*. Continental Commentary. Mineápolis: Fortress Press, 1993.

Kruger, Michael J. *Canon Revisited: Establishing the Origins and Authority of the New Testament Books*. Wheaton, IL: Crossway, 2012.

Kruse, Colin G. *The Letters of John*. PNTC. Grand Rapids: Eerdmans Publishing, 2000.

Lacocque, André. «Allusions to Creation in Daniel 7». En *Book of Daniel Volume One*, editado por John Joseph Collins, Peter W. Flint y Cameron VanEpps, 114-31. Leiden: Brill, 2001.

Lane, William L. *Hebrews 1–8*. WBC. Dallas: Word Books, 1998.

_____. *Hebrews 9–13*. WBC. Dallas: Word Books, 1998.

Liedke, G. «חקק» En *TLOT*, 1:468-72.

Lincoln, A. T. *Ephesians*. WBC. Dallas: Word Books, 1990.

Lindars, B. *New Testament Apologetic: The Doctrinal Significance of the Old Testament Quotations*. Londres: SCM Press, 1961.

Long, V. Philips. *The Art of Biblical History*. Grand Rapids: Zondervan, 1994.

Longenecker, R. *Biblical Exegesis in the Apostolic Period*. Grand Rapids: Eerdmans Publishing, 1975.

_____. *Galatians*. WBC. Dallas: Word Books, 1990.

_____. *New Testament Social Ethics for Today*. Grand Rapids: Eerdmans Publishing, 1984.

Longman III, Tremper. *The Book of Ecclesiastes*. NICOT. Grand Rapids: Eerdmans Publishing, 1998.

_____. «The Messiah: Explorations in the Law and Writings». En *The Messiah in the Old and New Testaments*, editado por S. E. Porter, 13-34. Grand Rapids: Eerdmans Publishing 2007.

Marshall, I Howard. «Acts». En *Commentary on the New Testament Use of the Old Testament*, editado por G. K. Beale y D. A. Carson, 607-94. Grand Rapids: Baker, 2007.

_____. *The Gospel of Luke: A Commentary on the Greek Text*. NIGTC. Exeter, Inglaterra: Paternoster Press, 1978.

Martin, R. P. *James*. WBC. Waco, TX: Word Books, 1988.

Martyn, J. L. «Paul's Understanding of the Textual Contradiction Between Habakkuk 2:4 and Leviticus 18:5». En *The Quest for Context and Meaning: Studies in Biblical Intertextuality*, editado por C. A. Evans y S. Talmon, 465-73. Leiden: Brill, 1997.

Matthews, K. A. Genesis 1-11:26. NAC. Nashville: Broadman and Holman, 1996.

_____. *Genesis 11:27–50:26*. NAC. Nashville: Broadman and Holman, 2005.

McCasland, S. V. «Matthew Twists the Scripture». En *The Right Doctrine from the Wrong Text?*, editado por G. K. Beale, 146-52. Grand Rapids: Baker, 1994.

McClain, A. J. *The Greatness of the Kingdom*. Chicago: Moody Press, 1959.

McComiskey, T. E. «Hosea». En *The Minor Prophets: An Exegetical and Expository Commentary*, editado por T. E. McComiskey. Vol. 1. Grand Rapids: Baker, 1992.

_____. «Zechariah». En *The Minor Prophets: An Exegetical and Expository Commentary*, editado por T. E. McComiskey. Vol. 3. Grand Rapids: Baker, 1992.

McConville, J. G. *Deuteronomy*. AOTC. Downers Grove, IL: InterVarsity Press, 2002.

_____. «Messianic Interpretation of the Old Testament in Modern Context». En *The Lord's Anointed: Interpretation of Old Testament Messianic Texts*, editado por R. H. Hess, G. J. Wenham y P. E. Satterthwaite. Grand Rapids: Baker, 1995.

McLay, T. R. «Biblical Texts and the Scriptures for the New Testament Church». En *Hearing the Old Testament in the New Testament*, editado por S. E. Porter, 38-58. Grand Rapids: Eerdmans Publishing, 2006.

Meek, R. L. «Intertextuality, Inner-Biblical Exegesis, and Inner-Biblical Allusion: The Ethics of a Methodology». *Biblica* 95 (2014): 280-91.

Merrill, Eugene H. *Deuteronomy*. NAC. Nashville: Broadman & Holman Publishers, 1994.

_____. «The Books of 1 and 2 Kings». En *The World and the Word: An Introduction to the Old Testament*, editado por M. F. Rooker y M. A. Grisanti, 319-29. Nashville: Broadman and Holman, 2011.

_____. «The Books of 1 and 2 Samuel». En *The World and the Word: An Introduction to the Old Testament*, editado por M. F. Rooker y M. A. Grisanti, 307-18. Nashville: Broadman and Holman, 2011.

_____. «The Development of the Historical Critical Method». En *The World and the Word: An Introduction to the Old Testament*, editado por M. F. Rooker, M. A. Grisanti y E. H. Merrill, 129-48. Nashville: Broadman and Holman, 2011.

Michaels, J. Ramsey. *1 Peter*. WBC. Dallas: Word Books, 1998.

Miller, Stephen R. *Daniel*. NAC. Nashville: Broadman & Holman Publishers, 1994.

Mitchell, H. G., J. Smith y J. A. Bewer. *Haggai, Zechariah, Malachi, and Jonah*. ICC. Edimburgo: T&T Clark, 1999.

Moberly, R. W. L. *The Bible, Theology, and Faith a Study of Abraham and Jesus.* Cambridge Studies in Christian Doctrine. Cambridge, Inglaterra: Cambridge University Press, 2000.

Mohler, R. Albert. «Right Dividing the Word of Truth: Inerrancy and Hermeneutics». En *The Inerrant Word: Biblical, Historical, Theological, and Pastoral Perspectives*, editado por John MacArthur, 197-209. Wheaton, IL: Crossway, 2016.

Montgomery, J. *The Book of Daniel.* ICC. Edimburgo: T&T Clark, 1989.

Moo, Douglas J. «Genesis 15:6 and the New Testament». En *From Creation to New Creation: Biblical Theology and Exegesis Essays in Honor of G. K. Beale*, editado por Benjamin L. Gladd y Daniel M. Gurtner, 147-62. Peabody, MA: Hendrickson Publishers, 2013.

_____. «Israel and the Law in Romans 5–11: Interaction with the New Perspective». En *Justification and Variegated Nomism: The Teaching of Paul*, editado por D. A. Carson, M. Seifrid y P. O'Brien, 185-216. Grand Rapids: Eerdmans Publishing, 2004.

_____. «The Climax of the Covenant: Christ and the Law in Pauline Theology». *JETS* 39 (1996): 663-664.

_____. *The Epistle to the Romans.* NICNT. Grand Rapids: Eerdmans Publishing, 1996.

_____. *The Letter of James.* PNTC. Grand Rapids: Eerdmans Publishing, 2000.

_____. *The Letters to the Colossians and to Philemon.* PNTC. Grand Rapids: Eerdmans Publishing, 2008.

_____. «The Problem of Sensus Plenior». In *Hermeneutics, Authority, and Canon*, editado por D. A. Carson y J. D. Woodbridge, 325-56. Grand Rapids: Zondervan, 1986.

Morris, Leon. *The Gospel according to Matthew.* PNTC. Grand Rapids: Eerdmans Publishing, 2000.

_____. *The Epistle to the Romans.* PNTC. Grand Rapids: Eerdmans Publishing, 1988.

Motyer, Alec. *The Prophecy of Isaiah: An Introduction and Commentary.* Downers Grove, IL: InterVarsity Press, 1993.

Mounce, Robert H. *Romans.* NAC. Nashville: Broadman & Holman Publishers, 1995.

Moyise, Steve. «Does the Author of Revelation Misappropriate the Scriptures?» *Andrews University Seminary Studies* 40, nro. 1 (2002): 3-21. Consultado el 20 de febrero 2013.

_____. *Jesus and Scripture: Studying the New Testament Use of the Old Testament.* Grand Rapids: Baker, 2011.

_____. *Paul and Scripture: Studying the New Testament Use of the Old Testament.* Grand Rapids: Baker, 2010.

_____. *The Later New Testament Writings and Scripture: The Old Testament in Acts, Hebrews, the Catholic Epistles and Revelation.* Grand Rapids: Baker, 2012.

_____. «The Old Testament in the New: A Reply to Greg Beale». *IBS* 21 (1999): 54-58.

Nickelsburg, George W E. *1 Enoch 2: A Commentary on the Book of 1 Enoch, Chapters 37-82.* Hermenia. Minneapolis: Fortress Press, 2012.

_____. «Apocalyptic and Myth in 1 Enoch 6-11». *JBL* 96, nro. 3 (S 1977): 383-405.

Nicole, Roger. «New Testament Use of the Old Testament». En *Revelation and the Bible: Contemporary Evangelical Thought*, 137-151. Grand Rapids: Baker, 1958.
_____. «The New Testament Use of the Old Testament». En *The Right Doctrine from the Wrong Texts?*, editado por G. K. Beale, 15-28. Grand Rapids: Baker, 1994.
Niessen, R. «The Virginity of the עַלְמָה in Isaiah 7:14». *BibSac* 137 (1980): 133-50.
Nolland, J. *The Gospel of Matthew*. NIGTC. Grand Rapids: Eerdmans Publishing, 2005.
Ortlund, Dane. «"And Their Eyes Were Opened, and They Knew": An Inter-Canonical Note on Luke 24:31». *JETS* 53 (2010): 717-728.
Osborne, G. R. *Revelation*. BECNT. Grand Rapids: Baker, 2002.
_____. *The Hermeneutical Spiral: A Comprehensive Introduction to Biblical Interpretation*. Downers Grove, IL: InterVarsity Press, 1991.
Oswalt, John N. «Rest». En *NIDOTTE*, 4:1132-35.
_____. *The Book of Isaiah, Chapters 1–39*. NICOT. Grand Rapids: Eerdmans Publishing, 1986.
_____. *The Book of Isaiah, Chapters 40–66*. NICOT. Grand Rapids: Eerdmans Publishing, 1998.
Pao, David W. y Eckhard J. Schnabel. «Luke». En *Commentary on the New Testament Use of the Old Testament*, editado por G. K. Beale y D. A. Carson, 251-414. Grand Rapids: Baker, 2007.
Patterson, R. D. «Psalm 22: From Trial to Triumph» *JETS* 47 (2004): 213-33.
Paul, Shalom M. y Frank Moore Cross. *Amos: A Commentary on the Book of Amos*. Hermeneia. Mineápolis: Fortress Press, 1991.
Payne, P. B. «The Fallacy of Equating Meaning with the Human Author's Intention». *Journal of Evangelical Theological Society* 20 (1977): 243-52.
Pennington, Jonathan T. *Reading the Gospels Wisely: A Narrative and Theological Introduction*. Grand Rapids: Baker Academic, 2012.
Peterson, David. *The Acts of the Apostles*. PNTC. Grand Rapids: Eerdmans Publishing, 2009.
Pickup, Martin. «New Testament Interpretation of the Old Testament: The Theological Rationale of Midrashic Exegesis». *JETS* 51 (2008): 353-381.
Popkes, Wiard. «James and Scripture: An Exercise in Intertextuality». *NTS* 45, nro. 2 (1 abril, 1999): 213-229.
Provan, Iain. «The Messiah in the Books of Kings». En *The Lord's Anointed: Interpretation of Old Testament Messianic Texts*, editado por Philip E. Satterwaite, 67-85. Grand Rapids: Baker, 1995.
Ramm, Bernard. *Protestant Biblical Interpretation*. Grand Rapids: Baker, 1970.
Reaoch, Benjamin. *Women, Slaves, and the Gender Debate: A Complementarian Response to the Redemptive-Movement Hermeneutic*. Phillipsburg, NJ: Presbyterian and Reformed, 2012.
Reymond, Robert. *A New Systematic Theology of the Christian Faith*. Nashville: Thomas Nelson Publishers, 1998.
Richardson, Kurt A. *James*. NAC. Nashville: Broadman & Holman Publishers, 1997.
Riddlebarger, Kim. *A Case for Amillennialism: Understanding the End Times*. Grand Rapids: Baker, 2003.
Robertson, O. Palmer. *The Books of Nahum, Habakkuk and Zephaniah*. NICOT. Grand Rapids: Eerdmans Publishing, 1990.
Robinson, H. *Corporate Personality in Ancient Israel*. Filadelfia: Fortress Press, 1980.

Robinson, Jason C. y Stanley E. Porter. *Hermeneutics: An Introduction to Interpretive Theory*. Grand Rapids: Eerdmans Publishing, 2011.

Rooker, Mark F. «The Book of Isaiah». En *The World and the Word: An Introduction to the Old Testament*, editado por E. H. Merrill y M. A. Grisanti, 367-79. Nashville: Broadman and Holman, 2011.

_____. «The Book of Judges». En *The World and the Word: An Introduction to the Old Testament*, 288–99. Nashville: Broadman and Holman, 2011.

_____. *Leviticus*. NAC. Nashville: Broadman and Holman, 2000.

Rosner, Brian S. *Paul and the Law: Keeping the Commandments of God*. NSBT. Downers Grove, IL: InterVarsity Press, 2013.

Ross, Allen P. *Creation and Blessing: A Guide to the Study and Exposition of Genesis*. Baker, 1997.

Ruiz, Jean-Pierre. *Ezekiel in the Apocalypse: The Transformation of Prophetic Language in Revelation 16:17–19:10*. Europäische Hochschulschriften. Fráncfort del Meno: Peter Lang, 1989.

Rydelnik, Michael. *The Messianic Hope: Is the Hebrew Bible Really Messianic?* NAC Studies in Bible and Theology. Nashville: Broadman and Holman, 2010.

Sailhamer, John H. «Hosea 11:1 and Matthew 2:15». *WTJ* 63 (2001): 87-96.

_____. *Introduction to Old Testament Theology: A Canonical Approach*. Grand Rapids: Zondervan, 1995.

_____. *The Meaning of the Pentateuch: Revelation, Composition, and Interpretation*. Downers Grove, IL: InterVarsity Press, 2009.

_____. *The Pentateuch as Narrative: A Biblical-Theological Commentary*. Grand Rapids: Zondervan, 1992.

Sarna, Nahum. *Exodus*. JPSTC. Filadelfia: Jewish Publication Society, 1991.

_____. *Genesis*. JPSTC. Filadelfia: Jewish Publication Society, 1989.

Satterthwaite, Philip S. «David in the Books of Samuel». En *The Lord's Anointed: Interpretation of Old Testament Messianic Texts*, editado por Philip E. Satterwaite, 41-65. Grand Rapids: Baker, 1995.

Schreiner, Thomas R. *1, 2 Peter*. NAC. Nashville: Broadman and Holman, 2003.

_____. *40 Questions about Christians and Biblical Law*. Grand Rapids: Kregel, 2010.

_____. *Commentary on Hebrews*. Biblical Theology for Christian Proclamation. Nashville: Broadman and Holman, 2015.

_____. «Is Perfect Obedience to the Law Possible? A Re-Examination of Galatians 3:10». *JETS* 27 (1984): 151-160.

_____. *New Testament Theology: Magnifying God's Glory in Christ*. Grand Rapids: Baker, 2008.

_____. *Paul, Apostle of God's Glory in Christ: A Pauline Theology*. Downers Grove, IL: InterVarsity Press, 2001.

_____. «Penal Substitution View». En *Four Views: The Nature of the Atonement*, editado por James Beilby y Paul R. Eddy, 67-98. Downers Grove, IL: InterVarsity Press, 2006.

_____. *Romans*. BECNT. Grand Rapids: Baker, 1998.

_____. «William J. Webb's Slaves, Women & Homosexuals: A Review Article». *SBJT* 6, nro. 1 (2002): 46-64.

Scobie, Charles H. H. «The Structure of Biblical Theology». *TynBul* 42 (1991): 163-194.

Silva, Moisés. «Galatians». En *Commentary on the New Testament Use of the Old Testament*, editado por G. K. Beale y D. A. Carson, 785-812. Grand Rapids: Baker, 2007.

_____. «The New Testament Use of the Old Testament: Text Form and Authority». En Scripture and Truth, editado por D. A. Carson y John D. Woodbridge, 147-72. Grand Rapids: Zondervan, 1983.

Smalley, Stephen S. *1, 2, 3 John*. WBC. Dallas: Word Books, 1989.

Smith, Gary. *Isaiah 1–39*. NAC. Nashville: Broadman & Holman Publishers, 2009.

_____. *Isaiah 40–66*. NAC. Nashville: Broadman & Holman Publishers, 2009.

Smith, Ralph L. *Micah–Malachi*. WBC. Dallas: Word Books, 1998.

Snodgrass, Klyne. «The Use of the Old Testament in the New». En *Right Doctrine from the Wrong Texts*, editado por G. K. Beale, 29-54. Grand Rapids: Baker, 1994.

Sprinkle, Preston. «Law and Life: Leviticus 18.5 in the Literary Framework of Ezekiel». *JSOT* 31, nro. 3 (marzo, 2007): 275-293.

Stein, Robert H. *A Basic Guide to Interpreting the Bible*. Grand Rapids: Baker, 2001.

_____. «The Benefits of an Author-Oriented Approach to Hermeneutics». *JETS* 44 (2001): 451-66.

Stendahl, Krister. *The Bible and the Role of Women: A Case Study in Hermeneutics*. Filadelfia: Fortress Press, 1986.

Stuart, Douglas. *Exodus*. NAC. Nashville: Broadman and Holman, 2007.

_____. *Hosea-Jonah*. WBC. Dallas: Word Books, 1987.

Tate, Marvin. *Psalms 51–100*. WBC. Dallas: Word Books, 1990.

Terry, Milton S. *Biblical Hermeneutics: A Treatise on the Interpretation of the Old and New Testament*. Grand Rapids: Zondervan Publishing, 1978.

Thielman, Frank. *Theology of the New Testament: A Canonical and Synthetic Approach*. Grand Rapids: Zondervan, 2005.

Thiselton, Anthony C. *The First Epistle to the Corinthians: A Commentary on the Greek Text*. NIGTC. Grand Rapids: Eerdmans Publishing, 2000.

Thomas, Robert L. *Revelation 8–22 Commentary*. Chicago: Moody Press, 1995.

_____. «The Hermeneutical Landscape». En *Evangelical Hermeneutics*, editado por Robert L. Thomas, 13-40. Grand Rapids: Kregel, 2002.

_____. «The New Testament Use of the Old Testament». En *Evangelical Hermeneutics*, editado por Robert L. Thomas, 241-70. Grand Rapids: Kregel, 2002.

_____. «The Hermeneutical Landscape». En *Evangelical Hermeneutics*, editado por Robert L. Thomas, 13-40. Grand Rapids: Kregel, 2002.

_____. «The New Testament Use of the Old Testament». En *Evangelical Hermeneutics*, editado por Robert L. Thomas, 241-70. Grand Rapids: Kregel, 2002.

_____. «The Origin of Preunderstanding From Explanation to Obfuscation». En *Evangelical Hermeneutics*, editado por Robert L. Thomas, 41-62. Grand Rapids: Kregel, 2002.

_____. «The Principle of Single Meaning». En *Evangelical Hermeneutics*, editado por Robert L. Thomas, 141-64. Grand Rapids: Kregel, 2002.

Thompson, J. A. *The Book of Jeremiah*. NICOT. Grand Rapids: Eerdmans Publishing, 1980.

Tigay, Jeffrey. H. *Deuteronomy*. JPSTC. Filadelfia: Jewish Publication Society, 1996.

Trull, Gregory V. «An Exegesis of Psalm 16:10». *BibSac* 161 (2004): 304-21.

Tull, P. «Intertextuality and the Hebrew Scriptures». *CBR* 8 (2000): 88-119.

Turner, David L. *Matthew*. BECNT. Grand Rapids: Baker, 2007.

Vanhoozer, Kevin J. *Is There a Meaning in This Text?* Grand Rapids: Zondervan, 1998.

Varner, William. *James*. Evangelical Exegetical Commentary. Bellingham, WA: Logos Bible Software, 2012.

_____. *The Book of James*: A New Perspective; A Linguistic Commentary Applying Discourse Analysis. Woodlands, TX: Kress Biblical Resources, 2010.

Vasholz, Robert I. *The Old Testament Canon in the Old Testament Church: The Internal Rationale for Old Testament Canonicity*. Lewiston, NY: Edwin Mellen Press, 1990.

Vawter, Bruce. «The Ugaritic Use of *GLMT*». *CBQ* 14 (1952): 319-22.

Verhoef, Pieter A. *The Books of Haggai and Malachi*. NICOT. Grand Rapids: Eerdmans Publishing, 1987.

Wacholder, Ben Zion. «Creation in Ezekiel's Merkabah: Ezekiel 1 and Genesis 1». En *Of Scribes and Sages Volume 1, Ancient Versions and Traditions*, editado por Craig A. Evans, 14-32. Nueva York: T&T Clark, 2004.

Waltke, Bruce K. «A Canonical Process Approach to the Psalms». En *Tradition and Testament*, editado por Paul Feinberg y John Feinberg. Chicago: Moody, 1981.

_____. *An Old Testament Theology: An Exegetical, Canonical, and Thematic Approach*. Grand Rapids: Zondervan, 2007.

_____. *The Book of Proverbs, Chapters 1–15*. NICOT. Grand Rapids: Eerdmans Publishing, 2004.

_____ y M. O'Connor. *An Introduction to Biblical Hebrew Syntax*. Winona Lake, IN: Eisenbrauns, 1990.

Walton, John H. *Genesis*. NIVAC. Grand Rapids: Zondervan, 2001.

_____. «Isaiah 7:14: What's in a Name?» *JETS* 30 (1987): 289-306.

Wanamaker, Charles A. *The Epistles to the Thessalonians: A Commentary on the Greek Text*. NIGTC. Grand Rapids: Eerdmans Publishing, 1990.

Watts, John. *Isaiah 1–33*. WBC. Waco, TX: Word Books, 1985.

_____. *Isaiah 34–66*. WBC. Waco, TX: Word Books, 1987.

Watts, Rikk E. «How Do You Read? God's Faithful Character as the Primary Lens for the New Testament's Use of Israel's Scriptures». En *From Creation to New Creation: Biblical Theology and Exegesis*, editado por Daniel Gurtner y Benjamin L. Gladd, 199-222. Peabody, MA: Hendrickson Publishers, 2013.

Webb, William J. *Slaves, Women & Homosexuals: Exploring the Hermeneutics of Cultural Analysis*. Downers Grove, IL: InterVarsity Press, 2001.

Wegner, Paul D. «How Many Virgin Births Are in the Bible? (Isaiah 7:14): A Prophetic Pattern Approach.» *JETS* 54 (2011): 467-84.

Weir, Jack. «Analogous Fulfillment: The Use of the Old Testament in the New Testament». *Perspectives in Religious Studies* 9 (1982): 65-76.

Wenham, Gordon J. *Genesis 1–15*. WBC. Waco, TX: Word Books, 1987.

_____. *Genesis 16–50*. WBC. Dallas: Word Books, 1994.

_____. *The Book of Leviticus*. NICOT. Grand Rapids: Eerdmans Publishing, 1978.

Westermann, Claus. *Genesis: A Commentary*. Continental Commentary. Traducido por John Scullion. Mineápolis: Augsburg, 1984.

Willitts, Joel. «Context Matters: Paul's Use of Leviticus 18:5 in Galatians 3:12». *TynBul* 54, nro. 2 (2003): 105-122.

Wilson, Gerald H. «חסם» En *NIDOTTE*, 2:130-33.

_____. *Psalms*. NIVAC. Grand Rapids: Zondervan, 2002.

Witherington, Ben. *Grace in Galatia*. Grand Rapids: Eerdmans Publishing, 1998.

Woudstra, Marten H. *The Book of Joshua*. Grand Rapids: Eerdmans Publishing, 1981.

Wright, N. T. *Justification: God's Plan and Paul's Vision*. Downers Grove, IL: InterVarsity Press, 2009.

_____. «Justification: Yesterday, Today, and Forever». *JETS* 54 (2011): 49-64.

_____. *The Climax of the Covenant: Christ and the Law in Pauline Theology*. Minneapolis: Fortress Press, 1992.

_____. *The Last Word: Beyond the Bible Wars to a New Understanding of the Authority of Scripture*. San Francisco: Harper San Francisco, 2005.

Wyatt, Nicolas. «"Supposing Him to Be the Gardener" (John 20, 15): A Study of the Paradise Motif in John». *Zeitschrift Fur Die Neutestamentliche Wissenschaft Und Die Kunde Der Alteren Kirche* 81, nro. 1-2 (1 enero, 1990): 21-38.

Yarbrough, Robert W. *1–3 John*. BECNT. Grand Rapids: Baker Academic, 2008.

Young, Edward J. *The Book of Isaiah: The English Text, with Introduction, Exposition, and Notes*. 3 vols. Grand Rapids: Eerdmans, 1965.

Zemek Jr, George J. «Interpretive Challenges Relating to Habakkuk 2:4b». *GTJ* 1 (1980): 43-69.

Zimmerli, Walther. *Ezekiel: A Commentary on the Book of the Prophet Ezekiel*. Editado por Frank Moore Cross y Klaus Baltzer. Hermenia. Philadelphia: Fortress Press, 1979.

Zuck, Roy. *Basic Bible Interpretation: A Practical Guide to Discovering Biblical Truth*. Colorado Springs: Chariot Victory Publishing, 2003.